W0353003

Azzurro

von
Ivana Fratter
Claudia Troncarelli

unter Mitarbeit von
Lucia Lambertini-Thome
Renate Merklinghaus
Linda Toffolo

Ernst Klett Sprachen
Stuttgart

Azzurro

von

Ivana Fratter, Sprachdozentin an der Universität Padova

Claudia Troncarelli, Sprachdozentin an der Universität Siena

in Zusammenarbeit mit

Lucia Lambertini-Thome, Lehrerin am Albert-Einstein-Gymnasium, staatliche Europa-Schule (deutsch/italienisch) Berlin

Renate Merklinghaus, Dozentin an der Volkshochschule Vaterstetten

Linda Toffolo, Lektorin für Italienisch am Sprachenzentrum der Universität Regensburg

Grammatik:

Candida und Rainer Thie, Kursleiter an der Volkshochschule Berlin

Bettina Aumann, Verlagsredakteurin, Stuttgart

Beratende Mitarbeit:

Dr. Barbara Huter, freie Redakteurin, Stuttgart

Cristina Pontalti-Ehrhardt, Fachlektorin für Italienisch an der Universität Passau

Tiziana Raimondo, Programmbereichsleiterin Italienisch an der Volkshochschule Frankfurt

Emilia Sonni-Dolce, Kursleiterin an der Volkshochschule München und am Italienischen Kulturinstitut München

1. Auflage 1 [7 6 5 4] | 2014 2013 2012 2011 2010

Alle Drucke dieser Auflage können im Unterricht nebeneinander benutzt werden, sie sind untereinander unverändert. Die letzten Zahlen bezeichnen jeweils die Auflage und das Jahr des Druckes.

Internetadresse: http://www.klett.de

Redaktion: Giovanna Mungai-Maier, Elisabetta Nöldeke
Gestaltung/Satz: Kassler Grafik-Design, Leipzig
Illustrationen: Roberto Luciani, Simone Massoni, Emiliano Ponzi
Karten: Maura Santini, Cideb Editrice, Genova
Druck: Druckerei A. Plenk KG, Berchtesgaden
Presswerk: GZ Digital Media, a. s., Lodenice, Czech Republic

ISBN 978-3-12-525530-2

9 783125 255302

Liebe Kursteilnehmerinnen,
liebe Kursteilnehmer,

mit **Azzurro** können Sie die Grundkenntnisse der italienischen Sprache zügig erwerben. Sie lernen, die wichtigsten Alltagssituationen auf Italienisch zu bewältigen, erfahren viel über Land und Leute und erhalten zahlreiche Hinweise, wie Sie selbstständig und effektiv lernen können. Kurz: Sie bekommen solide Grundlagen, die Sie – wenn Sie es wünschen – später ausbauen können.

In **Azzurro** finden Sie alles, was Sie im Unterricht und zu Hause brauchen:

- 10 Lektionen (*unità*), die jeweils mit zwei Seiten zusammenfassender Grammatik abschließen
- 4 Wiederholungslektionen (ripassi) mit Spielen, Lerntipps und Tabellen, die Ihnen helfen, Ihren eigenen Lernfortschritt einzuschätzen
- ein Arbeitsbuchteil mit Übungen zu Wortschatz, Grammatik und Aussprache für die Arbeit zu Hause – mit Lösungen
- Tests im Stil des Europäischen Sprachenzertifikats für die Niveaus A1 und A2 des Gemeinsamen europäischen Referenzrahmens
- eine Liste unregelmäßiger Verben
- ein Vokabular nach Lektionen
- ein alphabetisches Vokabular
- eine CD mit allen Hörtexten und -übungen aus dem Lektions- und dem Arbeitsbuchteil

In jeder Lektion und auf den Grammatikseiten finden Sie Hinweise auf die entsprechenden Übungen im Arbeitsbuchteil. Auf unserer Webseite im Internet finden Sie unter www.klett.de/azzurro zu jeder Lektion eine Reihe von Links zu den wichtigsten Themen. Hineinschauen lohnt sich!

Nun wünschen wir Ihnen *buon lavoro* (erfolgreiches Lernen) und vor allem *buon divertimento* (viel Spaß) beim Italienisch lernen mit Azzurro!

Ihr Azzurro-Team

Hier einige nützliche Wendungen für die erste Unterrichtsstunde:

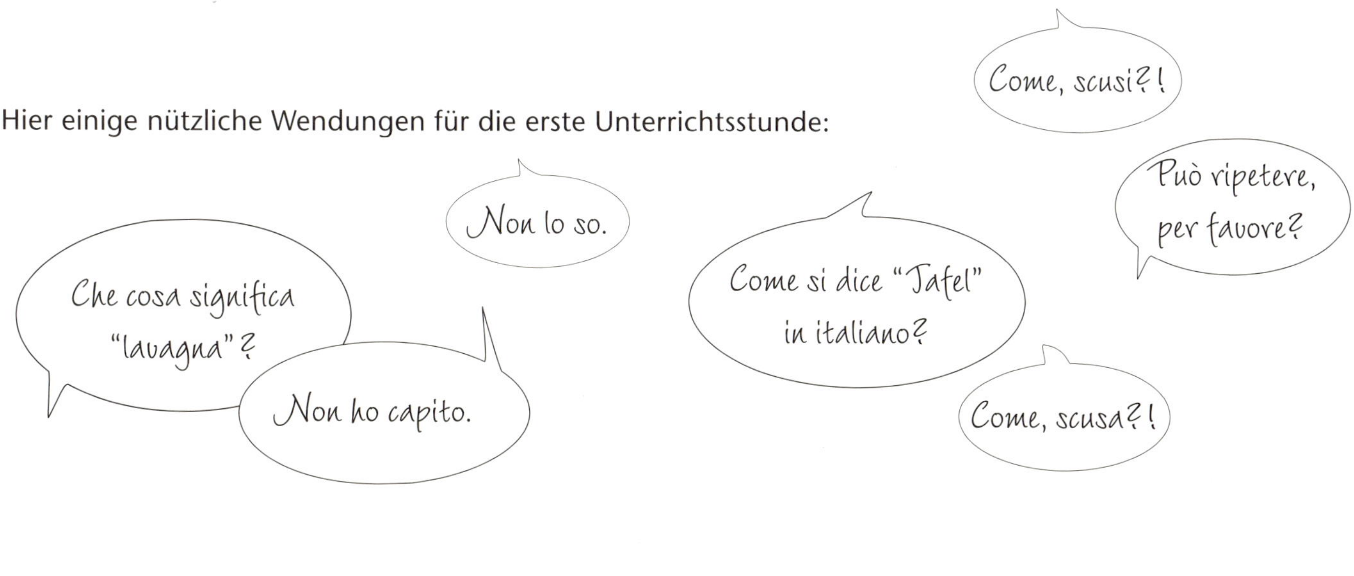

INDICE

Dominio personale

Sottocategorie tematiche:
identificazione personale, abitazione, tempo libero, vita quotidiana, relazioni familiari, storia personale, progetti futuri.

Dominio pubblico

Sottocategorie tematiche:
vita quotidiana, cibi e bevande, viaggi, acquisti, luoghi, tempo atmosferico, noi e gli altri.

SOTTOCATEGORIE TEMATICHE	FUNZIONI	GRAMMATICA	LESSICO &TESTI
1 Scusa, come ti chiami? **Identificazione personale** **pag. 8**	Salutare e rispondere ai saluti. Presentarsi e presentare gli altri. Chiedere e dire il nome, l'età, la nazionalità e la provenienza. Dire il proprio indirizzo e il numero di telefono. Fare domande relative alle generalità. Affermare, negare. Compilare un modulo anagrafico.	I pronomi personali soggetto. Il presente indicativo dei verbi della prima coniugazione in *-are*. Il presente indicativo dei verbi *essere, avere, stare, chiamarsi.* I numeri (da 0 a 1000). Gli aggettivi in *o - a - e* al singolare. La frase affermativa, interrogativa e negativa. La negazione *no, non.* Gli interrogativi *chi, come, dove, quale, quanto, di dove.* Le preposizioni *in, a, di.* Il pronome dimostrativo *questo, questa.*	**Lessico** I nomi. La nazionalità. I saluti. I numeri cardinali. I paesi. **Testi** La schedina del lotto. Il permesso di soggiorno. Una mail. ALLA SCOPERTA DELL'ITALIA I saluti.
2 Cosa mangi? **L'alimentazione** **pag. 20**	Parlare di cibo. Fare un'ordinazione. Chiedere il conto. Offrire qualcosa a qualcuno. Esprimere preferenze. Rispondere ad un invito, accettare o rifiutare. Capire un menù. Esprimere quantità.	L'articolo determinativo al singolare e plurale. L'articolo indeterminativo. I sostantivi femminili e maschili al singolare e plurale. I verbi *mangiare, cercare, pagare* ecc. I verbi in *-ere* e *-ire (preferire).* Il verbo irregolare *bere.* La negazione *non … niente, non … nulla.*	**Lessico** Il cibo e i prodotti alimentari. Le bevande, i pasti. Pesi, misure e capacità. I prezzi. **Ascolto** **Testi** Il menù. Gli italiani e la pasta. ALLA SCOPERTA DELL'ITALIA La cucina regionale.
Ripasso 1 **Un viaggio in Sicilia** **Portfolio** **Imparare ad imparare** **pag. 32**	Gioco. Autovalutazione delle unità 1 e 2. Strategie per imparare i vocaboli (I).		
3 Quanti siete in famiglia? **Famiglia e amici** **pag. 34**	Parlare di relazioni familiari. Presentare il proprio stato civile e la situazione familiare. Descrivere qualcuno. Identificare e descrivere alcune caratteristiche fisiche e soggettive di una persona. Esprimere interessi e preferenze. Esprimere il possesso.	Gli aggettivi possessivi. Gli aggettivi qualificativi (I) femminili e maschili al singolare e plurale. Il verbo *piacere* (I). I pronomi indiretti. Gli avverbi di quantità *piuttosto, molto, poco, abbastanza, tanto.* Uso dell'articolo determinativo. Il presente indicativo di *venire.*	**Lessico** I nomi di parentela. Gli aggettivi utili per la descrizione fisica. Interessi e preferenze. **Ascolto** **Testi** Samanta parla della sua famiglia. Articolo: "La grande famiglia di Olga". I compagni di Carla. ALLA SCOPERTA DELL'ITALIA Articolo: "Diventare padri in Italia".

Dominio professionale

Sottocategorie tematiche:
vita quotidiana, il rapporto con gli altri, la lingua, il computer, il linguaggio lavorativo, il colloquio di lavoro.

Dominio educativo

Sottocategorie tematiche:
autovalutazione, strategie e tecniche di apprendimento.

SOTTOCATEGORIE TEMATICHE	FUNZIONI	GRAMMATICA	LESSICO &TESTI
4 Che cosa fai di solito? **La vita quotidiana** **pag. 46**	Parlare delle abitudini quotidiane e del tempo libero. Indicare ed esprimere la frequenza e la durata di azioni quotidiane. Chiedere e dire l'ora. Dire i giorni della settimana e le parti della giornata.	Il presente indicativo dei verbi riflessivi. Il presente indicativo dei verbi irregolari *fare, andare, uscire.* Gli avverbi di tempo *prima, dopo, nel frattempo ecc.* Gli avverbi di frequenza. Le preposizioni semplici e articolate *a, da.* La negazione *non … mai.*	**Lessico** Le azioni di routine. Le attività del tempo libero. Le parti della giornata. I giorni della settimana. L'ora. **Ascolto** **Testi** Biglietti da visita, scontrini, ecc. ALLA SCOPERTA DELL'ITALIA Testo da Internet: "Mi rifaccio il look". Test: Curi il tuo aspetto?
Ripasso 2 **Un viaggio in barca nell'arcipelago toscano** **Portfolio** **Imparare ad imparare** **pag. 58**	Gioco. Autovalutazione delle unità 3 e 4. Strategie per imparare i vocaboli (II).		
5 Scusi, vorrei andare... **I viaggi e i luoghi** **pag. 60**	Chiedere e dare informazioni su orari e prezzi. Chiedere e dare indicazioni stradali. Acquistare un biglietto. Prenotare una stanza in un albergo. Confermare una prenotazione con una mail.	Gli aggettivi qualificativi (II) maschili e femminili, singolari e plurali (funzione attributiva e predicativa). L'accordo degli aggettivi con i sostantivi. I verbi modali *potere* e *dovere.* *C'è, ci sono.* Le preposizioni semplici e articolate *in, di, su.* Le locuzioni preposizionali *vicino a, in fondo a, di fronte a, tra, sopra, sotto.* I numeri ordinali.	**Lessico** Gli indirizzi e i luoghi pubblici. Gli edifici e i servizi. I mezzi di trasporto. Gli alberghi. **Testi** Biglietto del treno. Tabelloni ferroviari. "Sul treno, a lezione di vita". Cartine stradali. Dépliant di strutture turistiche. ALLA SCOPERTA DELL'ITALIA 3 brani da: "Un'educazione italiana" di Tim Parks.

SOTTOCATEGORIE TEMATICHE	FUNZIONI	GRAMMATICA	LESSICO &TESTI
6 Come hai passato le vacanze? **Eventi passati** **pag. 72**	Descrivere fatti al passato. Parlare delle vacanze trascorse. Collocare le azioni nel tempo. Descrivere luoghi. Chiedere informazioni sui prezzi. Fare confronti ed esprimere punti di vista.	Il si impersonale. Il passato prossimo. I participi regolari ed alcuni irregolari. I pronomi diretti *lo, la, li, le.* Il verbo *volere.* Uso di *vorrei.* Gli avverbi di tempo *fra, da, fa.* I gradi dell'aggettivo: comparativo e superlativo relativo e assoluto.	**Lessico** Espressioni di tempo passato. Gli anni, le stagioni e i mesi. Lessico per descrivere attività legate alle vacanze. Le vacanze e i luoghi di villeggiatura. **Ascolto** **Testi** Cartolina. Cartelli stradali. Listino prezzi. ALLA SCOPERTA DELL'ITALIA Articolo di giornale: "Maledetta domenica" di Giorgio Bocca.
Ripasso 3 **Una settimana alle Isole Eolie** **Portfolio** **Imparare ad imparare** **pag. 84**	Attività di scrittura. Autovalutazione delle unità 5 e 6. Strategie di lettura.		
7 Quando ero piccolo... **La storia personale** **pag. 86**	Descrivere persone e situazioni al passato. Riferire fatti ed eventi della propria storia personale. Narrare fatti ed azioni ricorrenti al passato. Descrivere un'abitazione.	L' indicativo imperfetto: verbi regolari ed irregolari. Uso dell'imperfetto e del passato prossimo (I). Le congiunzioni *mentre, perché, quando.* I nomi di professione (I). I pronomi relativi. Il pronome *ci.*	**Lessico** Espressioni di tempo passato. Le date. Caratteristiche di persone, luoghi e situazioni. La casa, le stanze, l'arredamento. **Ascolto** Canzone: "Nel blu dipinto di blu" di Domenico Modugno. **Testi** Brano da: "Lessico famigliare" di Natalia Ginzburg. Articolo di giornale: "La canzone che ha cambiato…". Annunci di case. ALLA SCOPERTA DELL'ITALIA Brano da: "Vivere, amare, capirsi" di Leo Buscaglia.
8 Com'è il tuo lavoro? **Le professioni e lo studio** **pag. 98**	Parlare della propria attività professionale e di luoghi di lavoro. Parlare di azioni in corso di svolgimento. Leggere e capire un annuncio di lavoro. Presentare un curriculum. Sostenere un colloquio di lavoro. Dare e ricevere consigli. Cercare informazioni su Internet relative allo studio e al mondo del lavoro.	Il verbo *stare + gerundio.* I verbi *sapere* e *conoscere.* I nomi di professione (II). Gli avverbi in *-mente.* L'imperativo. L'imperativo con i pronomi.	**Lessico** Le professioni, i luoghi di lavoro, gli strumenti di lavoro. Un sito internet. **Testi** Articolo di giornale: "Come cambia la vita delle donne". Annunci di lavoro. Test: "Sei un maniaco del lavoro?". Il sito di Almalaurea. ALLA SCOPERTA DELL'ITALIA Articoli di giornale sul mondo del lavoro.

SOTTOCATEGORIE TEMATICHE	FUNZIONI	GRAMMATICA	LESSICO &TESTI
Ripasso 4 **Tra le isole della Laguna veneziana** **Portfolio** **Imparare ad imparare** **pag. 110**	Attività di scrittura. Autovalutazione delle unità 7 e 8. Strategie per l'ascolto.		
9 Tanti auguri! **Noi e gli altri** **pag. 112**	Fare gli auguri. Scrivere un biglietto di auguri. Descrivere fatti ed eventi passati. Parlare di progetti futuri. Esprimere gusti e preferenze.	L'uso del passato prossimo e dell'imperfetto (II). Accordo dei pronomi diretti con il passato prossimo. I nomi alterati in *-ino* e *-one*. I pronomi personali tonici diretti e indiretti. Il verbo *piacere* (II). *Stare per* + infinito. Il futuro semplice.	**Lessico** I regali. Lessico ed espressioni legati ad alcune ricorrenze *(compleanno, nascita, laurea, matrimonio, feste)*. Il tempo meteorologico. **Ascolto** **Testi** Biglietti di auguri. Articolo di giornale: "Scappa di notte per comprare giocattoli". Il bollettino meteorologico. ALLA SCOPERTA DELL'ITALIA Brano da: "Ti prendo e ti porto via" di Niccolò Ammaniti.
10 Preferisco quella rossa! **Gli acquisti** **pag. 124**	Indicare un oggetto e le sue caratteristiche. Dire che cosa si desidera. Fare proposte. Fare acquisti. Esprimere accordo e disaccordo. Esprimere gusti e preferenze. Descrivere sintomi e chiedere consigli.	Il condizionale. L'imperfetto intenzionale. I dimostrativi *questo* e *quello*. Uso dell'aggettivo *bello*. L'articolo partitivo. Il pronome *ne*. *Avere bisogno di* e l'uso impersonale di *servire*.	**Lessico** L'abbigliamento e gli accessori. I colori. I negozi, le insegne. Le modalità di pagamento. **Testi** Ricetta. Brano da: "Anima mundi" di Susanna Tamaro. ALLA SCOPERTA DELL'ITALIA **Ascolto** Canzone: "Azzurro" di Adriano Celentano.

Portfolio	pag. 136
Liste der unregelmäßigen Verben	pag. 136
Esercizi	pag. 138
Test A1	pag. 198
Test A2	pag. 201
Transkriptionen	pag. 204
Lösungen zum Übungsteil	pag. 210
Lösungen zu Test A1 und A2	pag. 219
Vokabular nach Lektionen	pag. 220
Alphabetisches Vokabular	pag. 246
Spielanleitungen	pag. 256

Einsatz der CD

Unità 1

Identificazione personale

Scusa, come ti chiami?

In dieser Lektion lernen wir

- ➜ jemanden zu begrüßen
- ➜ uns und andere Personen vorzustellen
- ➜ uns zu verabschieden
- ➜ Alter, Adresse, Telefonnummer und Staatsangehörigkeit anzugeben

Per cominciare

1 **1 Ascoltate e numerate.**
Hören Sie zu und ordnen Sie jedem Bild den passenden Hörtext zu.

A

B

C

D

E

F

2 Scrivete il saluto adatto.
Schreiben Sie in jede Sprechblase das passende Grußwort.

[ciao – arrivederci – buonanotte – buonasera – buongiorno]

A

B

C

D

E

Presentarsi

3 Ascoltate e leggete i dialoghi.
Hören Sie zu und lesen Sie die Dialoge.
In quale dialogo le persone si danno del tu, in quale del Lei?
In welchem Dialog duzen sich die Personen, in welchem siezen sie sich?

1. ● Buongiorno, sono Rossi.
❍ Andreoli, molto lieto.

2. ● Ciao, sono Sandro.
❍ Angelo, piacere.

3. ● Buongiorno, sono Maria Petti.
❍ Salve, io sono Piero Terzani.

4 Presentatevi ora al vostro compagno in modo formale o informale.
Stellen Sie sich Ihrem Partner formell oder informell vor.

5 Ascoltate e leggete le presentazioni e l'intervista.
Hören und lesen Sie, wie sich zwei Personen vorstellen und eine weitere Person ein kurzes Interview gibt.

Mi chiamo Pablo Sánchez. Sono spagnolo ma abito in Germania. Sono single.

Sono Bettina Klauser, sono tedesca. Abito a Monaco, non sono sposata.

● *E Lei, signora, come si chiama?*
❍ *Il mio nome è Michelle Lacrois.*
● *È francese?*
❍ *No, sono svizzera, di Ginevra, ma abito a Bruxelles.*
● *È sposata?*
❍ *Sì, mio marito è belga.*

OSSERVATE!

Osservate e completate.
Sehen Sie sich die Tabelle an und vervollständigen Sie sie.

	essere	abitare	chiamarsi
io	sono	...	...
tu	sei	abiti	ti chiami
lui/lei	...	abita	si chiama
Lei	...	abita	...

Abito	...	Monaco (città).
	...	Germania (paese).

6 Completate e poi in coppia confrontate.
Vervollständigen Sie die Sätze und vergleichen Sie dann mit einem Partner.

Ü 1-2 S. 138

Lui .... Pablo Sánchez. .... Germania.
Lei è .... e .... Monaco.
Michelle Lacrois .... svizzera ma .... Bruxelles.

7 A coppie presentatevi (nome e luogo di abitazione) e poi riferite in plenum.
Stellen Sie sich Ihrem Partner mit Namen und Wohnort vor.
Stellen Sie Ihren Partner anschließend der Gruppe vor.

La nazionalità

8 Completate con gli aggettivi di nazionalità.
Ergänzen Sie die fehlenden Nationalitätsbezeichnungen.

9 Che cosa notate nelle forme degli aggettivi? Completate e spiegate la regola.
Was fällt Ihnen bei den Adjektiven auf? Vervollständigen Sie die Sätze und erklären Sie die Regel.

Riccardo Muti è italiano.	Gérard Depardieu è ....
Laura Biagiotti è	Juliette Binoche è ....

10 Lavorate in gruppo e completate le frasi con il nome di un personaggio famoso.
Arbeiten Sie in Gruppen und tragen Sie in jeden Satz den Namen einer bekannten Persönlichkeit ein.

1. .... è spagnola.
2. .... è russo.
3. .... è giapponese.
4. .... è inglese.
5. .... è americana.
6. .... è brasiliano.
7. .... è svizzero.
8. .... è tedesca.

Ü 3 S. 139

11 Scrivete le parole nella colonna di sinistra o di destra secondo l'accento e poi leggetele.
Schreiben Sie die Wörter, die auf der vorletzten Silbe betont werden, in die linke Spalte, und alle anderen in die rechte. Lesen Sie sich anschließend die Wörter gegenseitig vor.

Gius**e**ppe – Germ**a**nia – M**o**naco – spagn**o**lo– **a**bito – austr**i**aco – Sv**i**zzera – piac**e**re – Pi**e**ro –mar**i**to – **A**ngelo

Gius**e**ppe	M**o**naco

I numeri

4 OSSERVATE!

Ascoltate e osservate.
Hören Sie zu und sehen Sie sich die Zahlen aufmerksam an.

0	zero	**6**	sei	**12**	dodici	**18**	diciotto	**32**	trentadue
1	uno	**7**	sette	**13**	tredici	**19**	diciannove	**41**	quarantuno
2	due	**8**	otto	**14**	quattordici	**20**	venti	**53**	cinquantatré
3	tre	**9**	nove	**15**	quindici	**21**	ventuno	**68**	sessantotto
4	quattro	**10**	dieci	**16**	sedici	**23**	ventitré	**71**	settantuno
5	cinque	**11**	undici	**17**	diciassette	**28**	ventotto	**145**	centoquarantacinque
						29	ventinove	**500**	cinquecento
30	trenta	**50**	cinquanta	**70**	settanta	**90**	novanta	**1.000**	mille
40	quaranta	**60**	sessanta	**80**	ottanta	**100**	cento	**10.000**	diecimila

Attenzione! **1.000** mille **2.000** duemila

5 **12 Ascoltate ed eseguite il disegno seguendo l'ordine dei numeri dettati.**
Hören Sie zu und verbinden Sie die Zahlen in der diktierten Reihenfolge. Welches Land erscheint?

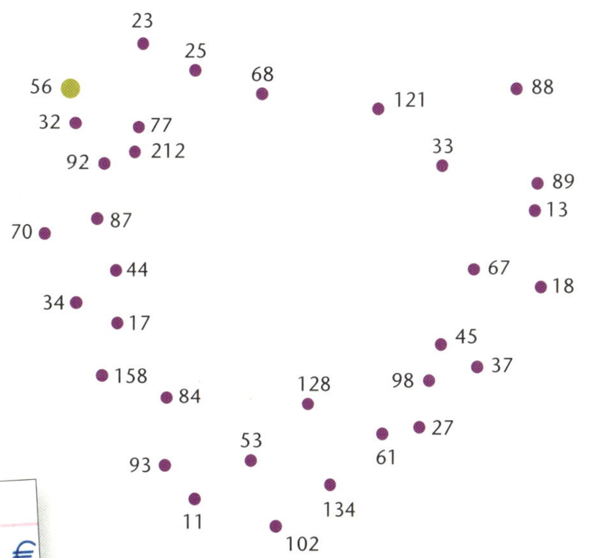

6 **13 Giochiamo al lotto. Scegliete una delle due schedine, ascoltate i numeri vincenti e controllate se avete vinto.**
Wir spielen Lotto. Wählen Sie einen der beiden Spielscheine, hören Sie die Gewinnzahlen und überprüfen Sie, ob Sie gewonnen haben.

A

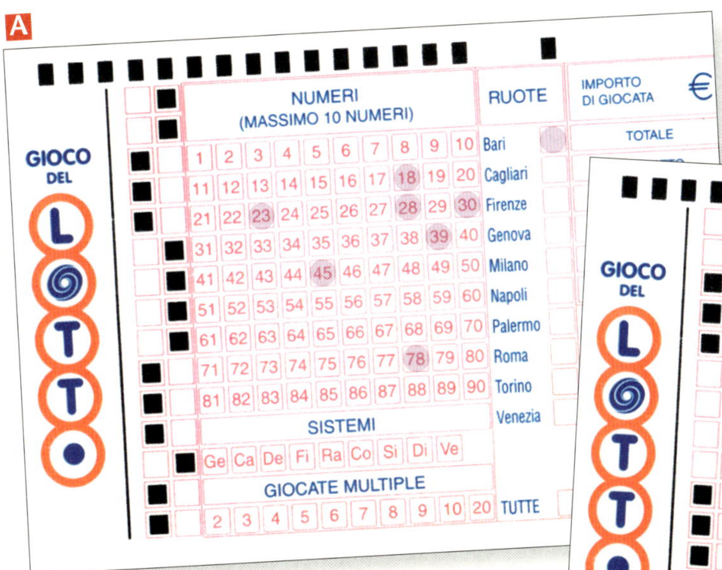

B

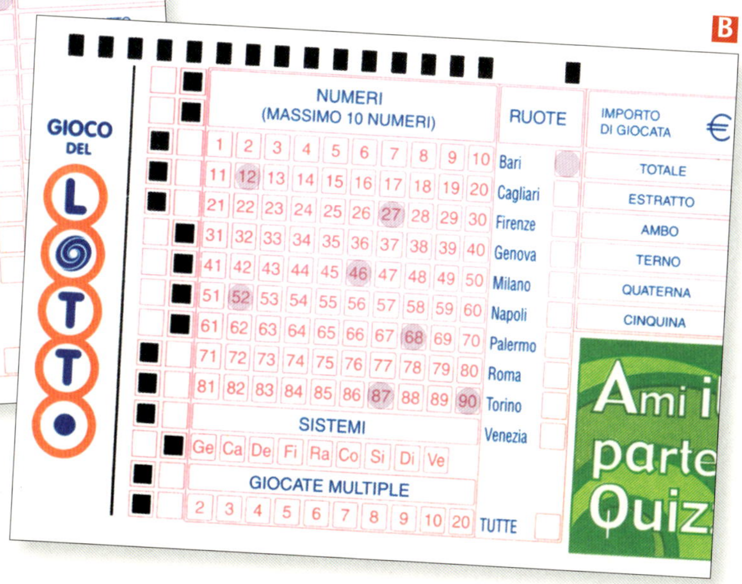

14 **Ascoltate le registrazioni e completate la tabella.**
Hören Sie zu und vervollständigen Sie die Tabelle.

	nome	nazionalità	età
1			
2			

	nome	nazionalità	età
3			
4			

Presentare gli altri

15 **Completate le frasi e presentate queste persone.**
Vervollständigen Sie die Sätze und stellen Sie diese Personen vor.

1. Lory

2. Christian

3. Karin

4. Ingun

5. Ahmet

6. Laureen

Belgio 30 anni single	Francia 48 anni sposato	Austria 24 anni sposata	Norvegia 35 anni divorziata	Turchia 27 anni non sposato	Gran Bretagna 40 anni separata

1. Questa è Lory, ha 30 anni, è belga e non è sposata.
2. Questo è Christian, ha ...., è .... ed è sposato.
3. ....
4. ...., ..., è norvegese ....
5. ....
6. ....

Ü 4-6 S. 139

16 **Ascoltate i dialoghi e completate le frasi.**
Hören Sie zu und vervollständigen Sie die Sätze.

1. ● ...., Carla, come stai?
 ❍ Bene, grazie, ...?
 ● Anch'io sto bene.

2. ● ...., signor Poli, come sta?
 ❍ Non c'è male, grazie. ......?
 ● Abbastanza bene, grazie.

3. ● ...., Maria, come va?
 ❍ Oggi non troppo bene, ho mal di testa.
 ● Oh, mi dispiace!

17 **A coppie salutatevi in modo formale e informale e rispondete.**
Arbeiten Sie zu zweit. Fragen Sie sich gegenseitig auf formelle und informelle Weise, wie es Ihnen geht, und antworten Sie.

[bene – abbastanza bene – non c'è male – così così – non troppo bene]

Ü 7-8 S. 139

OSSERVATE!

Osservate e completate.

	avere
io	ho
tu	hai
lui/lei	...
Lei	...

	stare
io	...
tu	...
lui/lei	...
Lei	...

18 Ascoltate e ripetete.
Hören Sie zu und sprechen Sie nach.

L'alfabeto

A	a	L	elle	U	u
B	bi	M	emme	V	vu/vi
C	ci	N	enne	Z	zeta
D	di	O	o		
E	e	P	pi	W	doppia vu
F	effe	Q	qu	X	ics
G	gi	R	erre	Y	ipsilon
H	acca	S	esse	J	i lunga
I	i	T	ti	K	cappa

Bologna
Savona
Udine
Otranto
Torino
Modena
Palermo
Como
Domodossola
Ancona
Quarto
Firenze
Roma
Hotel
Imola
Napoli
Livorno
Genova
Empoli
Zara
Venezia

19 Ascoltate e indicate le lettere che sentite.
Hören Sie zu und notieren Sie die Buchstaben, die Sie hören.

20 Lavorate in coppia. A turno pensate ad un cognome, fate lo spelling e scrivete il cognome dettato.
Arbeiten Sie zu zweit. Buchstabieren Sie abwechselnd einen Namen, Ihr Partner notiert ihn.
Ferri: Effe come Firenze, e come Empoli, erre come Roma, erre come Roma, i come Imola.

Dare le proprie generalità

21 Ascoltate il dialogo. Perché la ragazza è in Italia?
Hören Sie den Dialog. Warum hält sich die junge Frau in Italien auf?

22 Riascoltate e leggete il dialogo fra l'impiegato e la ragazza, poi completate il modulo del permesso di soggiorno di Souad.
Hören Sie noch mal den Dialog zwischen dem Beamten und der jungen Frau und lesen Sie ihn. Füllen Sie anschließend das Formular aus, mit dem Souad die Aufenthaltserlaubnis beantragen will.

● Come si chiama?
○ Mi chiamo Souad.
● Qual è il Suo cognome, per favore?
○ Hassan.
● Come si scrive?
○ H come hotel, a come Ancona, s come Savona, s come Savona, a come Ancona, n come Napoli.
● Di dov'è?
○ Sono di Algeri.
● Bene, allora è algerina?
○ Sì.
● È sposata?
○ Sì.
● Dove abita in Italia?
○ A Milano.
● Qual è il Suo indirizzo?

○ Via Ripa Ticinese 6.
● Ha un recapito telefonico?
○ Sì, il numero di telefono è 0256737.
● Ha anche un cellulare?
○ Sì, il numero è 3352469788.
● Perché è in Italia? Per turismo?
○ No, per motivi di studio.
● Quanto tempo rimane?
○ Sei mesi …

FACSIMILE

Richiesta di permesso di soggiorno

Il sottoscritto/La sottoscritta **cognome** .... **nome** ....,
data di nascita ...11/10/1982..., **sesso** M F, **stato civile**... coniugata ..., **luogo di nascita**
..... Algeri ..... **nazionalità** ...., **ingresso in Italia (gg/mm/aa)** 11/10/200...,
passaporto nr. 267r99r, **residente in** ....
via ....

chiede il rilascio del permesso di soggiorno

☐ per motivi umanitari ☐ per motivi di lavoro/studio ☐ per motivi di turismo

OSSERVATE!

Osservate e completate.

formale	informale
...	Come ti chiami?
Quanti anni ha?	...
...	Sei sposato/a?
...	Di dove sei?
...	Qual è il tuo indirizzo?
Qual è il Suo numero di telefono?	...

Ü 9-11
S. 140

23 **Immaginate di essere uno dei personaggi (A o B). A turno intervistatevi e completate la scheda con le informazioni ricevute.**
Stellen Sie sich vor, Sie wären eine der aufgeführten Personen. Befragen Sie sich gegenseitig und tragen Sie die persönlichen Angaben ein.

Studente A	**Studente B** (completare)
Nome: Sandro **Cognome:** Rossi **Età:** 22 anni **Nazionalità:** italiana **Residenza:** Roma – Via Nazionale 3	**Nome:** **Cognome:** **Età:** **Nazionalità:** **Residenza:**

Come ti chiami?
. . .
. . .
. . .

Studente A (completare)	**Studente B**
Nome:	**Nome:** Arabella
Cognome:	**Cognome:** Martínez
Età:	**Età:** 19 anni
Nazionalità:	**Nazionalità:** spagnola
Residenza:	**Residenza:** Barcellona – Via Laietana 72

24 Completate i fumetti.
Vervollständigen Sie die Sprechblasen.

OSSERVATE!

25 Adesso intervistate i compagni.
Befragen Sie jetzt Ihre Lernpartner.

26 Leggete la mail di Francesco e le altre due mail. Chi scrive a Francesco?
Lesen Sie Francescos E-Mail und die beiden anderen E-Mails. Wer antwortet Francesco?

mi presento

Invia Conversazione Allega Indirizzo Font Colori Registra come Bozza

A: cercoamici@hotmail.com
Cc:
Oggetto: mi presento

Ciao,
mi chiamo Francesco Melina, ho 22 anni. Sono italiano di Genova. Sono uno studente universitario, studio medicina a Bologna. Abito con altri due studenti in un piccolo appartamento in centro. Il mio sport preferito è il calcio e gioco anche a tennis. Scrivimi, il mio indirizzo e-mail è: framel@hotmail.com

A

Ciao,
sono Dave, sono inglese e studio architettura a Firenze. Anch'io gioco volentieri a tennis e cerco amici. Scrivimi il tuo indirizzo. Forse un fine settimana vengo a Bologna, o.k.?

B

Ciao,
sono Justo, studio lingue a Bologna. Mi piace la musica italiana e fare passeggiate in centro. Abbiamo gli stessi interessi? Allora scrivimi.

27 Raccontate di Francesco ad un'amica.
Erzählen Sie einer Freundin von Francesco.

Ü 12 S. 140

Guardiamo da vicino!

28 Uno di questi cartelli non indica un indirizzo ma un edificio pubblico. Quale?
Eines dieser Schilder bezeichnet keine Straße, sondern eine öffentliche Einrichtung. Welches?

ALLA SCOPERTA DELL'ITALIA

I saluti

Il saluto cambia a seconda dell'interlocutore,
del momento della giornata e della circostanza.

All'arrivo

	formale	informale
prima di pranzo	buongiorno/salve	salve/ciao/buongiorno
dopo pranzo (nell'Italia del Nord a partire dalle 16.00 circa)	buonasera/salve	ciao/salve

Per congedarsi

	formale	informale
prima di pranzo	arrivederci/buongiorno	ciao
dopo pranzo	arrivederci/buongiorno/buonasera	ciao
dopo cena	arrivederci/buonanotte	buonanotte

A seconda delle situazioni si può anche dire:

A presto!	*Bis bald!*
A più tardi!	*Bis später!*
A domani!	*Bis morgen!*
Allora ci vediamo!	*Wir sehen uns!*

Per salutare con un augurio si dice:

Buona giornata!/Buona serata!	*Einen schönen Tag/Abend (noch)!*
Buon fine settimana!	*Schönes Wochenende!*
Buon viaggio!	*Gute Reise!*
Buone vacanze!	*Schönen Urlaub!*

Gesti che accompagnano i saluti

dare la mano a una persona

abbracci e baci

29 Quali gesti usano gli italiani quando salutano le seguenti persone?
Welche Gesten gebrauchen die Italiener, wenn sie folgende Personen begrüßen?

parenti .... conoscenti ....
buoni amici .... colleghi di lavoro ....

30 Quali gesti usano le persone del vostro paese in queste situazioni?
Welche Gesten verwenden Ihre Landsleute in diesen Situationen?

Vocabolario:
I saluti *Begrüßungsformen*
il saluto cambia *die Grußform ändert sich*
a seconda dell'interlocutore *je nach Gesprächspartner*
... del momento della giornata *je nach Tageszeit*
e ... della circostanza *und nach den Umständen*
all'arrivo *bei der Ankunft*
prima di pranzo *vor dem Mittagessen*
dopo cena *nach dem Abendessen*
a partire dalle 16.00 circa *ab ca.16 Uhr*
per congedarsi *um sich zu verabschieden*
si può anche dire *man kann auch sagen*
con un augurio *mit einem guten Wunsch*
gesti che accompagnano *begleitende Gesten*
dare la mano a una persona *einer Person die Hand geben*
abbracci e baci *Umarmungen und Küsse*
parenti *Verwandte*
conoscenti *Bekannte*

GRAMMATICA

1 L'accento
Die Betonung

francẹse, marịto, piacẹre, svịzzero, ạbito, telẹfono, ạbitano, telẹfonano, etạ̀, caffẹ̀, nazionalitạ̀

In der Regel werden italienische Wörter auf der vorletzten Silbe betont. Es gibt aber auch Wörter, die auf der drittletzten oder der viertletzten Silbe betont werden.
Wörter, deren Betonung auf der letzten Silbe liegt, werden mit Akzent geschrieben.

2 I pronomi soggetto e il presente dei verbi *essere, avere* e *stare*
Die Subjektpronomen und das Präsens der Verben *essere, avere* und *stare*

Ü 13 S. 141

	ẹssere	avere	stare
io	sono	ho	sto
tu	sei	hai	stai
lui, lei, Lei	è	ha	sta
noi	siamo	abbiamo	stiamo
voi	siete	avete	state
loro	sono	hanno	stanno

Bei der höflichen Anrede einer einzelnen Person verwendet man die 3. Person Singular:
Lei è di Torino? *Sind Sie aus Turin?*
Für mehrere Personen verwendet man beim Duzen und Siezen gleichermaßen die 2. Person Plural:
Siete di Genova? *Sind Sie/Seid ihr aus Genua?*

Die Subjektpronomen stehen in der Regel nicht beim Verb: **Sono di Modena.** *Ich bin aus Modena.* Bei besonderer Betonung, in Gegenüberstellungen und in Sätzen ohne Verb werden die Subjektpronomen dagegen gebraucht: **Tu** sei Gino, vero? – Sì, sono **io.** Siete di Bologna? – **Io** sì, **lei** no.

Im Italienischen gibt man das Alter mit dem Verb *avere* an:
Ho vent'anni. *Ich bin zwanzig Jahre alt.*

3 I verbi regolari in *-are* e il verbo *chiamarsi*
Die regelmäßigen Verben auf *-are* und das Verb *chiamarsi*

Ü 14-15 S. 141

	abitare	chiamarsi
io	ạbit**o**	mi chiam**o**
tu	ạbit**i**	ti chiam**i**
lui, lei, Lei	ạbit**a**	si chiam**a**
noi	abit**iamo**	ci chiam**iamo**
voi	abit**ate**	vi chiam**ate**
loro	ạbit**ano**	si chiạm**ano**

Regelmäßige Verben auf -**are** haben die gleichen Endungen wie **abitare.**

Auch das pronominale Verb **chiamarsi** hat diese regelmäßigen Endungen.
Mi chiamo Guido bedeutet *Ich heiße Guido,* wörtlich übersetzt *Ich nenne mich Guido.*

4 L'aggettivo al singolare
Das Adjektiv im Singular

Ü 16 S. 141

Monica è simpạtic**a**. Matteo è simpạtic**o**. Linda è gentịl**e**. Carlo è gentịl**e**.

Es gibt Adjektive, die im Singular zwei Endungen haben:
-**o** bei maskulinem Bezugswort und
-**a** bei weiblichem Bezugswort.
Und es gibt Adjektive, die im Singular immer auf -**e** enden.

Anders als im Deutschen benutzt man im Italienischen Adjektive, um die Nationalität einer Person anzugeben: Karen è **tedesca.** *Karen ist Deutsche.*

5 Il pronome dimostrativo

Das Demonstrativpronomen *questo/-a*

Quest**o** è Paolo.
Quest**a** è Maria.

Das Demonstrativpronomen **questo/-a** wird wie die Adjektive auf **-o/-a** dem Bezugswort angeglichen.

6 La frase interrogativa totale

Die absolute Frage (ohne Fragewort)

Die absolute Frage, die nur mit *ja* oder *nein* zu beantworten ist, entspricht im Satzbau dem Aussagesatz. Der Unterschied ist, dass man bei der Frage gegen Ende des Satzes die Stimme hebt.

Maria è di Milano. *Maria ist aus Mailand.* ↘
Maria è di Milano? *Ist Maria aus Mailand?* ↗

Beim Aussagesatz fällt die Satzmelodie.
Bei der Frage dagegen steigt die Satzmelodie.

7 La frase interrogativa parziale

Ü 17 S. 142

Die Teilfrage (mit Fragewort)

Neben der absoluten Frage gibt es die Teilfrage (mit Fragewort), mit der man nach einer ganz bestimmten Information fragt. Die Teilfrage kann durch verschiedene Fragewörter eingeleitet werden.

Chi è Paolo?	*Wer?*
Chi inviti alla festa?	*Wen (lädst du ein)?*
Dove abiti?	*Wo?*
Dove andate?	*Wohin (geht ihr)?*
Di dove sei?	*Woher?*
Che cosa studi?	*Was?*
Come ti chiami?	*Wie?*
Quanto costa?	*Wie viel (kostet das)?*
Quanto tempo rimane?	*Wie lange?*
Quale treno prendi?	*Welche/r/s?*
Perché studi l'italiano?	*Warum?*

Chi? und **Dove?** haben im Italienischen jeweils zwei Bedeutungen.
Vor **è** werden **che cosa, dove, di dove, come, quanto** in der Regel verkürzt zu: **Che cos'è?, Dov'è?, Com'è?** usw.
Anstelle von **che cosa** wird häufig auch nur **che** oder **cosa** verwendet.
Auch **quale** wird vor **è** zu **qual** verkürzt, allerdings entfällt der Apostroph:
Qual è il Suo indirizzo?

8 La negazione con *no* e con *non*

Ü 18 S. 142

Die Verneinung mit *no* und *non*

Sei francese? – **No**, sono svizzero.
Bist du Franzose? – Nein, ich bin Schweizer.
Perché **no**?
Warum nicht?

No bedeutet in der Regel *nein.*
Mitunter entspricht **no** dem deutschen *nicht,* wenn es an einzelne Wörter angehängt wird oder am Satzende steht.

Non sono di Colonia.
Ich bin nicht aus Köln.
Non è un problema.
Das ist kein Problem.

Non entspricht dem deutschen *nicht* und steht vor dem Verb.
Manchmal entspricht es auch dem deutschen *kein.*

9 Le preposizioni *a, in* e *di*

Die Präpositionen *a, in* und *di*

Abito **in** Italia.
Abitiamo **a** Brescia.
Siamo **di** Lecce.

Die Präpositionen **a** und **in** werden für Ortsangaben benutzt. Bei Ländern steht **in**, bei Städten **a**.
Zur Angabe der Herkunft wird **di** gebraucht.

Unità 2 **L'alimentazione**

Cosa mangi?

In dieser Lektion lernen wir

- in einer Bar oder einem Restaurant zu bestellen
- ein Angebot anzunehmen oder abzulehnen
- nach der Rechnung zu fragen
- Angaben zu Maßen und Gewichten zu machen

Per cominciare

1 Guardate l'immagine. A quali parole pensate?
Schauen Sie sich das Foto an. Welche Wörter fallen Ihnen dabei ein?

ciliegie

crostata

Il cibo

12 **2 Ascoltate e ripetete.**
Hören Sie zu und sprechen Sie nach.

[cioccolata – aranciata – vino – tè – birra – parmigiano – mozzarella – calamari – insalata – yogurt – gelato]

mele

albicocche

pesche

carote

cornetto

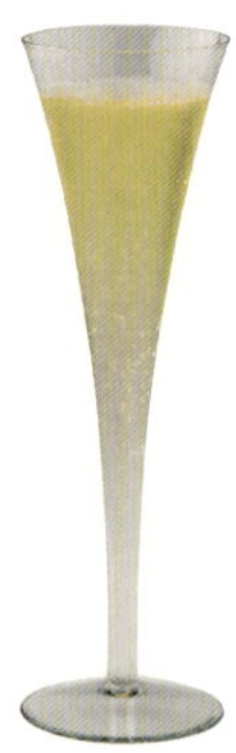

spumante

Ü 1 S. 144

3 **Formate due gruppi e inserite ogni parola nel riquadro corrispondente.**
Bilden Sie zwei Gruppen und tragen Sie alle Lebensmittel aus Punkt 2 in das jeweils passende Feld ein. Die Gruppe, die zuerst fertig ist, wählt ein Feld und fragt die andere Gruppe nach ihren Einträgen. Für jedes passende Wort wird ein Punkt vergeben. Danach ist die andere Gruppe an der Reihe. Sieger ist, wer am Ende die meisten Punkte hat.

FRUTTA	VERDURA	DOLCI	FORMAGGI E LATTICINI
ciliegie			
CARNE E POLLAME	PESCE	PANE E PASTA	BEVANDE

Ascolto

13 **4** Cosa mangi a colazione? **Ascoltate il dialogo e annotate le parole che capite. Lavorate poi a coppie e dite di che cosa parlano le persone.**
Hören Sie den Dialog und notieren Sie die Wörter, die Sie verstehen. Besprechen Sie dann zu zweit, worüber die Personen reden.

5 Scegliete la vostra colazione e confrontate le vostre abitudini con quelle dei compagni.
Kreuzen Sie Ihr übliches Frühstück an und vergleichen Sie Ihre Essgewohnheiten mit denen Ihrer Partner.

- ☐ Non mangio nulla, bevo solo un caffè.
- ☐ Mangio cereali/biscotti o pane con burro e marmellata e bevo un caffelatte/tè.
- ☐ Mangio un cornetto e bevo un cappuccino.
- ☐ ...

Ü 2 S. 144

Colazione al bar

14 **6 Ascoltate il dialogo e indicate fra gli elementi raffigurati lo scontrino.**
Hören Sie den Dialog und sagen Sie, welche Abbildung einen *scontrino* darstellt.

A

B

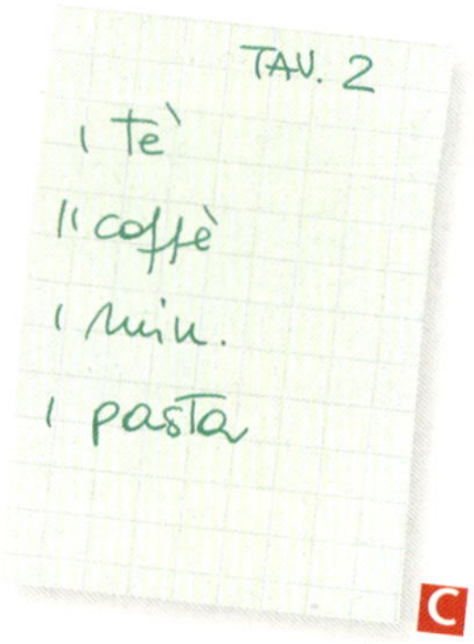

C

Offrire, accettare, rifiutare

7 Leggete il dialogo e rispondete alle domande.
Lesen Sie den Dialog und beantworten Sie die Fragen.

Carlo: Allora, cosa prendete? Oggi offro io.
Franco: Ah grazie. Io prendo una pasta alla crema.
Carlo: E cosa bevi?
Franco: Un cappuccino, grazie.
Carlo: E tu, Elena, cosa prendi?
Elena: Io non prendo niente, grazie, sono a dieta.
Carlo: Ma dai, qualcosa da bere!
Elena: Beh, allora una tazza di tè.

Carlo: Allora un cappuccino, una pasta, un tè e per me un tramezzino, un'acqua minerale e poi un caffè.
Cassiera: Sono 10 euro e 10 centesimi.
Carlo: Mi dispiace, ma non ho spiccioli, ho una moneta da 50.
Cassiera: Non importa, ecco il resto e lo scontrino.

1. Cosa dice Carlo per offrire agli amici qualcosa al bar?
....

2. Cosa dice Franco per accettare?
....

3. Cosa dice Elena per rifiutare l'invito di Carlo?
....

4. Cosa dice Carlo per convincere Elena a prendere qualcosa?
....

OSSERVATE!

Osservate e completate.

	prendere
io	...
tu	...
lui, lei, Lei	prende
noi	prendiamo
voi	...
loro	prendono

	offrire
io	...
tu	offri
lui, lei, Lei	offre
noi	offriamo
voi	offrite
loro	offrono

CAFFETTERIA

Caffè espresso	€ 1,50
Caffè americano	€ 1,50
Caffè d'orzo	€ 2,00
Caffè decaffeinato	€ 2,00
Cappuccino	€ 2,50
Latte freddo/caldo	€ 1,50
Latte macchiato	€ 2,50
Cioccolata in tazza	€ 3,00
Tè, infusi e tisane	€ 3,00
Camomilla	€ 3,00
Correzione	€ 1,00

PASTICCERIA

Croissant e paste assortite	€ 1,00
Trancio di torta	€ 3,00

BIBITE

Bibite in bottiglia	€ 3,50
Bibite in lattina	€ 3,50
Succhi di frutta	€ 3,50
Spremute	€ 4,00
Tè freddo	€ 3,50
Acqua minerale (gassata o naturale)	€ 1,50

APERITIVI

Aperitivo della casa	€ 5,00
Analcolici	€ 4,00
Campari Soda	€ 4,50

LIQUORI E AMARI

Nazionali	€ 3,50
Esteri	€ 4,50

LA NOSTRA STUZZICHERIA

Panini caldi	
Primavera (prosciutto cotto, insalata, pomodoro, mozzarella)	€ 4,00
Ducale (crudo, mozzarella, lattuga, salsa tonnata)	€ 4,50
Vegetariano (mozzarella, rucola)	€ 3,50
Panino con crudo	€ 4,50
Panino con mortadella	€ 3,50
Tramezzini misti	€ 3,00
Toast	€ 3,00
Trancio pizza	€ 2,50

Servizio al tavolo

OSSERVATE!

Osservate e completate.

maschile	femminile
… cappuccino	… birra
un amaro	… acqua minerale
… caffellatte	una brioche
uno spumante	una spremuta

Quali sono le forme dell'articolo indeterminativo?
Wie heißen die Formen des unbestimmten Artikels?

singolare	plurale
un panino	due …
un aperitivo	…
un liquore	…
una bibita	…
una pasta	…
un tè	due tè
un toast	due toast

Provate a formulare una regola per il plurale dei sostantivi.
Versuchen Sie, eine Regel für den Plural der Substantive zu formulieren.

8 **Guardate il listino e in piccoli gruppi fate la vostra ordinazione. Quanti euro sono in tutto?**
Sehen Sie sich die Preisliste auf Seite 23 an und geben Sie in Gruppen Ihre Bestellungen auf. Wie viel Euro macht das zusammen?

Ü 3-7 S. 145/146

9 **Leggete i due testi e indicate se le affermazioni sono giuste o sbagliate.**
Richtig oder falsch? Lesen Sie beide Texte und kreuzen Sie an, ob die Aussagen zutreffen oder nicht.

Gli italiani e la pasta

L'Italia è una nazione ricca di tradizioni popolari e di cultura alimentare. La pasta è sicuramente l'alimento preferito dagli italiani. È molto diffusa ed è apprezzata e amata da tutti. Oggigiorno non mangiamo per vivere, la qualità del cibo è sempre più importante e la pasta, con i legumi, le verdure e le erbe aromatiche è un piatto completo che spesso sostituisce la carne sulla nostra tavola. La pasta è per gli italiani il piatto nazionale e ha nomi diversi a seconda delle regioni, per esempio i maccheroni possono essere anche gli spaghetti o i vermicelli. Anche le forme della pasta cambiano spesso da regione a regione.

Testo adattato da: *www.italianpasta.net*

	vero	falso
1. La pasta è il cibo preferito dagli italiani.	☐	☐
2. Oggi la qualità dei prodotti che mangiamo è molto importante.	☐	☐
3. La forma della pasta è uguale per tutta l'Italia.	☐	☐
4. La pasta con il sugo al pomodoro e l'olio di oliva è un piatto completo.	☐	☐

10 Sottolineate nei testi tutti gli articoli determinativi e scriveteli accanto ai relativi sostantivi nella tabella.
Unterstreichen Sie in den Texten alle Formen des bestimmten Artikels und tragen Sie sie in die Tabelle ein.

maschile		**femminile**	
singolare il sugo ... piatto ... olio ... alimento	**plurale** ... prodotti ... legumi ... italiani ... spaghetti	**singolare** ... dieta ... Italia ... carne ... qualità	**plurale** ... verdure ... forme ... erbe

Provate ora a spiegare la regola degli articoli determinativi.
Versuchen Sie nun, eine Regel für den bestimmten Artikel abzuleiten.

Ü 8 S. 146

Ordinare al ristorante

15 **11 Ascoltate il dialogo e indicate il comportamento giusto.**
Hören Sie den Dialog und entscheiden Sie, welche Verhaltensweise angemessen ist.

- ☐ Entro in un ristorante e cerco un tavolo libero.
- ☐ Entro in un ristorante e chiedo al cameriere dov'è un tavolo libero.

Segnate ora sul menù a pag. 26 che cosa ordinano le due persone.
Kreuzen Sie nun auf der Speisekarte an, was die beiden Personen bestellen.

15 **12 Riascoltate e completate.**
Hören Sie das Gespräch noch einmal und ergänzen Sie die fehlenden Ausdrücke.

Cameriere: Buongiorno.
Sara: Buongiorno.
Francesco: Buongiorno, ..., per favore.
Cameriere: Prego, questo va bene?
Francesco: Sì, benissimo, grazie.
Cameriere: Ecco il menù.
Francesco: Grazie.

Cameriere: Prego, volete ordinare?
Francesco: Sara, cosa prendi da mangiare?
Sara: .... Sì, ecco, gli gnocchi al burro e salvia.
Francesco: Per me invece le penne all'arrabbiata.
Cameriere: E da bere? Prendete vino rosso o bianco?
Francesco: Cosa preferisci, Sara?
Sara: Io bevo volentieri un vino bianco frizzante, ma solo un bicchiere.
Francesco: Allora per la signora .... e per me un quarto di .... Prendiamo anche una bottiglia di acqua minerale?
Sara: Sì, ma naturale, per favore.
Cameriere: Bene. Prendete anche il secondo?
Francesco: No, ...
Sara: Sì anche per me va bene così, magari un contorno, un po' d'insalata.
Francesco: Ma sì, anch'io prendo un'insalata.
Cameriere: Basta così?
Francesco: Sì grazie.

Francesco: ....!

OSSERVATE!

Osservate e completate.

	bere	preferire
io	…	preferisco
tu	…	…
lui, lei, Lei	beve	preferisce
noi	beviamo	preferiamo
voi	bevete	preferite
loro	bevono	preferiscono

13 Rileggete il dialogo e cercate le frasi per formulare le seguenti intenzioni:
Lesen Sie den Text nochmals und suchen Sie die passenden Ausdrücke für folgende Anliegen:

– ordinare da mangiare ....
– ordinare da bere ....
– rifiutare ....
– chiedere il conto ....

14 Voi che cosa preferite mangiare a pranzo: la pasta, la carne, la verdura o mangiate altre cose?
Was essen Sie gern zu Mittag: Nudeln, Fleisch, Gemüse? Oder essen Sie etwas anderes?

15 Arrivano degli amici a casa. Pensate a quello che potete offrire e chiedete agli ospiti che cosa preferiscono bere.
Es kommen Freunde zu Besuch. Überlegen Sie, was Sie ihnen anbieten können, und fragen Sie Ihre Gäste, was sie trinken möchten.

16 Siete al ristorante. In piccoli gruppi guardate il menù, decidete che cosa prendete e poi fate l'ordinazione.
Sie sind im Restaurant. Lesen Sie in kleinen Gruppen die Speisekarte und überlegen Sie, was Sie nehmen wollen. Geben Sie dann Ihre Bestellung auf.

Ü 9-11 S. 146

Fare la spesa

16 **17 In salumeria. Ascoltate il dialogo e indicate sulla lista che cosa compra la signora.**
Hören Sie den Dialog. Was kauft die Dame? Kreuzen Sie an.

Lista della spesa
- 1 kg di carne ☐
- 2 scatolette di tonno ☐
- 2 bottiglie di vino ☐
- 1 etto di salame ☐
- 1 etto di prosciutto ☐
- 1 pacco di sale fino ☐
- 1 pezzo di formaggio ☐
- 1 bottiglia di olio ☐
- 2 etti di olive ☐
- 3 panini ☐

Ü 12 S. 147

OSSERVATE!

PESI | **CAPACITÀ**

1 kg (un chilo) 1 hg (un etto) 100 g (cento grammi)

1 l (un litro) 1/2 l (mezzo litro) 1/4 l (un quarto)

18 Abbinate i prodotti alle quantità.
Ordnen Sie den Mengenangaben die passenden Lebensmittel zu.

19 Andate a fare la spesa per il fine settimana. Che cosa comprate?
Sie kaufen fürs Wochenende ein. Schreiben Sie einen Einkaufszettel.

un chilo di	latte
quattro	albicocche
mezzo litro di	pane
una	fettine di vitello
mezzo chilo di	mozzarella
250 grammi di	olio
un litro di	burro

Guardiamo da vicino!

Ü 13 S. 148

20 In quale città e regione si trova il ristorante?
In welcher Stadt und Region befindet sich das Restaurant?
Sapete che cos'è un coperto? Quanto costa a persona?
Wissen Sie, was ein *coperto* ist? Was kostet es pro Person?

ALLA SCOPERTA DELL'ITALIA

La cucina regionale

Ora partiamo assieme per un viaggio alla scoperta della cucina regionale italiana. Le diverse regioni offrono specialità con sapori e profumi antichi e genuini. Avete amici italiani che vi invitano e cucinano per voi? Allora mostrate interesse per i piatti che vi offrono e informatevi su ingredienti e ricette! Ecco alcuni esempi per incominciare:

21 Osservate i seguenti piatti tipici, consultate la cartina d'Italia riprodotta in copertina e scrivete i nomi delle regioni da cui questi piatti provengono. Sono indicate le lettere iniziali di ogni regione.
Sehen Sie sich folgende Spezialitäten an, schlagen Sie die Italienkarte auf der Umschlaginnenseite des Buches auf und notieren Sie, aus welchen Regionen die Gerichte kommen. Der Anfangsbuchstabe jeder Region ist angegeben.

V

tiramisù

L

trenette al pesto

E

lasagne alla bolognese

A

bruschetta al pomodoro

S

calamari ripieni

P

brasato al Barolo

C

parmigiana di melanzane

T

crostini toscani

L

saltimbocca alla romana

S

cassata siciliana

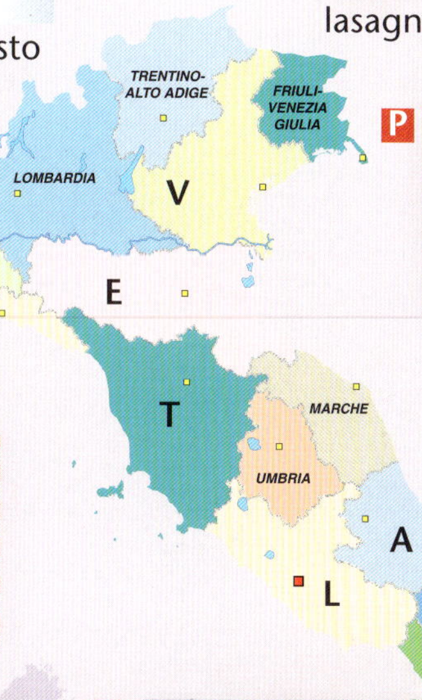

22 Collegate i seguenti ingredienti ai piatti tipici regionali.
Ordnen Sie folgende Zutaten den regionalen Gerichten zu.

ragù alla bolognese besciamella ☐	melanzane mozzarella ☐	mascarpone biscotti ☐	ricotta frutti canditi ☐	pane casereccio pomodori ☐
carne di vitello prosciutto ☐	basilico formaggio pecorino ☐	calamari formaggio pecorino ☐	carne di manzo vino rosso (Barolo) ☐	pane casereccio fegatini ☐

Vocabolario:
la cucina regionale *regionale Küche*
partire per un viaggio *verreisen*
assieme *zusammen*
i sapori *Geschmacksrichtungen*
i profumi *Düfte*
genuini *echt, ursprünglich*
mostrare *zeigen*
informatevi su *erkundigen Sie sich über*
gli ingredienti *Zutaten*
le ricette *Rezepte*
il mascarpone *cremiger Käse*
la ricotta *ital. Frischkäse*
il pecorino *ital. Schafskäse*
casereccio *hausgemacht*
il manzo *Rind(fleisch)*
i fegatini *Hühnerleber*

GRAMMATICA

1 Il presente dei verbi regolari in *-ere*
Das Präsens der regelmäßigen Verben auf *-ere*

	prẹndere	**bere**
io	prend**o**	bev**o**
tu	prend**i**	bev**i**
lui, lei, Lei	prend**e**	bev**e**
noi	prend**iamo**	bev**iamo**
voi	prend**ete**	bev**ete**
loro	prẹnd**ono**	bẹv**ono**

Die meisten Infinitive auf **-ere** werden auf der drittletzten Silbe betont.
Bei einigen Verben wie **avere** oder **vedere** liegt die Betonung jedoch auf der vorletzten Silbe.

Die Formen des Verbs **bere** leiten sich von dem alten, nicht mehr benutzten Infinitiv **bẹvere** ab.
Die Endungen sind aber regelmäßig.

2 Particolarità nella pronuncia di alcuni verbi
Besonderheiten in der Aussprache einiger Verben

	mangiare	**cercare**	**pagare**	**lẹggere**		**convịncere**	
io	mangio	cerco	pago	leggo	[ggo]	convinco	[ko]
tu	mangi	cerchi	paghi	leggi	[dʒi]	convinci	[tʃi]
lui, lei, Lei	mangia	cerca	paga	legge	[dʒe]	convince	[tʃe]
noi	mangiamo	cerchiamo	paghiamo	leggiamo	[dʒamo]	convinciamo	[tʃamo]
voi	mangiate	cercate	pagate	leggete	[dʒete]	convincete	[tʃete]
loro	mạngiano	cẹrcano	pạgano	lẹggono	[ggono]	convịncono	[kono]

Verben auf **-iare** wie **mangiare** oder **studiare** haben in der 2. Person Singular und in der 1. Person Plural nur ein **-i.**
Bei den Verben auf **-care** und **-gare** bleibt es immer bei der Aussprache von **c** als [k] und von **g** als [g]. Die Schreibweise wird der Aussprache entsprechend angepasst: In der 2. Person Singular und der 1. Person Plural wird ein **h** eingefügt.
Bei Verben auf **-ere** verändert sich die Schreibweise nicht, sondern die Aussprache richtet sich nach der Schreibweise. Die Aussprache von **g** ist also [g], wenn ein **o** folgt und [dʒ], wenn **e** oder **i** folgen. Die Aussprache von **c** ist [k] vor **o** und [tʃ] vor **e** und **i.**

3 Il presente dei verbi regolari in *-ire*
Das Präsens der regelmäßigen Verben auf *-ire*

Ü 14 S. 148

	offrire	**preferire**
io	offr**o**	prefer**isc**o
tu	offr**i**	prefer**isci**
lui, lei, Lei	offr**e**	prefer**isc**e
noi	offr**iamo**	preferiamo
voi	offr**ite**	preferite
loro	ọffr**ono**	prefer**ịsc**ono

Die meisten regelmäßigen Verben auf **-ire** haben, mit Ausnahme der 2. Person Plural, die gleichen Endungen wie die Verben auf **-ere** (Vgl. Punkt 2).
Bei einer Reihe von Verben auf **-ire** wird im Singular und in der 3. Person Plural zwischen Stamm und Endung die Erweiterung **-isc-** eingeschoben. Die Aussprache richtet sich nach der Endung: vor **e** und **i** wird **sc** [ʃʃ] ausgesprochen, vor **o** [sk].
Weitere Beispiele: **capire, pulire, finire.**

4 La negazione con *non … niente* e *non … nulla*
Die Verneinung mit *non … niente* und *non … nulla*

Non prendo **niente.**
Non mangio **nulla.**

Im Italienischen wird *nichts* durch **non … niente** oder **non … nulla** wiedergegeben. **Non** steht vor dem konjugierten Verb, **niente** bzw. **nulla** steht dahinter.

5 L'articolo indeterminativo

Der unbestimmte Artikel

maschile	femminile
un cappuccino **un** amaro **uno** spumante **uno** zaino **uno** yogurt	**una** birra **un**'aranciata

Die Formen des unbestimmten Artikels lauten **un** für männliche Substantive und **una** für weibliche. Bei weiblichen Substantiven, die mit einem Vokal beginnen, verkürzt sich **una** zu **un**'.

Für männliche Substantive, die mit **s**+Konsonant, **x**, **y**, **z** oder mit den Buchstabenkombinationen **pn**, **ps**, **gn** beginnen, lautet der Artikel **uno**.

6 Le desinenze dei sostantivi al plurale

Die Endungen der Substantive im Plural

singolare	plurale
un panin**o**	due panin**i**
un liquor**e**	due liquor**i**
una bịbit**a**	due bịbit**e**
una mineral**e**	due mineral**i**
un caff**è**	due caff**è**
un toas**t**	due toas**t**

Unabhängig vom Geschlecht enden Substantive auf **-o** oder **-e** im Plural meist auf **-i**; Substantive auf **-a** enden im Plural in der Regel auf **-e**.

Substantive, die auf betonten Vokal enden, bleiben im Plural unverändert. Ebenso Substantive, die aus anderen Sprachen ins Italienische übernommen wurden und auf Konsonant enden.

7 L'articolo determinativo

Der bestimmte Artikel

Ü 15 S. 148

singolare	plurale
il panino **l'**aperitivo **lo** strudel **la** pasta **l'**insalata	**i** panini **gli** aperitivi **gli** strudel **le** paste **le** insalate

Der bestimmte Artikel für männliche Substantive lautet meist **il**, vor Vokal **l'** und vor **s**+Konsonant, **x**, **y**, **z** etc. (vgl. Punkt 5) **lo**. Im Plural gibt es zwei männliche Formen: **i** für alle Substantive, die mit Konsonant beginnen, **gli** für Substantive, die mit Vokal oder **s**+Konsonant etc. beginnen.

Für weibliche Substantive lautet der bestimmte Artikel **la**; vor Vokal wird er zu **l'** verkürzt.
Im Plural gibt es nur einen femininen Artikel: **le**.

8 Quantità

Mengenangaben

una bottiglia **di** vino un litro **di** latte un chilo **di** carne un po' **di** zucchero

Bei Angaben, die eine Menge, ein Maß oder ein Gewicht bezeichnen, wird das folgende Substantiv mit der Präposition **di** angeschlossen.
Das gilt auch für unbestimmte Mengenangaben wie **un po'**.

Vor **mezzo/-a** steht kein Artikel: **mezzo chilo di funghi** – *ein halbes Kilo Pilze.*

Ü 16-17 S. 148/149

Ripasso 1

Un viaggio in Sicilia

Während dieser Reise haben Sie Gelegenheit, Ihre bisher erworbenen Italienischkenntnisse zu erproben.

1 Ihre Sizilienreise beginnt in **Palermo**. Vor dem Dom aus der Normannenzeit lernen Sie Salvatore, einen italienischen Studenten, kennen. Sie stellen sich einander vor.

2 Sie besuchen mit Ihrer sizilianischen Freundin Patrizia den Dom von **Monreale**. Anschließend gehen Sie in eine Bar. Sie bestellen ein süßes Gebäck und einen Tee und fragen Patrizia, was sie gerne hätte.

3 Auf dem Felsen von **Erice** bewundern Sie die Landschaft und kommen mit Einheimischen ins Gespräch. Sie werden gefragt: *Di dov'è?* Sie antworten.

4 Nach der Stadtbesichtigung von **Trapani** gehen Sie in ein Lebensmittelgeschäft und kaufen zwei belegte Brötchen und Getränke für ein Picknick vor dem herrlichen griechischen Tempel von Segesta.

5 In **Segesta** fällt Ihnen ein, dass Sie im Hotel in Trapani etwas vergessen haben. Sie möchten dort anrufen und fragen eine junge Frau, ob sie ein Handy hat.

6 In **Agrigento** besichtigen Sie **La Valle dei Templi** (Tal der Tempel) und das mittelalterliche Zentrum. Sie bekommen Hunger, gehen in ein Restaurant und bestellen ein Drei-Gänge-Menü à la carte.

7 In **Piazza Armerina** besuchen Sie die altrömische Villa mit den Mosaiken. Dort sprechen Sie mit einem Mädchen aus Rom, das Sie fragt: *Dove abita?* Sie antworten.

8 Sie treffen sich in **Noto** mit Patrizia, die Ihnen mehrere Kirchen im Stil des spanischen Barock zeigt. Anschließend gehen Sie in eine Bar. Ihre Freundin fragt Sie: *Preferisci un bicchiere di prosecco o di vino rosso?* Sie antworten.

9 In **Siracusa**, der Stadt der Tyrannen, unterhalten Sie sich mit einem Stadtführer, der wissen möchte, welche sizilianischen Städte Sie bereits gesehen haben. Sie nennen die Namen der Städte, die Sie kennen.

10 In **Taormina** sehen Sie sich eine griechische Tragödie im antiken Amphitheater an. Anschließend kehren Sie in Ihre Pension zurück. Bevor Sie auf Ihr Zimmer gehen, verabschieden Sie sich von den anderen Gästen und wünschen ihnen eine gute Nacht.

11 Sie fahren zum **Etna** und besichtigen einen Krater des Vulkans. Dort unterhalten Sie sich mit einigen Touristinnen. An ihrem Akzent erkennen Sie, dass sie Ausländerinnen sind. Sie fragen sie, ob sie Engländerinnen oder Amerikanerinnen sind.

12 Ihre Reise endet in **Catania**. Sie stehen auf dem Domplatz vor dem Elefanten aus schwarzer Lava und kommen mit einem Stadtbewohner ins Gespräch. Er fragt Sie: *Lei è tedesco/a?* Was antworten Sie?

Die Spielanleitung finden Sie auf Seite 256.

Portfolio Mein Lernfortschritt

Unità 1		
Ich kann	**Das kann ich gut**	**Das will ich noch üben**
mich vorstellen (3)		
mein Alter nennen/nach dem Alter fragen (15, 22)		
meine Staatsangehörigkeit angeben/andere danach fragen (5, 10)		
eine Frage bzw. Aussage verneinen (5, 15)		
andere Personen vorstellen (15)		
meine Adresse und Telefonnummer angeben/danach fragen (22)		

Unità 2		
Ich kann	**Das kann ich gut**	**Das will ich noch üben**
in einer Bar oder einem Restaurant bestellen (6)		
etwas anbieten (7, 15)		
ein Angebot annehmen bzw. ablehnen (7)		
nach der Rechnung fragen (11)		
Vorlieben ausdrücken (12, 14, 15)		
Angaben zu Maßen und Gewichten machen (17-19)		

Imparare ad imparare Lernstrategien

Come imparare meglio i vocaboli nuovi I

1 Schede

l'arancia – le arance
la spremuta d'arancia
l'aranciata
arancione

Notieren Sie Wörter nach Wortfamilien oder Sachgruppen. Schreiben Sie die Begriffe in Ihrer Muttersprache auf die Rückseite der Karte. Stapeln Sie die Karten und ziehen Sie dann jeweils eine: Lesen Sie zuerst die Angaben in der Muttersprache, fragen Sie sich dann selbst ab und kontrollieren Sie schließlich die Entsprechungen auf Italienisch!

2 Parole associate

Eine weitere Möglichkeit, Vokabeln effektiv zu üben, ist das Begriffsnetz. Schauen Sie sich das folgende Beispiel an, ergänzen Sie das Begriffsnetz und schreiben Sie ein weiteres Begriffsnetz zu einem der bisher behandelten Themen in Ihr Heft.

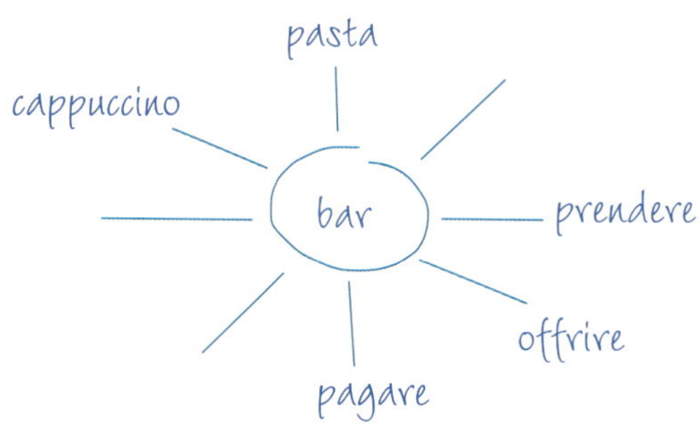

3 Vocaboli "Post-it"

Wenn Sie nicht gerne systematisch lernen, sondern lieber „ganz nebenbei", ist die „Post-it-Technik" eine gute Möglichkeit: Versehen Sie die Gegenstände, die Sie jeden Tag sehen, mit Zetteln, auf die Sie das entsprechende italienische Wort mit Artikel schreiben.

Wenn Sie mehr darüber wissen wollen, fragen Sie Ihren Lehrer/Ihre Lehrerin.

Quanti siete in famiglia?

In dieser Lektion lernen wir

- über die eigene Familie zu berichten
- uns und andere zu beschreiben
- Besitzverhältnisse zu beschreiben
- über unsere Interessen und Vorlieben zu sprechen

Per cominciare

Luca Chiara Bruno Andrea Benedetta

1 La famiglia. **Scrivete tutti i nomi di parentela possibili accanto alle persone.**
Schreiben Sie alle passenden Verwandtschaftsbezeichnungen neben die Namen.

[madre – padre – figlio – figlia – nonno – moglie – marito – nipote – sorella – fratello]

2 Guardate la foto. Che tipo di famiglia è, secondo voi?
Betrachten Sie das Foto. Welche Bezeichnung ist Ihrer Meinung nach passend?

☐ Una famiglia grande ☐ Una famiglia piccola ☐ Una famiglia tipo italiana di oggi

Com'è la famiglia tipo del vostro paese? Parlatene in coppia.
Wie würden Sie eine Durchschnittsfamilie Ihres Landes beschreiben? Sprechen Sie zu zweit darüber.

3 Guardate l'albero genealogico e completate le frasi.
Betrachten Sie den Familienstammbaum und vervollständigen Sie die Sätze.

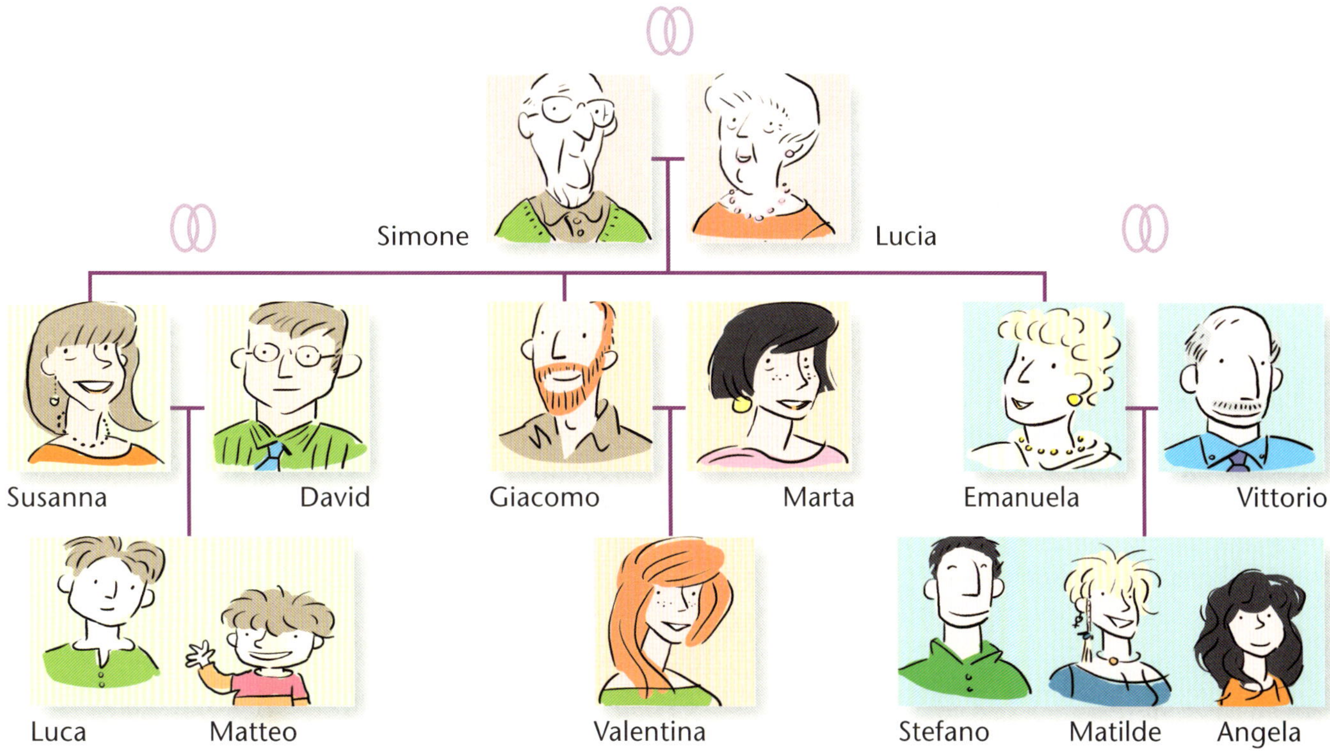

1. Chi è la moglie di Vittorio? ....
2. .... è la figlia di Giacomo e Marta.
3. Chi è il suocero di David? ....
4. Chi è il marito di Susanna? ....
5. Giacomo è il compagno di ....
6. Chi è il nonno di Valentina? ....
7. Chi è la sorella di Susanna e Giacomo? ......
8. .... è lo zio di Luca, Matteo e Valentina.
9. Vittorio è il genero di ....
10. Luca è il cugino di ....

4 Scoprite chi sono queste persone.
Wer sind diese Personen?

1. Le sue nipoti sono tre. È sposato e ha due figli. È ....
2. Lei e suo marito hanno sei nipoti. Sono .... e ....
3. I suoi genitori hanno tre figli. È maschio e ha tre cugini. È ....

5 Completate la tabella.
Vervollständigen Sie die Tabelle.

Ü 1-4 S. 150/151

maschile		figlio	fratello				cognato		nipote	
femminile	moglie			zia	nonna	cugina	cognata	nuora		suocera

Parlare della famiglia

17 **6 Ascoltate e leggete il testo. Indicate poi con una x se le affermazioni sono giuste o sbagliate.**
Hören und lesen Sie den Text. Kreuzen Sie anschließend an, ob die Aussagen richtig oder falsch sind.

Siamo a Bologna in via Zamboni, vicino all'università. Chiediamo a una studentessa di raccontarci qualcosa di sé e della sua famiglia. Ecco cosa dice: "Mi chiamo Samanta e ho 21 anni, studio Filosofia a Bologna, dove abito con alcune amiche.
I miei genitori si chiamano Paolo ed Emanuela; mio padre lavora in banca, mia madre è commessa in un negozio di abbigliamento. Ho anche due sorelle più piccole, si chiamano Giulia e Martina e frequentano entrambe il liceo. Che tipi siamo? Io sono un po' introversa, le mie sorelle invece sono molto socievoli ed espansive. Con la mia famiglia abita anche la nonna Caterina, la madre di mio padre.
È una donna ancora piuttosto giovanile, le piace viaggiare e cucinare per noi. Il suo piatto forte sono i tortelli di zucca ma anche i suoi dolci sono eccezionali."

	vero	falso
1. I genitori di Samanta lavorano.	☐	☐
2. Samanta abita con la famiglia.	☐	☐
3. Giulia e Martina sono un po' introverse.	☐	☐
4. La nonna Caterina viaggia volentieri.	☐	☐

Ora correggete le frasi sbagliate.
Korrigieren Sie nun die falschen Aussagen.

Ü 5-6 S. 151

....

....

7 In coppia scambiate domande sulla vostra famiglia.
Stellen Sie gegenseitig Fragen zu Ihrer Familie.

1. Quanti siete in famiglia?
2. Hai fratelli?
3. Come si chiamano i tuoi genitori?
4. Vivi in famiglia?
5. . . . ?

1. Siamo in . . .
2. Sì / No.
3. Il mio papà si chiama . . . ,
   la mia mamma si chiama . . .
4. Sì / No.
5. . . . ?

8 **Fate una breve descrizione della vostra famiglia.**
Beschreiben Sie nun Ihre Familie.

Ü 7 S. 151

Nella mia famiglia siamo ....
....

OSSERVATE!

Osservate e completate.

singolare		plurale	
mio	…	miei	…
tuo	tua	tuoi	tue
… (di lui/lei)	sua	… (di lui/lei)	sue

Rileggete il testo di Samanta e poi completate la tabella.
Lesen Sie den Text über Samanta noch einmal und vervollständigen Sie die Tabelle.

singolare	plurale
il suo piatto forte	i suoi dolci
mio padre tua madre	i miei genitori le tue sorelle

Che cosa notate nell'uso dell'articolo davanti all'aggettivo possessivo?
Was fällt Ihnen auf? Wann steht der Artikel vor dem Possessivpronomen?

9 **Lavorate in coppia.**
Preparate cinque frasi sulla vostra famiglia e leggetele al vostro compagno che deve scoprire quali sono i legami di parentela con le persone nominate.
Arbeiten Sie zu zweit. Schreiben Sie fünf Sätze über Ihre Familie und lesen Sie diese anschließend Ihrem Partner vor. Er versucht zu erraten, in welcher verwandtschaftlichen Beziehung Sie zu der genannten Person stehen.

Esempio:
● Marcello è il fratello di mia madre.
❍ Allora è tuo zio!

Ü 8-9 S. 152

10 **Fate una piccola inchiesta tra i vostri compagni.**
Befragen Sie Ihre Partner und notieren Sie Ihre Namen. Tragen Sie anschließend das Ergebnis im Plenum vor.

Ha almeno due fratelli.	....
Ha almeno un nonno/una nonna che vive nella stessa città.	....
È figlio unico/figlia unica.	....
È sposato/a.	....
È nonno/a.	....
Ha un figlio/una figlia.	....

Ascolto

11 Ascoltate l'intervista. Di che cosa parla Erika? Scambiate le vostre informazioni con quelle di un compagno.
Hören Sie das Interview mit Erika. Worüber spricht sie? Tauschen Sie sich mit einem Partner darüber aus.

12 Riascoltate l'intervista e indicate con una x le affermazioni corrette.
Hören Sie nochmals das Interview und kreuzen Sie die richtigen Aussagen an.

Erika

- ☐ non è italiana.
- ☐ parla tedesco.
- ☐ è a Stoccarda per uno stage.
- ☐ abita in casa di una signora brasiliana.
- ☐ quando torna in Italia comincia subito a lavorare.

13 Guardate le foto e leggete il titolo. Di che cosa parla l'articolo, secondo voi?
Betrachten Sie die Fotos und lesen Sie den Titel. Wovon handelt der Artikel Ihrer Meinung nach?

La grande famiglia di Olga

I bambini d'oggi possono avere quattro genitori e otto nonni proprio come Olga. La mamma ha un fidanzato e il fidanzato ha dei genitori che diventano i nuovi nonni. Il papà ha una nuova moglie e i genitori della moglie di papà sono anche loro i nonni.
Siamo in una città del Nord Italia, in un negozio di giocattoli. Una bambina di circa quattro anni cerca un giocattolo da comprare. Olga è il suo nome, parla con il papà che è con lei in negozio. Parla un po' in italiano e un po' in francese.
Il negoziante, interessato, chiede: "Ma che brava, parli già due lingue! Da dove vieni?"
"Da Parigi."
"Oh! Che bella città. Sei in Italia con mamma e papà?"
"No, sono qui per stare un po' con papà che abita in Italia."
Il negoziante un po' sorpreso: "Ah … e la mamma dov'è?"
"Mamma è sulla Costa Azzurra con il suo fidanzato."
Il negoziante incuriosito: "E tu adesso vai in vacanza?"
"Sì, vado a Cortina con papà e sua moglie."

adattato da: *Psicologia contemporanea*

14 **Leggete il testo e indicate con una x se le affermazioni sono giuste o sbagliate.**
Lesen Sie den Text und kreuzen Sie an.

	vero	falso
1. L'articolo di giornale parla delle nuove famiglie nella società moderna.	☐	☐
2. La bambina è in Italia per comprare un giocattolo.	☐	☐
3. La bambina è nel negozio con la mamma.	☐	☐
4. La bambina parla francese.	☐	☐
5. Il papà vive a Parigi.	☐	☐
6. La mamma vive a Cortina con un altro uomo.	☐	☐

15 **Pensate alle famiglie che conoscete. Che tipo di famiglie sono?**
Famiglie allargate, mononucleari, famiglie di fatto …
Denken Sie an Familien, die Sie kennen. Um welche Art Familie handelt es sich?
Patchworkfamilien, Familien mit nur einem Elternteil, Eltern ohne Trauschein …

16 Il ciclo della vita. **Leggete e mettete in ordine le vignette.**
Lesen Sie den Text und bringen Sie die Zeichnungen in die richtige Reihenfolge.
Raccontate poi la storia.
Erzählen Sie anschließend die Geschichte.

Ü 10-11 S. 152/153

Carlo e Patrizia s'incontrano.

Dopo 3 anni divorziano.

Si sposano.

Si innamorano.

Patrizia invece vive con un altro compagno.

Si separano.

Litigano.

Subito dopo Carlo si risposa.

A 80 anni sono vedovi tutti e due e un giorno si rincontrano.

Descrivere se stessi e gli altri

17 Leggete il testo e individuate le persone sulla foto.
Lesen Sie den Text und finden Sie heraus, wer die Personen auf dem Foto sind.

I compagni di Carla
Carla è in Germania con il progetto Erasmus e vive da alcuni mesi in uno studentato a Monaco. Ecco la lettera che ha mandato a una sua amica con la foto dei compagni che abitano al suo piano.

... Al mio piano siamo in sei, siamo un gruppo internazionale, solo Thomas e Saskia sono tedeschi. Thomas è il ragazzo con la maglia nera. Ha i capelli castani e gli occhi chiari. È un tipo sportivo e molto attivo, gioca a tennis e gli piace fare surf, sai in estate va sempre al mare a Imperia. È un gran figo ma ha già la ragazza. Valentina, la slovena, è quella alta con i capelli lunghi e scuri accanto a me. Lei e io abbiamo gli stessi gusti: ci piace la musica rap, andare in discoteca e tutte e due siamo piuttosto pigre. Insomma andiamo proprio d'accordo. Saskia è la ragazza magra con gli occhiali, è l'intellettuale del gruppo, gentile ma un po' riservata. A parte lo studio la sua passione è lo squash, partecipa addirittura ai tornei nazionali... il suo punto debole è la cucina, infatti non sa cucinare e mangia spesso pizze riscaldate al microonde. Il ragazzo grassoccio a destra è Justo, uno spagnolo simpatico e chiacchierone.
Gli piace stare a parlare di cinema per ore e quando mangiamo insieme andiamo sempre a letto tardi. L'ultimo a sinistra è Juri. Viene dall'Ucraina, è timido e parla poco ma è molto carino e se qualcuno di noi ha un problema al computer lui è l'esperto ...

18 Ecco alcune espressioni per descrivere una persona. Cercatene altre nel testo. Quali si riferiscono all'aspetto, quali al carattere di una persona?
Mit folgenden Ausdrücken können Sie eine Person beschreiben. Suchen Sie im Text nach weiteren Wörtern. Welche Ausdrücke beziehen sich auf äußere und welche auf charakterliche Merkmale?

[magro/a – grassoccio/a – robusto/a – basso/a – carino/a – antipatico/a – giovane – anziano/a]

aspetto	carattere

OSSERVATE!

Justo è simpatico. chiacchierone.	Thomas ha i capelli castani.
Saskia è magra. gentile.	Valentina e io siamo piuttosto pigre.

Guardate le forme degli aggettivi. Che cosa notate?
Schauen Sie sich die Adjektive an. Was fällt Ihnen auf?

19 Lavorate in coppia e descrivete le persone.
Beschreiben Sie zu zweit diese Personen.

20 Pensate a un personaggio famoso e fate la sua descrizione. Gli altri devono indovinare chi è. È possibile fare domande.
Beschreiben Sie eine berühmte Person. Die anderen versuchen zu erraten, um wen es sich handelt. Fragen zu der Person sind erlaubt.

- un attore/un'attrice
- un/una cantante
- un personaggio della politica
- un personaggio dello sport
- un personaggio del mondo dell'industria.

Esempio:
● È un'attrice famosa, ha i capelli lunghi, gli occhi azzurri. È molto brava. Il suo ex marito è Tom Cruise.
○ Da dove viene? Quanti anni ha?

OSSERVATE!

Osservate e completate.

	venire
io	vengo
tu	vieni
lui/lei	…
noi	veniamo
voi	venite
loro	vengono

Ü 12-15 S. 153

Esprimere interessi e preferenze

21 A coppie fate le domande e rispondete.
Arbeiten Sie zu zweit. Befragen Sie sich gegenseitig und antworten Sie.

Ti/Le piace
fare sport?
andare al cinema?
camminare?
il jazz?
il mare?
la politica?

Sì, mi piace molto.
Abbastanza.
No, non mi piace tanto.
No, non mi piace per niente.

OSSERVATE!

Mi piace la musica pop.
Ti piace giocare a tennis?
Thomas è un tipo sportivo. **Gli** piace fare surf.
Caterina è una signora giovanile e **le** piace viaggiare.
Signora, **Le** piace cucinare?

A chi si riferisce il pronome "gli"? E il pronome "le"?
Auf wen beziehen sich die Pronomen "gli" und "le"?

22 La mia scheda personale. **Compilate una scheda con i vostri dati su un foglio e consegnatela all'insegnante che ridistribuirà le schede in classe. Indovinate chi è la persona della scheda che avete ricevuto.**
Schreiben Sie diesen Steckbrief mit Ihren Angaben auf einen Zettel. Diese werden eingesammelt und in der Gruppe neu verteilt. Versuchen Sie nun zu erraten, wen der Steckbrief, den Sie erhalten haben, beschreibt.

Chi sono?

Sono una persona un po' …
piuttosto …
molto …
Ho gli occhi …
i capelli …
Il mio sport preferito è …
Il mio attore preferito è …
La mia attrice preferita è …
La musica che preferisco è …
Mi piace/piacciono …
Non mi piace/piacciono …

23 **Fate una breve descrizione scritta del vostro amico/della vostra amica del cuore e dei suoi gusti.**
Beschreiben Sie Ihre engste Freundin bzw. Ihren engsten Freund und gehen Sie auch auf ihre/seine Interessen ein.

Ü 16-18 S. 153/154

Guardiamo da vicino!

Questi sono gli interessi della famiglia Bentini.
Il padre, Ettore, di 49 anni, ama i poeti locali; la madre, Anna, di 47 anni, si interessa d'arte ed il figlio Matteo, di 24 anni, è un patito di Formula Uno.

24 **Di chi sono questi biglietti?**
Von wem sind folgende Eintrittskarten?

- ☐ Ettore
- ☐ Anna
- ☐ Matteo

A

B
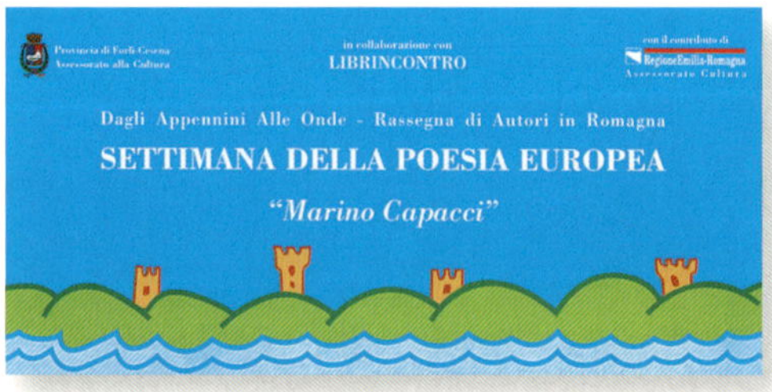

C

25 **Vi può interessare uno di questi biglietti? O avete altri interessi?**
Welche Veranstaltung könnte Sie interessieren? Oder haben Sie andere Interessen?

Amo …

Mi interesso di …

Mi piace …

ALLA SCOPERTA DELL'ITALIA

Diventare Padri in Italia

UNA RICERCA DELL'ISTITUTO DI STATISTICA ISTAT INDICA UN NUOVO RECORD: I PAPÀ PIÙ VECCHI SONO QUELLI ITALIANI. MA NON SONO SOLI: ANCHE I TEDESCHI DIVENTANO PADRI ALLA STESSA ETÀ.

Ecco i dati sull'età media dei padri di oggi:

Italia	Germania	Spagna	Francia	Austria	Norvegia
33	33	30	29	28	28

Vocabolario:
diventare *werden*
i più vecchi *die ältesten*
era *es war*
ero *ich war*
il proprietario *Besitzer*
sono nati *sind geboren*
l'età media *Durchschnittsalter*
indicare *angeben*
guadagnare *verdienen*
godersi qualcosa *etwas genießen*
la preoccupazione *Sorge*

26 A che età sono diventati padri gli uomini che conoscete? A 25 anni, a 40 anni, presto o tardi? E quelli della vostra generazione?
In welchem Alter sind die Männer, die Sie kennen, Vater geworden? Mit 25, mit 40, früh oder spät? Und wie ist es bei den Männern Ihrer Generation?

27 Leggete ora le testimonianze di queste persone e mettete una crocetta.
Lesen Sie die Texte und kreuzen Sie an.

Dario, 35 anni, dentista

Da due anni non abito più con i miei genitori a Parma. Ora sono indipendente economicamente e vivo in un appartamento a Milano con Luisa, mia moglie, e Laura, la nostra bambina di sei mesi.

Peppino, 68 anni, pensionato

Ai miei tempi tutto era diverso! A 24 anni ero già proprietario di un negozio di frutta e marito di Gabriella. Subito dopo sono nati i tre bambini.

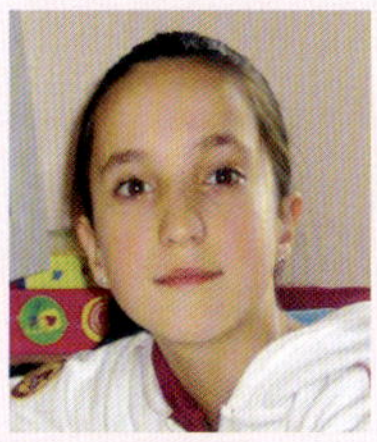

Chiara, 8 anni

Io faccio la terza elementare e ho una sorellina. Il mio papà, Fausto, ha 40 anni e la mia mamma, Wilma, 39. Non ho cugini, infatti mia zia Rita dice sempre che il suo compagno, Matteo, abita ancora con sua madre e suo padre...

Il più giovane quando è diventato papà: ☐ Dario ☐ Peppino ☐ Fausto
Il più vecchio quando è diventato papà: ☐ Dario ☐ Peppino ☐ Fausto

28 Secondo voi perché i padri italiani sono tra i più vecchi d'Europa?
Warum gehören italienische Väter Ihrer Meinung nach zu den ältesten in Europa?

☐ Perché non guadagnano abbastanza.
☐ Perché preferiscono rimanere a lungo in famiglia e non avere troppe responsabilità.
☐ Perché studiano per molti anni e cominciano tardi a lavorare.
☐ Perché non ci sono abbastanza strutture per aiutare le coppie che hanno figli.
☐ Perché amano godersi la vita senza preoccupazioni.

GRAMMATICA

1 Gli aggettivi possessivi
Die Possessivbegleiter

Ü 19-20 S. 154/155

maschile		**femminile**		
singolare	**plurale**	**singolare**	**plurale**	
il mio il tuo il suo/il Suo libro il nostro il vostro il loro	i miei i tuoi i suoi/i Suoi figli i nostri i vostri i loro	la mia la tua la sua/la Sua casa la nostra la vostra la loro	le mie le tue le sue/le Sue cose le nostre le vostre le loro	*mein(e)* *dein(e)* *sein(e), ihr(e), Ihr(e)* *unser(e)* *euer/eure, Ihr(e)* *ihr(e)*

Die Possessivbegleiter richten sich in Zahl und Geschlecht nach dem Besitzgegenstand und nicht – wie im Deutschen – nach dem Besitzer. **La sua casa** kann also *sein Haus* oder *ihr Haus* bedeuten, **il suo libro** *sein Buch* oder *ihr Buch.*

Vor dem Begleiter steht in der Regel der bestimmte Artikel. Bei Verwandtschaftsbezeichnungen im Singular entfällt der Artikel: **mio padre, nostra cugina**. Im Plural und bei **loro** steht immer der Artikel: **i miei genitori, la loro figlia. Loro** ist unveränderlich.

Bei der höflichen Anrede verwendet man gegenüber einer Einzelperson die Formen von **Suo**, gegenüber mehreren Personen meistens nur die von **vostro**. Nur in sehr förmlichen Situationen wird **Loro** gebraucht. In der höflichen Anrede können die Possessivbegleiter groß geschrieben werden, allerdings ist die Kleinschreibung immer häufiger anzutreffen.

2 Gli aggettivi al singolare e al plurale
Adjektive im Singular und Plural

Ü 21 S. 155

singolare	**plurale**	
piccol**o** piccol**a** gentil**e**	piccol**i** piccol**e** gentil**i**	**-o → -i** **-a → -e** **-e → -i**
il fratell**o** più piccol**o** la sorell**a** più piccol**a** una nipot**e** simpatic**a** un ragazz**o** gentil**e** una ragazz**a** gentil**e**	i fratell**i** più piccol**i** le sorell**e** più piccol**e** nipot**i** simpatic**he** ragazz**i** gentil**i** ragazz**e** gentil**i**	

Adjektive auf **-o** haben eine weibliche Form auf **-a**, im Plural wird **-o** zu **-i** und **-a** zu **-e** (s. auch S. 18, Pkt. 4). Adjektive auf **-e** haben für beide Geschlechter nur eine Form. Im Plural enden diese Adjektive auf **-i**.

Adjektive richten sich in Geschlecht und Zahl nach dem Substantiv, auf das sie sich beziehen.

Bezieht sich ein Adjektiv auf zwei gleichgeschlechtliche Substantive, steht es im Plural: **Tua madre e tua sorella** sono molto **carine.** *Deine Mutter und deine Schwester sind sehr nett.*

3 Il verbo *piacere*
Das Verb *piacere*

Mi piace la musica classica. Mi piace viaggiare. Ti piace viaggiare? Ti piacciono i tipi come Thomas?	*Ich mag klassische Musik.* *Ich reise gern.* *Reist du gerne?* *Gefallen dir Jungs* *wie Thomas?*

Mit der 3. Person Singular bzw. Plural des Verbs **piacere** und dem passenden indirekten Pronomen kann man sagen, was man/jemand mag oder gerne tut.

4 I pronomi indiretti
Die indirekten Objektpronomen

Ü 22 S. 155

Questa canzone **mi** piace.	**mi**	*mir*
Ti piace questo libro?	**ti**	*dir*
La birra non **gli** piace.	**gli**	*ihm*
Non **le** piace ballare.	**le**	*ihr*
Le piace questo film?	**Le**	*Ihnen*
La sua nuova casa **ci** piace.	**ci**	*uns*
Questa macchina **vi** piace?	**vi**	*euch, Ihnen*
Per Sara e Matteo compro un CD, perché **gli** piace ascoltare musica.	**gli**	*ihnen*

Indirekte Pronomen ersetzen ein indirektes Objekt:
Scrivi tu **a Marina**? – Sì, **le** scrivo io.
Schreibst du Marina? – Ja, ich schreibe ihr.
Die indirekten Pronomen sind vergleichbar mit den deutschen Dativpronomen. Im Italienischen stehen sie jedoch vor dem konjugierten Verb:
Paolo (non) **mi** scrive spesso.
Paolo schreibt mir (nicht) oft.
Beachten Sie auch die Stellung von **non** vor Pronomen und Verb.

5 Il verbo irregolare *venire*
Das unregelmäßige Verb *venire*

	venire
io	vengo
tu	vieni
lui, lei, Lei	viene
noi	veniamo
voi	venite
loro	vengono

Das Verb **venire** hat unregelmäßige Formen. Wie viele andere unregelmäßige Verben bildet es aber in der 1. und 2. Person Plural regelmäßige Formen, die sich vom Infinitivstamm ableiten lassen.

6 Particolarità nell'uso dell'articolo determinativo
Besonderheiten beim Gebrauch des bestimmten Artikels

Ha **i** capelli lunghi e porta **gli** occhiali.
Er/Sie hat lange Haare und trägt eine Brille.
Nico ha **il** naso lungo.
Nico hat eine lange Nase.

Zur Beschreibung äußerlicher Merkmale wird im Italienischen in Verbindung mit den Verben **avere** und **portare** der bestimmte Artikel verwendet.

Außerdem wird der bestimmte Artikel auch in folgenden Fällen verwendet:
La signora Bianchi non abita qui. *Frau Bianchi wohnt hier nicht.*
Daniele parla **l**'inglese e **lo** spagnolo. *Daniele spricht Englisch und Spanisch.*
Marta suona **il** pianoforte. *Marta spielt Klavier.*

7 Gli avverbi *molto, poco, tanto, abbastanza*
Die Adverbien *molto, poco, tanto, abbastanza*

Ü 23 S. 155

Questa musica mi piace **molto.**
È un tipo chiuso e parla **poco.**
Silvia è **tanto** simpatica.
Parla l'italiano **abbastanza** bene.

Ho mangiato **molti** biscotti.
Ho mangiato **molto.**

Adverbien wie **molto, poco, tanto, abbastanza** geben den Grad oder Umfang einer Eigenschaft oder Tätigkeit an.
Sie beziehen sich auf das Verb und können auch in Kombination mit einem Adjektiv oder einem weiteren Adverb stehen.

Als Adjektive werden **molto, tanto** und **poco** dem Substantiv angeglichen, auf das sie sich beziehen. Als Adverbien sind sie – wie alle Adverbien – unveränderlich.

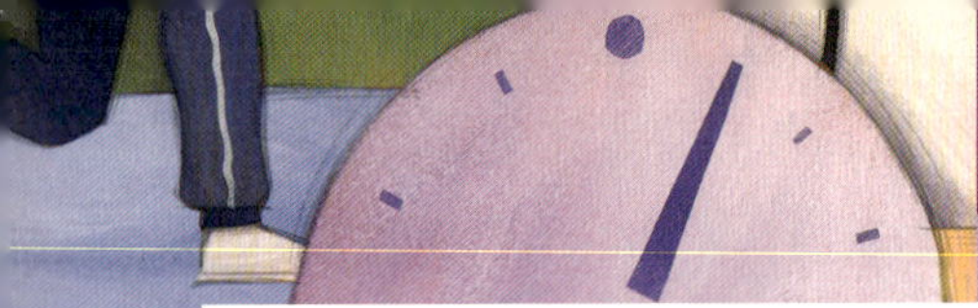

Che cosa fai di solito?

In questa unità impariamo a

- ➜ parlare delle abitudini quotidiane
- ➜ dire e chiedere l'ora
- ➜ dire i giorni della settimana e le parti della giornata
- ➜ indicare la durata e la frequenza delle azioni

Per cominciare

1 Abbinate le azioni alle immagini.

1

2

3

10

a ☐ lavorare al computer
b ☐ andare a scuola/lezione
c ☐ ascoltare la musica
d ☐ andare al cinema
e ☐ apparecchiare la tavola
f ☐ andare in palestra
g ☐ fare la doccia
h ☐ lavare i piatti
i ☐ suonare la chitarra
l ☐ fare la spesa

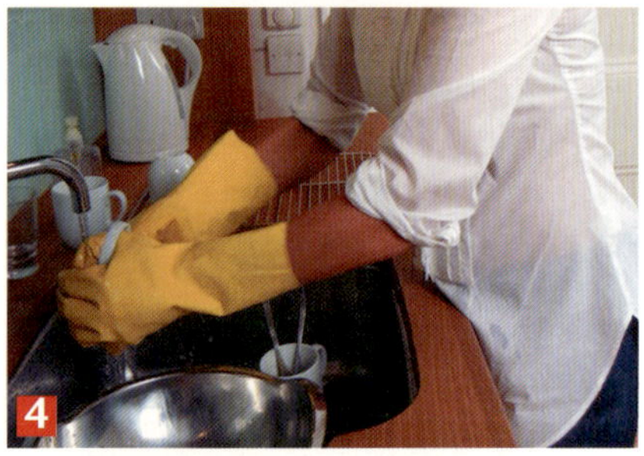
4

9

5

7

8

6

Parlare di azioni quotidiane

19 **2 Ascoltate il dialogo e scegliete la risposta giusta.**

1. Elena e Anna sono
   A ☐ a scuola. B ☐ alla fermata dell'autobus. C ☐ a casa di Anna.
2. La mattina Marco si alza
   A ☐ alle 9.00. B ☐ alle 7.30. C ☐ verso le 8.00.
3. La domenica mattina Marco dorme
   A ☐ fino alle 11.00. B ☐ fino alle 9.00. C ☐ fino alle 8.00.
4. La domenica ad Anna piace
   A ☐ stare a letto fino a tardi. B ☐ alzarsi presto. C ☐ fare colazione a letto.

3 Leggete i testi e abbinate le immagini.

1. Jacopo
La mattina verso le 9.00 mio nonno mi chiama: mi sveglio, mi preparo e dopo una colazione veloce esco di casa e prendo la macchina per andare all'università. Un quarto d'ora di viaggio e poi lascio la macchina al parcheggio e prendo l'autobus. Dopo mezz'ora sono in facoltà.

2. Alessandra
La mattina mi sveglio alle 7.00, quando suona la sveglia, ma non mi alzo subito dal letto. Mi piace restare sotto le coperte ancora un po', ma molto spesso mi riaddormento e alle 8.00 mia madre urla dalla cucina … così vado a fare la doccia, poi mi metto un vestito qualunque e via alla stazione.

3. Matteo
Ora che sono in pensione, mi sveglio alle 7.30, ma resto sempre a letto fino alle otto a leggere e poi con calma mi alzo, vado in bagno, mi lavo, mi faccio la barba e poi mi vesto.

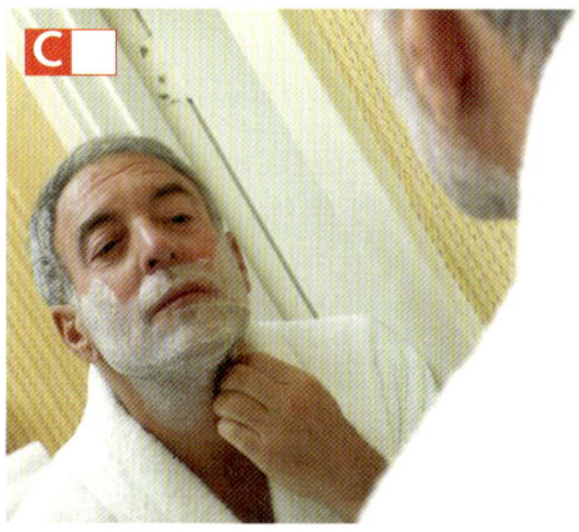

4. Giulio e Francesca
Io e mio marito ci svegliamo ogni mattina alle 7.00, lui corre in cucina e prepara il caffè e io prima vado in bagno a lavarmi, mi trucco e poi mi vesto in fretta. Dopo io faccio colazione e nel frattempo mio marito si prepara.

OSSERVATE!

Prima … poi/Dopo … e poi … .
Nel frattempo … .

Prima vado in bagno e poi mi vesto in fretta.
Nel frattempo mio marito prepara il caffè.

4 Rileggete i testi e rispondete.

1. Chi si sveglia alle 7.00? ....
2. Chi va alla stazione e prende il treno la mattina? ....
3. Chi prende la macchina? ....
4. Chi si alza prima di tutti? ....
5. Chi non fa colazione? ....
6. Chi ha molto tempo la mattina e fa le cose con calma? ....

OSSERVATE!

Ü 1-2 S. 156

Osservate e completate.

	svegliarsi
io	...
tu	ti svegli
lui/lei	si sveglia
noi	...
voi	vi svegliate
loro	si svegliano

	andare	**fare**
io	...	...
tu	vai	fai
lui/lei	...	...
noi	andiamo	facciamo
voi	andate	fate
loro	vanno	fanno

Che cosa notate nella coniugazione dei verbi riflessivi?
Ci sono differenze con la vostra lingua?

5 Completate il testo con i verbi indicati tra parentesi.

Giulio e Francesca la mattina .... (svegliarsi) alle 7.00 e .... (alzarsi) insieme. Prima va lei in bagno: .... (lavarsi), ... (truccarsi) e poi .... (vestirsi). Nel frattempo Giulio .... (preparare) il caffè in cucina e .... (fare) colazione.
Dopo lui .... (andare) a .... (lavarsi), poi .... (farsi) la barba e .... (prepararsi). Francesca nel frattempo .... (prendere) il caffè e .... (ascoltare) le notizie alla radio. Alle 8.00 insieme .... (prendere) l'autobus e .... (andare) a lavorare.

6 Scrivete cinque frasi sulle vostre abitudini al mattino e fate un confronto con un vostro compagno.

7 Fate ora una piccola inchiesta nel vostro gruppo con l'aiuto delle domande al punto 4.

Le parti della giornata

Ü 3-5 S. 157

la mattina

il pomeriggio

la sera

la notte

Dire e chiedere l'ora

20 **8** L'ora espressa in modo informale. **Abbinate l'ora ad ogni orologio. Poi ascoltate e controllate le vostre risposte.**

1. Sono le tre e un quarto.
2. Sono le sette e mezza.
3. È mezzogiorno e mezzo.
4. È l'una.
5. Sono le quattro meno un quarto.

A ☐

B ☐

C ☐

D ☐

E ☐

OSSERVATE!

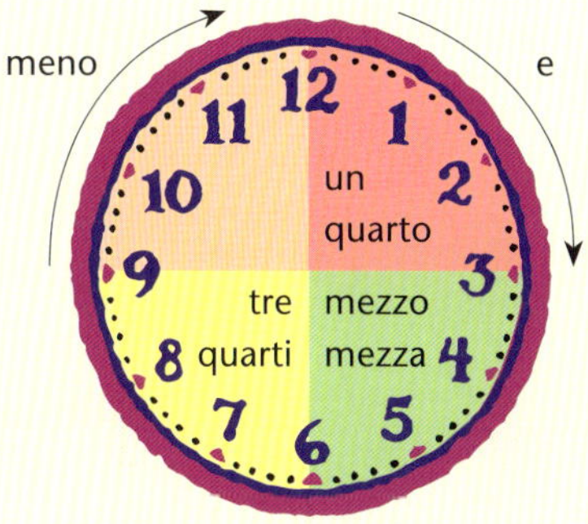

- Che ora è? Che ore sono?
- Sono le tre e un quarto.
- È mezzogiorno e mezzo.

- E che ore sono adesso?
- ....

21 **9** L'ora espressa in modo formale. **Ascoltate i brevi dialoghi e scegliete la risposta giusta.**

1.	A ☐ 15.15	B ☐ 15.20	C ☐ 4.40
2.	A ☐ 11.00	B ☐ 13.00	C ☐ 13.30
3.	A ☐ 6.16	B ☐ 18.15	C ☐ 18.34
4.	A ☐ 21.30	B ☐ 9.20	C ☐ 20.20
5.	A ☐ 15.20	B ☐ 3.10	C ☐ 15.00

ATTENZIONE!

In situazioni ufficiali o formali, per gli orari dei treni, degli autobus, degli aerei, di programmi ecc. diciamo *le quindici* (15.00) e non *le tre*, *le quindici e quarantacinque* (15.45) e non *le quattro meno un quarto*.

10 **Abbinate ad ogni orologio l'ora esatta. In coppia poi chiedete a turno l'ora e rispondete.**

1. Le tredici e trenta.
2. Le dodici e quindici.
3. Le quindici e trenta.
4. Le sedici e venti.
5. Le ventuno e venti.

A ☐

B ☐

C ☐

D ☐

E ☐

Ü 6 S. 157

Indicare la durata di azioni quotidiane

11 **A che ora ti alzi la mattina? Leggete la giornata tipo di queste persone e completate la tabella.**

Carlotta Fontana
Studentessa
La mattina mi alzo alle 8.00, mi preparo e vado a piedi all'università perché è vicina a casa mia. Di solito faccio colazione al bar con la mia amica Laura. Il lunedì, il mercoledì e il venerdì ho lezione dalle 9.00 fino alle 14.00. In questi giorni mangio a casa e il pomeriggio studio. Il martedì e il giovedì ho lezione dalle 9.00 alle 13.00 e dalle 14.00 alle 18.00. In questi giorni pranzo in mensa. Nel weekend ho un po' di tempo per riposarmi e allora esco con gli amici, vado al cinema e qualche volta in discoteca.

Paola Moroni
Impiegata in biblioteca
Dipende dal turno che ho: una settimana lavoro dalle 8.00 alle 14.00 e una dalle 14.00 alle 20.00. Quando ho il turno di mattina mi alzo alle 7.00 e il pomeriggio posso fare le faccende di casa e preparare con calma la cena per tutti. Quando lavoro il pomeriggio mi alzo verso le 8.00 e preparo già la cena per la sera perché prima delle 20.30 non sono mai a casa. Il giorno mio padre e i miei figli si preparano qualcosa di veloce, il sugo in frigo c'è sempre, mio marito di solito non torna. Il sabato non lavoro e la sera usciamo, andiamo in pizzeria, al cinema oppure a casa di amici.

Franco Pesce
Panettiere
Ogni giorno, tranne la domenica mattina, mi sveglio alle 4.00. Mi preparo in fretta e arrivo al lavoro alle 4.30. Devo preparare il pane prima delle 8.00, quando apre il negozio. Lavoro fino alle 12.00 e poi vado a casa e mi riposo un po', ma raramente vado a dormire. Il pomeriggio sono libero e due volte alla settimana gioco a calcio.

	Carlotta	Paola	Franco
A che ora si sveglia/si alza	8.00		
A che ora inizia a lavorare/frequentare le lezioni la mattina			
A che ora inizia a lavorare/studiare il pomeriggio			
Orario di lavoro/studio – dalle … alle …			

OSSERVATE!

Per esprimere il tempo

alle 12.00 — **fino alle** 12.00 — **dalle** 12.00 — **alle** 19.00 — **a partire dalle** 12.00

12 **Guardate le immagini e descrivete la giornata di Sandro.**

1

2

3

4

5

Ü 7-8 S. 158

13 **Intervistate un compagno sulla sua giornata tipo, poi scambiatevi i ruoli.**

A che ora ti svegli la mattina?
Quante ore lavori/studi al giorno?
Fino a che ora lavori/studi?
A che ora ceni di solito?
A che ora vai a letto la sera?

Alle . . . circa

Fino alle . . .

Dalle . . . alle

Prima . . . . Dopo

Nel frattempo . . .

14 **Leggete l'agenda di Tommaso e rispondete.**

1. È libero domenica mattina?
2. Quando pranza con Elisa?
3. In quali giorni non ha ancora impegni?

15 **Scrivete ora i vostri impegni per questa settimana e cercate in coppia di fissare un appuntamento per fare qualcosa insieme.**

Ü 9-10 S. 158/159

22 **16** **Ascoltate e segnate con una ✗ con quale frequenza Laura compie queste azioni.**

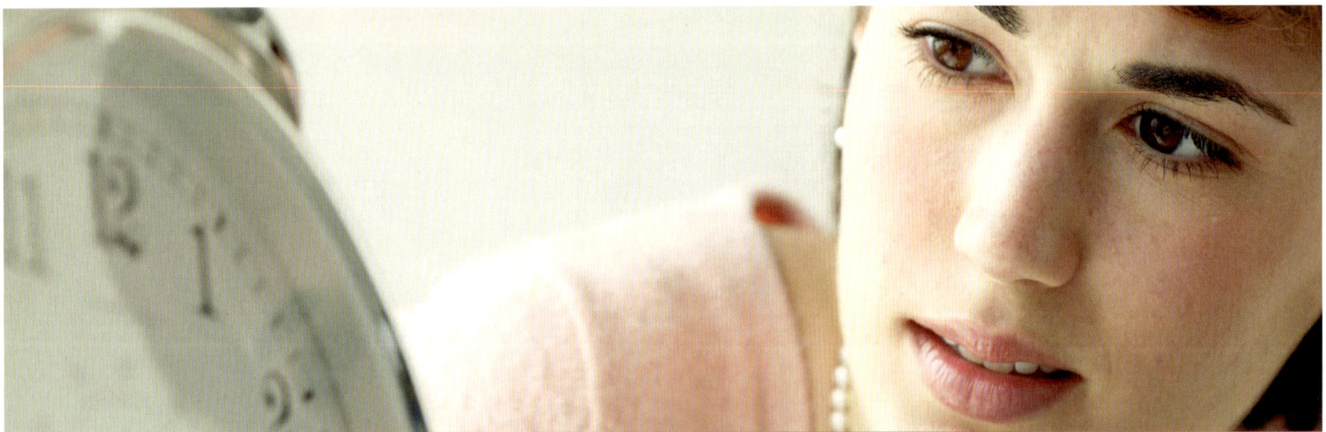

	sempre	di solito	spesso	qualche volta/ ogni tanto	raramente	mai
andare a teatro				✗		
uscire con gli amici						
leggere il giornale						
andare a cena fuori						
guardare la televisione						
svegliarsi presto						
fare la spesa						

OSSERVATE!

Gli avverbi di frequenza

sempre	100 %
di solito	75 %
spesso	50 %
qualche volta/ogni tanto	25 %
raramente	10 %
mai	0 %

17 **Abbinate le frasi nel modo opportuno.**

1. Carla inizia a lavorare alle 9.00 e …
2. Tutte le mattine Marco prende …
3. In estate Francesco va spesso al mare …
4. Raramente esco …
5. Luigi preferisce …
6. Marina fa spesso …
7. Non vado mai …
8. Simone e Luca leggono spesso …

a … per il fine settimana.
b … di casa prima delle 8.00.
c … andare in palestra il sabato mattina.
d … la spesa il venerdì pomeriggio.
e … finisce alle 17.00.
f … il giornale dopo pranzo.
g … il treno delle 7.05 per andare al lavoro.
h … al cinema la domenica.

OSSERVATE!

Non vado **mai** al cinema la domenica.

Come traducete questa frase nella vostra lingua?

Ü 11 S. 159

18 **La giornata di Davide. Osservate come si svolge la giornata di Davide e poi scrivete delle frasi. Usate gli avverbi di frequenza.**

7:00

svegliarsi

8:00

fare colazione

9:00

andare al lavoro

11:00

fare una pausa

12:30 13:30

pranzare

16:00

uscire dall'ufficio

17:30 18:30

andare in piscina

20:00

cenare

20:30

guardare la TV

23:00

andare a letto

[sempre – di solito – spesso – qualche volta/ogni tanto – raramente – mai]

1. La mattina Davide si sveglia sempre alle 7.00.
2. ……………………………………………………
3. ……………………………………………………
4. ……………………………………………………
5. ……………………………………………………
6. ……………………………………………………
7. ……………………………………………………
8. ……………………………………………………
9. ……………………………………………………
10. ……………………………………………………

Ascolto

19 Una giornata da organizzare. Ascoltate la telefonata di Claudia all'amica Antonella e indicate che cosa fa prima, che cosa fa dopo.

Claudia riceve una mail da un carissimo amico che non vede da molto tempo:
Arrivo stasera alle 21.00 alla stazione.
Claudia ha già alcuni impegni e varie cose da sbrigare prima dell'arrivo del suo amico.
Come si organizza?

- ☐ andare a vedere un film insieme ad un'amica
- ☐ far riparare la macchina
- ☐ comprare un regalo per il compleanno di tre amici
- ☐ andare a farsi i capelli

Guardiamo da vicino!

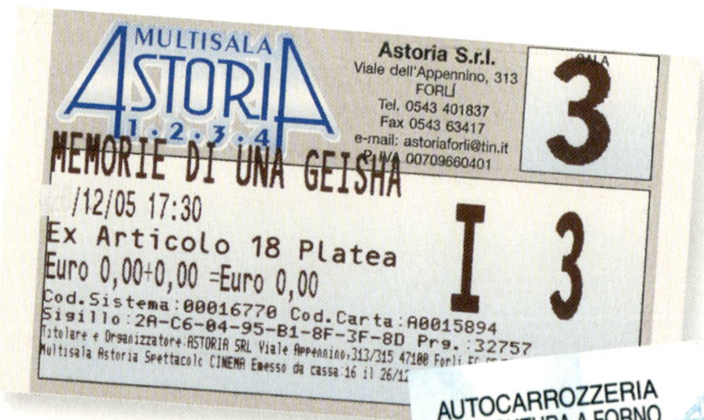

20 L'indomani nella borsa di Claudia ci sono questi biglietti. Quale non riguarda gli impegni del giorno precedente?

ALLA SCOPERTA DELL'ITALIA

MI RIFACCIO IL LOOK.

Chi è disposto a fare qualunque cosa (ritocchino compreso) e chi si mette soltanto la crema da giorno. Beauty-programmi diversi che dicono molto della nostra personalità. Le nostre nonne dicevano: "Chi bella vuole apparire, un po' deve soffrire". E in queste parole c'è un fondo di verità. Perché prendersi cura di se stessi richiede sempre qualche piccolo sacrificio.

Aumentano anche gli uomini che dedicano sempre più tempo al proprio aspetto. Come risulta da un sondaggio infatti il 68% degli italiani intervistati si prende cura del proprio corpo, il 72% pratica uno sport, il 16% si affida a un hairstylist, il 20% frequenta centri estetici e il 35% una palestra.

Adattato da: *Cosa fai per sentirti bella* di Laura D'Orsi – *www.donnamoderna.com* e da: *www.capellichefare.it.*

Vocabolario:
rifarsi il look *mehr aus sich machen* disposto *bereit* il ritocchino *kleiner schönheitschirurgischer Eingriff* dicevano *sagten* chi bella vuole apparire un po' deve soffrire *wer schön sein will, muss leiden* il fondo di verità *ein wahrer Kern* prendersi cura di *sich kümmern um* il sacrificio *Opfer* aumentare *mehr werden* dedicare *widmen* l'aspetto *Aussehen* come risulta da un sondaggio *wie eine Umfrage ergab* intervistati *befragt* affidarsi a qualcuno *sich jdm anvertrauen* frequentare *regelmäßig besuchen* il centro estetico *Beauty Center*

TEST CURI IL TUO ASPETTO?

Quanto tempo impieghi per prepararti?
- ☐ **A** Un'ora.
- ☐ **B** Venti minuti almeno.
- ☐ **C** 5 minuti.

Vai spesso dal parrucchiere?
- ☐ **A** Almeno una volta al mese.
- ☐ **B** Tre-quattro volte all'anno.
- ☐ **C** No, non ci vado mai.

Ti trucchi/ti metti il gel e il profumo ogni giorno?
- ☐ **A** Sì, ogni giorno.
- ☐ **B** No, solo in certe occasioni.
- ☐ **C** Non mi trucco/non uso il gel.

Ti guardi spesso allo specchio?
- ☐ **A** Sì, ogni volta che è possibile.
- ☐ **B** Due – tre volte al giorno.
- ☐ **C** Odio gli specchi.

Vai in palestra o fai sport?
- ☐ **A** Sì, due – tre volte alla settimana.
- ☐ **B** Una volta alla settimana.
- ☐ **C** No, non faccio niente.

Ti compri spesso abiti e accessori nuovi?
- ☐ **A** Sì, spesso.
- ☐ **B** Solo quando è necessario.
- ☐ **C** No, raramente.

21 **Contate le risposte e scrivete il numero accanto alle lettere A, B e C. Poi in gruppi confrontate i vostri risultati. Chi cura di più il suo aspetto?**

Risposte **A** .... Risposte **B** .... Risposte **C** ....

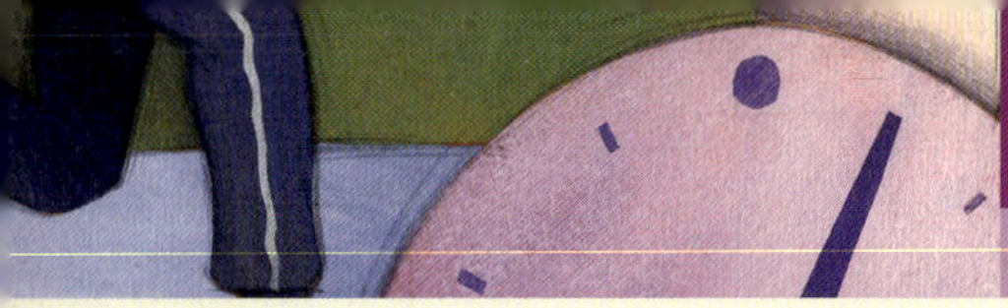

GRAMMATICA

1 I verbi riflessivi
Reflexive Verben

	alzarsi	
io	**mi** alzo	*mich*
tu	**ti** alzi	*dich*
lui, lei, Lei	**si** alza	*sich*
noi	**ci** alziamo	*uns*
voi	**vi** alzate	*euch*
loro	**si** ạlzano	*sich*

Reflexive Verben sind Verben, an deren Infinitiv **-si** angehängt wurde (**lavarsi** – *sich waschen*; **vestirsi** – *sich anziehen*; **farsi la barba** – *sich rasieren*) und deren Formen mit einem Reflexivpronomen (**mi, ti, si** etc.) gebraucht werden.
Das Reflexivpronomen steht vor dem Verb:
La mattina **mi** vesto in fretta.
Non steht vor dem Pronomen: **Non** mi alzo subito.

Die meisten Verben, die im Deutschen reflexiv sind, sind es auch im Italienischen, und umgekehrt. Einige Verben sind jedoch im Italienischen reflexiv, im Deutschen dagegen nicht: **svegliarsi** – *aufwachen*; **alzarsi** – *aufstehen*; **sposarsi** – *heiraten.*

2 Verbi irregolari: *andare, fare, uscire*

Ü 12 S. 159

Die unregelmäßigen Verben *andare, fare, uscire*

	andare	fare	uscire
io	vado	faccio	esco
tu	vai	fai	esci
lui, lei, Lei	va	fa	esce
noi	andiamo	facciamo	usciamo
voi	andate	fate	uscite
loro	vanno	fanno	ẹscono

Die Verben **andare, fare, uscire** haben unregelmäßige Formen.
Wie viele andere unregelmäßige Verben bilden **andare** und **uscire** aber in der 1. und 2. Person Plural regelmäßige Formen, die sich vom Infinitiv ableiten lassen.

3 L'ora
Die Uhrzeit

	Che ore sono?
12.00	**È mezzogiorno.**
13.00	**È l'una.**
13.05	**È** l'una e cinque.
14.00	**Sono le due.**
14.10	Sono le due **e dieci.**
14.15	Sono le due **e un quarto.**
14.25	Sono le due e venticinque.
14.30	Sono le due **e mezzo/mezza.**
14.35	Sono le due e trentacinque.
14.40	Sono le tre **meno venti.**
14.45	Sono le tre meno un quarto.
14.55	Sono le tre meno cinque.
24.00	**È mezzanotte.**

Nach der Uhrzeit fragt man mit **Che ora è?** oder **Che ore sono?**
Nach einem Zeitpunkt fragt man dagegen mit **A che ora ... ?** *Um wieviel Uhr?*
Entsprechend gibt man einen Zeitpunkt mit **a** an:
a mezzogiorno, all'una, alle due etc.
Zeiträume gibt man mit **da ... a** bzw. **dalle ... (fino) alle** an:
Il negozio chiude **da** mezzogiorno **alle** quattro.
Lavoro **fino alle otto.** ... *bis acht Uhr.*

Weitere, ungefähre Zeitangaben macht man wie folgt:
Prima delle undici non vado a letto. *Vor elf Uhr ...*
Dopo le dieci non mangio più niente. *Nach zehn Uhr ...*

Verso l'una vado a pranzo. *Gegen eins ...*

Bei offiziellen Zeitangaben werden wie im Deutschen die Stunden und Minuten durchgezählt:
Il treno arriva **alle 15.45 (quindici e quarantacinque).**

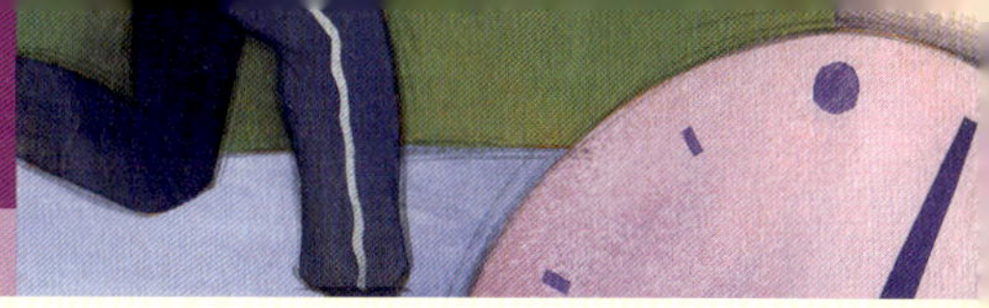

4 La negazione con *non … mai*
Die Verneinung mit *non … mai*

Non vado **mai** al cinema. Vai anche all'opera? – No, **mai.** **Mai** dire mai.

Im Italienischen wird *nie* mit **non … mai** wiedergegeben. **Non** entfällt in Sätzen ohne Verb und wenn **mai** am Satzanfang steht.

5 Avverbi di tempo
Adverbien der Zeit

Ü 13 S.160

Oggi è sabato.	*heute*
Domani andiamo al cinema.	*morgen*
Di solito vado in vacanza in Italia.	*für gewöhnlich*
Ora/adesso vado a casa.	*jetzt*
Il sabato mi alzo **tardi/presto.**	*spät/früh*
Raramente lavoro di sabato.	*selten*
Ogni tanto cucino per gli amici.	*manchmal*
Qualche volta andiamo in pizzeria.	*manchmal*
Vado **spesso** al mare.	*oft*
La mattina prendo **sempre** il caffè.	*immer*
Prima andiamo in centro,	*zuerst*
dopo andiamo a casa a mangiare,	*dann/danach*
poi usciamo con gli amici.	*dann*

Ebenso wie im Deutschen gibt es im Italienischen eine Reihe Adverbien, mit denen man Angaben zur Zeit und zur Häufigkeit machen kann. Die Stellung der Adverbien innerhalb des Satzes ist im Italienischen recht flexibel. Meist werden die Adverbien dem Satz voran- oder nachgestellt. Manchmal stehen sie aber auch hinter dem Verb.

Außer den nebenstehenden Adverbien kennen Sie auch die Ausdrücke
nel frattempo – *inzwischen* und
una volta alla settimana – *einmal die Woche.*

6 L'uso delle preposizioni *a* e *da*
Der Gebrauch der Präpositionen *a* und *da*

Ü 14-15 S.160

Anna va **dal** parrucchiere. Domani mangiamo **da** Gino. Andiamo **a** Napoli. Lisa va **a** scuola. Stasera vado **a** teatro. Quando vai **alla** posta? Lavoro **dalle** nove **alle** quattro. Piero invece va al cinema.

Mit Personen wird die Präposition **da** verwendet, wenn man sagen will, dass man zu jemandem geht oder bei jemandem ist.
Die Präposition **a** steht oft bei Orts- und Richtungsangaben manchmal ohne, manchmal mit Artikel und verschmilzt gegebenenfalls mit dem bestimmten Artikel.
A wird auch verwendet, um Zeitpunkte anzugeben.
Mit **da … a** kann man Zeitspannen angeben.

7 Le preposizioni articolate *a* e *da*
Die Präpositionen *a* und *da* in Verbindung mit dem bestimmten Artikel

	il	lo	la	l'	i	gli	le
a	**al**	**allo**	**alla**	**all'**	**ai**	**agli**	**alle**
da	**dal**	**dallo**	**dalla**	**dall'**	**dai**	**dagli**	**dalle**

Die Präpositionen **a** und **da** verschmelzen mit dem bestimmten Artikel zu den nebenstehenden Formen.

8 I giorni della settimana
Die Wochentage

Il lunedì gioco a tennis. *Montags …* **Lunedì** gioco a tennis. *Am kommenden Montag …* **Il fine settimana** vado in campagna. *Am Wochenende …* **Questo fine settimana** resto a casa. *Dieses Wochenende …*

Will man ausdrücken, dass etwas regelmäßig geschieht, verwendet man Tagesabschnitte, Wochentage und ähnliche Zeitangaben mit dem bestimmten Artikel.

Un viaggio in barca nell'arcipelago toscano

Siete con un gruppo di amici e fate una gita in barca per le isole della Toscana. Buon divertimento!

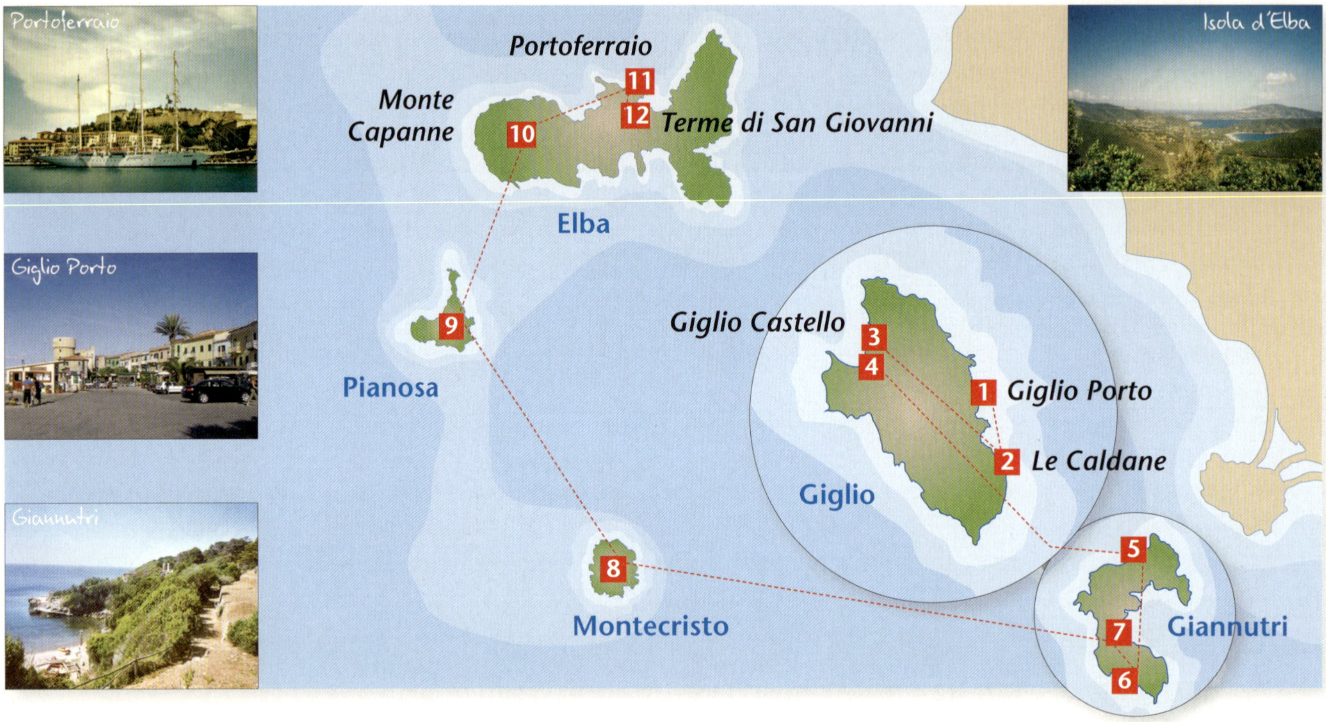

1 La prima tappa è **l'isola del Giglio**. Per domani programmate una giornata al mare e volete fare colazione alle 7. Chiedete alla reception dell'hotel se è possibile.

2 Con i vostri amici andate alle **Caldane**, una piccola spiaggia tra gli scogli *(Strand zwischen den Felsen)* dove arrivate solo a piedi. Fate un bel bagno *(ein schönes Bad)* e poi parlate tra voi di sport. Dite qual è il vostro sport preferito.

3 Oggi siete a **Giglio Castello**, una roccaforte medioevale all'interno *(mittelalterliche Festung im Inneren)* dell'isola, per il matrimonio della vostra compagna di studi, Silke, che si sposa con Stefano. Chiedete a Silke informazioni sulla famiglia dello sposo.

4 La sera dopo la grande festa andate a bere un bicchiere di Procanico, un vino rosso tipico dell'isola, con Paolo, il fratello di Stefano. Paolo vi chiede la vostra età e che cosa studiate. Rispondete.

5 La mattina dopo partite per l'isola di **Giannutri**. Volete visitare i resti della villa romana ma non sapete *(Sie wissen nicht)* la strada. Vi informate in un bar.

6 La piccola isola di **Giannutri** ha una bellissima vegetazione. Volete fare una camminata tra gli oleandri, le piante di mirto e di ginepro *(Wacholder)* e chiedete a Flavia, la sorella di Stefano, se le piace camminare.

7 Dopo una lunga camminata sull'isola avete appetito e volete andare a mangiare ma non sapete a che ora è in programma la cena in pizzeria. Cosa chiedete agli amici?

8 Grazie alla vostra *(Dank Ihrer)* buona organizzazione avete ricevuto *(bekommen)* il permesso speciale necessario per visitare l'isola di **Montecristo**. Alle 19.00 tramonta il sole (*geht die Sonne unter*) ma non sapete quanto è possibile rimanere sull'isola. Vi informate.

9 Il giorno successivo con un altro permesso speciale visitate **l'isola di Pianosa**, riserva naturale di piante e animali rari *(Naturreservat für seltene Pflanzen und Tiere)*. Parlate con il guardiano *(Wächter)* della riserva e vi informate sul suo lavoro (orario di lavoro e se gli piace).

10 La vostra ultima tappa è **l'isola d'Elba**. Volete fare una camminata fino al **Monte Capanne** insieme a Flavia che vi ha accompagnato *(begleitet)* in questi giorni e fissate per l'indomani *(für den nächsten Tag)* un'ora per incontrarvi. Fate una proposta *(Vorschlag)*.

11 A **Portoferraio**, uno dei porti dell'**Elba**, volete visitare la casa dove Napoleone Bonaparte ha vissuto *(gelebt)* in esilio dal 1814 al 1815. Non sapete l'orario di apertura *(Öffnungszeit)* e vi informate.

12 Il vostro viaggio nell'arcipelago toscano finisce domani. Oggi andate a fare un po' di relax alle **Terme di San Giovanni**. Flavia vuole sapere se la sera rimanete in spiaggia a suonare la chitarra o andate in discoteca. Rispondete.

Le istruzioni del gioco sono a pag. 256.

Portfolio Mein Lernfortschritt

Unità 3		
Ich kann	**Das kann ich gut**	**Das will ich noch üben**
mich über meine Familie unterhalten (7, 8, 9)		
mich und andere beschreiben (6, 16-19)		
Besitzverhältnisse ausdrücken (8, 9, 10)		
meine Interessen und Vorlieben ausdrücken (21-22, 25)		

Unità 4		
Ich kann	**Das kann ich gut**	**Das will ich noch üben**
über Alltagsgewohnheiten sprechen (3, 6, 7)		
die Uhrzeit erfragen und angeben (8, 10)		
die Wochentage und die Tagesabschnitte nennen (11-14, 17)		
Häufigkeit und Dauer von Handlungen angeben (13, 16, 18)		

Imparare ad imparare

Come imparare meglio i vocaboli nuovi II

1 Imparare con tutti i sensi

Wie lernt man Ihrer Meinung nach Vokabeln am besten? Geben Sie folgenden Symbolen eine Reihenfolge.

ascoltare — leggere e ascoltare — leggere — leggere, ascoltare e fare

Bilden Sie 3-er Gruppen und vergleichen Sie Ihre Ergebnisse. Dann fragen Sie Ihren Lehrer/Ihre Lehrerin.

2 Attività per memorizzare i vocaboli

Jeder von uns lernt neue Wörter auf unterschiedliche Weise und wendet eine eigene Strategie an. Hierzu ein kleines Experiment: Lesen Sie diese Wörter und versuchen Sie, so viele wie möglich zu behalten.

palestra, insegnante, litro, divorziato, spremuta, negozio, giornale, discoteca, lavarsi, svizzero, timido, doccia, sorella, cioccolata, tedesca, giovanile, Austria, televisione, indirizzo, burro, conto

Decken Sie nun die obigen Wörter ab und notieren Sie anschließend diejenigen, die Sie sich merken konnten.

Kompliment, wenn Sie sich mehr als 7 Elemente merken konnten. Dann haben Sie wahrscheinlich eine besondere Strategie angewandt.
Wie haben Sie sich die Wörter gemerkt? Der Reihe nach? Nach Themen geordnet? Alphabetisch? Nach ihrem Klang? Mit einer bildlichen Vorstellung? Mit einer Geschichte? Reflektieren Sie gemeinsam in der Gruppe.

Schreiben Sie nun 15 Wörter, die Sie bis jetzt gelernt haben, auf einen Zettel. Tauschen Sie den Zettel mit Ihrem Partner aus und versuchen Sie, sich die Wörter zu merken, indem Sie eine der besprochenen Strategien anwenden.

Scusi, vorrei andare ...

In questa unità impariamo a

- chiedere e dare informazioni su orari e prezzi
- chiedere e dare indicazioni stradali
- acquistare un biglietto
- prenotare una stanza d'albergo

Per cominciare

1 Come viaggiare? **Abbinate le foto alle espressioni.**

A

B

C

D

E

F

G

H

I

J

Si può viaggiare ...

1. ☐ in treno/con il treno
2. ☐ in aereo/con l'aereo
3. ☐ in nave/con la nave
4. ☐ in macchina/con la macchina
5. ☐ in moto/con la moto
6. ☐ in autobus/con l'autobus
7. ☐ in autostop/con l'autostop
8. ☐ in bicicletta/con la bicicletta
9. ☐ in tram – in metropolitana/con il tram – con la metropolitana
10. ☐ e si può anche andare a piedi.

2 Lavorate in coppia e dite che mezzi di trasporto usate per ...

- andare a lavorare/a scuola o all'università
- andare al cinema, a teatro o in discoteca
- andare in vacanza.

Chiedere e dare informazioni su orari e prezzi

24 **3** **Acquistare un biglietto.** **Ascoltate i dialoghi e indicate l'ordine dei luoghi in cui si svolgono.**

al porto

all'aeroporto

alla stazione ferroviaria

alla fermata dell'autobus

24 **4** **Ascoltate ancora una volta i dialoghi e rispondete alle domande.**

Dialogo 1
Con quale compagnia parte?

....

Dialogo 2
Dove deve andare?

....

Dialogo 3
Quanto dura il viaggio?

....

Dialogo 4
A che ora parte il traghetto?

....

5 **Guardate il biglietto del treno e completate la tabella.**

Ü 1 S.162

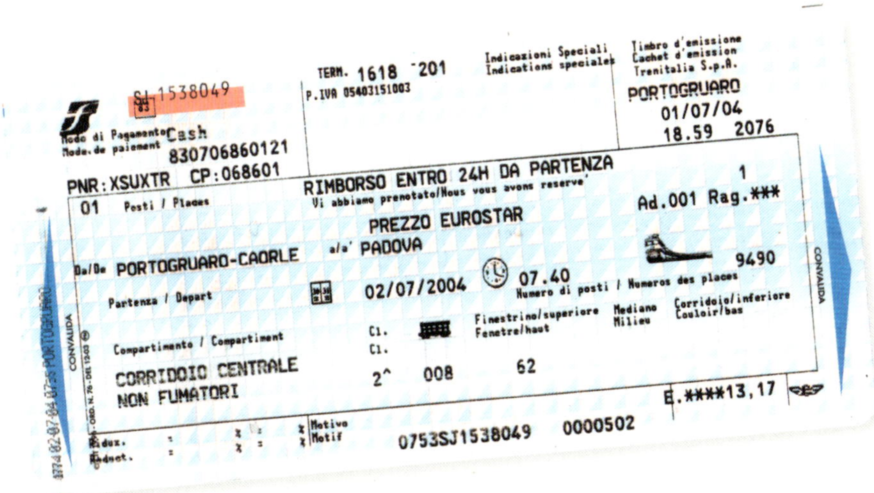

luogo di partenza Portogruaro-Caorle	numero della carrozza
luogo di arrivo	numero del posto
ora di partenza	costo del biglietto
tipo di treno	classe

25 **6** **Viaggiare in treno.**
Ascoltate il dialogo e segnate con una crocetta la risposta giusta.

1. Il viaggiatore deve andare — **a** a Napoli. — **b** a Roma.
2. Deve partire verso — **a** le diciassette. — **b** le quindici.
3. Con l'Eurostar delle 17.46 — **a** deve cambiare. — **b** resta sullo stesso treno.
4. Il viaggiatore compra un biglietto — **a** di prima classe. — **b** di seconda classe.

25 7 Riascoltate e leggete il dialogo.

- ● Buongiorno, vorrei un'informazione.
- ❍ Prego.
- ● Domani devo andare a Napoli, c'è un treno verso le cinque del pomeriggio?
- ❍ Sì, c'è un treno alle 16.46, deve cambiare a Roma Termini e poi a Roma deve prendere l'Eurostar per Napoli delle 19.45.
- ● E a che ora arrivo a Napoli?
- ❍ Alle 21.38.
- ● Bene. Ma a Roma quanto tempo ho per prendere la coincidenza?
- ❍ Vediamo un attimo ... dalle 19.30 alle 19.45, circa 15 minuti.
- ● E non ci sono altri treni a quell'ora? Sa, se il treno è in ritardo ...
- ❍ Sì, c'è l'Eurostar delle 17.46 e con questo non deve cambiare.
- ● E a che ora arrivo?
- ❍ Alle 22.30, il viaggio dura 4 ore e 40 minuti circa.
- ● Ma quanto costa il biglietto?
- ❍ Di prima o di seconda classe?
- ● Di seconda.
- ❍ Costa 47 euro con prenotazione obbligatoria.
- ● Ah, è costoso però il supplemento per l'Eurostar!
- ❍ Sì, costa l'Eurostar però è veloce e comodo.
- ● Su questo ha ragione. Allora un biglietto di seconda classe con l'Eurostar.

8 Ricercate ora le espressioni che si usano per chiedere informazioni:

– sui treni per Napoli di pomeriggio ....
– sull'ora di arrivo ....
– sul tempo a disposizione per prendere la coincidenza ....
– su altre possibilità ....

OSSERVATE!

Osservate e completate.

● .... un treno verso le cinque?
❍ Sì, ... un treno alle 16.46.
● E non .... altri treni a quell'ora?
❍ Sì, ... l'Eurostar delle 17.46

Se traducete queste frasi nella vostra lingua, che cosa notate?

	dovere
io	...
tu	devi
lui/lei	...
noi	dobbiamo
voi	dovete
loro	devono

9 Guardate la tabella dei voli per Palermo e completate il dialogo con "c'è" o "ci sono". Ü 2-3 S. 162

Partenza	**Arrivo**	**Compagnia**	**Classe**	**Tipo di volo**
Venezia 7.20	Palermo 8.45	VOLARE	Economy	Diretto
Venezia 10.30	Palermo 16.00	AIRONE	Economy	Scalo a Roma Fiumicino Arrivo 11.30 Partenza 15.00

- Buongiorno, vorrei sapere che voli .... domani per Palermo.
- .... un volo diretto alle 7.20, altrimenti .... un volo alle 10.30, ma fa scalo a Roma Fiumicino.
- E il pomeriggio .... altri voli?
- Sì, ... un volo alle 14.35, con arrivo a Palermo alle 18.30 o se preferisce .... un secondo volo alle 16.15.
- Sono voli diretti?
- No, purtroppo nel pomeriggio non .... voli diretti. .... un volo diretto la sera alle 18.30, con arrivo a Palermo previsto alle 20.10.
- Perfetto, scelgo questo.

10 **Lavorate a coppie. A turno prendete il ruolo del passeggero e dell'impiegato.**

Partenza	Arrivo	Compagnia	Classe	Tipo di volo
Milano Linate 6.50	Bari 8.20	ALITALIA	Turistica	Diretto
Milano Linate 14.00	Bari 17.45	LUFTHANSA	Turistica	Scalo a Roma Fiumicino Arrivo 15.05 Partenza 16.45
Milano Linate 19.05	Bari 22.35	ALITALIA	Turistica	Scalo a Roma Fiumicino Arrivo 20.10 Partenza 21.30

11 **Lavorate a coppie. Guardate l'orario e a turno prendete il ruolo del viaggiatore e dell'impiegato e fate il dialogo.**
Il viaggiatore sceglie il luogo di arrivo e l'orario di partenza, l'impiegato indica il tipo di treno, il binario e l'eventuale ritardo.

I treni italiani
ES* Eurostar Italia
IR Interregionale
R Regionale
EXP Espresso
IC Intercity
ICN Intercity Night

12 **Leggete il testo e rispondete alle domande.**

Ü 4-5 S. 163

Promozioni e Vantaggi **Promozioni**

"Estate in prima classe"
per chi prenota subito.

La nuova offerta per viaggiare con un biglietto di 2ª classe in 1ª classe

Quest'estate viaggiare in treno sarà ancora più confortevole e conveniente. Con "Estate in 1a classe", dal 20 luglio all'8 settembre chi parte il martedì e mercoledì viaggia in 1a classe al prezzo della 2a.
L'offerta è valida sui treni Eurostar, Intercity e Notte nazionali. Occorre prenotare almeno 10 giorni prima della partenza. La prenotazione del posto è gratuita ed avviene contemporaneamente all'acquisto del biglietto.
www.trenitalia.it

1. Cosa propone l'offerta?
   ....
2. Quando è valida l'offerta?
   ....
3. Con quali treni è valida l'offerta?
   ....
4. Quanto tempo prima bisogna prenotare il viaggio?
   ....

13 **Leggete la lettera. Perché la ragazza va a Milano?**

SUL TRENO, A LEZIONE DI VITA

Abito in provincia di Modena e vorrei frequentare il Politecnico a Milano. La mia estate è un continuo scendere e salire da un treno all'altro per cercare casa. La mia giornata di ieri: parto da Modena con un treno interregionale senza aria condizionata, mi siedo e apro il mio libro. Davanti a me c'è un ragazzo con cui parlo fino a Milano. Scendo. Dopo aver visto un appartamento a Milano è già ora di risalire sul treno (senza aria condizionata). Mi siedo vicino a due ragazzi pakistani che, a un certo punto, tirano fuori un vassoio di prugne e le offrono agli altri viaggiatori. È per queste giornate che non riesco a vedere nell'altro un nemico, ma un possibile compagno di viaggio. La nostra fortuna è enorme: possiamo viaggiare, studiare lontano da casa, e comunicare. Non si può non cercare il dialogo ...
(Giulia).

Da: *Le donne parlano – Grazia 30/08/2005*

14 **Rileggete il testo e indicate con una x se le affermazioni sono giuste o sbagliate.**

	vero	falso
1. La ragazza va a Milano per due o tre giorni.	☐	☐
2. Cerca un appartamento a Modena.	☐	☐
3. Sui treni interregionali d'estate fa caldo.	☐	☐
4. La ragazza parla volentieri con le persone in treno.	☐	☐

15 **Leggete e mettete in ordine le seguenti frasi in modo da ricostruire il contenuto del testo.**

☐ Vi descrivo la giornata di ieri.
Parto dalla mia città con un treno senza aria condizionata, poi mi siedo e comincio a leggere.
☐ Trovo posto vicino a due ragazzi pakistani
☐ possiamo studiare dove vogliamo e conoscere altre persone.
☐ Vivo vicino a Modena, ma vorrei studiare a Milano.
☐ Noi giovani siamo fortunati perché abbiamo tante possibilità,
☐ Quest'estate viaggio ogni giorno in treno, perché cerco casa.
☐ che dopo un po' prendono un vassoio di prugne e le offrono ai viaggiatori.
☐ Parlo con un ragazzo fino all'arrivo a Milano, vado a vedere un appartamento e poi sono di nuovo in treno.

16 **A voi personalmente piace viaggiare in treno?**

Esempio:
A me piace perché ...
A me non piace perché ..., preferisco ...

Chiedere e dare indicazioni stradali

17 **Abbinate le espressioni alle immagini corrispondenti.**

attraversare la piazza – andare sempre dritto fino al semaforo – girare a destra – arrivare all'incrocio – prendere le scale mobili – passare il ponte

1 ______

2 ______

3 ______

4 ______

5 ______

6 ______

26 **18** **Ascoltate il dialogo e segnate il percorso sulla cartina.**

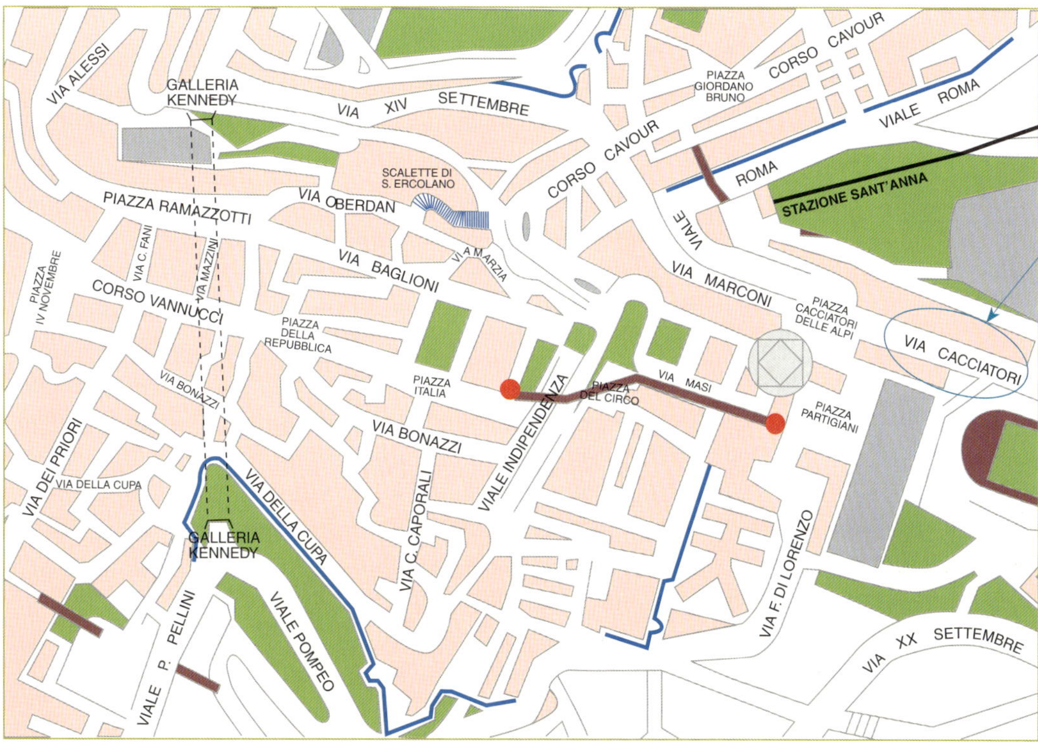

Legenda:

● scale mobili

siete qui

19 Riascoltate e leggete il dialogo e poi completate le frasi.

- ● Mi scusi, ... IV novembre?
- ○ Eh, deve andare a piedi perché in questo periodo è molto difficile muoversi in macchina, c'è Umbria Jazz.
- ● Umbria Jazz?
- ○ Sì, è un evento molto importante qui a Perugia. È una manifestazione bellissima: è dedicata al jazz e dura circa dieci giorni.
- ● Che bello, così posso vedere un po' di concerti. E dove posso .... ?
- ○ Noi siamo qui in via Cacciatori delle Alpi, e proprio qui di fronte, in piazza Partigiani, ... Se vuole può parcheggiare lì.
- ● E da lì, per arrivare in piazza IV novembre?
- ○ È facile, ... che portano direttamente in piazza Italia, poi da piazza Italia deve andare .... piazza della Repubblica, poi deve .... e si trova in corso Vannucci, prosegue lungo corso Vannucci e in fondo trova piazza IV novembre. È facile!
- ● Allora ripeto, in breve: dal parcheggio in piazza Partigiani devo prendere le scale mobili e arrivo in piazza Italia.
- ○ Giusto.
- ● Da piazza Italia vado dritto fino a piazza della Repubblica, e poi devo attraversare la piazza.
- ○ Bene.
- ● E infine percorro tutto corso Vannucci .... IV novembre! Giusto?
- ○ Sì, perfetto!
- ● Senta, ancora un'informazione. I concerti sono tutti qui in centro?
- ○ Sì, sono in diverse zone del centro. Molti sono all'aperto. Guardi, ci sono i programmi appesi dappertutto.
- ● Grazie molte, arrivederci.
- ○ Arrivederci e buon soggiorno a Perugia.

OSSERVATE!

Osservate e completate.

In piazza Partigiani .... un parcheggio.
Il parcheggio .... a pagamento.
Da lì fino a piazza Italia .... le scale mobili.
I concerti .... in diverse zone del centro.

Con l'aiuto di queste frasi cercate di formulare una regola.

	potere
io	...
tu	puoi
lui/lei	...
noi	possiamo
voi	potete
loro	possono

20 Completate il testo con "è", "c'è", "sono", "ci sono".

Ü 6-8 S. 163/164

A Perugia in estate .... Umbria Jazz. Che cos'è Umbria Jazz? .... una manifestazione dedicata al jazz.
.... molti concerti di cantanti famosi e .... tanti i turisti che arrivano a Perugia. In questo periodo .... difficile muoversi in città con la macchina, ma .... due o tre parcheggi da dove è possibile poi proseguire a piedi o con le scale mobili.
Insomma questa .... un'occasione in più per visitare la città.

21 Ricomponete le frasi.

Signora, a che ora	dovete	partire?
Ragazzi, adesso	deve	andare altrimenti perdete il treno.
Carla, oggi non	devi	parcheggiare in città, il centro storico è chiuso.
Il signor Cuffaro non	può	comprare il biglietto solo oggi, domani l'agenzia è chiusa.
Marco,	puoi	andare ora! Hai l'appuntamento alle tre.
Ragazzi,	potete	venire a cena con noi perché lavora fino a tardi.

Prenotare una stanza d'albergo

22 Abbinate i simboli alle parole.

1. ☐ ascensore
2. ☐ ristorante
3. ☐ piscina
4. ☐ animali ammessi
5. ☐ servizio internet
6. ☐ TV in camera

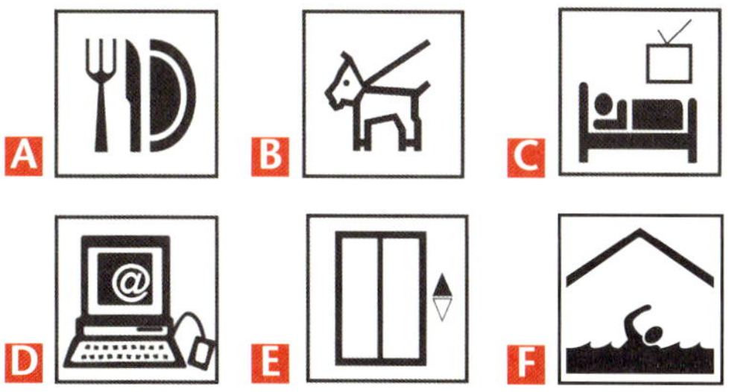

23 Leggete il dépliant dell'albergo Europa e abbinate ad ogni descrizione il titolo appropriato.

TURIN HOTELS INTERNATIONAL

HOTEL RISTORANTI MEETING MATRIMONI IDEE DI VIAGGIO PER CONTATTARE THI NOVITÁ CARD COMPAGNIA HOME

Situato nel centro storico di Rapallo, proprio di fronte al castello, antica roccaforte del 1550, e a pochi passi dal mare, l'Hotel Europa è un moderno ed elegante albergo a 4 stelle che non ha dimenticato il suo passato.

Sessanta le camere dell'Hotel Europa. Tutte eleganti e curate nell'arredo, semplicemente funzionali. Alcune godono di vista sul mare, altre, con minor vista, ma silenziose, si affacciano sul retro dell'albergo. Sono dotate di climatizzatore, TV satellitare, Hi-Fi, telefono, cassaforte e minibar.

Terrazza panoramica, garage, giardino, sala conferenze. Il ristorante e il bar sono aperti anche alla clientela esterna.

RAPALLO – HOTEL EUROPA   Per ricevere informazioni sull'Hotel Europa

[Benvenuti all'Hotel Europa – Le camere – I servizi]

OSSERVATE!

Osservate e completate.

Le camere sono elegant...
e curat... nell'arredo.
Il bar e il ristorante sono
apert... a tutti.

Provate a formulare la regola per gli aggettivi al plurale.

24 Completate la descrizione del dépliant in modo adeguato.

Il Miramonti Park Hotel è situat...... in una zona tranquill...... nel verde di un grand...... parco privat...... , a pochi passi dal centro storic...... . Le camere sono quasi tutte nuov...... e sono arredat...... con stile semplic...... e raffinat...... . Tutte sono dotat...... di TV satellitare, telefono dirett......, accesso internet, Hi-Fi, frigobar, cassetta di sicurezza, asciugacapelli e molte dispongono di terrazzo panoramic...... e servizi privat...... .

27 **25 Ascoltate il dialogo. Perché la signora vuole andare a Venezia con la famiglia?**

Ü 9-10 S. 165

27 **26 Riascoltate più volte e poi rispondete.**

1. Cosa dice la cliente che cerca una stanza?
   ....
2. Per quanto tempo desidera avere la stanza?
   ....
3. Come si informa l'albergatore sul numero delle persone?
   ....
4. Come risponde la cliente?
   ....
5. Come si informa sul prezzo?
   ....
6. Come si informa sul parcheggio?
   ....
7. Alla fine la cliente prende la stanza. Che cosa dice?
   ....

27 Scrivete adesso una mail per confermare la prenotazione. Indicate il tipo di camera, il prezzo, il periodo e i servizi che vi interessano.

A:

Cc:

Oggetto:

Gentili Signori,
con la presente confermo la prenotazione di ...
In attesa della Vostra risposta invio cordiali saluti
...

28 Lavorate in coppia e a turno telefonate ad un albergo per prenotare una camera (doppia, singola, tripla) con i servizi che preferite e per il periodo che vi interessa.

Guardiamo da vicino!

Ü 11-12 S. 165

Barbara, Stefania e Antonietta sono colleghe. Alla fine di una giornata di intenso lavoro fanno progetti per le vacanze. Barbara ama il mare e le gite in barca, uno stile sportivo e informale, anche senza troppe comodità. Stefania desidera andare in un luogo isolato a meditare. Antonietta e suo marito amano la cucina genuina ma curata ed il verde della campagna.

29 Cosa consigliate ad ognuna di loro? Perché?

A	B	C
Agriturismo "La quiete" Relax, cibo genuino e cordialità in un'oasi di pace, con un panorama che va dal verde delle colline etrusche allo splendore dell'arcipelago toscano.	**Il Monastero di Santa Scolastica** Gli ospiti possono alloggiare per qualche giorno nelle celle del monastero – solo per gli uomini – oppure nella piccola foresteria lì vicino. Da questa posizione si gode una bella vista della città di Subiaco.	**Centro Turistico Vignanotica** A 400 m dal mare e 20 km da Vieste. Spiagge bianche e le più belle grotte marine del Gargano creano il posto ideale per la tua vacanza. Camere, appartamenti e vasta area per campeggio.

ALLA SCOPERTA DELL'ITALIA

Tim Parks, nato a Manchester, vive dal 1981 in Italia. Ha una moglie italiana e vede i propri figli crescere in un universo culturale diverso da quello delle sue origini. È un ottimo osservatore delle abitudini e delle manie degli italiani e le descrive con fine umorismo.

30 Leggete questi brani con l'aiuto del vostro insegnante.

(In giugno sulla spiaggia di Pescara)

1. A Pescara, le madri portano di buon'ora i figli piccoli al mare, per assorbire i raggi benefici del sole. Più tardi li lasceranno andare in acqua (...). E non appena escono dal mare, i bambini, (...) si infilano un secondo costume da bagno, asciutto. O addirittura un terzo.

2. "E non alzare la sabbia, Matteo!", "E non gettare la sabbia, Cristina!", "E no, niente pizzetta, è troppo presto per la pizzetta". (...) "No, non puoi andare a fare il bagno, non ancora. Adesso stattene tranquillo e gioca con i tuoi giocattoli". (...) Ma non hanno il papà per giocare, per animare tutti quei giocattoli, perché papà è in ufficio o in fabbrica, o forse anche nei campi, al lavoro. E gran parte di essi non ha nemmeno la compagnia di un fratello o di una sorella, perché gli italiani della mia generazione ben di rado si avventurano a mettere al mondo più di un figlio.
I figli unici passano in rassegna i giocattoli e non sanno che farsene mentre le madri chiacchierano.

3. Mi concentro a tener fermo il cappellino sulla testa di Michele, consapevole che tutte le donne e le ragazze si stanno girando con un sorriso, rivolto non a me – per carità! – bensì al mio maschietto color del miele che mi sgambetta davanti, sotto il suo caschetto d'oro. In quanto a me, è come se fossi invisibile. I bambini ti giocano questo tiro. E forse più in Italia che in qualsiasi altra parte del mondo. I bambini sono vere e proprie calamite dell'attenzione femminile.

Da: *Un'educazione italiana* di Tim Parks, 1996

31 Ora rileggete i brani 1, 2 e 3 e decidete se queste affermazioni sono giuste o sbagliate.

	v	f
1. I bambini italiani al mare possono fare il bagno quando vogliono.	☐	☐
2. L'autore inglese si stupisce perché le mamme cambiano più di una volta il costume da bagno dei bambini, anche se in Italia d'estate fa molto caldo.	☐	☐
3. Secondo le osservazioni dell'autore, le madri italiane giocano spesso con la sabbia insieme ai loro bambini.	☐	☐
4. In giugno spesso le madri sono sole al mare con i figli perché i mariti non hanno le ferie.	☐	☐
5. I genitori della generazione di Tim Parks hanno normalmente più di un figlio.	☐	☐
6. Le signore e le ragazze italiane sono più interessate al bambino biondo che al padre.	☐	☐

32 Cercate nei brani le espressioni che hanno lo stesso significato.

1. Accompagnano in spiaggia
2. Non è ancora ora di
3. Parlano del più e del meno
4. Per quello che mi riguarda
5. Ti fanno questo scherzo

Vocabolario:
Di buon'ora *früh* assorbire *aufsaugen* i raggi benefici *die wohltuenden Strahlen* li lasceranno andare in acqua *sie werden sie baden lassen* si infilano *sie ziehen an* non alzare la sabbia! *hebe nicht den Sand auf!* non gettare ...! *wirf nicht! ...* stattene tranquillo *sei ruhig!* di essi *von ihnen* ben di rado *nur selten* si avventurano *sie trauen sich/sie wagen* non sanno che farsene *sie wissen nichts damit anzufangen* il cappellino *Hütchen* si stanno girando *sie drehen sich gerade um* con un sorriso *mit einem Lächeln* per carità *um Himmels Willen* il maschietto *kleiner Junge* sgambetta *trippelt* il caschetto d'oro *hier: blonder Pagenkopf* in quanto a me *was mich betrifft* è come se fossi invisibile *es ist, als wäre ich unsichtbar* ti giocano questo tiro *sie spielen dir solche Streiche* la calamita *Magnet*

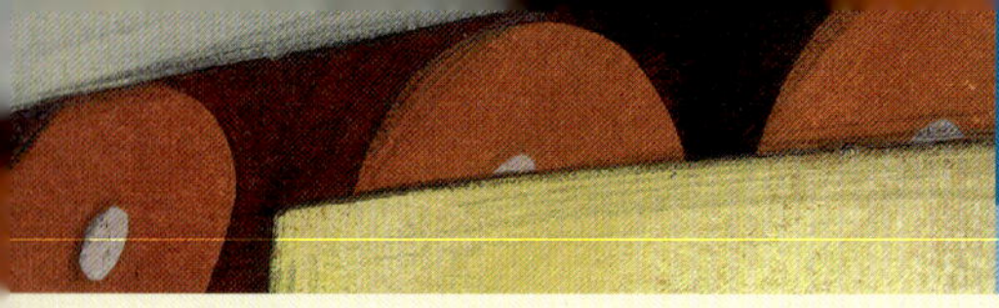

GRAMMATICA

1 I verbi modali *potere* e *dovere*

Die Modalverben *potere* und *dovere*

	potere	dovere
io	posso	devo
tu	puoi	devi
lui, lei, Lei	può	deve
noi	possiamo	dobbiamo
voi	potete	dovete
loro	possono	devono

Potere bedeutet *können* und – je nach Zusammenhang – *dürfen.*
Sabato **non posso** venire. *Samstag kann ich nicht kommen.*
Qui **non si può** fumare. *Hier darf man nicht rauchen.*
Posso entrare? *Darf ich reinkommen?*
Dovere bedeutet *müssen* und *sollen.*
Domani **dobbiamo** lavorare. *Morgen müssen wir arbeiten.*
A che ora **devo** venire? *Wann soll ich kommen?*

Im Italienischen stehen Modalverben und Infinitiv in der Regel zusammen:
Domani **dobbiamo** lavorare fino alle sette. *Morgen müssen wir bis 7 Uhr arbeiten.*

2 L'uso delle preposizioni *da, di, in, su*

Der Gebrauch der Präpositionen *da, di, in, su*

Parto **da** Modena. Juri viene **dall'**Ucraina. Dov'è il mio costume **da** bagno?	*Ich fahre von Modena ab.* *Juri kommt aus der Ukraine.* *Wo ist mein Badeanzug?*
Conosci il padre **di** Gino? Qual è l'ora **di** partenza? Hai il numero **della** carrozza?	*Kennst du Ginos Vater?* *Wann ist die Abfahrtszeit?* *Hast du die Wagennummer?*
Vado **in** Italia/**in** Puglia. Abito **in** piazza del Mercato. Vado **in** treno/**in** macchina/... Mia madre lavora **in** ufficio. Sabato andiamo **in** discoteca.	*Ich fahre nach Italien/Apulien.* *Ich wohne am Marktplatz.* *Ich fahre mit dem Zug/Auto/...* *Meine Mutter arbeitet im Büro.* *Samstag gehen wir in die Disco.*
Il bambino gioca **sulla** strada. Pia s'informa **sui** treni per Lucca. **Sui** treni d'estate fa molto caldo.	*Das Kind spielt auf der Straße.* *Pia informiert sich über die Züge nach Lucca.* *In den Zügen ist es im Sommer sehr heiß.*

Mit der Präposition **da** gibt man
- einen Ausgangspunkt oder
- eine Funktion an.

Verbindet die Präposition **di** Substantive, entspricht das im Deutschen oft
- dem Genitiv oder
- zusammengesetzten Substantiven.

Die Präposition **in** wird für Orts- und Richtungsangaben verwendet
- bei Ländern und Regionen
- mit Straßennamen und Plätzen
- bei Verkehrsmitteln
- für viele Einrichtungen und Gebäude.

Die Präposition **su** bedeutet *auf, über,* selten *in.*

3 Le preposizioni articolate *di, in, su*

Ü 13-14 S. 166

Die Präpositionen *di, in, su* in Verbindung mit dem bestimmten Artikel

	il	lo	la	l'	i	gli	le
di	**del**	**dello**	**della**	**dell'**	**dei**	**degli**	**delle**
su	**sul**	**sullo**	**sulla**	**sull'**	**sui**	**sugli**	**sulle**
in	**nel**	**nello**	**nella**	**nell'**	**nei**	**negli**	**nelle**

Für die Präposition **su** ergeben sich in Verbindung mit dem bestimmten Artikel ähnliche Formen wie für **a** und **da.** Verschmelzen **di** und **in** mit dem bestimmten Artikel, ergeben sich ganz neue Formen.

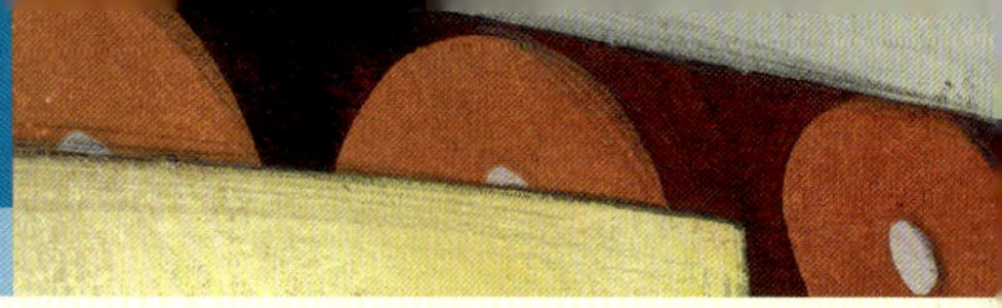

4 Locuzioni preposizionali
Präpositionale Ausdrücke

Ü 15 S. 166

L'albergo si trova **a destra della** stazione.	*rechts von*
Il parcheggio si trova **a sinistra del** supermercato.	*links von*
Davanti a me c'è un ragazzo simpatico.	*vor*
Dietro il castello c'è un parcheggio.	*hinter*
Paola abita **vicino a** Modena.	*in der Nähe von*
Maurizio studia **lontano da** casa.	*weit (weg) von*
La pizzeria "Girasole" è **di fronte al** castello.	*gegenüber*
La posta si trova **in fondo al** corso.	*am Ende von*
Deve andare dritto **fino a** piazza Matteotti.	*bis zu*
Dopo prosegue **lungo** corso Vannucci.	*entlang*

Im Italienischen gibt es eine Reihe präpositionaler Ausdrücke, die aus mehreren Bestandteilen zusammengesetzt sind und mit denen man Ortsangaben machen kann.

5 I numeri ordinali
Die Ordnungszahlen

1° primo/-a	3° terzo/-a	5° quinto/-a
2° secondo/-a	4° quarto/-a	6° sesto/-a

Die Ordnungszahlen sind Adjektive und richten sich somit nach ihrem Bezugswort.

6 *C'è* e *ci sono*
C'è und *ci sono*

C'è un volo diretto per Napoli?
Ci sono due voli la mattina.
Vergleichen Sie:
C'è un ristorante qui vicino?
Sì, **c'è** un ristorante in via Como.
Il ristorante "Volare" **è** in via Como.
In via Como **c'è** il ristorante "Volare".

Man gebraucht **c'è** und **ci sono**, um zu fragen oder zu sagen, *ob* es etwas gibt.
Mit Substantiven im Singular wird **c'è** gebraucht, mit Substantiven im Plural **ci sono**.
Sagt man, *wo* etwas ist, gebraucht man dagegen **essere**.
Steht die Ortsangabe jedoch am Satzanfang, gebraucht man wieder **c'è** und **ci sono**.

7 Il plurale degli aggettivi
Der Plural des Adjektivs

Il bar e **il ristorante** sono **aperti** a tutti.
La piscina e **la terrazza** sono **riservate** agli ospiti dell'albergo.
La terrazza e **il giardino** sono **silenziosi.**
Le camere sono **eleganti** e **silenziose.**
Deve andare fino alle **scale mobili.**

Bezieht sich ein Adjektiv auf zwei Substantive, muss es in den Plural gesetzt werden. Bezieht sich ein Adjektiv auf Substantive unterschiedlichen Geschlechts, erhält es die männliche Pluralendung. Bei weiblichen Substantiven im Plural passiert es leicht, dass man Adjektive auf **-e** versehentlich nicht in den Plural setzt.

8 Aggettivi in funzione attributiva e predicativa
Der attributive und prädikative Gebrauch des Adjektivs

Questa è una **bella casa.** *Das ist ein schönes Haus.*	funzione attributiva
Questa **casa** è molto **bella.** *Dieses Haus ist sehr schön.*	funzione predicativa

Das Adjektiv richtet sich in Geschlecht und Zahl nach dem Substantiv, auf das es sich bezieht. Anders als im Deutschen wird das Adjektiv auch beim prädikativen Gebrauch angepasst.

Come hai passato le vacanze?

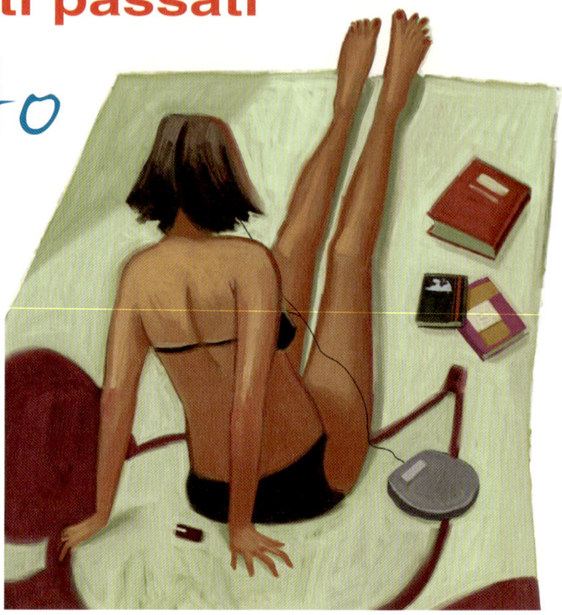

In questa unità impariamo a

- parlare delle vacanze
- raccontare fatti al passato
- collocare le azioni nel tempo
- chiedere informazioni sui prezzi

Per cominciare

1 Leggete le espressioni e scrivetele sotto l'immagine che vi sembra più adatta.

stare in compagnia – sci – andare al mare – ascoltare concerti in piazza – settimana bianca – noleggiare una macchina – andare in montagna – sciare – fontane – prendere il sole – fare un giro in barca – fare un picnic – spiaggia pulita – andare in funivia – fare il bagno – ammirare le opere d'arte – fare snowboard – fare passeggiate nei boschi – neve – mostre – stare a contatto con la natura – onde – visitare chiese e musei – costume da bagno – giocare in riva al mare – stare sotto l'ombrellone – fare shopping – dormire – camminare sulla spiaggia – monumenti

A

....
....
....

B

....
....
....

C

....
....
....

D

....
....
....

Parlare delle vacanze

Presi d'assalto aeroporti e stazioni ferroviarie. Treni speciali per il Sud

Esodo d'agosto, lunghe code sulle autostrade

A Mestre, fila di 25 chilometri, veicoli in colonna anche al confine con la Slovenia

Da: *Il Corriere della Sera,* www.corriere.it 06/08/2005

2 **Lavorate in coppia, guardate la vignetta e insieme provate a dire a che cosa si riferisce.**

3 **Abbinate le parole al loro significato.**

1. confine
2. presi d'assalto
3. esodo
4. in colonna

a partenza di molte persone nello stesso periodo
b in fila uno dopo l'altro
c linea che divide il territorio di uno stato da un altro
d che sono sovraffollati, pieni di gente

OSSERVATE!

In estate si aspetta il bel tempo e si parte per il mare. Sulle autostrade si registrano lunghe code.

Che cosa notate nell'uso del "si"?

4 **Anche nel vostro paese si registrano code sulle autostrade in estate? Dove si preferisce passare le vacanze di solito?**

5 **Guardate di nuovo le foto a pagina 72, scegliete un tipo di vacanza e descrivete tutto ciò che si può fare.**

Esempio: *In montagna in estate si può fare un picnic, . . .*

Ü 1-3 S. 168/169

28 **6 Serena e Stefano sono in vacanza a Lignano Sabbiadoro. Ascoltate il dialogo che si svolge tra di loro prima di andare in spiaggia e indicate gli oggetti che Serena non trova.**

occhiali da sole – costume da bagno – cappello – berretto – asciugamano – ciabatte da mare – crema solare

- ● Serena, qui ci sono i tuoi occhiali da sole.
- ○ Dove, scusa?
- ● In bagno, li lasci dappertutto …
- ○ Ah, guarda, ci devono essere anche le ciabatte da mare. Le prendi tu per favore?
- ● Sì, va bene, le metto in borsa. Per caso hai visto il mio berretto? Non lo trovo.
- ○ Guarda, è lì sul letto. Piuttosto, la crema solare, dov'è? Non la vedo … oddio sta a vedere che è rimasta a casa.
- ● Beh, allora la dobbiamo comprare. Ci fermiamo al minimarket …

OSSERVATE!

Osservate e completate.

Hai visto il mio berretto? Non ....lo....... trovo.
Piuttosto, ... dov'è? Non .... vedo.
Qui ci sono ...., ... lasci dappertutto.
Ci devono essere anche ...., ... prendi tu per favore?

7 Abbinate le frasi nel modo opportuno. Ü 4 S.169

1. La crema solare non c'è.	**a** Tu lo vedi?
2. Compri anche un po' di pesche?	**b** Non li trovo.
3. Dove sono i miei occhiali?	**c** Li metto in borsa?
4. Ho finito le sigarette.	**d** Così le mangiamo in spiaggia.
5. Non trovo il cappello.	**e** Le puoi comprare?
6. Qui ci sono due libri.	**f** La dobbiamo comprare.

Raccontare fatti al passato

8 Leggete e dite dove trascorre le vacanze Lorenzo.

Lorenzo è partito stamattina per la Val d'Aosta, ha passato molte ore in macchina perché ha incontrato traffico sull'autostrada. All'arrivo ha mandato un sms ad Anna. Ecco il messaggio che ha scritto.

OSSERVATE!

Sono arrivato in albergo.
Ho fatto una sosta a Genova.

Osservate e completate.

partire	Lorenzo è .... per la Val d'Aosta,
fare	ha .... una sosta a Genova,
arrivare	è .... in albergo,
scrivere	ha .... un sms ad Anna.

Il linguaggio dei messaggini

1	uno/a	x	per
+	più	–	meno
6	sei	tvb	ti voglio bene

Parlare delle vacanze trascorse

29 **9 Ascoltate la prima intervista della trasmissione radio "Racconta le tue vacanze" e indicate le foto che si riferiscono all'intervista.**

29 **10 Riascoltate l'intervista e indicate con una x se le affermazioni sono giuste o sbagliate.**

	vero	falso
1. Martina va sempre in vacanza con i suoi genitori.	☐	☐
2. Il campeggio è un'esperienza nuova per Martina.	☐	☐
3. Martina è giovane, ha 17 anni.	☐	☐
4. Martina è andata in campeggio per la prima volta con i suoi amici.	☐	☐
5. Martina e i suoi amici hanno visitato molto bene l'isola.	☐	☐

In piccoli gruppi correggete le frasi che non corrispondono al testo.

OSSERVATE!

Martina è andata in vacanza con i suoi amici.
Sono arrivati in campeggio la domenica mattina.

11 Leggete ora l'intervista, completate gli esempi della tabella e formulate la regola per il passato prossimo.

● Oggi siamo qui in studio per la settima puntata di "Racconta le tue vacanze" e diamo il benvenuto a Martina e a Davide che oggi ci parleranno delle loro vacanze. Cominciamo subito con Martina. Ciao Martina.
○ Ciao Michele.
● Martina, ci vuoi raccontare come hai passato le tue vacanze quest'estate?
○ Sì, certo! Alla fine di giugno sono andata in vacanza con i miei amici all'Isola d'Elba. Siamo andati in campeggio. È stata un'esperienza bellissima! Fantastica!
● È stata la tua prima vacanza in campeggio?
○ No, no! Io e i miei genitori andiamo ogni anno in campeggio al mare. Ma quest'estate è stata la prima volta che sono andata in vacanza senza di loro.
● Sei ancora molto giovane! Quanti anni hai, Martina?
○ 17.
● Proprio giovane! ... Ci vuoi raccontare un po' che cosa hai fatto durante il soggiorno all'Isola d'Elba?
○ Sì. Allora... Siamo arrivati la domenica mattina e abbiamo subito montato le tende, poi siamo andati a comprare da mangiare al supermercato e dopo siamo andati in spiaggia a prendere il sole e poi abbiamo fatto il bagno.
● Avete visitato anche l'isola?
○ No, abbiamo scelto di fare una vacanza di solo mare e riposo. Niente macchina, niente fatica, riposo e divertimento.
...

Ü 5-8 S. 169/170

singolare		plurale	
sono andat...	sono andat...	siamo andat...	siamo andate

12 In coppia guardate adesso le altre foto a pagina 75 e dite come, secondo voi, ha passato le vacanze la famiglia di Davide.

Ascolto

30 **13** **Ascoltate adesso l'intervista di Davide e verificate in coppia le vostre ipotesi.**

14 **Completate la descrizione delle vacanze di Davide e della sua famiglia con le forme dei verbi al passato prossimo.**

Davide e la sua famiglia .... (andare) in vacanza a Valledoria, in Sardegna. Non .... (fare) il giro dell'isola perché i bambini sono troppo piccoli, ... (scegliere) di fare una vacanza di solo riposo. .... (prenotare) una stanza in un villaggio turistico. Fin dal primo giorno i bambini .... (giocare) all'aria aperta e mamma e papà si sono goduti un po' di tranquillità: Davide .... (leggere) molto e sua moglie .... (fare) molti bagni.

Collocare le azioni nel tempo

15 **Completate le espressioni di tempo con le parole della lista.**

[passato – scorsa – inverno – primavera – autunno – anni fa]

1. L'estate ..scorsa... sono rimasta a casa.
2. L'inverno .... i miei genitori hanno trascorso le vacanze in Puglia.
3. Due .... siamo andati al mare.
4. In .... Stefania e Loretta sono andate alla festa del vino.
5. Questo .... Marco ha trascorso la settimana bianca a Cortina d'Ampezzo.
6. In .... ho passato due giorni in montagna.

16 Le stagioni. **Completate ora con i nomi delle stagioni.**

A ....

B ....

C ....

D ....

Qual è per voi la stagione più bella? Perché?

18 **Raccontate adesso al vostro compagno come avete trascorso le vacanze.**

17 I mesi. **Ricomponete i nomi dei mesi.**

na – io – gen ....
io – bra – feb ....
zo – mar ....
a – le – pri ....
gio – mag ....
gno – giu ....
glio – lu ....
a – sto – go ....
set – bre – tem ....
bre – to – ot ....
vem – bre – no ....
bre – cem – di ....

Ü 9-11 S. 170/171

OSSERVATE!

in/d'inverno
in/a gennaio
questo inverno
l'estate scorsa

Chiedere informazioni sui prezzi

31 **19 Ascoltate il dialogo tra Serena e il bagnino in spiaggia.
Quanti giorni rimangono al mare Stefano e Serena?**

PREZZI GIORNALIERI			
	Bassa stagione	Media stagione	Alta stagione
1° fila	10,50 euro	12,50 euro	13,50 euro
2° fila	10,00 euro	12,00 euro	13,00 euro
3° fila	9,50 euro	11,50 euro	12,50 euro
4° fila	9,00 euro	11,00 euro	12,00 euro

31 **20 Riascoltate il dialogo e sottolineate le frasi che sentite.
Quali delle frasi sottolineate sono da attribuire a Serena (S) e quali al bagnino (B)?**

1. [S] Vorrei noleggiare due lettini e un ombrellone.
2. [ ] Quanto costa la prima fila?
3. [ ] La seconda fila è tutta occupata.
4. [ ] C'è ancora un posto in seconda fila, se lo vuole vedere ...
5. [ ] È un po' caro ma lo prendo.
6. [ ] No, è troppo caro, lo prendo solo per una settimana.
7. [ ] La seconda settimana costa 13 euro al giorno.
8. [ ] Veramente non vorrei spendere così tanto.
9. [ ] Se vuole spendere meno, a 12 euro, Le posso offrire un posto in quarta fila.
10. [ ] Se vuole spendere meno, a 11 euro, Le posso offrire un posto in quarta fila.
11. [ ] Mi fa vedere dov'è esattamente?
12. [ ] Vede laggiù quella sdraio rossa?
13. [ ] Il posto è un po' più lontano dal mare ma è anche più tranquillo.
14. [ ] Il posto è molto più lontano dal mare ma è anche più tranquillo.
15. [ ] Beh, può andare. Facciamo così allora.

OSSERVATE!

Osservate e completate.

Il posto in quarta fila è ....
dal mare, però è ....
(del posto in seconda fila).

	volere
io	voglio
tu	vuoi
lui/lei	...
noi	vogliamo
voi	volete
loro	vogliono

Ü 12 S. 171

**21 Serena racconta a Stefano che cosa ha prenotato al bagno "Onda marina".
Fate il dialogo.**

22 Quanto spendono in spiaggia Stefano e Serena per le due settimane?

23 **Leggete la cartolina di Francesca e rispondete alle domande.**

Siena, 20 agosto
Cara Maria,
io e Sandro siamo in Toscana da quattro giorni e abbiamo già visto un sacco di cose. Siamo stati a San Gimignano, un paese con tantissime torri e al Museo Etrusco di Arezzo, ma l'evento più emozionante è stato il Palio, che abbiamo visto il 16 agosto in Piazza del Campo, la piazza più bella di Siena. Ha vinto la contrada della Tartuca, cioè la tartaruga. È stata un'esperienza indimenticabile. Domani proseguiamo per la Maremma e fra tre giorni si rientra. Non appena arrivo a casa, ti faccio vedere tutte le bellissime foto che abbiamo scattato.
Un abbraccio e a presto. Francesca

Maria Rossi
Via Sallustio 3
10100 TORINO

1. Con chi è andata Francesca in Toscana?
2. Da quanti giorni è in Toscana?
3. Cosa c'è a San Gimignano?
4. Che cosa ha visto il 16 agosto?
5. Chi ha vinto il Palio?
6. Dove vogliono andare Francesca e Sandro il giorno dopo?

OSSERVATE!

Osservate e completate.

Siamo in Toscana .... quattro giorni.
Un anno ...... sono stato al mare.
.... tre giorni si rientra.

Piazza del Campo è ... piazza .... di Siena.
Le foto delle vacanze sono bell ....

Ü 13-15 S. 171

24 **Completate le frasi con "fa", "fra" o "da".**

1. Paolo è qui .... una settimana.
2. Dieci giorni .... è arrivata la tua lettera.
3. Partiamo .... tre giorni.
4. Angela un mese .... è andata a sciare in Svizzera.
5. Il treno deve arrivare .... pochi minuti.
6. Non vedo Marco .... molto tempo.

25 **Fate un confronto di opinioni con il vostro partner e riferite in plenum.**

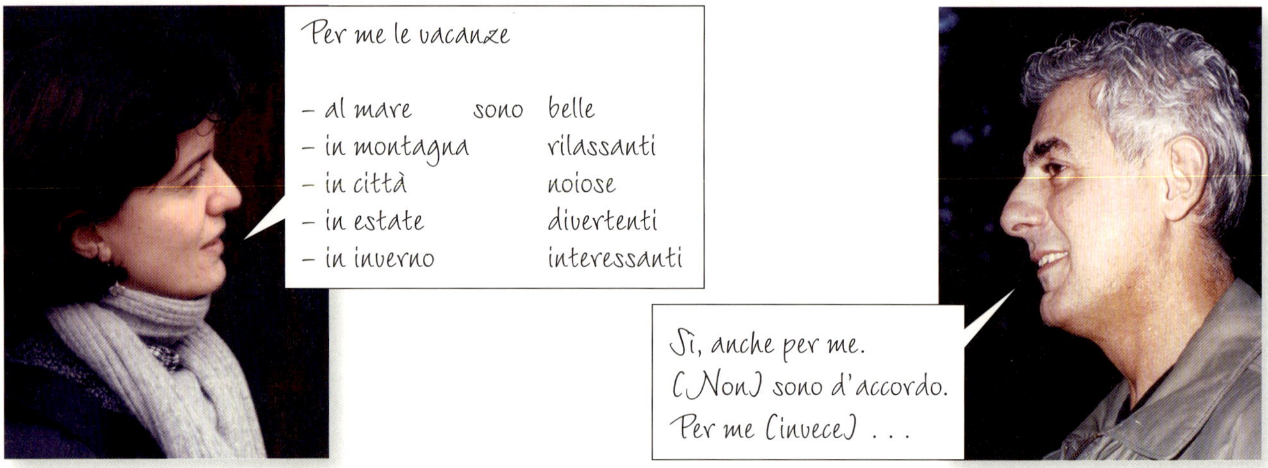

Esempio: *Per me le vacanze al mare sono le più belle, sono più rilassanti e meno noiose delle vacanze in montagna.*

Guardiamo da vicino!

Ecco tre cartelli con importanti informazioni che potete trovare sulle autostrade italiane.

26 **Leggete le domande e rispondete.**

1. Quale dei cartelli indica il tempo medio necessario per arrivare in un luogo?
   ....
2. Qual è la velocità massima permessa nei centri abitati? E in autostrada?
   ....
3. In caso di problemi nel pagamento del pedaggio in autostrada, dove è possibile rivolgersi?
   ....

ALLA SCOPERTA DELL'ITALIA

27 **Vi è mai capitato di aspettare la domenica per rilassarvi e stare bene, e poi essere delusi perché è successo tutto il contrario? Pensate ad una domenica andata male e scrivete il motivo qui sotto con una breve frase.**

....

Ora leggete cosa è capitato al noto giornalista Giorgio Bocca:

MALEDETTA DOMENICA

SARÀ UNA BELLA DOMENICA ... Nostro figlio Pietro e la sua bella moglie Paola con gli adorati nipotini Luisa e Carlo ci hanno invitato a un pranzo in campagna, a Truccazzano. Fuori le mura (...) dove incominciano le code, che poi proseguono all'infinito sulla Rivoltana o sulla Paullese, dove ogni cento metri c'è un semaforo, sempre rosso. È la domenica della società del disagio. Siamo quelli che la televisione intervista quasi ogni giorno: «Da quanto siete in coda?». «Un'ora da Piazza Duomo». «Tre ore da Varese». (...) I figli trentenni si agitano, inutilmente, ma si agitano. Ciascuno con il suo telefonino, e un portafogli gonfio di tessere, come la reclame delle pagine gialle, telefonano al ristorante di Truccazzano, all'Automobil club, alle informazioni sul tempo, gli dicono che pioggia e nebbia sono assicurati, sembrano confortati. Chi resiste bene sono i nipotini, leggono i fumetti o guardano gli album delle bestie feroci, bevono gazzosine, si addormentano di traverso con la testa appoggiata a un finestrino; resiste bene anche il nonno, che sarei io, trasportato come un pacco attraverso la orrenda metropoli che ha sommerso la campagna. (...) I bambini e il nonno resistono anche quando il pulmino giapponese si rompe e i coniugi freneticamente con i loro telefonini cercano taxi e carri attrezzi che arriveranno dopo quaranta minuti, giusto il tempo per far riparare i bambini e il nonno nel bar di un ipermercato olandese. I bambini che guardano i fumetti, il nonno che guarda la televisione gigante dove c'è Mike Bongiorno che dopo mezzo secolo fa ancora i quiz e chiede a bambini ipernutriti quando è nato Napoleone o è stata scoperta l'America, la trasmissione si chiama Genius. (...)

Adattato da: *Fatti nostri* di Giorgio Bocca, "Il venerdì", 09/04/2004

Vocabolario:
le mura *Stadtmauer* sarà *wird sein* il disagio *Unbehagen* inutilmente *umsonst* ciascuno *jeder* gonfio di tessere *voller Kredit- und ähnlicher Karten* la Rivoltana, la Paullese *Straßen zu Ortschaften der Periferie Mailands* la pioggia *Regen* la nebbia *Nebel* sono assicurati *sind sicher* sembrano confortati *scheinen getröstet* le gazzosine *Erfrischungsgetränke* di traverso *quer* appoggiata a un finestrino *an ein Fenster gelehnt* fumetti *Comics* bestie feroci *wilde Tiere* sommerso *hier: verschluckt* pulmino *Kleinbus* si rompe *geht kaputt* i coniugi *die Eheleute* il carro attrezzi *Abschleppwagen* l'ipermercato *Einkaufszentrum* ipernutriti *überfüttert*

28 **Sottolineate tutte le parole nel testo che esprimono critica verso la società di oggi e confrontatele con il vostro vicino.**

29 **Indicate con una crocetta le frasi che corrispondono al contenuto del testo:**

1. ☐ L'autore all'inizio si aspetta una bella domenica con figli e nipoti.
2. ☐ Truccazzano non è in campagna, ma nella periferia della metropoli.
3. ☐ Restare bloccati in coda fra Milano e Truccazzano succede raramente.
4. ☐ I genitori dei bambini diventano molto nervosi in macchina.
5. ☐ Il nonno si sente triste guardando la metropoli che ha sommerso la campagna.
6. ☐ I bambini non sono tristi, ma reagiscono bene a questa situazione.
7. ☐ Il taxi e il carro attrezzi arrivano subito.
8. ☐ Nell'ipermercato il nonno guarda con interesse una trasmissione televisiva.

30 **Ora scrivete un breve finale per questa storia: la famiglia arriva al ristorante?**

GRAMMATICA

1 Il *si impersonale* e il *si passivante*
Das unpersönliche *si*

D'estate **si parte** per il mare.
Im Sommer fährt man ans Meer.
Si passano le vacanze al mare.
Man verbringt die Ferien am Meer.

Im Italienischen wird *man* häufig durch das unpersönliche **si** und ein Verb in der 3. Person wiedergeben. Je nach Bezugswort steht das Verb im Singular oder Plural.

Ü 16 S. 172

2 Il passato prossimo
Das Perfekt

Das **passato prossimo** ist eine Zeitform der Vergangenheit. Es wird mit einer Form von **essere** oder **avere** und dem Partizip Perfekt gebildet. Bei den meisten Verben wird das gleiche Hilfsverb verwendet wie im Deutschen. Beim Hilfsverb **avere** bleibt das Partizip unverändert.

	con **avere**		con **ẹssere**	
io	ho	prenotat**o**	sono	andat**o**/-**a**
tu	hai		sei	
lui, lei, Lei	ha		è	
noi	abbiamo		siamo	andat**i**/-**e**
voi	avete		siete	
loro	hanno		sono	

Wird **essere** gebraucht, gleicht man das Partizip in Geschlecht und Zahl dem Subjekt an wie ein Adjektiv:
Tommaso **è andato** a Roma.
Marina **è andata** in Sardegna.
Ugo e Gina **sono andati** a Ischia.
Pia e Linda **sono andate** in Sicilia.

and**are**	→	and**ato**
dorm**ire**	→	dorm**ito**
av**ere**	→	av**uto**

Fast alle Verben auf **-are** bilden das Partizip mit der Endung **-ato**, die meisten Verben auf **-ire** auf **-ito**, aber nur wenige Verben auf **-ere** haben ein regelmäßiges Partizip mit der Endung **-uto**.

ẹssere – **stato**	venire – **venuto**	rimanere – **rimasto**
nạscere – **nato**	vịvere – **vissuto**	rispọndere – **risposto**
fare – **fatto**	prẹndere – **preso**	chiẹdere – **chiesto**
lẹggere – **letto**	spẹndere – **speso**	vedere – **visto**
dire – **detto**	scẹndere – **sceso**	offrire – **offerto**
scrịvere – **scritto**	chiụdere – **chiuso**	aprire – **aperto**

Die gängigsten unregelmäßigen Partizipien sehen Sie links auf einen Blick. Sie werden sehen, dass einige Partizipien in der Endung gewisse Ähnlichkeiten aufweisen, was Ihnen das Lernen erleichtern kann.

Die Verben **essere** und **stare** haben dasselbe Partizip: **stato.**

I bambini **si sono divertiti** da morire.
Die Kinder haben sich unheimlich amüsiert.
Noi genitori **ci siamo goduti** un po' di tranquillità.
Wir Eltern haben ein bisschen Ruhe genossen.
Le Eolie ci **sono piaciute** molto.
Die Eolischen Inseln haben uns sehr gefallen.
Ieri **siamo andati** al cinema.
Gestern sind wir ins Kino gegangen.
Non **ho** ancora **fatto** la spesa.
Ich habe noch nicht eingekauft.

Das **passato prossimo** der reflexiven Verben wird immer mit **essere** gebildet und das Partizip dem Bezugswort angeglichen.
Das gilt auch für Verben wie **piacere** und **costare**. Hilfsverb und Partizip werden im Italienischen nur selten getrennt, zum Beispiel von Adverbien, die hinter dem konjugierten Verb stehen, oder bei der mehrteiligen Verneinung. Die Verneinung **non** steht vor dem Hilfsverb.

3 I pronomi diretti *lo, la, li, le*
Die direkten Objektpronomen *lo, la, li, le*

Ü 17 S. 172/173

Il bambino deve andare a scuola. **Lo** porti tu?
Dov'è **la macchina**? Non **la** vedo.
Buongiorno, **signora Roveri, La** posso aiutare?
Hai preso **i giornali**? No, ma **li** porta tuo fratello.
Le ragazze devono andare via. **Le** accompagni tu?

Die Objektpronomen **lo, la, li, le** ersetzen ein direktes Objekt. Sie richten sich in Geschlecht und Zahl nach der Sache oder der Person, auf die sie sich beziehen.
Die Objektpronomen stehen in der Regel vor dem konjugierten Verb.

4 Il verbo *volere*
Das Verb *volere*

Ü 18 S. 173

	volere
io	voglio
tu	vuoi
lui, lei, Lei	vuole
noi	vogliamo
voi	volete
loro	vogliono

Volere bedeutet *wollen* und wird häufig als Modalverb gebraucht: **Vuoi venire** anche tu?
Will man dagegen einen Wunsch ausdrücken oder höflich nach etwas verlangen, verwendet man eher **vorrei** (*ich möchte*) bzw. **vorremmo** (*wir möchten*):
Vorrei un'informazione.
Vorremmo una camera matrimoniale.

5 L'uso temporale di *da, fra, fa*
Der zeitliche Gebrauch von *da, fra, fa*

Siamo qui **da quattro giorni**.	*seit vier Tagen*
Fra tre giorni ritorniamo.	*in drei Tagen*
Due giorni fa ho incontrato tua sorella.	*vor zwei Tagen*

Beim zeitlichen Gebrauch stehen die Präpositionen **da** und **fra** vor der Angabe der Zeitspanne, während **fa** nachstellt wird.

Ci vediamo **fra due settimane.** *Wir sehen uns in zwei Wochen.* (→Zeitpunkt)
In due settimane abbiamo visto tante cose. *In zwei Wochen haben wir viel gesehen.* (→Zeitraum)

6 Il comparativo
Der Komparativ

Ü 19 S. 173

Der Komparativ ist der erste Steigerungsgrad des Adjektivs oder Adverbs (*kleiner, schneller* etc.).

Firenze è **più** grande **di** Siena.
La pensione è **meno** cara **dell**'hotel.

Er wird gebildet aus **più** (*mehr*) oder **meno** (*weniger*), dem Adjektiv oder Adverb und der Präposition **di**.

7 Il superlativo
Der Superlativ

Will man den höchsten Grad einer Eigenschaft (*die größte Stadt*) ausdrücken, benutzt man den **superlativo relativo**.

Roma è **la** città **più grande** d'Italia.
Questo è **l'**albergo **meno caro.**

Der **superlativo relativo** setzt sich aus dem bestimmten Artikel, dem Substantiv, **più** oder **meno** und dem Adjektiv zusammen.

Will man einen besonders hohen Grad einer Eigenschaft ausdrücken, benutzt man den **superlativo assoluto**.

Questo costume da bagno è bell**issimo.**
In Sardegna la spiaggia è pulit**issima.**
Questi occhiali da sole sono car**issimi.**
Abbiamo passato due settimane bell**issime.**

Der **superlativo assoluto** wird durch Anhängen von **-issimo** an das Adjektiv gebildet: **bellissimo** *wunderschön*, **piccolissimo** *winzig klein* etc.
Die Endung richtet sich wie beim Adjektiv in Geschlecht und Zahl nach dem Bezugswort.

Ripasso 3 Una settimana alle Isole Eolie

Leggete il programma del viaggio che avete fatto alle Isole Eolie.
Poi scrivete una lettera ai vostri amici italiani e raccontate il vostro viaggio giorno per giorno.

Il Tour delle Isole Eolie

Programma

1° giorno
Sabato: arrivo a Vulcano e sistemazione in albergo.

2° giorno
Mattino: partenza per il giro in barca di Salina e Lipari. Prima sosta a Rinella per fare il bagno. Arrivo per il pranzo a Santa Maria di Salina. Pomeriggio: tempo libero a disposizione.

3° giorno
Mattino: giro di Vulcano (due ore circa), visita di Vulcanello, la Valle dei Mostri.

4° giorno
Mattino: partenza per Alicudi, sosta in paese e poi tour dell'isola. Visita di Filicudi, sosta per il bagno alla grotta del Bue Marino.

5° giorno
Mattinata a disposizione. Pomeriggio: partenza per Stromboli, escursione al cratere, rientro la sera per la cena.

6° giorno
Mattino: partenza per Panarea, sosta per il bagno alla spiaggia dell'Asino. Pomeriggio a Panarea.

7° giorno
Intera giornata a Lipari, visita del Museo Eoliano, shopping. Rientro.

Lavorate a coppie. Organizzate un giro turistico di tre giorni in una località che conoscete bene e preparate il programma.

Portfolio Che cosa so fare

Unità 5		
So	**So farlo bene**	**Voglio migliorare**
chiedere e dare informazioni stradali (17, 18)		
chiedere e dare informazioni su orari (7, 10)		
acquistare un biglietto (3, 5)		
prenotare una stanza d'albergo (25, 26)		

Unità 6		
So	**So farlo bene**	**Voglio migliorare**
descrivere fatti al passato (8, 14)		
parlare delle vacanze trascorse (9, 11)		
collocare le azioni nel tempo (15)		
chiedere informazioni sui prezzi (19, 20)		

Imparare ad imparare

Leggere in italiano

1 Riflettete su queste domande:

1. Perché leggete di solito?
2. Cosa fate quando non capite le parole?
3. In base a quali criteri scegliete un testo da leggere?
4. Cosa fate quando un testo vi interessa?

Quando leggiamo nella nostra lingua madre a seconda del testo usiamo automaticamente certe tecniche:
1. Spesso cerchiamo di capire il senso globale. (Di che cosa parla il testo?)
2. Qualche volta ci concentriamo su certe informazioni. (Che cosa c'è oggi al cinema?)
3. Solo raramente dobbiamo capire tutti i dettagli. (Come si preparano le lasagne?)

2 Quale metodo di lettura dobbiamo adottare per quale testo?

1. Guardate la foto. Di che cosa parla secondo voi il testo seguente?
2. Ora leggete il testo e trovate un titolo adatto.

È il 1850, e in America si è scatenata la corsa all'oro, che ha richiamato in California migliaia di cercatori da tutta l'Europa. Dalla Baviera emigra nel Kentucky, a Louisville, un certo Levi Strauss, figlio di un sarto. Ha vent'anni, e un giorno decide di allargare il commercio nell'ambiente dei cercatori d'oro: è così che si imbarca per San Francisco, ma già sulla nave vende ai minatori tutti i capi di vestiario che aveva portato con sé.

Vende tutto, tranne un grosso rotolo di tela blu, tessuta a Genova e destinata alle tele da campo: Levi ne fa pantaloni, che chiamerà "jeans" proprio perché la tela viene da Genova e in gergo viene chiamata Genes e poi jeans.

Finita la tela di Genova, l'inesauribile Levi ne scopre una simile a Nîmes, in Francia: è a trama diagonale, con un filo tinto in blu indaco. Così la tela diventa prima "de Nîmes", poi Denim direttamente, e non c'è ragazzo che non sappia che il vero jeans si chiama denim, perché un filo dell'intreccio deve essere bianco grezzo e l'altro blu indaco.

Da: *L'immaginazione e la scrittura* di Galizzi, Guastalla, Lagulli, Piazza
Ed.: Minerva Italica

3. Quale dei tre tipi di lettura indicati all'attività **1** con **1.** **2.** e **3.** è più adatto a questo testo, secondo voi?
4. Con l'aiuto del vostro insegnante mettete ora in pratica le diverse tecniche di lettura.

Unità 7 **La storia personale**

Quando ero piccolo ...

In questa unità impariamo a

- ➜ riferire fatti ed eventi personali
- ➜ descrivere persone e situazioni al passato
- ➜ collocare le azioni e gli eventi nel tempo
- ➜ descrivere un'abitazione

Per cominciare

1 **Chi erano questi personaggi famosi? Lavorate a coppie. Abbinate i nomi alle professioni, poi a turno fate domande e rispondete.**

[musicista – navigatore – scrittore/scrittrice – scienziato/scienziata – medico – regista – pittore/pittrice – pedagogista – insegnante]

Esempio: ● *Chi era?*
○ *Era un/uno/una . . .*

1. Pier Paolo Pasolini
....

2. Giuseppe Verdi
....

3. Leonardo da Vinci
....

OSSERVATE!

	essere
io	ero
tu	eri
lui/lei	era
noi	eravamo
voi	eravate
loro	erano

4. Cristoforo Colombo
....

5. Maria Montessori
....

Collocare le azioni e gli eventi nel tempo

32 **2** Le date. **Quando sono nati? Ascoltate e segnate con una x le date che sentite, poi riferite al vostro partner.**

1. ☐ 1902 ☐ 1922 ☐ 1932
2. ☐ 1813 ☐ 1816 ☐ 1826
3. ☐ 1472 ☐ 1452 ☐ 1432
4. ☐ 1451 ☐ 1405 ☐ 1471
5. ☐ 1860 ☐ 1807 ☐ 1870

Pasolini è nato nel . . .

3 **In coppia leggete queste brevi descrizioni e dite chi erano questi personaggi. Continuate voi con altri personaggi.**

1. Era una scrittrice di libri per bambini. Era svedese. È nata nel 1907 nella regione dello Smaland. Il personaggio più famoso dei suoi libri rimane Pippi Calzelunghe.
2. Erano due fratelli scrittori. Erano tedeschi. La loro fiaba di due bambini poveri è ancora amatissima dai bambini.
3. Era uno scrittore inglese, ha vissuto però molti anni in India dove è nato nel 1865. Mowgli, Bagheera e Baloo, i personaggi del suo famoso "Libro della giungla" sono noti a tutti.

...

Ü 1-2 S. 174

Descrivere e raccontare eventi al passato

4 **Com'è adesso e com'era allora? Leggete i due testi e abbinate alle fotografie le descrizioni di Giulia ieri (A) e oggi (B).**

A Quando aveva 7 anni Giulia aveva i capelli corti. Abitava con i suoi genitori in una casa in campagna, vicino al Lago di Bracciano. Le piaceva molto andare a cavallo. Era la sua passione! Andava a scuola a piedi con i suoi cuginetti. Ci andava volentieri ed era molto brava. Quando la scuola finiva, passava l'estate dai suoi nonni, in montagna, al Terminillo.

B Ora Giulia ha 32 anni e ha i capelli lunghi. Non abita più con i suoi genitori, ma in un piccolo appartamento a Roma nel quartiere di Trastevere. Lavora in un'agenzia di viaggi, di cui è la responsabile. Le piace molto viaggiare. Per lavoro va spesso all'estero, ma in estate passa le vacanze al Circeo, in una casa al mare.

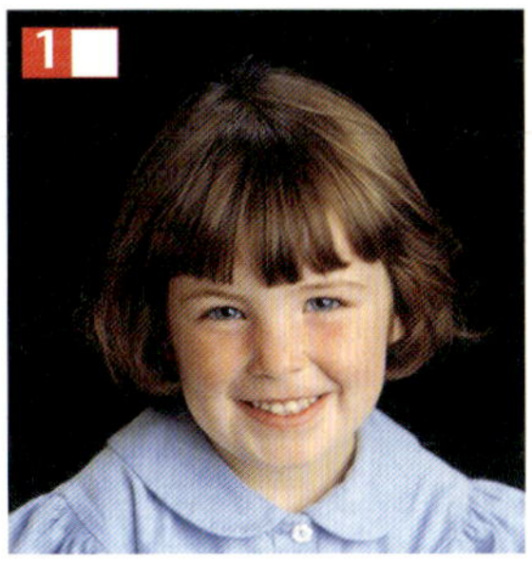

5 **Lavorate a coppie. Completate la tabella con l'aiuto dei testi dell'attività 4.**

presente (adesso)	passato (allora)
	abitava
	non lavorava
è	
piace	
	passava
finisce	

6 **Leggete e completate il testo della scrittrice Natalia Ginzburg con i verbi sottostanti. Rileggete poi tutto il testo e rispondete: dov'è nata e dove viveva da piccola?**

c'erano – andavamo – vedevamo – ero – immaginavo – erano – avevo – dicevo – chiamavo

Io ...., a quel tempo, una bambina piccola; e non .... che un vago ricordo di Palermo, mia città natale, dalla quale ero partita a tre anni. M'................ però di soffrire anch'io della nostalgia di Palermo, come mia sorella e mia madre; e della spiaggia di Mondello, dove .... a fare i bagni, e di una certa signora Messina, amica di mia madre, e di una ragazzina chiamata Olga, amica di mia sorella, e che io .... "Olga viva" per distinguerla da una mia bambola Olga, e di cui ...., ogni volta che la .... sulla spiaggia: – Mi vergogno d'Olga viva –. Queste .... le persone che .... a Palermo e a Mondello.

Da: *Lessico famigliare* di Natalia Ginzburg, 1963

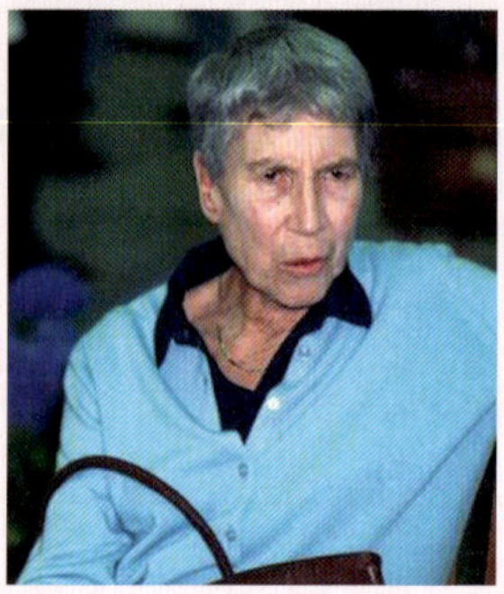

Natalia Ginzburg

Ü 3-6 S. 175

7 **Sottolineate ora tutte le forme dell'imperfetto.**

OSSERVATE!

Osservate e completate con l'aiuto dei testi 4A e 6.

	andare	**avere**	**finire**
io	andavo	...	finivo
tu	andavi	avevi	finivi
lui/lei	...	...	...
noi	...	avevamo	finivamo
voi	andavate	avevate	finivate
loro	andavano	avevano	finivano

Provate a formulare la regola per l'imperfetto dei verbi in -are, -ere e -ire.

OSSERVATE!

... un'amica di mia sorella che io chiamavo "Olga viva" e di cui dicevo: – Mi vergogno d'Olga viva –.

A chi si riferiscono i pronomi sottolineati?

8 **Compagni di giochi. Lavorate in piccoli gruppi e mettete in ordine le parti del racconto.**

A ☐ I giochi con loro duravano tutto il giorno, facevamo il bagno nel laghetto vicino casa, giocavamo a nascondino e facevamo lunghe corse in bicicletta.

B ☐ Erano due bambini che abitavano con i genitori ed altri fratelli vicino alla casa dei nostri nonni. Andrea era il più grande, robusto e forte. Aveva i capelli neri e gli occhi di un azzurro intenso.

C ☐ Ma era divertente per noi anche rivedere i nostri amici: Andrea e Davide.

D 1 Da piccole io e mia sorella trascorrevamo le vacanze in campagna, a casa dei nonni.

E ☐ Suo fratello Davide, invece, era più piccolo di qualche anno. Era molto magro, con due gambette sottili e un'espressione da furbo. Lui aveva i capelli rossi e corti, a spazzola.

F ☐ La casa dei nonni era bellissima, con tante stanze ed un cortile dove c'erano molti animali. Dopo il lungo inverno in città, stare in campagna per quattro settimane era una gioia.

G ☐ Andrea e Davide erano i nostri inseparabili compagni di giochi durante le vacanze. Mi ricordo che ogni volta che arrivavamo dai nonni, loro erano lì, pronti ad aspettarci sulla porta di casa per giocare insieme.

9 **Ora rispondete alle domande.**

1. Chi erano Davide e Andrea?
2. Chi era il più piccolo dei due?
3. Di che colore erano gli occhi di Andrea?
4. Di che colore erano i capelli di Davide?
5. Dove abitavano Davide e Andrea?
6. Dove era la casa dei nonni?
7. Come trascorrevano la giornata i quattro bambini?

10 **Ricostruite le frasi.**

1. La casa dei nonni
2. Gli amici
3. Le vacanze
4. Il laghetto
5. Andrea
6. Mia sorella

che
di cui
con cui

a giocavamo si chiamavano Andrea e Davide.
b trascorrevo in campagna erano bellissime.
c era vicino alla casa dei nonni era il nostro luogo preferito.
d ricordo il colore azzurro degli occhi, mi piaceva molto.
e ho un bellissimo ricordo, era molto grande.
f andavo in vacanza, era più piccola di me.

Ü 7 S.176

Descrivere persone al passato

11 **Completate la descrizione di queste "vecchie" fotografie con i verbi all'imperfetto.**

In questa foto io (avere) .... 4 anni, mia sorella 5 e mio fratello 7. (giocare) .... sempre insieme e a noi (piacere) .... molto leggere le fiabe. Qui mio fratello ci (leggere) .... la fiaba di Pinocchio.

In questa foto Sofia (divertirsi) .... con il cappello della mamma sul balcone della casa dei nonni dove (trascorrere) .... l'estate.

Qui Luigi e Alessio (essere) .... in vacanza in montagna nel Trentino. Ad Alessio (piacere) .... seguire suo padre dappertutto.

Qui Marco (avere) .... 20 anni ed (essere) .... molto magro. (avere) .... i baffi e la barba. In quel periodo (studiare) .... all'università e (abitare) .... ancora a Milano con i suoi genitori.

In questa foto io e la mia famiglia (essere) .... in vacanza nella casa di campagna. (essere) .... gli anni '60. Io sono la bambina a sinistra, (avere) .... 4 anni e a quel tempo (avere) .... i capelli biondi e tutti mi (chiamare) .... "tedesca". Mia madre (portare) .... i capelli corti. Mio padre qui (avere) .... 35 anni, mia sorella (avere) .... 5 anni e mio fratello 6.

12 **In coppia parlate di quando eravate bambini con l'aiuto delle seguenti espressioni.**

abitare
leggere libri
divertirsi con gli altri bambini
guardare la televisione
vestirsi da solo

alzarsi la mattina
mangiare la cioccolata
andare all'asilo/a scuola
fare il bagno
nuotare

giocare a pallone
andare in vacanza
telefonare alla nonna
giocare con le bambole

Esempio: • *Da bambino abitavo con la mia famiglia in campagna.*
○ *Ti divertivi con gli altri bambini?*

Ü 8-9 S. 176

33 **13** **Una canzone di ieri: Sanremo 1958**
Ascoltate "Nel blu dipinto di blu" di Domenico Modugno, una famosa canzone della fine degli anni '50, e completate con i seguenti verbi.

volare (2x) – dipingere – venire – suonare – sparire – incominciare

Penso che un sogno così non ritorni mai più
mi ________ *le mani e la faccia di blu*
poi d'improvviso ________ *dal vento rapito*
e ________ *a volare nel cielo infinito …*
Volare oh, oh
cantare oh, oh, oh, oh
nel blu dipinto di blu
felice di stare lassù
e ________, ________ *felice più in alto del sole*
ed ancora più su
mentre il mondo pian piano ________ *lontano laggiù*
una musica dolce ________ *soltanto per me …*

14 **Leggete l'articolo di giornale sulla canzone che ha cambiato la storia della musica italiana e dategli un titolo.**

Domenico Modugno

La canzone "Nel blu dipinto di blu", meglio conosciuta come "Volare", ha avuto un destino unico nella storia della canzone italiana, perché ha rappresentato uno spartiacque, un segnalibro dei tempi: infatti, ha separato il "prima" e il "dopo"."Nel blu dipinto di blu" è nata nella Roma degli anni cinquanta grazie alla collaborazione di due giovani artisti: Franco Migliacci, compositore mantovano di nascita e toscano d'adozione, e Mimmo Modugno, pugliese, compositore e cantante con uno stile da cantastorie popolare. Dopo mesi di lungo lavoro, nel febbraio del 1958 i due giovani autori avevano pronta la loro canzone per il palcoscenico di Sanremo. Il miracolo: una canzone diversa, che cominciava come un sogno e ricordava voli verso il cielo. "Nel blu dipinto di blu" rappresenta il nuovo. L'Italia, che in quei giorni viveva un periodo di boom economico, poteva finalmente decollare.

Adattato da: *La Repubblica*

15 **Rileggete l'articolo e rispondete alle domande.**

1. Con quale altro titolo è conosciuta la canzone di Modugno?
2. Quale ruolo aveva la canzone in quel periodo?
3. Da dove provenivano i due autori?
4. Per quanto tempo hanno lavorato Migliacci e Modugno alla canzone?
5. In quale anno è stata presentata al Festival di Sanremo?
6. In quale situazione economica era l'Italia?

16 Lavorate in piccoli gruppi. Guardate le immagini e descrivete com'era la vita un tempo e com'è oggi.

La famiglia

ieri

oggi

La città – La vita in città

ieri

oggi

I mezzi di comunicazione

ieri

oggi

Ü 10 S.177

Riferire fatti ed eventi personali

34 **17** L'indagine della polizia. **Il 20 settembre, alle ore 19.30, c'è stato un omicidio in un palazzo di via Panzini 7, a Milano. Il commissario Stirpa, che conduce le indagini, interroga alcuni abitanti del palazzo. Ascoltate e scrivete che cosa riferiscono queste persone.**

1
....
....
....
....

2
....
....
....
....

3
....
....
....
....

4
....
....
....
....

5
....
....
....
....

6

18 **Secondo voi chi ha ucciso la signorina Altieri? Per quale motivo? Discutete in coppia.**

OSSERVATE!

Osservate e completate.

Mentre .... il "Quiz Show" .... dei passi sulle scale.
Io .... il giornale mentre mia moglie .... la cena.

Che differenze notate nelle due frasi?

19 **Formate delle frasi come negli esempi.**

Esempio: Io/cucinare/mia madre telefonarmi. — *Mentre cucinavo mi ha telefonato mia madre.*
Esempio: Io/mangiare/ascoltare la radio. — *Mentre mangiavo ascoltavo la radio.*

1. Luisa/lavarsi i denti/guardarsi allo specchio.
2. Leonardo/scrivere una mail/bloccarsi il computer.
3. Marco/fare jogging/ascoltare la musica.
4. Noi/cenare/arrivare i nostri amici da Londra.
5. Tu/farsi la doccia/cantare.
6. Michele/camminare per strada/pensare al lavoro.

20 **Leggete le seguenti frasi e in piccoli gruppi stabilite quale:**

1. indica un'azione che accade mentre un'altra è già iniziata.
2. indica un'azione contemporanea ad un'altra.
3. indica un'azione abituale al passato.
4. descrive una situazione al passato.

a Quando era piccolo, Walter giocava sempre con le pentole.
b Mentre Filippo e Giulia andavano al cinema hanno incontrato Silvio.
c Era una bellissima giornata d'autunno e Maria passeggiava lungo il viale.
d Mentre lavavo i piatti ascoltavo la radio.
e Suo padre lavorava in una ditta di costruzioni e sua madre faceva la badante.
f Mentre Carlo discuteva di lavoro gli ha telefonato sua figlia.

21 **Lavorate in coppia e completate il testo con le seguenti parole.**

e (2x) – ma – perché – mentre – così – quando – però – ad un certo punto – durante

Erano le sette .... mi dovevo alzare, ... avevo molto sonno. Dovevo fare in fretta .... avevo un appuntamento importante, ... prima volevo fare colazione per sentirmi meglio. .... bevevo il caffè, ascoltavo la radio .... a quell'ora c'era una trasmissione interessante. .... mi sono accorto che avevo fatto tardi. Mi dovevo assolutamente sbrigare .... ho deciso di prendere la macchina invece di andare con l'autobus, come facevo di solito. ...... il viaggio ho trovato un traffico pazzesco. .... sono arrivato in ufficio era ormai tardissimo.

Ü 11-12 S. 177/178

Descrivere un'abitazione

22 **Lavorate a coppie. Abbinate prima i nomi alle immagini e stabilite poi quali di questi oggetti c'erano o non c'erano nelle case degli anni '30.**

1 ....

2 ....

3 ....

4 ....

5 ....

6 ....

7 ....

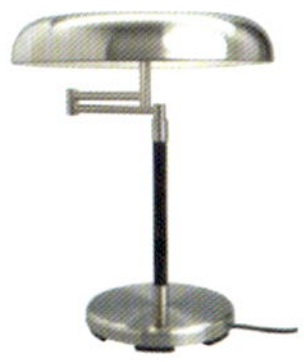
8 ....

9 ....

10 ....

11 ....

12 ....

13 ....

14 ....

15 ....

16 ....

- il tavolo
- la lampada
- il divano
- il frigorifero
- il lavandino
- la vasca da bagno
- il tappeto
- la libreria
- la scrivania
- la lavastoviglie
- il letto
- la poltrona
- il forno
- l'armadio
- il quadro
- la sedia

23 **La casa di una volta.** **Leggete il testo e disegnate uno schizzo della casa.**

24 **Avete qualche ricordo di una vecchia casa dei vostri nonni o di altri parenti? Raccontate.**

Ü 13-14 S. 178

Gli zii di mio padre erano contadini. Abitavano in una casa di campagna con un grande cortile intorno con galline, conigli, un cane e un gatto. La domenica mio padre mi portava con sé in bicicletta e spesso andavamo da loro. Mi piaceva entrare nella grande cucina che era il punto di ritrovo e il soggiorno di tutta la famiglia. C'era un grande camino sempre acceso d'inverno con al centro una pentola che pendeva dal soffitto, un tavolo lungo, una credenza e tante sedie.
Accanto alla cucina c'era il ripostiglio dove si conservavano i cibi, fresco d'estate e freddissimo d'inverno. Al piano superiore, a destra e a sinistra del corridoio, c'erano quattro camere con letti molto alti e armadi di legno scuro. In fondo al corridoio c'era uno stanzino con il gabinetto, un lavandino e una tinozza che la famiglia usava come vasca da bagno. Non c'era riscaldamento, né lavatrice, né forno elettrico eppure quella casa mi sembrava piena di calore.

Guardiamo da vicino!

Agenzia Immobiliare CASA FACILE

Via Delle Coppette, 35 Roma
Tel. 06-3459234

Affittasi
Bilocale vuoto in palazzo d'epoca composto da soggiorno, angolo cottura, camera, bagno, ripostiglio.
Riscaldamento autonomo.
€ 600,00 mensili + spese
Rif. F 840

Vendiamo
Casa indipendente unico livello, salone doppio, grande cucina, tre camere, due bagni, giardino. Libera subito!
€ 445.000,00
Rif. B 731

Vendesi
Appartamento piano alto con ascensore ottimo stato composto da salone, cucina abitabile, due camere, doppi servizi ed ampio balcone.
€ 350.000,00
Rif. T 120

Affittiamo
Silenzioso piano terra, soggiorno, camera, cucinotto, bagno ristrutturato, arredato, piccolo giardino.
€ 700,00 mensili
Rif. P 420

25 **Lavorate in piccoli gruppi e trovate la casa adeguata alle esigenze delle seguenti persone.**

1. La famiglia Tornabuoni, moglie, marito e un figlio di 10 anni, si trasferisce a Roma e cerca una piccola casa o un appartamento da comprare.
2. Il signor Jenkins si trasferisce per un anno a Roma e cerca un appartamento tranquillo in affitto, possibilmente con un po' di verde attorno.

ALLA SCOPERTA DELL'ITALIA

Felice Leonardo Buscaglia (1924-1998), californiano di origine italiana, scrittore e professore di pedagogia all'Università della California del Sud, amava definirsi un "educatore". Nei suoi libri, divenuti anche in Italia dei bestseller, l'autore insegna a comunicare, donare ed amare.

26 Nel seguente brano, tratto da "Vivere, amare, capirsi" l'autore parla della sua infanzia e in particolar modo di suo padre, cameriere emigrato negli USA, e del suo atteggiamento verso i figli. Leggetelo e dategli un titolo.

La domenica, quando era a casa, ci sedevamo intorno a un grande tavolo e lui non ci permetteva di alzarci se prima non gli avevamo detto qualcosa di nuovo che avevamo imparato quel giorno. Così, quando ci lavavamo le mani prima di metterci a tavola, io chiedevo alle mie sorelle: "Che cosa avete imparato oggi?". E loro dicevano: "Niente". E io dicevo: "Bene, sarà meglio che impariamo qualcosa!". Allora andavamo a prendere l'enciclopedia e la sfogliavamo, e imparavamo, per esempio, che il Nepal ha un milione di abitanti, e continuavamo a pensarci mentre stavamo mangiando. E i pasti! In vita sua mia madre non ha mai preparato uno "spuntino da televisione". Ricordo certi mucchi di fagiolini così alti che non riuscivo a vedere mia sorella, seduta di fronte a me. Quando avevamo finito di mangiare, papà scostava il piatto e chiedeva: "Felice, che cos'hai imparato oggi?" e io dicevo: "Il Nepal ha un milione di abitanti...". Non c'era mai niente di insignificante per quell'uomo! Si rivolgeva a mia mamma e diceva: "Mamma, lo sapevi...". Noi li guardavamo e dicevamo: "Che matti!". E chiedevamo ai nostri amici: "Anche voi dovete parlare del Nepal ai vostri genitori?". E loro rispondevano: "Ai nostri genitori non interessa che sappiamo qualcosa o no". Ma voglio confidarvi un segreto. Anche adesso, quando Felice va a letto, e magari quel giorno ha lavorato ventinove ore ed è esausto, s'infila tra le lenzuola, ma in quel momento meraviglioso prima di addormentarsi si domanda: "Felice, che cos'hai imparato oggi?". E se non so rispondere, devo alzarmi e prendere l'enciclopedia e sfogliarla e cercare d'imparare qualcosa di nuovo ...

Da: *Vivere, Amare, Capirsi* di Felice Leonardo Buscaglia, Milano

27 Ora rileggete il brano e mettete le seguenti frasi nell'ordine giusto.

- **a** ☐ Ogni domenica la famiglia dell'autore pranzava insieme.
- **b** ☐ I ragazzi dovevano imparare ogni domenica qualcosa di nuovo.
- **c** ☐ La madre dell'autore ha sempre cucinato in modo tradizionale.
- **d** ☐ Tutto quello che imparavano i ragazzi era importante per il padre.
- **e** ☐ Per l'autore era necessario imparare qualcosa di nuovo.
- **f** ☐ Anche da adulto Felice, a letto, pensa alla domanda del padre.
- **g** ☐ L'autore e le sue sorelle consultavano l'enciclopedia.
- **h** ☐ Gli altri genitori non volevano sapere che cosa imparavano a scuola i figli.

Vocabolario:
sfogliare *durchblättern*
mentre stavamo mangiando *während wir aßen*
lo spuntino *Imbiss*
i mucchi di fagiolini *Berge grüner Bohnen*
scostare *zur Seite schieben*
insignificante *unwichtig*
che matti! *Was für Verrückte!*
confidarvi *euch anvertrauen*
esausto *erschöpft*
infilarsi tra le lenzuola *unter die Decke schlüpfen*

28 Leggete le domande e rispondete secondo la vostra interpretazione. (Potete mettere più crocette).

1. Per quale motivo il padre dell'autore richiede ai suoi figli di imparare qualcosa di nuovo per ogni pranzo domenicale?
   - ☐ **a** Perché ha una mentalità patriarcale.
   - ☐ **b** Perché i figli degli immigrati possono integrarsi in una società straniera solo se hanno una buona istruzione.
   - ☐ **c** Perché desidera per i suoi figli un titolo di studio che lui non ha.
2. Quale atteggiamento ha secondo voi l'autore verso i suoi genitori?
   - ☐ **a** Di rispetto e gratitudine.
   - ☐ **b** Di rifiuto.
   - ☐ **c** È completamente d'accordo sui loro metodi educativi.

GRAMMATICA

1 Nomi di professione I
Berufsbezeichnungen I

maschile	femminile	maschile e femminile
lo scrit**tore** il pit**tore**	la scrit**trice** la pit**trice**	il/la musici**sta** il/la re**gista**

Typische Endungen für Berufsbezeichnungen sind **-tore**/**-trice** und **-ista**. Personenbezeichnungen auf **-ista** können weiblich oder männlich sein.

2 Le forme dell'imperfetto
Die Formen des Imperfekt

	verbi in **-are**	verbi in **-ere**	verbi in **-ire**	**essere**	**avere**
io	abit**avo**	viv**evo**	soffr**ivo**	ero	av**evo**
tu	abit**avi**	viv**evi**	soffr**ivi**	eri	av**evi**
lui, lei, Lei	abit**ava**	viv**eva**	soffr**iva**	era	av**eva**
noi	abit**avamo**	viv**evamo**	soffr**ivamo**	eravamo	av**evamo**
voi	abit**avate**	viv**evate**	soffr**ivate**	eravate	av**evate**
loro	abit**avano**	viv**evano**	soffr**ivano**	erano	av**evano**

Die meisten Verben bilden das Imperfekt regelmäßig wie die obigen Beispielverben.
Einige Verben leiten das Imperfekt noch vom lateinischen Infinitiv ab:
dire (dicere) – **dicevo, dicevi, diceva, dicevamo** usw., **fare** (facere) – **facevo**.
Beachten Sie, dass bei der 3. Person Plural die drittletzte Silbe betont wird.

Ü 15-16 S.179

3 L'uso dell'imperfetto e del passato prossimo I
Der Gebrauch von Imperfekt und *passato prossimo I*

Spricht man über Sachverhalte oder Erlebnisse in der Vergangenheit, verwendet man Perfekt und Imperfekt. Für den Gebrauch beider Zeitformen gelten aber im Italienischen verbindlichere Regeln als im Deutschen.

Ieri sera **siamo andati** al cinema.
Nel 1989 **è caduto** il muro di Berlino.
Ci siamo sposati nel 1998.

Im **passato prossimo** spricht man von dem eigentlichen Geschehen, einmaligen Erlebnissen und Handlungen.

C'era molta gente.
Erano tutti allegri.
Nessuno **voleva** tornare a casa.

Mit dem **Imperfekt** beschreibt man:
- Zustände, Personen, Erläuterungen, Gründe, kurz: Begleitumstände und Hintergründe eines Geschehens.

Da bambino **giocavo** spesso nel giardino di mio nonno.

- Gewohnheiten und sich häufig wiederholende Handlungen.

Noi **guardavamo** la tv mentre i bambini **giocavano** in giardino.

- Handlungen, die gleichzeitig passieren.

Mentre **guardavamo** la tv **è squillato** il telefono.

Wenn eine neu einsetzende Handlung ein schon andauerndes Geschehen unterbricht, steht im Hauptsatz das **passato prossimo**, in dem mit **mentre** eingeleiteten Nebensatz das **Imperfekt**.

4 I pronomi relativi *che* e *cui*
Die Relativpronomen *che* und *cui*

Ü 17 S. 179

Die Pronomen **che** und **cui** leiten Relativsätze ein. Sie sind unveränderlich und können für Personen und Sachen im Singular oder Plural stehen.

Mio fratello, **che** vive a Roma, studia medicina. *Mein Bruder,* ***der*** *in Rom lebt, …*	*soggetto*	**Che** wird als Subjekt und direktes Objekt gebraucht.
Un amico **che** conosco da tanti anni si è sposato. *Ein Freund,* ***den*** *ich seit Jahren kenne, …*	*oggetto diretto*	
Ecco il libro di **cui** abbiamo parlato. Francesca è l'amica con **cui** canto nel coro.	*oggetto indiretto*	**Cui** steht nach Präpositionen.

5 La data
Das Datum

1/5/ …	**Il primo maggio** c'è un grande concerto a Roma.	*am ersten Mai*
12/9/ …	Il corso comincia **il dodici settembre.**	*am zwölften September*
3-5/8/ …	**Dal tre al cinque agosto** andiamo in campagna.	*vom dritten bis fünften August*
1989	**Il 1989** è stato un anno importante.	*(das Jahr) 1989*
2006	**Nel 2006** l'Italia ha vinto i mondiali di calcio.	*(im Jahr) 2006*

Zur Angabe des Datums benutzt man die Grundzahlen. Die einzige Ausnahme bildet der erste jedes Monats: **il primo (1°) gennaio**. Ansonsten werden die Tage ohne Punkt geschrieben: **il 2 marzo, il 15 agosto**.
Spricht man von einem bestimmten Jahr, benutzt man den bestimmten Artikel: **il 2007**.

In Briefen sind folgende Schreibweisen üblich: **Brescia, 24 luglio 2007** oder **Brescia, 24/7/2007**.

6 Proposizioni subordinate con *mentre, quando* e *perché*
Nebensätze mit *mentre, quando* und *perché*

Ü 18 S. 179

Durante la pausa ho preso un caffè. *Während der Pause …* **Mentre** guardavo il film i bambini giocavano fuori. *Während wir den Film ansahen, …*	Nach der Präposition **durante** steht immer ein Substantiv. Auf die Konjunktion **mentre** folgt immer ein Verb, oft im Imperfekt oder Präsens, aber nie im **passato prossimo**.
Quando ho conosciuto Roberto avevo 16 anni. **Quando** arrivo ti telefono subito.	**Quando** bedeutet *als* oder *wenn* (zeitlich).
Quando ero piccolo avevo un gatto. **Quando** si mangiava non si parlava mai di lavoro.	In Verbindung mit dem Imperfekt drückt es auch oft *immer dann, wenn* aus.
Non ho comprato la giacca **perché** era troppo cara.	Wenn **perché** einen Nebensatz einleitet, bedeutet es *weil.*

7 Il pronome *ci*
Das Pronominaladverb *ci*

Quando vai a Roma? – **Ci** vado lunedì. Mi piace Palermo. **Ci** abito da vent'anni.	Mit **ci** kann man auf zuvor genannte Ortsangaben (wo?) und Richtungsangaben (wohin?) Bezug nehmen.

Com'è il tuo lavoro?

In questa unità impariamo a

- parlare del proprio lavoro
- capire un annuncio di lavoro
- sostenere un colloquio di lavoro
- telefonare e confermare un colloquio di lavoro
- dare e ricevere consigli

Per cominciare

1 **Lavorate a coppie. Abbinate i nomi e le professioni alle foto di questi italiani famosi. Confrontate i risultati con un'altra coppia.**

1

Nome: ....
Professione: ....

2

Nome: ....
Professione: ....

3

Nome: ....
Professione: ....

Nomi

Lilli Gruber
Federico Fellini
Susanna Tamaro
Rita Levi Montalcini
Dolce e Gabbana
Eros Ramazzotti
Mariagrazia Cucinotta
Riccardo Muti

4

Nome: ....
Professione: ....

5

Nome: ....
Professione: ....

Professioni

giornalista
scrittrice
cantante
stilisti
regista
direttore d'orchestra
attrice
scienziata

6

Nome: ....
Professione: ....

7

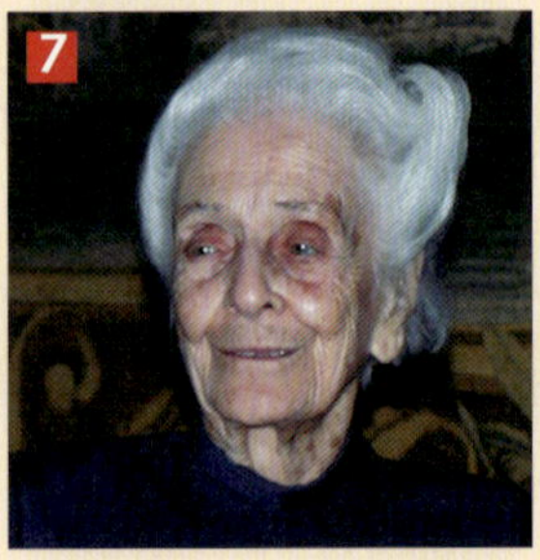

Nome: ....
Professione: ....

8

Nome: ....
Professione: ....

2 **Scrivete tutte le parole relative al lavoro che vi vengono in mente.**

Parlare del proprio lavoro

35 **3** **Ascoltate i dialoghi e segnate accanto alla professione il numero del dialogo. Non tutte le professioni sono nominate.**

- ☐ segretaria
- ☐ camionista
- ☐ benzinaio
- ☐ giornalista
- ☐ medico
- ☐ impiegato

35 **4** **Ascoltate ancora una volta i dialoghi e scrivete le espressioni usate per:**

– chiedere la professione: ....

– dire la professione: ....

36 **5** **Abbinate l'immagine alla professione opportuna. Dopo ascoltate i monologhi e numerate le immagini corrispondenti.**

- ☐ parrucchiera
- ☐ dentista
- ☐ commessa
- ☐ badante
- ☐ operatore informatico

A ☐

B ☐

C ☐

D ☐

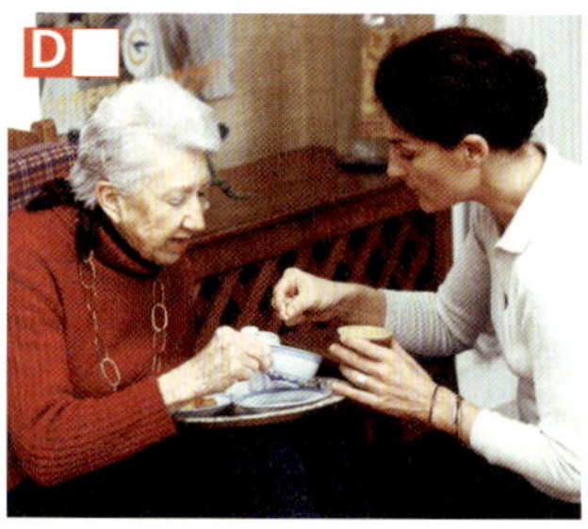

E ☐

Ü 1-3 S. 180/181

6 **In piccoli gruppi provate a formare alcune parole che indicano professioni. Aggiungete il suffisso *-ista, -iere, -aio*. Verificate le vostre ipotesi sul dizionario.**

1. giornale: ....
2. bar: ....
3. musica: ....
4. benzina: ....
5. forno: ....
6. auto: ....
7. giardino: ....
8. dente: ....

7 **In gruppo abbinate i nomi alle immagini e per ogni professione scrivete gli strumenti utilizzati.**

[l'aspirapolvere – il computer – il ferro da stiro – il fon – le forbici – la stampante – la macchina fotografica – le pile – il rullino – la scopa – le spazzole – la tastiera]

operatore informatico	parrucchiera	fotografo	collaboratrice domestica

Ü 4 S. 181

8 **Indicate con una x le parole e le espressioni che conoscete. Chiedete poi ad un compagno se conosce le parole che per voi sono nuove. Infine, con l'aiuto del dizionario, scrivete il significato di quelle che non capite.**

- [ ] stipendio
- [ ] assunzione
- [ ] contratto di lavoro
- [ ] formazione
- [ ] guadagnare
- [ ] orario continuato
- [ ] licenziamento
- [ ] telelavoro
- [ ] lavoro a tempo pieno
- [ ] lavoro a tempo determinato
- [ ] agenzia interinale
- [ ] lavoro a tempo indeterminato
- [ ] dirigente
- [ ] libero/a professionista
- [ ] imprenditore

9 **Lavorate in coppia. Descrivete in poche frasi il vostro lavoro o un'esperienza di lavoro che avete fatto.**

10 **Leggete il titolo del testo. Secondo voi com'è cambiata la vita della donna italiana negli ultimi anni?**

COME CAMBIA LA VITA DELLE DONNE

La donna italiana è un pianeta in evoluzione e crescita.

È la componente più dinamica della società, quella che sta modificando con più rapidità le proprie coordinate sociali, culturali ed economiche, influenzando in misura determinante lo sviluppo del sistema-Italia. La ricerca Istat ci restituisce una immagine femminile in movimento. Questa lettura consente di raccontare una donna che è sempre più protagonista della realtà sociale, culturale ed economica del nostro Paese. Una donna che lavora di più, e che utilizza sempre più le forme di lavoro più moderne e flessibili; una donna che investe di più in cultura ed in formazione; una donna che cerca di conciliare famiglia e lavoro; una donna per la quale la terza età si avvia a diventare una fase di vita sempre più attiva, sempre più culturalmente vivace. Una donna attiva, che guarda al suo domani con fiducia.

Il lavoro: una dimensione sempre più importante dell'identità femminile.

Le donne svolgono tutte le tipologie di lavoro, crescono quelle che sono occupate part-time, a tempo determinato e in attività con orari e modalità non standard. In complesso, la posizione lavorativa delle donne migliora: aumentano le dirigenti, le libere professioniste, le imprenditrici e le impiegate, mentre diminuiscono le lavoratrici in proprio e le coadiuvanti.

Tratto da: ISTAT *Come cambia la vita delle donne*, marzo 2005

Ora leggete il testo. Indicate con una x se le affermazioni sono giuste o sbagliate.

La donna italiana ...	**vero**	**falso**
1. dal punto di vista sociale è in continuo cambiamento.	☐	☐
2. non ha ancora un'importanza sociale.	☐	☐
3. non riesce a seguire la famiglia e il lavoro contemporaneamente.	☐	☐
4. svolge sempre di più attività part-time o con orari diversi dalla norma.	☐	☐
5. può arrivare a posizioni importanti.	☐	☐

11 **Lavorate in gruppi. Pensate alle donne che conoscete. Che lavori fanno? Come riescono a conciliare lavoro e famiglia? Dite poi se trovate dei punti in comune.**

Ü 5-6 S. 181

Sostenere un colloquio di lavoro

37 **12** **Ascoltate il colloquio presso un'agenzia interinale e completate il modulo con le informazioni richieste.**

Dati personali	**Profilo personale**	**Tipo di lavoro**
Nome:	Uso computer:	☐ part-time
Cognome:	☐ sì	☐ full-time
Età:	☐ no	☐ a tempo determinato
Figli:	Lingue conosciute:	☐ a tempo indeterminato
Tel/fax:	....	☐ interinale
Cellulare:	....	☐ telelavoro
	....	
	....	

37 **13** **Ascoltate il dialogo ancora una volta e segnate con una x le espressioni che sentite.**

☐ sto vedendo
☐ sto allattando
☐ sto scrivendo
☐ sta uscendo
☐ sto guardando
☐ sta cercando
☐ sta telefonando
☐ sto finendo di organizzare
☐ sto decidendo

OSSERVATE!

Sto cercando un lavoro.
Sto scrivendo la sua richiesta.

Come esprimete queste frasi nella vostra lingua?

Ü 7 S. 182

14 **Completate le frasi con *stare* + gerundio.**

1. Non ho ancora finito di lavorare: .... (scrivere) l'ultima notizia di cronaca.
2. Il dottor Mannelli è occupato: .... (parlare) al telefono con un cliente.
3. In questo periodo .... (leggere) un libro molto interessante.
4. Mio figlio .... (studiare) molto perché fra poco ha un esame.
5. .... (uscire). Posso richiamarti più tardi?
6. .... (venire), tra dieci minuti siamo a casa tua.

15 **Guardate le immagini e provate a dire chi sono queste persone e cosa stanno facendo. Potete usare il dizionario.**

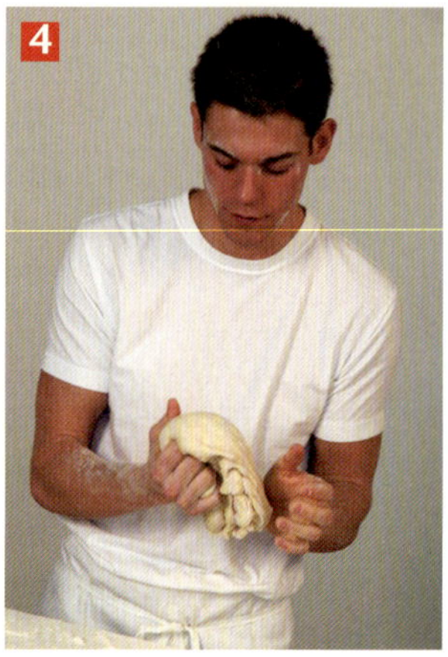

OSSERVATE!

- ● Che cosa sa fare?
- ❍ So usare bene il computer.

- ● Quali lingue straniere conosce?
- ❍ Conosco l'inglese e so anche un po' di francese.

Provate a tradurre queste frasi nella vostra lingua.
Che significato hanno "sapere" e "conoscere"?

16 **Aiutarsi tra compagni. Ci sono delle cose che non sapete fare ma che il vostro partner sa fare, altre invece in cui siete bravissimi. Che cosa sapete o non sapete fare? Parlatene in coppia.**

Capire un annuncio di lavoro

Ü 8-9 S. 182

17 **Intervista. Aiutate un compagno a cercare lavoro.**

18 **Leggete gli annunci di lavoro e cercate quello più adatto al vostro compagno.**

1. Importante azienda nel settore della moda cerca giovane stilista. Si richiedono creatività, capacità organizzative, voglia di viaggiare, libertà da legami familiari. Solo se veramente interessati, telefonare allo 09-309382920. Chiedere del dott. Giubanelli.

2. Famiglia con tre figli cerca babysitter a tempo pieno disponibile a seguire la famiglia nei frequenti spostamenti all'estero. Si offrono vitto e alloggio e corso di lingua. Si richiede massima serietà. Non si accettano fumatrici. Contattare la sig.ra Rumellio al numero 335-9229828 entro e non oltre il 3 settembre.

3. Cercasi ragazzo/a per stagione estiva in gelateria. Richiesta conoscenza lingua tedesca. Sede di lavoro Lignano Sabbiadoro (UD). Inviare Curriculum Vitae al numero di fax: 02-38993930.

4. Importante azienda di Genova cerca un'impiegata per l'ufficio commerciale estero, tra i 20/40 anni, laurea o diploma, ottima conoscenza dell'inglese e tedesco, indispensabile la conoscenza degli strumenti informatici più diffusi, predisposizione al lavoro in team ed una esperienza di almeno 4/5 anni in ufficio commerciale estero. Assunzione a tempo determinato, orario full-time. Inviare CV a Silka S.p.A., via A. Volta 53, 16100 Genova

5. Azienda nel campo della sicurezza cerca addetti reception/centralino. Richiesta ottima conoscenza dell'inglese parlato, uso pc, bella presenza, disponibilità turni di lavoro. Sede di lavoro Milano. Inviare CV con foto a MiDAS S.p.A., via G. Mazzini 22, 20100 Milano

6. Rinomata azienda italiana nel settore delle comunicazioni cerca studenti per stage da 3 a 6 mesi. Si richiede buona conoscenza di tedesco e inglese. Inviare CV a M.M.T., S.p.A., via S. Marco 34, 00185 Roma

19 **Ora spiegate perché, secondo voi, il lavoro che avete scelto per il vostro compagno vi sembra adatto a lui. Usate le domande seguenti come traccia per rispondere.**

- Di che tipo di lavoro si tratta?
- Quanto tempo dura?
- Quali lingue deve conoscere il candidato?
- Quali esperienze deve avere?
- ....

Ü 10 S. 182

20 **Lavorate in gruppi, fate una piccola inchiesta tra di voi e riferite in plenum.**

Chi		**Nome**
conosce il russo, il cinese o lo svedese	?	....
sa parlare due lingue		....
ha già trascorso più di tre settimane all'estero		....
ha già almeno due esperienze di lavoro		....
conosce diverse persone straniere		....
sa usare almeno due programmi al computer		....
conosce un sito italiano in Internet		....

Dare e ricevere consigli

21 **Sei un maniaco del lavoro? Se vuoi sapere che tipo di lavoratore sei, rispondi alle domande e poi controlla il tuo punteggio.**

	sì	**no**
1. Trascorri sempre il fine settimana lavorando?	☐	☐
2. Ti senti in colpa a restare a letto la domenica mattina?	☐	☐
3. Il pensiero del lavoro ti tiene sveglio la notte?	☐	☐
4. Le vacanze ti danno fastidio?	☐	☐
5. Ti alzi sempre presto la mattina?	☐	☐
6. Hai pochi interessi al di fuori del lavoro?	☐	☐
7. I tuoi amici si lamentano perché ti vedono poco?	☐	☐
8. I tuoi familiari si lamentano perché lavori troppo?	☐	☐
9. Ti capita di lavorare anche quando mangi?	☐	☐
10. Se non hai niente da fare, ti innervosisci?	☐	☐

Calcola il punteggio
per le risposte affermative 1 punto;
per le risposte negative 0 punti.

Se hai 3 o più punti:
Riesci sicuramente ad ottenere ottimi risultati sul lavoro perché è la cosa più importante per te, ma pensa anche alla tua salute! Dedica qualche ora in più alla tua famiglia ed esci qualche volta con gli amici. Non dimenticare che la vita si vive anche con gli altri.

Se hai 2 punti o meno:
Hai il giusto equilibrio tra lavoro e vita familiare, ma non ti fare illusioni, non basta per far carriera. Se vuoi raggiungere una posizione professionale più elevata, datti più da fare!

OSSERVATE!

Osservate e completate.

Pensa alla tua salute!
.... qualche ora in più alla famiglia.
.... che la vita si vive anche con gli altri.
.... qualche volta con gli amici.

Per esprimere un consiglio si usa in questi casi l'imperativo. Cercate di formulare una regola in base ai verbi usati.

22 **Completate la tabella con i seguenti verbi.**

[controllare – rispondere – sentire – uscire – cercare – scrivere – dormire – leggere
aspettare – prendere – aprire – telefonare]

Imperativo informale (tu)		
- are	**- ere**	**- ire**
controllare → controlla	rispondere → rispondi	sentire → senti
....	....	....
....	....	....
....	....	....

Ü 11 S. 183

23 **Completate il dialogo con le forme dell'imperativo dei verbi tra parentesi.**

● *Guarda* (guardare) Mario, ... (leggere) questo annuncio, sembra fatto per te.
○ È vero, ma è di una settimana fa. Che dici, rispondo?
● Ma certo! .... (aprire) il computer e .... (scrivere) subito, ... (allegare) il tuo curriculum e .... (non perdere) tempo.
○ .... (aspettare) però, si richiede disponibilità a viaggiare all'estero!
● E non sei contento? Dai, Mario, ... (darsi) da fare, è un'ottima occasione, ... (provare) almeno, no?

Parlare di esperienze all'estero

38 **24** **La storia di Hamid.**
Ascoltate l'intervista radiofonica ad Hamid.
Poi completate le frasi con l'alternativa corretta.

1. I genitori di Hamid si sono trasferiti in Italia perché:
- **a** ☐ non avevano un lavoro nel loro paese.
- **b** ☐ volevano offrire una vita diversa ai loro figli.
- **c** ☐ avevano bisogno di soldi.

2. Hamid è arrivato in Italia nel:
- **a** ☐ 1995
- **b** ☐ 1985
- **c** ☐ 2005

3. Quando il padre di Hamid è arrivato in Italia:
- **a** ☐ ha trovato subito un lavoro.
- **b** ☐ ha dovuto aspettare tanto per avere un lavoro.
- **c** ☐ ha trovato lavoro in una pasticceria.

4. Il primo lavoro del padre di Hamid era:
- **a** ☐ molto piacevole, ma faticoso.
- **b** ☐ ben pagato e interessante.
- **c** ☐ pagato poco e faticoso.

5. Per cambiare lavoro il padre di Hamid doveva:
- **a** ☐ migliorare il suo italiano.
- **b** ☐ iscriversi all'università.
- **c** ☐ fare dei corsi di informatica.

6. Dopo qualche anno la madre di Hamid ha trovato un lavoro come:
- **a** ☐ collaboratrice domestica.
- **b** ☐ badante.
- **c** ☐ babysitter.

7. Vivere in Italia all'inizio per Hamid è stato:
a ☐ facile perché conosceva già la lingua.
b ☐ difficile perché non conosceva nessuno.
c ☐ difficile perché non conosceva la lingua e non aveva amici.

Ü 12 S. 183

25 Paola è interessata ad un annuncio di pagina 102. A quale secondo voi? Ricomponete il suo curriculum e mettete tutti i dati nell'ordine giusto.

CURRICULUM VITAE

Dati personali
Nome e cognome: ....
Data di nascita: ....
Nazionalità: ....
Stato civile: ....
Indirizzo: ....
Telefono e e-mail: ....

Esperienza professionale
....
....

Studi compiuti
....
....

Lingue straniere
....

Interessi
....

- La Spezia, 20/09/1976
- Paola Baruzzo
- Via Mazzini 15, La Spezia
- ottimo tedesco e inglese parlato e scritto
- discreta conoscenza dello spagnolo
- 1994 diploma di maturità tecnico commerciale ad indirizzo linguistico
- 1995-99 laurea in Lingue e Letterature straniere presso l'Università degli Studi di Pisa
- italiana
- paoba@tiscali.it
- Tel. 0187-524073
- nubile
- viaggi, cinema, tennis
- 1999-2000 stage di 6 mesi presso la ditta Ferrero di Francoforte
- luglio 2001– dicembre 2006 corrispondente estera presso la ditta Zanotex di Prato

Telefonare e confermare un colloquio di lavoro

Ü 13 S. 184

39 **26 Ascoltate il messaggio che Paola trova sulla segreteria telefonica e indicate il motivo della telefonata.**

....
....
....

27 Che cosa deve fare Paola?

40 **28 Ascoltate e leggete il dialogo.**

● Filotex, buongiorno.
○ Buongiorno, sono Paola Baruzzo, telefono per confermare la data del colloquio.
● Attenda, Le passo l'ufficio personale.
○ Sì, grazie.

● Pronto, chi parla?
○ Sono Paola Baruzzo, vorrei confermare la data del colloquio di lavoro per il 18 aprile.
● Bene, signorina Baruzzo, venga il 18 aprile alle ore 9.00, La aspettiamo.
○ Benissimo, grazie. Ah, mi scusi, una domanda. Posso utilizzare il vostro parcheggio?
● Ma certo, deve solo annunciare la Sua presenza in portineria.
○ Grazie, arrivederci.

29 **Rileggete il dialogo e scrivete le frasi opportune per**

1. rispondere al telefono ....
2. identificarsi ....
3. invitare ad aspettare ....
4. chiedere qualcosa ....
5. inoltrare la telefonata ....

OSSERVATE!

Osservate e completate.

scusare *scusi*	attendere	venire ....
andare → vada	fare → faccia	dire → dica

Ü 14-15 S. 184

30 **Leggete le frasi e sottolineate la forma adeguata dell'imperativo.**

1. Senta, signorina, di'/dica al dottor Rossi che ripasso più tardi.
2. Non perdere tempo, fa'/faccia presto.
3. La prego, telefona/telefoni subito al dottore.
4. Vuole un consiglio? Prendi/prenda la metropolitana.
5. Non aspettare ancora, va'/vada a parlare con il responsabile dell'ufficio.
6. Scusa ma sto uscendo. Richiama/richiami più tardi.

Guardiamo da vicino!

31 **Guardate il sito Internet di Almalaurea e rispondete.**

1. A chi si rivolge il sito?
2. Dove cliccate se volete fare uno stage?
3. Non siete ancora laureati ma volete entrare a far parte di Almalaurea. Che cosa dovete fare?

ALLA SCOPERTA DELL'ITALIA

32 Leggete i seguenti titoli e i testi sottostanti. Abbinate ad ogni titolo il "suo" testo.

☐ **Stage, tirocini e borse internazionali**

☐ **Il lavoro e gli italiani, pochi soldi e addio alla "carriera unica"**

☐ **Italiani alla ricerca di un lavoro. Troppo tempo per un impiego**

☐ **Il primo lavoro? Al massimo uno stage**

a *Nell'ultimo anno è cresciuta la quota di chi è alla ricerca di un lavoro da più di sette mesi. Per gli "over 40" si superano i 17 mesi. Anche le donne svantaggiate. E il lavoro si offre e si cerca soprattutto attraverso gli amici, i conoscenti, gli ex-colleghi e i parenti.*

b *Indagine Ires-Cgil: un italiano su cinque ha cambiato da tre a cinque posti. Soprattutto i giovani e i lavoratori ad elevata professionalità. Il 78,6% guadagna non più di 1.300 euro al mese. Mobilità, flessibilità e instabilità, le caratteristiche dei nuovi posti di lavoro.*

c *Per i giovani un'offerta di lavoro su quattro è un tirocinio. Si trasforma in assunzione nel quaranta per cento dei casi. Le aziende lo utilizzano per conoscere le capacità dei futuri dipendenti. Ma i ragazzi dicono che "tappano buchi" e imparano poco. E per il 60% dei laureati, il primo stipendio non supera i 15mila euro l'anno.*

d *Dal lavoro di interpretariato alle scienze. Dai temi legati ai diritti umani all'economia. Prendono il via in questi giorni le iniziative delle istituzioni internazionali destinate agli stage di formazione e lavoro. Tutte le opportunità al Consiglio d'Europa, Unesco, Parlamento Europeo, Banca mondiale e Nazioni Unite.*

Vocabolario:
il tirocinio *Praktikum* il dipendente *Angestellter* elevato *hoch*
l'interpretariato *Dolmetscherarbeit* diritti umani *Menschenrechte*
sostituire *ersetzen* prevalere *überwiegen* saltuariamente *unregelmäßig*

33 Indicate in quali testi si trovano le seguenti informazioni:

☐ **1.** Su cento giovani solo quaranta vengono assunti dopo il tirocinio.
☐ **2.** Le donne devono aspettare a lungo prima di trovare un lavoro.
☐ **3.** I giovani cambiano spesso lavoro.
☐ **4.** Molte istituzioni offrono stage di formazione in vari campi.
☐ **5.** I giovani hanno l'impressione durante gli stage di sostituire i dipendenti che mancano.

34 Ecco uno stralcio ripreso da uno degli articoli presentati. Di quale articolo fa parte?

☐ Questa elevata mobilità (...) non deve necessariamente essere interpretata come una precarietà lavorativa. Tanto che essa è diffusa soprattutto nelle aree più dinamiche del paese: nel Nord Est hanno cambiato lavoro più di tre volte il 34,7 per cento degli intervistati mentre nel Mezzogiorno il 30,6 non ha mai cambiato impiego. Semmai al Sud a prevalere è il fenomeno del "secondo lavoro" dove un quarto dei lavoratori ha svolto, almeno saltuariamente, una seconda attività.

35 Se pensate alla situazione del vostro paese quali aspetti simili e quali differenze trovate?

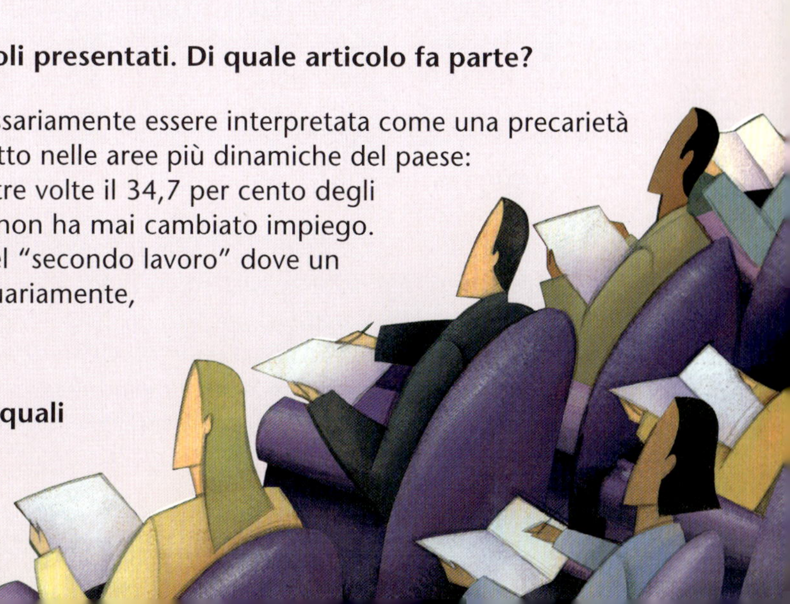

GRAMMATICA

1 Nomi di professione II
Berufsbezeichnungen II

Aus Lektion 7 kennen Sie bereits verschiedene Berufsbezeichnungen und deren typische Endungen (Vgl. S. 96, Nomi di professione I), hier finden Sie weitere.

maschile	femminile
l'att**ore**	l'att**rice**
il dott**ore**	la dott**oressa**
il profess**ore**	la profess**oressa**
il parrucch**iere**	la parrucch**iera**

Neben den Berufsbezeichnungen auf **-tore**/**-trice** gibt es die weiblichen Formen **dottoressa** und **professoressa**. Für einige Berufsbezeichnungen auf **-iere** gibt es eine weibliche Form auf **-iera**.

maschile e femminile	
il/la dent**ista**	l'architetto
l'insegn**ante**	l'ingegnere
il/la consul**ente**	il medico

Bei Berufsbezeichnungen auf **-ista**, **-ante** und **-ente** richtet sich das Geschlecht nach dem natürlichen Geschlecht der Person.
L'architetto, l'ingegnere und **il medico** werden sowohl für Männer als auch für Frauen benutzt.

2 Il verbo *stare* e il gerundio
Das Verb *stare* und das Gerundium

Sta piov**endo**. *Es regnet gerade.*
Sto cerc**ando** un lavoro. *Ich suche derzeit Arbeit.*
Che cosa state fac**endo**? *Was macht ihr gerade?*
Stiamo mangi**ando**. *Wir essen gerade.*

Zusammen mit dem Verb **stare** drückt das Gerundium aus, dass etwas gerade passiert oder getan wird.

lavor**are**	→	lavor**ando**
legg**ere**	→	legg**endo**
dorm**ire**	→	dorm**endo**

Das Gerundium wird gebildet, indem die Infinitivendung **-are** durch **-ando** und die Infinitivendungen **-ere** und **-ire** durch **-endo** ersetzt werden.
Das Gerundium ist unveränderlich.

Einige Verben bilden das Gerundium noch auf der Basis der lateinischen Infinitive:
fare (facere) → fa**cendo**, dire (dicere) → di**cendo**, tradurre (traducere) → tradu**cendo**.

3 I verbi *sapere* e *conoscere*
Die Verben *sapere* und *conoscere*

Non **so** dove lavora Lucia. *Ich weiß nicht, wo Lucia arbeitet.*
So usare bene il computer. *Ich kann gut mit dem Computer umgehen.*
Conosci questo libro? *Kennst du dieses Buch?*
Vorrei **conoscere** la tua ragazza. *Ich würde gerne deine Freundin kennen lernen.*

Sapere kann *wissen* oder *können* im Sinne einer erlernten Fähigkeit bedeuten.
Conoscere bedeutet *kennen* oder *kennen lernen.*

Im **passato prossimo** und im Imperfekt haben **conoscere** und **sapere** grundsätzlich eine unterschiedliche Bedeutung:

L'**ho saputo** ieri. *Ich habe es gestern erfahren.*
Non lo **sapevo**. *Das wusste ich nicht.*
Dove l'**hai conosciuto**? *Wo hast du ihn kennen gelernt?*
Non **conoscevo** nessuno. *Ich kannte niemanden.*

Sapere bedeutet im **passato prossimo** *erfahren*, im Imperfekt *wissen.*
Conoscere hat im **passato prossimo** die Bedeutung *kennen lernen*, im Imperfekt *kennen.*

4 Le forme dell'imperativo
Die Formen des Imperativs

	tu	Lei	voi/Voi
-are	guard**a**	guard**i**	guard**ate**
-ere	prend**i**	prend**a**	prend**ete**
-ire	sent**i**	sent**a**	sent**ite**
	finisc**i**	finisc**a**	fin**ite**
andare	vai/va'	vada	andate
dare	dai/da'	dia	date
fare	fai/fa'	faccia	fate
stare	stai/sta'	stia	state
avere	abbi	abbia	abbiate
essere	sii	sia	siate
dire	di'	dica	dite
venire	vieni	venga	venite
uscire	esci	esca	uscite
	non guardare	non guardi	non guardate
	non prendere	non prenda	non prendete
	non sentire	non senta	non sentite
	non finire	non finisca	non finite

Der bejahte Imperativ in der Du-Form (**tu**) hat bei Verben auf **-are** die Endung **-a**, bei Verben auf **-ere** und **-ire** die Endung **-i**.
In der Sie-Form (**Lei**) verkehren sich die Endungen **-a** und **-i** gegenüber der Du-Form genau ins Gegenteil.
Im Plural entspricht der Imperativ der 2. Person Plural Präsens.

Der verneinte Imperativ in der Du-Form wird mit **non** + Infinitiv gebildet:
Non mangiare tanto! – *Iss nicht so viel!*

Die erste Person Plural kann man als kollektiven Imperativ verwenden:
Finiamo prima questo lavoro! – *Lasst uns zuerst diese Arbeit zu Ende bringen!*
Non facciamo troppe cose alla volta! – *Lasst uns nicht zu viele Dinge auf einmal machen!*

Ü 16 S.184

5 La posizione dei pronomi con l'imperativo
Die Stellung der Pronomen beim Imperativ

tu	Lei	noi	voi/Voi
prendi**la**	**la** prenda	prendiamo**la**	prendete**la**
non prender**la**/non **la** prendere	non **la** prenda	non prendiamo**la**	non prendete**la**

Die Pronomen werden fast immer an den Imperativ angehängt. Nur bei der höflichen Anrede im Singular (**Lei**) stehen die Pronomen vor dem Imperativ.
Beim verneinten Imperativ in der Du-Form kann man das Pronomen wahlweise vor den Infinitiv stellen oder es anhängen. Dabei entfällt das **e** am Ende des Infinitivs.

6 Avverbi in *-mente*
Ü 17-18 S.185

Adverbien mit der Endung *-mente*

Domani **sicuramente** non si lavora.
Questo programma è **veramente** interessante.

Adverbien werden benutzt, um ein Verb oder ein Adjektiv näher zu beschreiben.

sicur**o** → sicur**amente**
veloce → veloce**mente**
facile → facil**mente**
regol**are** → regol**armente**

Viele Adverbien können gebildet werden, indem man an die weibliche Form des Adjektivs die Endung **-mente** anhängt.
Bei Adjektiven auf **-e** wird **-mente** an die unveränderte Form angehängt.
Bei Adjektiven auf **-le** und **-re** entfällt der Endvokal **e**.

Tra le isole della Laguna veneziana

Durante una vacanza a Venezia avete visitato anche alcune isole della Laguna. Dove avete dormito, dove e cosa avete mangiato, cosa avete visitato o comprato? Com'era il tempo e com'era la gente del luogo? Lavorate in gruppi di 3/4 persone e scrivete il diario della vostra vacanza. Con l'aiuto delle informazioni sottostanti descrivete le isole visitate, raccontate come avete trascorso le giornate e poi riferite al resto della classe.

1 Burano

L'isola è nota per la produzione di pizzi e merletti ed è interessante per le sue case dipinte con colori vivaci e contrastanti. L'economia dell'isola un tempo dipendeva dalla pesca e le case colorate erano un punto di riferimento per i pescatori durante i mesi invernali quando c'era la nebbia.

2 Murano

L'isola di Murano è nota sin dal Medioevo per il porto, per la presenza di mulini ad acqua e per la pesca. Oggi è famosa in tutto il mondo soprattutto per la lavorazione del vetro praticata qui dal 1295, da cui nascono preziosi lampadari, vasi, articoli di bigiotteria come le famose "murrine" (ciondoli di vetro colorati) ed altri oggetti.

3 L'isola di S. Erasmo

L'isola di S. Erasmo è la più grande della laguna. Da secoli svolge la funzione di "orto" di Venezia, specializzato nella produzione di carciofi e uve da cui viene tratto un vino dal sapore particolare. Sulla spiaggia i veneziani vanno per tradizione a fare il bagno e le scampagnate.

4 Torcello

L'isola nell'Alto Medioevo era un porto importantissimo e sede di officine metallurgiche, vetrarie e di lavorazione della lana. Attualmente vi abitano solo poche decine di persone. Si può ancora vedere il complesso monumentale composto dalla Cattedrale, dal Battistero e dal Martyrium di S. Fosca.
La cattedrale di Santa Maria Assunta si presenta oggi all'esterno in forme romaniche, ma è di origine paleocristiana, del VII secolo.

5 L'isola di San Michele

L'isola è sin dal 1800 il luogo di sepoltura dei cittadini veneziani. È uno dei pochi cimiteri in cui i defunti arrivano in barca, un tempo in gondole apposite, oggi in moderni motoscafi. Il cimitero ospita anche i resti di personaggi celebri: il compositore Igor Stravinskij e il poeta americano Ezra Pound, da sempre ammiratore di Venezia.

6 Il Lido

Il Lido di Venezia è una sottile isola che "chiude" la laguna. La sua spiaggia di sabbia fine e dorata ha richiamato già dalla fine dell' 800 turisti da tutto il mondo. Oggi il Lido è conosciuto anche per la Biennale di Venezia che include la Mostra biennale di arte contemporanea e la Mostra internazionale d'arte cinematografica.

Portfolio Che cosa so fare

Unità 7		
So	**So farlo bene**	**Voglio migliorare**
parlare del mio passato (8, 11, 12)		
descrivere com'era una persona in passato (4, 11)		
descrivere personaggi del passato (1, 3)		
parlare di avvenimenti passati (14, 16)		
descrivere la mia casa o altre abitazioni (22, 23, 24)		

Unità 8		
So	**So farlo bene**	**Voglio migliorare**
parlare del mio lavoro (3, 8, 9)		
chiedere informazioni riguardo ad un'offerta di lavoro (12)		
sostenere un colloquio di lavoro e telefonare per una conferma (12, 28)		
scrivere un curriculum (25)		
dare e ricevere consigli (21, 23, 31)		

Imparare ad imparare

Ascoltare e capire

1 Riflettete su queste domande:
1. Quali sono le situazioni in cui sentite l'italiano?
2. Che cosa ascoltate generalmente in italiano?

2 Che cosa è più importante per voi durante l'ascolto?
Numerate in ordine di importanza e discutete con i compagni.
☐ capire ogni singola parola ☐ capire le informazioni principali ☐ capire tutte le informazioni

3 Prima di ascoltare
Riflettere prima sulle possibili informazioni ci può aiutare nella comprensione del messaggio.
Immaginate quali informazioni potete ricevere nelle seguenti situazioni:
- alla radio ascoltate le informazioni sulle previsioni meteorologiche;
- alla radio sentite uno spot pubblicitario;
- telefonate ad uno studio medico, ma risponde solo la segreteria telefonica;
- visitate un museo e prendete l'audioguida che è disponibile solo in italiano;
- in un centro commerciale sentite un annuncio all'altoparlante.

4 Come potete aiutarvi se
- una persona vi ha spiegato come raggiungere un luogo, ma non avete capito tutto?
- non siete stati al corso, a casa ascoltate il CD con i brani trattati a lezione, ma capite poco?
- avete sentito una bella canzone alla radio, sapete il titolo della canzone, ma non avete capito tutto il testo?

41 42 **5 Ora ascoltate due registrazioni e rispondete.**
1. Dove potreste sentire la prima registrazione? ....
2. Dove potreste sentire la seconda? ....
3. In quale delle due si richiedono delle informazioni? 1 ☐ 2 ☐
4. In quale si dà una comunicazione ufficiale? 1 ☐ 2 ☐
5. In quale degli ascolti è importante capire ogni dettaglio? 1 ☐ 2 ☐ Perché?

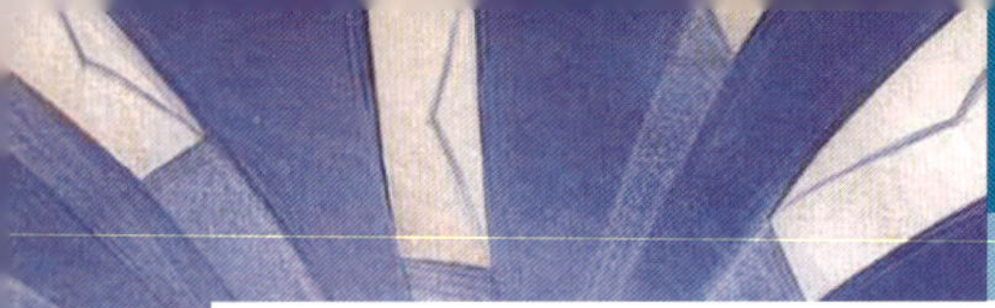

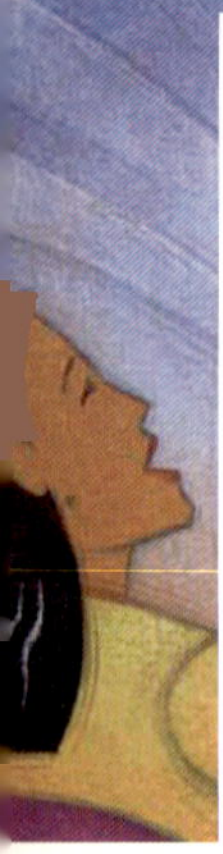

Tanti auguri!

In questa unità impariamo a

- ➜ fare gli auguri
- ➜ scrivere un biglietto di auguri
- ➜ descrivere fatti ed eventi passati
- ➜ esprimere gusti e preferenze
- ➜ parlare di progetti futuri

Per cominciare

1 **Abbinate le immagini alla ricorrenza o all'evento corrispondente.**

A 

1. Matrimonio
2. Nascita
3. Laurea
4. Compleanno
5. Natale

E 

C 

B 

D 

2 **Quali espressioni potete usare in queste situazioni?**
Ci possono essere più soluzioni per ogni situazione.

Natale – matrimonio – nascita – esame – nuovo lavoro – compleanno
anniversario – incontro sportivo – Pasqua – vincita – onomastico

Auguri!	Congratulazioni!	Felicitazioni!	Complimenti!	In bocca al lupo!

Fare gli auguri, fissare un appuntamento

43 **3 Ascoltate la telefonata e indicate con una x se le affermazioni sono giuste o sbagliate.**

	vero	falso
1. Francesca telefona a Luciana perché è il suo onomastico.	☐	☐
2. Luciana invita Francesca alla sua festa.	☐	☐
3. Francesca ha comprato un piccolo regalo per l'amica.	☐	☐
4. Le due amiche si danno appuntamento alle 21.00 a casa di Luciana.	☐	☐

43 **4 Ascoltate ancora una volta la telefonata e scrivete le espressioni usate per**

1. fare gli auguri ....
2. ringraziare per gli auguri ....
3. invitare qualcuno a fare qualcosa ....
4. fissare un appuntamento ....
5. accettare un invito ....

5 Leggete ora il testo della telefonata e controllate i vostri risultati.

● Pronto!
○ Sì, pronto, sono Francesca. Vorrei parlare con Luciana.
● Ciao Francesca, sono io!
○ Tanti auguriiii, buon compleanno vecchiona!
● Che carina, ti sei ricordata del mio compleanno!
○ Non potevo dimenticarlo.
● A proposito, che ne dici di venire questa sera a bere un bicchiere di spumante? C'è anche la torta, s'intende.
○ Volentieri, così posso darti il pensierino che ti ho comprato.
● Ma che gentile, mi hai fatto un regalo?
○ Sì, è giusto un regalino per ricordare il tuo compleanno.
● Oh grazie! Bene! Allora ci vediamo stasera alle nove da me.
○ Ok, un bacione e ci vediamo stasera, ciao.

6 Scrivete le seguenti parole nella colonna opportuna.

Ü 1-2 S. 186

[pensierino – regalino – auguroni – bacione – cappellino – chiacchierone
tazzina – lavorone – ragazzina – esamone]

gattino
....
....
....
....
....

scatolone
....
....
....
....
....

Che cosa significano queste parole?

7 E voi, a chi fate gli auguri di compleanno? In che modo?

Ü 3-5 S. 186/187

Scrivere un biglietto di auguri

8 Leggete e abbinate queste frasi ai biglietti di auguri.

1. Vi auguriamo un lungo e felice cammino insieme.
2. Auguri per il tuo futuro professionale!
3. Congratulazioni per il meraviglioso traguardo che hai raggiunto!
4. Ben arrivato tra noi, Sandro!
5. Cento di questi giorni!
6. Gli anni passano ma tu sei sempre bella e giovane. Tanti auguri!

A ☐☐

B ☐☐

C ☐☐

D ☐☐

9 Lavorate a coppie. Scrivete un biglietto di auguri ad un vostro amico o un'amica.

Esprimere gusti e preferenze

44 **10 Scegliere un regalo. Ascoltate il dialogo e numerate solo gli oggetti che sentite nominare.**

A ☐

la macchina fotografica digitale

B ☐

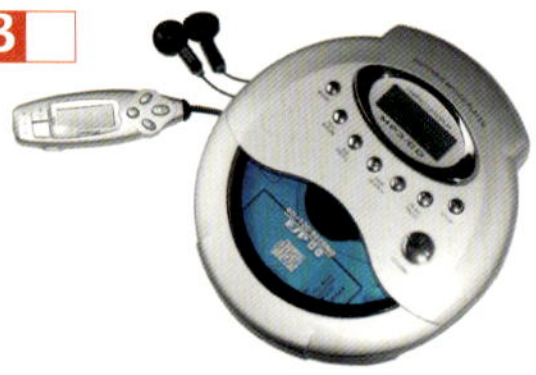

il lettore CD portatile

C ☐

la telecamera digitale

D ☐

il portatile

E ☐

il palmare

F ☐

il televisore

G ☐

il cellulare

44 **11 Ascoltate ancora una volta il dialogo e indicate con una x se le affermazioni sono giuste o sbagliate.**

	vero	falso
1. Le due amiche vanno a comprare un regalo di compleanno per Tommaso.		
2. Martina vuole comprare una telecamera.		
3. Susanna preferisce un telefonino.		
4. Il commesso propone alle ragazze una macchina fotografica digitale.		
5. Susanna non vuole spendere troppo.		

44 **12** **Ascoltate ancora una volta e completate il testo.**

1. Che ne dici se andiamo oggi a comprar ...... qualcosa?
2. Sì, ma il problema è che cosa comprar .... Lui ha già tutto, non ...... manca proprio niente.
3. ...... piacciono molto i cellulari.
4. ...... sembrano tutte ottime idee! ...... piacciono molto le telecamere ma costano tantissimo.
5. No, non si preoccupi signorina, ... faccio vedere anche qualcosa di economico.
6. Sì, per favore ...... mostri qualcosa di bello ma non troppo costoso.

13 **A coppie provate ad abbinare i pronomi indiretti atoni ai pronomi tonici. Controllate poi in plenum.**

I pronomi indiretti	
atoni	**tonici**
gli	a noi
Le/le	a me
mi	a lui
ci	a Lei/lei

OSSERVATE!

- ● Che cosa compriamo a Tommaso?
- ❍ Un nuovo cellulare.
  A lui piacciono molto i cellulari.

A chi si riferisce "a lui"?
Chi è il soggetto di "piacciono"?

Ü 6-7 S. 187/188

14 **A ciascuno il regalo giusto.** **Lavorate a coppie. Aiutate Francesca a fare il regalo giusto. Leggete le informazioni sulle persone e scegliete per ciascuno un regalo adatto. Motivate la scelta.**

1

MARIA è una ragazza di 25 anni che ama molto leggere e passare il tempo libero all'aria aperta. Fa molte passeggiate e ascolta musica classica. Le piacciono i vestiti eleganti ma comodi. L'anno scorso Francesca le ha regalato un libro sui parchi naturali d'Italia.

2

FRANCO è un uomo di 45 anni. È un libero professionista, viaggia molto in macchina per lavoro. Ama gli abiti sportivi, anche se per lavoro deve vestire in modo elegante. L'anno scorso Francesca gli ha regalato un paio di scarpe da ginnastica.

3

SUSANNA è la nipote di Francesca, ha 12 anni e ama molto la musica italiana. Inoltre le piace leggere e si diverte a collezionare francobolli. L'anno scorso Francesca le ha regalato un lettore CD.

Esempio: *A Maria puoi regalare un cd di Vivaldi perché a lei piace tanto la musica classica.*

A ☐

B ☐
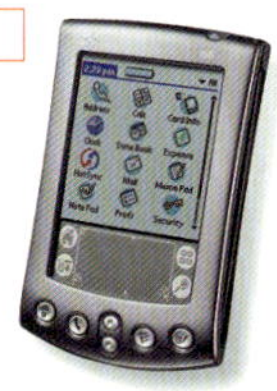

D ☐

C ☐

E ☐

F ☐
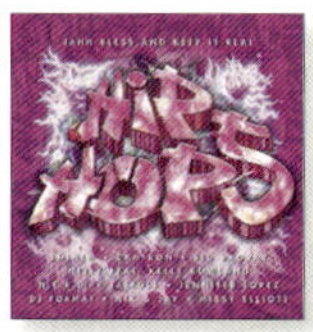

15 **Lavorate in gruppi e pensate a tre personaggi famosi della politica, dello sport e del mondo dello spettacolo. Decidete poi quale regalo volete fargli. Presentate infine i risultati in plenum.**

16 Lavorate in gruppi e fate ipotesi sul contenuto dell'articolo.

Scappa di notte per comprare giocattoli

17 Ora leggete l'articolo e confrontate le vostre ipotesi.

Pordenone

Un bimbo di sette anni trovato in attesa davanti alla vetrina del negozio
Scappa di notte per comprare giocattoli

"Sto aspettando l'apertura del negozio. Voglio comprare un giocattolo." Sono le poche parole che un bimbo di sette anni ha detto ieri notte ai carabinieri che lo hanno trovato davanti al negozio di giocattoli "Il Papero" di Sacile, a circa tre chilometri dalla sua abitazione. Stava tranquillo davanti alla vetrina, aveva in mano lo zainetto con i suoi giocattoli preferiti. Ha raccontato la sua avventura, iniziata intorno alle 4 dopo essere uscito di casa mentre i suoi genitori dormivano. In questa storia ci sono tutti gli ingredienti di una fiaba di Natale, in questo caso vera e, fortunatamente, a lieto fine. C'è un bambino che con i suoi risparmi esce di casa nel cuore della notte per andare a comprare i giocattoli dei suoi sogni. Ci sono i carabinieri, avvisati da alcuni passanti che hanno visto il bambino girare da solo per le vie del paese, e ci sono i genitori svegliati nel sonno dallo squillo del telefono. All'altro capo del filo, in questo caso, c'erano i carabinieri che hanno soccorso il bambino e dopo lo hanno accompagnato all'ospedale Santa Maria degli Angeli di Pordenone. Poi, per il piccolo, è andata in scena un'altra fiaba: un giro a bordo della macchina dei carabinieri. Qualche ora dopo il bambino è tornato a casa, da mamma e papà.

Adattato da: *Il Gazzettino*

18 A coppie ricostruite la telefonata dei carabinieri ai genitori.

Ü 8 S. 188

Descrivere ricorrenze al passato

19 La festa di matrimonio. **Guardate i disegni, dategli un ordine e raccontate la giornata del matrimonio.**

45 **20 Ascoltate ora il racconto e mettete in ordine le frasi.**

- ☐ La mattina siamo andati a casa della sposa perché volevamo fare delle foto con la sua famiglia.
- ☐ L'autista ha accompagnato alla chiesa la sposa e suo padre.
- ☐ Poi c'è stata la cerimonia religiosa.
- ☐ Alla fine della festa gli sposi ci hanno dato le bomboniere.
- ☐ Quando è arrivata alla chiesa suo padre l'ha accompagnata all'altare, mentre suonavano la marcia nuziale.
- ☐ E tutti l'abbiamo seguita con le nostre auto.
- ☐ C'era anche un'orchestra, così abbiamo potuto ballare.
- ☐ Quando sono usciti dalla chiesa tutti gridavano: "Auguri, viva gli sposi!"
- ☐ Subito dopo siamo andati al ristorante.
- ☐ Francesca era bellissima, aveva un vestito bianco lungo, molto semplice ma elegante.
- ☐ La sposa aveva un bellissimo bouquet di rose bianche.
- ☐ Abbiamo mangiato e bevuto benissimo.
- ☐ E noi amici li abbiamo riempiti di riso.

21 Rileggete le frasi e cercate uno o più esempi in cui:

1. si parla di un'azione con un inizio e una fine	☐	☐	☐	☐
2. si descrive il contesto che accompagna l'azione	☐	☐	☐	☐
3. si esprime un'intenzione, uno scopo	☐	☐	☐	☐
4. si descrive un'azione nel suo svolgimento senza indicare limiti di tempo	☐	☐	☐	☐

In quali frasi si usa l'imperfetto, in quali il passato prossimo?

Ü 9-10 S. 188/189

22 Raccontate al vostro compagno un matrimonio che ricordate o che vi ha colpito particolarmente.

OSSERVATE!

Osservate e completate.

Suo padre l'ha accompagnat... all'altare al suono della marcia nuziale.
E noi amici li abbiamo riempit... di riso.

Ü 11-12 S. 189/190

23 Lavorate a coppie. A turno fate domande e rispondete come negli esempi.

Esempio: • *Hai chiamato il fotografo?* ○ *No, non l'ho ancora chiamato.*
• *Hai truccato la sposa?* ○ *Sì, l'ho già truccata.*

- portare il bouquet
- comprare il regalo
- lavare la macchina della sposa
- preparare le bomboniere per gli invitati
- portare la telecamera
- portare le fedi

Parlare dei progetti futuri

24 **Leggete le interviste e indicate a chi si riferiscono le frasi sottostanti.**

1. ● Stefania, tu stai per laurearti. Che progetti hai nel prossimo futuro?
❍ Spero di trovare presto un posto di lavoro attinente agli studi che ho fatto. Ho già diverse esperienze in vari campi ma sicuramente ho ancora molto da imparare e dovrò approfondire le mie conoscenze. Intanto, la settimana prossima, comincio uno stage.

2. ● Valentina, il prossimo anno ci sarà la maturità, e poi?
❍ E poi ho intenzione di iscrivermi all'Università, a Lingue, perché mi piace viaggiare, conoscere altri paesi … cercherò certamente di fare uno stage in Inghilterra e poi si vedrà.

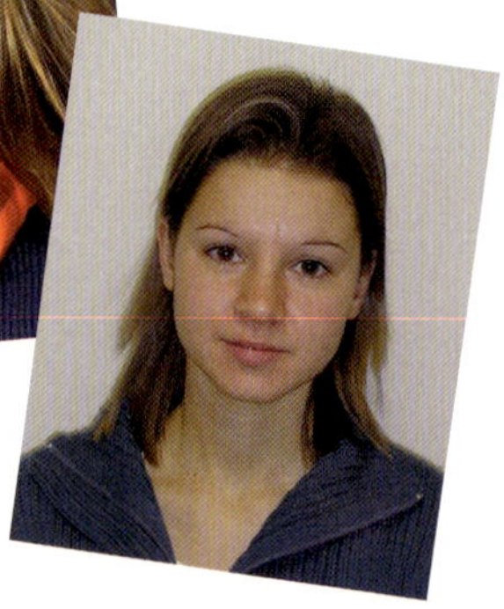

3. ● Signor Perugi, l'anno prossimo Lei andrà in pensione. È contento? Cosa farà dopo?
❍ Beh, sarà senz'altro un grosso cambiamento e all'inizio sentirò sicuramente la mancanza dei colleghi, però penso che avrò anche più tempo a disposizione per cucinare, per gli amici e potrò andare in bicicletta quando voglio.

a ☐ Ha intenzione di studiare lingue.
b ☐ Spera di poter lavorare nel campo degli studi che ha fatto.
c ☐ I primi tempi si sentirà un po' solo.
d ☐ Ha fatto diverse esperienze di lavoro.
e ☐ Deve imparare ancora molte cose.
f ☐ Cercherà di andare all'estero.

OSSERVATE!

Osservate e completate.

cercare	*cercherò*
vedere	…
sentire	…

25 **Cercate nelle tre interviste le altre forme dei verbi al futuro e completate la tabella.**

-are	-ere	-ire	essere	avere

26 **Completate il testo con i verbi al futuro.**

Ü 13 S. 190

I progetti di Dario

Adesso che ho finito l'università, (cercare) ……………… un lavoro. (inviare) …………… subito il mio curriculum vitae alle agenzie di ricerca del personale. Se (essere) …………… fortunato, non (dovere) …………… aspettare molto tempo per avere un colloquio. Quando (avere) …………… un lavoro (prendere) …………… finalmente una casa da solo. (fare) …………… un viaggio in Australia. È il mio sogno da tanti anni. Mi (comprare) …………… anche una macchina nuova.

27 **Lavorate a coppie. Quali sono i vostri progetti per i prossimi 5 anni?**

28 **Lavorate a coppie. Guardate le immagini e rispondete alle domande. Fate delle supposizioni come nell'esempio.**

Esempio: ● *Che cosa farà Alessio in questo momento?*
○ *Dormirà profondamente.*

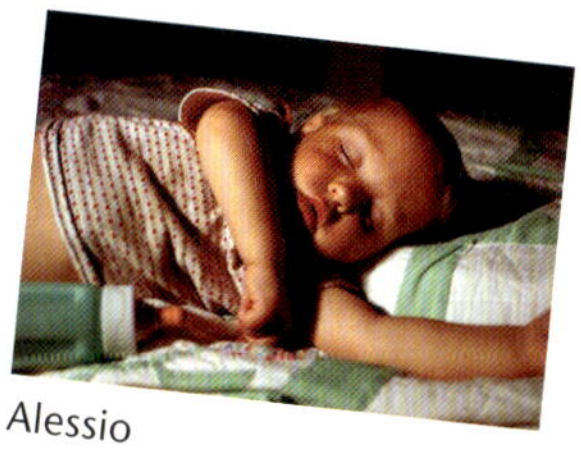
Alessio

Marco e Rosaria

Federica

Donatella

mamma e papà

29 **Lavorate in piccoli gruppi. Leggete le frasi e indicate quale significato hanno.**

	A progetto sicuro	B possibilità	C supposizione
1. Forse in luglio andrò in Germania.	☐	☐	☐
2. A quest'ora Marcello e Davide saranno sicuramente arrivati a casa.	☐	☐	☐
3. La settimana prossima comincio uno stage.	☐	☐	☐
4. Non disturbare la mamma, dopo una giornata così sarà stanca.	☐	☐	☐
5. Le prossime vacanze di Natale le trascorreremo a casa.	☐	☐	☐

30 **Lavorate a coppie. Leggete la lettera di Anna a Marco e completate le righe con le forme verbali fra parentesi.**

[potremo – starai – avrai – andremo (2x) – sarà (2x)]

Ü 14-15 S. 190/191

1 Caro 2 Marco,
3 che noia qui in montagna! Siamo arrivati da tre giorni e siamo rinchiusi in un albergo, perché piove giorno e notte. Addio escursioni! Spero tanto che nei prossimi giorni . . . . fare tutto quello che abbiamo progettato prima di partire. Se domani ci . . . . il sole . . . . al passo S. Pellegrino, dove speriamo di fare il bagno in un piccolo lago e visitare Ortisei. In ogni caso, se il tempo . . . . brutto, ... a visitare un museo ladino. Immagino invece che tu al mare . . . . sicuramente meglio e . . . . un caldo e un sole invidiabili!
4 Ci vediamo a Roma a settembre.
5 Un bacione
6 Anna

Marco Bianchi
Via Dante 96
00100 ROMA

31 **Collegate ora i numeri alla parte della lettera.**

A ☐ conclusioni B ☐ formula di apertura C ☐ parte centrale della lettera
D ☐ saluti E ☐ mittente F ☐ destinatario

32 **Scrivete una lettera ad un amico o un'amica e indicate:**

[dove vi trovate – com'è il tempo – cosa avete fatto da quando siete arrivati/e – cosa farete durante la vostra vacanza]

Ascolto

33 **Ascoltate il dialogo. Quali informazioni riuscite a capire? Confrontatevi con un compagno.**

34 **Riascoltate il dialogo e rispondete.**

1. Quali proposte fa la donna?
2. Chi andrà con i due?
3. Guardate la foto che hanno scattato durante la gita. Dove sono stati?
4. In quali regioni si trovano i luoghi di cui si parla nel dialogo?

Guardiamo da vicino!

35 **Il bollettino meteorologico.**
Leggete le previsioni del tempo per i prossimi due giorni e rispondete alle domande.

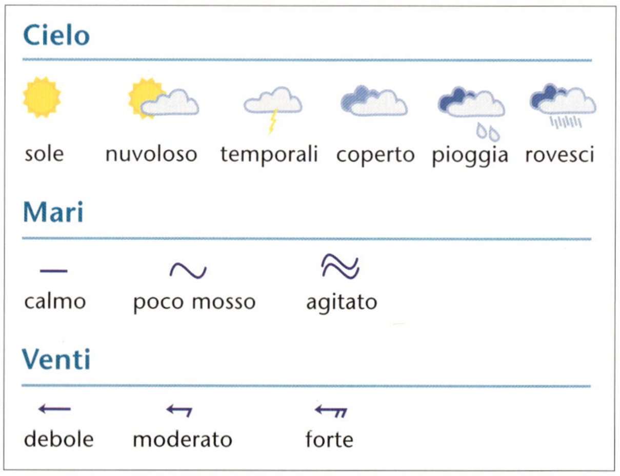

Giovedì: bel tempo al Nord. Nuvoloso al Centro-Sud con isolati rovesci sulla Calabria.
Temperature: sotto la media stagionale.
Venti: moderati al centro.
Mari: mossi.

Venerdì: cielo in generale nuvoloso con probabili piogge sulle Alpi.
Temperature: in rialzo.
Venti: moderati a Nord-Ovest.
Mari: poco mossi o mossi.

1. Che tempo farà giovedì al Nord?
2. Come sarà la temperatura giovedì?
3. Pioverà venerdì? Dove?
4. Come saranno i mari venerdì?

Tratto da: *Donna Moderna*

ALLA SCOPERTA DELL'ITALIA

36 **Ricordate com'era in genere per voi il primo giorno delle vacanze scolastiche estive? Cosa facevate di solito?**

37 **Leggete la prima parte del seguente brano fino a *Dov'è Gloria*? Descrivete poi alcune caratteristiche di Pietro.**

È finita.
Vacanze. Vacanze. Vacanze.
Per tre mesi. Come dire sempre.
La spiaggia. I bagni. Le gite in bicicletta con Gloria. E i fiumiciattoli di acqua calda e salmastra (…)
Pietro Moroni appoggia la bici contro il muro e si guarda in giro.
Ha dodici anni compiuti, ma sembra più piccolo della sua età.
È magro. Abbronzato. Una bolla di zanzara in fronte. I capelli neri, tagliati corti, alla meno peggio, da sua madre. Un naso all'insù e due occhi, grandi, color nocciola. Indossa una maglietta bianca dei mondiali di calcio, un paio di pantaloncini jeans sfrangiati e i sandali di gomma trasparente, quelli che fanno la pappetta nera tra le dita.
Dov'è Gloria? Si chiede.
Passa tra i tavolini affollati del bar Segafredo.
Ci sono tutti i suoi compagni.
E tutti ad aspettare, a mangiare gelati, a cercarsi un pezzetto d'ombra.
Fa molto caldo. Da una settimana sembra che il vento sia sparito, che abbia traslocato da qualche altra parte portandosi appresso tutte le nuvole e lasciando un sole enorme e incandescente che ti bolle il cervello nel cranio.
Sono le undici di mattina e il termometro segna trentasette gradi.

Le cicale strillano come ossesse sui pini dietro il campo di pallone. E da qualche parte, non molto lontano, dev'essere morta una bestia, perché a tratti arriva un tanfo dolciastro di carogna.
Il cancello della scuola è chiuso.
I risultati non sono stati ancora affissi.
Una paura leggera si muove furtiva nella pancia, spinge contro il diaframma e riduce il respiro.
Entra nel bar.
Nonostante si schiatti dal caldo, ci sono un sacco di ragazzi assiepati intorno all'unico videogioco.
Esce.
Eccola!
Gloria se ne sta seduta sul muretto. Dall'altra parte della strada. La raggiunge. Lei gli dà una pacca sulla spalla e gli chiede: "Hai paura?".
"Un po'".
"Pure io".
"Smettila" fa Pietro. "Ti hanno promosso. Lo sai".
"Che fai dopo?".
"Non lo so. E tu?"
"Non lo so. Facciamo qualcosa?"
"Occhei".

Da: *Ti prendo e ti porto via*
di Niccolò Ammaniti, Mondadori, 1999

38 **Ora leggete tutto il brano e rispondete.**

Quali elementi vi fanno capire che il racconto è ambientato in estate?
Che cosa faranno i ragazzi durante le vacanze?
Perché Pietro ha paura?

39 **Lavorate in gruppi.**

Scegliete tre parole a voi sconosciute e fate delle ipotesi sul loro significato. Consultatevi con i compagni, alla fine chiedete all'insegnante per verificare.

40 **Quali aspetti dell'estate vi piacciono, quali no? Discutetene in coppia.**

Vocabolario:
salmastro *brackig*
carogna *Aas*
pappetta *hier: Schmutz*
paura *Angst*
traslocare *umziehen, wegziehen*
furtivo *heimlich, verstohlen*
bollire *sieden, hier: zum Kochen bringen*
le cicale strillano *die Zikaden zirpen*
morire, morto *sterben*
bestia *Tier*
schiattare dal caldo *vor Hitze vergehen*
tanfo *übler Geruch*
pacca *Klaps, Schlag*
promosso *(in die nächst höhere Klasse) versetzt*

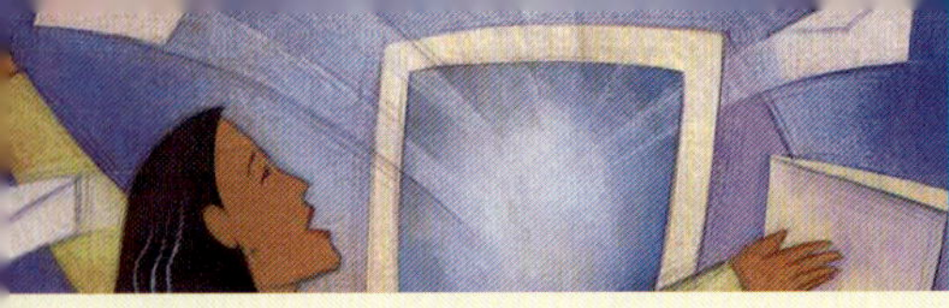

GRAMMATICA

1 I pronomi tonici
Die betonten Objektpronomen

Ü 16 S.191

Im Italienischen gibt es unbetonte und betonte Objektpronomen. Sie kennen bereits die unbetonten.

pronomi diretti			**pronomi indiretti**		
atoni	**tonici**		**atoni**	**tonici**	
mi	**me**	*mich*	mi	**a me**	*mir*
ti	**te**	*dich*	ti	**a te**	*dir*
lo	**lui**	*ihn, es*	gli	**a lui**	*ihm*
la	**lei**	*sie*	le	**a lei**	*ihr*
La	**Lei**	*Sie*	Le	**a Lei**	*Ihnen*
ci	**noi**	*uns*	ci	**a noi**	*uns*
vi	**voi**	*euch/Sie*	vi	**a voi**	*euch/Ihnen*
li/le	**loro**	*sie*	gli/loro	**a loro**	*ihnen*

Während man die Pronomen im Deutschen durch besondere Betonung beim Sprechen hervorhebt, benutzt man im Italienischen besondere Formen.
Vergleichen Sie:
Mi ha guardato.
Er/Sie hat mich angesehen.
Ha guardato **me.**
Er/Sie hat (ausgerechnet) mich angesehen.

Abbiamo parlato **di te.**
Ti piace questa canzone? **A me** sì.
Abbiamo invitato **anche loro.**
Ieri ho visto **te e tuo fratello.**
Ho telefonato **a lei**, non **a lui.**

Man gebraucht die betonten Objektpronomen insbesondere
- nach Präpositionen wie **di, da, con, senza, per**
- in Sätzen ohne Verb
- nach **anche, neanche, solo, sempre, proprio**
- in Nominalgruppen und
- in Gegenüberstellungen.

Questa musica non **mi** piace.
Questa musica **a me** non piace.
A me questa musica non piace.

Die unbetonten Objektpronomen stehen in der Regel nur vor dem Verb. Die betonten Objektpronomen können an unterschiedlichen Stellen stehen, häufig stehen sie am Satzanfang.

2 L'accordo dei pronomi diretti con il passato prossimo
Die Angleichung des Partizips bei vorangestelltem direkten Objektpronomen

Ti interessa **questo giornale?** – No, grazie, **l'**ho già lett**o**.
Hai visto **la sposa?** – No, non **l'**ho vist**a**.
Hai comprato **i fiori?** – No, ma **li** ha comprat**i** mia sorella.
Dobbiamo prendere **le patate.** – **Le** ho già pres**e** stamattina.

Beim Hilfsverb **avere** endet das Partizip Perfekt in der Regel auf **-o**. Rückt jedoch ein direktes Objektpronomen vor eine Perfektform mit **avere**, wird das Partizip dem Pronomen angeglichen.

3 L'uso del passato prossimo e dell'imperfetto II
Der Gebrauch von *passato prossimo* und *Imperfekt* II

Ü 17 S.191

In Lektion 7 haben Sie bereits etwas über den unterschiedlichen Gebrauch von Imperfekt und **passato prossimo** erfahren.

Una notte un bambino di sette anni **è andato** via da casa **perché voleva** comprare un giocattolo.
È uscito di casa **mentre** i suoi genitori **dormivano.**
Erano ancora a letto **quando è squillato** il telefono.

Erzählt man eine zusammenhängende Geschichte oder Ereignisse in der Vergangenheit, so verwendet man das **passato prossimo** für die „eigentliche" Handlung, für das vordergründige Geschehen. Das Imperfekt gebraucht man dagegen für den „Hintergrund der Erzählung": für Beschreibungen, Zustände, Gefühle, Gedanken, Gewohnheiten, Kommentare, Begründungen und Absichten.
Setzt eine Handlung ein, während eine andere noch andauert, so steht die erste im **passato prossimo**, letztere im Imperfekt.

4 L'uso dei tempi in alcuni verbi: Il significato cambia
Der Gebrauch der Zeiten: bei einigen Verben ändert sich die Bedeutung

Bei einigen Verben ändert sich die Bedeutung

avere	**Mia nonna aveva tre figli.** *Meine Oma hatte drei Kinder.*	**Cinzia ha avuto una figlia.** *Cinzia hat eine Tochter bekommen.*
sentirsi male	**Mi sentivo male.** *Ich fühlte mich schlecht.*	**Mi sono sentita male.** *Mir wurde schlecht.*

5 Il futuro semplice
Das Futur I

Das **futuro semplice** beschreibt in der Regel Zustände und Ereignisse, die in einer noch fernen Zukunft liegen. Für Ereignisse in der nahen Zukunft benutzt man, ähnlich wie im Deutschen, meistens das Präsens: L'anno prossimo **andremo** in Francia. – Sabato **vado** a Roma.

	comprare	prendere	dormire
io	compr**erò**	prend**erò**	dorm**irò**
tu	compr**erai**	prend**erai**	dorm**irai**
lui, lei, Lei	compr**erà**	prend**erà**	dorm**irà**
noi	compr**eremo**	prend**eremo**	dorm**iremo**
voi	compr**erete**	prend**erete**	dorm**irete**
loro	compr**eranno**	prend**eranno**	dorm**iranno**

Die Endungen des Futurs sind für die Verben auf -**are** und -**ere** gleich.
Bei den Verben auf -**ire** bleibt das **i** des Infinitivs erhalten.

essere – **sarò** fare – **farò** andare – **andrò**	rimanere – **rimarrò** venire – **verrò**	Bei den unregelmäßigen Verben genügt es, sich die 1. Person Singular einiger häufig gebrauchter Verben einzuprägen.
avere – av**r**ò vivere – viv**r**ò	potere – pot**r**ò dovere – dov**r**ò	Bei einer Reihe von Verben auf -**ere** entfällt der Stammvokal **e**.
pagare – pag**h**erò	cercare – cerc**h**erò	Bei Verben auf -**care** und -**gare** wird – genau wie im Präsens – vor **e** ein **h** eingefügt.
cominciare – cominc**e**rò	mangiare – man**ge**rò	Bei Verben auf **-ciare, -giare, -sciare** entfällt das **i.**

6 I nomi alterati
Bedeutungsvarianten durch Suffixe

Durch das Anhängen verschiedener Suffixe/Endungen kann man die Wortbedeutung leicht nuancieren.

il gatto – il gattino
la scatola – lo scatolone
la macchina – il macchinone

Durch das Anhängen von -**ino** verkleinert man die Dinge, durch das Anhängen von -**one** vergrößert man sie. Wörter mit dem Vergrößerungssuffix -**one** sind immer männlich!

Manche Wörter auf -**ino** und -**one** haben eine andere Bedeutung als das ursprüngliche Wort: il pensierino *kleine Aufmerksamkeit*, lo scarpone *Wanderschuh.*

7 Stare per + infinito
Die unmittelbare Zukunft

Sta per piovere. *Es fängt gleich an zu regnen.*
Sto per partire. *Ich bin im Begriff zu gehen.*

Die unmittelbare Zukunft kann auch durch **stare per** + Infinitiv ausgedrückt werden.

Unità 10 **Gli acquisti**

Preferisco quella rossa!

In questa unità impariamo a

- ➜ fare proposte
- ➜ descrivere sintomi e chiedere consigli
- ➜ indicare un oggetto e descrivere le sue caratteristiche
- ➜ esprimere gusti e preferenze
- ➜ fare acquisti

Per cominciare

1 Dove potete comprare queste cose? **Abbinate i prodotti ai negozi e in coppia fate poi delle frasi.**

A ☐

B ☐

C ☐

D ☐

1

2
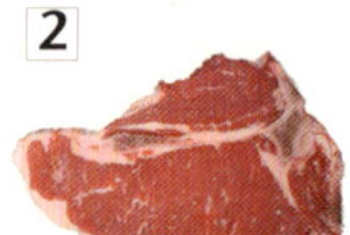

E ☐

3

4

F ☐

5

6

7

G ☐

In un negozio di generi alimentari/calzature/abbigliamento …
In cartoleria/macelleria/edicola …
Dal tabaccaio/fruttivendolo/fornaio …
Al panificio/mercato posso comprare …

47 **2 Ascoltate i dialoghi e completate la tabella.**

Abbigliamento – CARTOLERIA – *Calzature* – Farmacia – PROFUMERIA – Edicola

	Che cosa chiedono?	Dove?
1.	....	....
2.	....	....
3.	....	....
4.	....	....
5.	....	....
6.	....	....

Fare proposte

48 **3 Marta e Daniele hanno invitato degli amici a cena e discutono su cosa preparare.**
Ascoltate il dialogo e dite quali pietanze cucineranno.

- ● Senti, Daniele, che facciamo stasera per cena?
- ❍ Mah, io direi delle bruschette come antipasto e poi della carne con un po' di insalata.
- ● Ma lo sai che Bernie è vegetariano ...
- ❍ Ah, è vero! E allora perché non facciamo un bel piatto di pasta alle verdure?
- ● Buona idea! E come dessert faccio la macedonia.
- ❍ Benissimo. Allora che cosa ci serve ... dei pomodori maturi, una melanzana, un peperone, un mazzetto di basilico, uno spicchio d'aglio e del formaggio grana.
- ● E per la macedonia ci servono dei kiwi, dell'uva, due banane e uno o due limoni. Le mele e le pesche le abbiamo.
- ❍ Beh, io vado a fare la spesa.
- ● Guarda che devi comprare anche il pane e l'acqua minerale ...

Ü 1-4 S. 192/193

4 In quali negozi va Daniele a fare la spesa?

OSSERVATE!

Osservate e completate.

- ● Allora che cosa ci serve?
- ❍ Per la pasta alle verdure ci servono .... pomodori maturi.
  Per la macedonia ci servono .... banane e .... uva.

5 Al negozio di generi alimentari.
Completate il dialogo con la preposizione "di" e con l'articolo quando è necessario.

- ● A chi tocca?
- ❍ Tocca a me.
- ● Dica, signora.
- ❍ Vorrei un chilo .... pane e .... panini.
- ● Quanti panini?
- ❍ Quattro. Poi .... affettato: un etto .... prosciutto e un etto .... salame.
- ● Altro?
- ❍ Sì, ... mozzarelle, tre o quattro.
- ● Ecco a Lei signora.
- ❍ Ah, dimenticavo, mi dia anche .... basilico, poco però.

Ü 5-7 S. 193

6 A casa vostra. Descrivete al vostro partner quali prodotti ci sono nel vostro frigorifero. Che cosa non manca mai?

Capire una ricetta di cucina

7 **Leggete la ricetta e abbinate alle illustrazioni i verbi fra parentesi.**

TAGLIATELLE ALLE VERDURE

Ingredienti
1/2 kg di pomodori maturi
1 melanzana
1 peperone
basilico
aglio
olio d'oliva
formaggio grana
400 g di tagliatelle

Preparazione
Lavare il basilico.
Far scottare i pomodori in acqua bollente, scolarli, togliere i semi e la buccia e tagliare i pomodori a pezzetti. Lavare la melanzana, asciugarla e tagliarla a dadini. Pulire il peperone, togliere i semi, lavarlo e tagliarlo a listarelle.
In un tegame con 3 cucchiai d'olio far appassire l'aglio, aggiungere i dadini di melanzana e farli rosolare per 2 minuti a fuoco vivace.
Unire i pomodori e continuare la cottura per 15 minuti a calore moderato, mescolare di tanto in tanto. Condire con un pizzico di sale e di pepe.
Nel frattempo far rosolare le listarelle di peperone in un tegame con un pochino d'olio, scolarle e aggiungerle al sugo 2 minuti prima della fine della cottura.
In una pentola far cuocere le tagliatelle in abbondante acqua salata, scolarle al dente e condirle con il sugo.
Cospargere la pasta con il formaggio grana e guarnire con il basilico.

[rosolare – far cuocere – condire – far appassire – scolare – tagliare a pezzetti]

....

....

8 **In coppia preparate un menù per una cena a casa vostra, scrivete tutti gli ingredienti che vi servono e dite dove andate a fare la spesa. Fate poi i dialoghi nei rispettivi negozi.**

Ü 8 S. 194

Descrivere sintomi, chiedere consigli

49 **9** **In farmacia. Ascoltate e completate.**

- ● Buongiorno.
- ❍ Buongiorno, mi dica.
- ● Senta, ieri mi sono addormentato al sole e mi sono scottato le spalle. ....
- ❍ Sì, questa pomata è molto efficace. Ne metta poca mattina e sera. Ha altri sintomi, febbre?
- ● No, non .... ma a volte ho un po' di ....
- ❍ Guardi, Le do queste pastiglie.
- ● Quante ne devo prendere?
- ❍ .... Se non passa Le consiglio di andare dal medico.
- ● Grazie.
- ❍ Ha bisogno d'altro?
- ● Sì, potrebbe .... i bruciori di stomaco?
- ❍ Le posso dare queste bustine da sciogliere in acqua. Ne prenda una alla sera, se fra una settimana però non sta meglio, dovrebbe consultare uno specialista.

OSSERVATE!

- ● Mi può dare qualcosa?
- ❍ Sì, questa pomata. .... metta poca mattina e sera.

- ● Quante pastiglie devo prendere?
- ❍ ...... prenda due al giorno.

	potere	dovere
io	potrei	dovrei
tu	potresti	dovresti
lui/lei	......	......
noi	potremmo	dovremmo
voi	potreste	dovreste
loro	potrebbero	dovrebbero

10 **Quali delle seguenti forme esprimono, secondo voi, una richiesta meno diretta? Numerate le frasi da uno (meno diretta) a quattro (più diretta).**

- ☐ Mi può dare un consiglio?
- ☐ Potrebbe darmi un consiglio?
- ☐ Mi dà un consiglio, per favore?
- ☐ Mi dia un consiglio, per favore.

Ü 9-12 S. 194/195

11 **Lavorate a coppie e cercate di scoprire le abitudini del partner: fatevi le seguenti domande e rispondete come nell'esempio.**

1. Quanti pasti fai al giorno?
2. Quante telefonate fai al giorno?
3. Quanti dolci/quanta cioccolata mangi al giorno?
4. Quanto sport fai alla settimana?
5. Quanti soldi spendi per i vestiti al mese?

Esempio: *Ne faccio 3/tanti.*

Descrivere l'abbigliamento e indicarne le caratteristiche

12 L'abbigliamento. Abbinate al nome dei vestiti e degli accessori le immagini corrispondenti.

☐ maglione	☐ gonna	☐ scarpe	☐ pantaloni	☐ borsa	☐ sciarpa	☐ cappotto
☐ cravatta	☐ guanti	☐ calze	☐ mutande	☐ giacca	☐ camicia	☐ vestito
☐ giaccone	☐ cintura	☐ stivali	☐ maglietta	☐ felpa	☐ collant	☐ ombrello

nero, grigio, bianco, marrone, rosso, viola, giallo, rosa, verde, arancione, azzurro, blu

13 In coppia fate le domande e rispondete come nell'esempio.

- *Di che colore è il tuo vestito preferito?*
- *È rosa/blu.*

- *Di che colore sono i tuoi pantaloni preferiti?*
- *Sono bianchi/viola.*

14 Come lo vuole? Lavorate a coppie. Abbinate le espressioni alle immagini.

- ☐ a righe
- ☐ a fiori
- ☐ a quadri
- ☐ a pois
- ☐ in tinta unita
- ☐ a collo alto
- ☐ con le maniche lunghe
- ☐ con il collo a V
- ☐ a tacco alto
- ☐ senza maniche

Fare acquisti, esprimere gusti e preferenze

50 **15 Ascoltate il dialogo e rispondete alle domande.**

1. Cosa vuole vedere la signora? ....
2. Come risponde la commessa? ....
3. Quale colore preferisce la signora? ....
4. Quale taglia porta? ....
5. Quale taglia va meglio alla signora? ....
6. Quanto è lo sconto? ....
7. Come paga il vestito? ....

OSSERVATE!

Osservate e completate.

● Ho dei bei modelli, ...rosso ad esempio.
❍ Preferisco .... verde scuro.

Vorrei vedere

quel vestito	quei pantaloni
quell'ombrello	quegli occhiali
quella gonna	quelle scarpe

che è/sono in vetrina.

16 Guardate queste persone e in coppia descrivete il loro abbigliamento.
In che occasione indossano questi capi, secondo voi?
Dite che cosa indossereste voi in tali occasioni.

Ü 13 S. 196

17 Riascoltate e leggete il dialogo. Cercate poi le frasi utilizzate per esprimere le richieste sottostanti.

- ● Buongiorno, La posso aiutare?
- ○ Sì, per favore. Volevo vedere quel vestito che è in vetrina, quello blu.
- ● Che taglia porta?
- ○ La 44.
- ● Mi dispiace, ma è rimasta solo la 42. Le posso far vedere qualcos'altro?
- ○ Sì, volevo un vestito elegante.
- ● Lo preferisce in tinta unita o in fantasia?
- ○ Mah, lo vorrei in tinta unita ...
- ● Sì, ho dei bei modelli, questo rosso ad esempio.
- ○ Preferirei qualcosa in verde o in azzurro.
- ● Ho questo verde scuro in seta oppure questo che è un verde più luminoso ed è in cotone.
- ○ Preferisco quello verde scuro, mi sembra più classico. Lo posso provare?
- ● Sì, certamente. Lì a destra c'è il camerino.

...

- ● Come va?
- ○ Mah, è un po' troppo corto e anche stretto. Potrei avere la taglia più grande?
- ● Ecco la 46. Questa va sicuramente meglio.

...

- ○ Sì, va bene. È perfetta! Quanto costa?
- ● 82 euro, ma in questo periodo ci sono i saldi e quindi c'è uno sconto del 30%.
- ○ Ah, bene, quindi con lo sconto quanto costa?
- ● ... meno il 30 % ... sono 57 euro e 40 centesimi.
- ○ Bene, lo prendo. Ah! Dimenticavo. Ho visto che avete anche delle scarpe, quelle nere con il tacco alto ...
- ● Sì, però sono rimasti solo pochi numeri. Lei che numero porta?
- ○ Ho il 38.
- ● No, mi dispiace, sono rimasti solo il 36 e il 40.
- ○ Peccato. Va bene, non importa. Posso pagare il vestito con il bancomat?
- ● Sì, certo. Si accomodi alla cassa.

Quali frasi usa la cliente per ...

1. chiedere di vedere qualcosa? ....
2. esprimere una preferenza? ....
3. chiedere di provare qualcosa? ....
4. chiedere una taglia in più? ....
5. dire che non va bene? ....
6. esprimere la sua intenzione di comprare il capo? ....

18 A coppie fate ora un dialogo in un negozio di abbigliamento e scegliete uno dei capi che sono raffigurati a pag. 128.

Ü 14-17 S. 196/197

19 **Leggete il testo e dategli un titolo.**

Il protagonista deve presentarsi ad un appuntamento con una persona "importante" per il suo futuro.

(...)
L'unico cruccio era costituito dal mio guardaroba.
Nell'armadio avevo due paia di pantaloni a campana, tre camicie e due maglioni, più un giubbetto con dentro il pelo sintetico che, se faceva caldo, si poteva anche staccare. Come potevo presentarmi al mio mecenate vestito in quel modo?
Così domenica mi sono alzato presto e sono andato a Porta Portese. Lì, su un banco, ho trovato una bella camicia bianca che somigliava a quella del Foscolo. L'ho comprata e sono andato a casa trionfante.
La sera dopo, vestendomi, mi sono accorto però della tragedia. Quella camicia non era da uomo ma da donna: sul davanti si ergevano due piramidi inamidate nelle quali avrebbero dovuto prendere posto le tette. Ho provato ad appiattirle stirandole con le mani, ma il tessuto era sintetico e troppo resistente, dopo un secondo le protuberanze erano di nuovo tese in avanti. Ormai era troppo tardi per qualsiasi alternativa, così mi sono infilato il maglione a losanghe marroni e viola, l'unico pulito, deciso a non toglierlo per nessuna ragione.

Da: *Anima Mundi* di Susanna Tamaro, Baldini&Castoldi, Milano, 1997

20 **Rileggete il testo e indicate quali affermazioni sono giuste o sbagliate.**

	vero	falso
1. Il protagonista si preoccupa perché non ha niente di adatto da indossare per l'appuntamento.	☐	☐
2. Decide di comprare una bella camicia di seta.	☐	☐
3. Quando si prova la camicia a casa si accorge che è una camicia da donna.	☐	☐
4. Stira con le mani la camicia e la fa diventare piatta, così la può indossare.	☐	☐

21 **Sottolineate ora tre parole che non capite e chiedete al vostro compagno se conosce il loro significato. Altrimenti cercatele sul dizionario.**

Ascolto

51 **22** **Ascoltate il dialogo. Di che cosa ha bisogno la donna?**

51 **23** **Riascoltate il dialogo e scegliete l'affermazione giusta.**

1. Gianrico Carofiglio scrive
☐ gialli. ☐ storie di fantascienza.
☐ romanzi. ☐ saggi.

2. Il protagonista del libro è
☐ un carabiniere. ☐ un giudice.
☐ un avvocato. ☐ un pubblico ministero.

24 **Raccogliete tutte le informazioni su Gianrico Carofiglio che riuscite a capire e confrontatevi poi con un compagno.**

25 **Scrivete tre domande che fareste all'autore del libro.**

Guardiamo da vicino!

26 **Abbinate i seguenti testi alle copertine.**

A

B

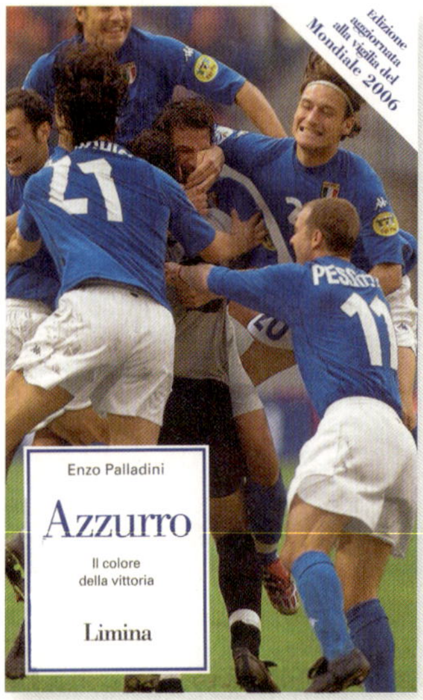

C

1. Roma, aprile 1915. L'ex commissario di polizia Giovanni Sperelli viene coinvolto nelle indagini su un fatto di cronaca che, in un clima meno carico di tensione e sospetto, sarebbe passato quasi inosservato: la scomparsa di un anonimo studente russo domiciliato in una pensioncina di terz'ordine.

2. Cento anni in azzurro: la nascita e tutte le vicende che hanno portato l'Italia alla ribalta del calcio mondiale. Avvenimenti e retroscena dei capitoli fondamentali di questa storia che ha portato la squadra azzurra alla conquista di tre titoli mondiali e uno europeo.

3. Questa guida è un itinerario nell'ambiente particolare del parco, unico all'interno dell'area metropolitana dominata dal cemento: un corridoio di boschi, campi e brughiere che unisce Milano alla Brianza.

27 **Quale libro regalereste ad un amico che ...**

a si interessa di sport?
b fa spesso escursioni nella natura?
c ama passare le serate a leggere romanzi polizieschi?

28 **Conoscete altri libri, film, canzoni, racconti o poesie che fanno riferimento ad un colore? Parlatene in gruppo.**

29 **Che genere di libri preferite leggere? Discutetene in gruppo.**

30 **Avete letto un libro particolarmente interessante? Raccontatene la trama al vostro compagno.**

ALLA SCOPERTA DELL'ITALIA

31 **Ascoltate la canzone "Azzurro" di Adriano Celentano. Consultatevi con i compagni sul suo contenuto ed elencate le parole che avete capito.**

32 **Mettete le strofe della canzone nell'ordine giusto e numeratele.**

Cerco un po' d'Africa in giardino
tra l'oleandro e il baobab
come facevo da bambino, ☐

e sono solo quassù in città, ☐
sento fischiare sopra i tetti
un aeroplano che se ne va.

ma qui c'è gente, non si può più,
stanno innaffiando le tue rose,
non c'è il leone, chissà dov'è. ☐

Cerco l'estate tutto l'anno
e all'improvviso eccola qua.
Lei è partita per le spiagge ☐

Sembra quand'ero all'oratorio
con tanto sole, tanti anni fa.
Quelle domeniche da solo ☐

in un cortile a passeggiar, ☐
ora mi annoio più di allora,
neanche un prete per
chiacchierar.

33 **Riascoltate la canzone e completate il ritornello.**

..................,
il pomeriggio è troppo ....
e .... per me,
mi accorgo
di non .... più risorse
senza di te

e allora
io quasi quasi .... il treno
e vengo, vengo da te.
Il .... dei desideri
nei miei .... all'incontrario va.

Vocabolario:
baobab *Affenbrotbaum*
accorgersi *wahrnehmen, bemerken*
oratorio *hier: Jugendfreizeitstätte neben der Kirche*
prete *Priester*
fischiare *pfeifen*
innaffiare *(Blumen) gießen*
risorsa *Energie, Kraft*
all'incontrario *verkehrt, umgekehrt*

34 **Lavorate in gruppi e rispondete.**

1. Quali aggettivi usereste per descrivere il protagonista della canzone?
2. Da cosa è provocato il suo stato d'animo?
3. Che cosa ricorda?
4. Qual è il suo desiderio?

35 **Lavorate a coppie. Cosa consigliereste al protagonista per cambiare la situazione e il suo umore?**

36 **Lavorate in piccoli gruppi.**

L'autore associa il colore azzurro ad una bellissima giornata estiva. E voi a che cosa lo associereste?
Quali colori associereste invece a
... un pomeriggio d'estate?
... una mattina di primavera?
... una sera d'autunno?
... una notte d'inverno?

GRAMMATICA

1 L'articolo partitivo
Der Teilungsartikel

Der Teilungsartikel bezeichnet eine unbestimmte Menge. Im Deutschen gibt es dafür keine Entsprechung: **Vorrei delle mele.** *Ich hätte gerne Äpfel.*

Vorrei	**del** latte.
	dell'olio d'oliva.
	della carne.
	dei biscotti.
	degli spaghetti.
	delle mele.

Der Teilungsartikel wird mit der Präposition **di** und dem bestimmten Artikel gebildet.
Der Teilungsartikel ist nicht in jedem Fall obligatorisch.
Er fehlt in der Regel
– nach Präpositionen: **Preferisco l'insalata senza sale.**
– und in verneinten Sätzen: **Non ho soldi.**

Bei allgemeinen Stoff- und Gattungsbezeichnungen steht der bestimmte Artikel:
Ti piace **il vino?** *Magst du Wein?* Non mangio **la carne.** *Ich esse kein Fleisch.*

2 Il condizionale
Das Konditional

Con un milione di euro mi **comprerei** una bella casa.
Quest'anno **potremmo** passare le vacanze in Sicilia.
Al posto tuo **cambierei** lavoro.
Potresti ripetere, per favore?
Vorremmo prenotare una camera.

Das Konditional wird verwendet
- um theoretische Möglichkeiten auszudrücken
- um bestehende Möglichkeiten zu benennen
- um einen vorsichtigen Ratschlag zu geben
- um Wünsche oder Aufforderungen höflich vorzubringen.

	verbi in **-are**	verbi in **-ere**	verbi in **-ire**
io	compr**erei**	prend**erei**	sent**irei**
tu	compr**eresti**	prend**eresti**	sent**iresti**
lui, lei, Lei	compr**erebbe**	prend**erebbe**	sent**irebbe**
noi	compr**eremmo**	prend**eremmo**	sent**iremmo**
voi	compr**ereste**	prend**ereste**	sent**ireste**
loro	compr**erẹbbero**	prend**erẹbbero**	sent**irẹbbero**

Die Endungen des Konditional sehen Sie in der Tabelle auf einen Blick: Die Infinitivendungen **-are** und **-ere** werden durch die Verbendungen **-erei, -eresti** etc. ersetzt, die Infinitivendung **-ire** durch **-irei, -iresti** etc.

essere – sarei	potere – potrei	andare – andrei
fare – farei	dovere – dovrei	volere – vorrei
dare – darei	vedere – vedrei	venire – verrei
	avere – avrei	

Eine Hilfe bei der Bildung nebenstehender Formen bietet das Futur.
Vergleichen Sie: sarò – sarei
avrò – avrei verrò – verrei

3 *Aver bisogno di* e l'uso impersonale del verbo *servire*
Aver bisogno di und der unpersönliche Gebrauch des Verbs *servire*

In Verbindung mit einem indirekten Objekt drückt das Verb **servire** das deutsche *brauchen* aus.

A Matteo **serve** un dizionario.
Matteo braucht ein Wörterbuch.
Mi **servono** ancora questi libri.
Ich brauche diese Bücher noch.
Ho bisogno di una penna.
Ich brauche einen Stift.

Die benötigte Sache ist das Subjekt, nach dem sich das Verb richtet:
Steht das Subjekt im Singular, gebraucht man **serve**, steht es im Plural, entsprechend **servono**.
Eine weitere Möglichkeit, *brauchen* auszudrücken, bietet die Wendung **avere bisogno di**.

4 Il pronome *ne*
Das Pronominaladverb *ne*

Vorrei **del gorgonzola**. – Quanto **ne** vuole? Potresti comprare **dell'acqua**? – Quanta **ne** devo prendere? Hai comprato **gli spaghetti**? – Sì, **ne** ho pres**i** due pacchi.

Mit **ne** kann man auf eine zuvor genannte unbestimmte Menge Bezug nehmen. Geht **ne** beim **passato prossimo** als direktes Objekt dem Verb voraus, wird das Partizip dem Bezugswort angeglichen.

5 L'imperfetto intenzionale
Das Imperfekt zum Ausdruck einer Absicht

Volevo un vestito elegante. *Ich suche ein elegantes Kleid.* **Non volevo** spendere tanto. *Ich wollte nicht so viel ausgeben.*

An sich zählt das Imperfekt, wie Sie wissen, zu den Zeiten der Vergangenheit. Es kann aber, ähnlich wie im Deutschen, auch zum diskreten Ausdruck von Absichten, Wünschen und Einwänden verwendet werden.

6 L'uso di *questo* e *quello*
Der Gebrauch von *questo* und *quello*

Questo/-a verweist auf Sachen oder Personen in unmittelbarer Nähe des Sprechers, **quello/-a** verweist dagegen auf Sachen oder Personen, die räumlich oder zeitlich weiter entfernt sind.

Questa maglietta **(qui)** mi piace molto. Ma anche **quella** camicia **(lì)** è molto carina. Come vanno le due gonne, signora? **Questa** mi va bene, **quella** invece no.

Questo und **quello** werden oft als Adjektive in Verbindung mit einem Substantiv gebraucht.

Ist der Bezug offensichtlich, können **questo/-a** und **quello/-a** auch in der Bedeutung *diese/-r* beziehungsweise *jene/-r* als Pronomen verwendet werden.

Als Adjektiv verhält sich **quello** wie der bestimmte Artikel. Als Pronomen hat es nur vier Formen:

	in funzione di **aggettivo**				in funzione di **pronome**	
singolare	**quel** vestito	**quello** scialle	**quell**'articolo	**quella** giacca	**quello**	**quella**
plurale	**quei** vestiti	**quegli** scialli	**quegli** articoli	**quelle** giacche	**quelli**	**quelle**

7 L'aggettivo *bello*
Das Adjektiv *bello*

singolare	un **bel** vestito	un **bello** scialle	un **bell**'appartamento	una **bella** giacca
plurale	dei **bei** vestiti	dei **begli** scialli	dei **begli** appartamenti	delle **belle** giacche

Genauso wie **quello** verhält sich **bello**. Beim prädikativen Gebrauch hat es nur vier Formen.

Ü 18 S. 197

8 I colori
Die Farben

un vestito **rosso** dei pantaloni **bianchi** delle scarpe **verdi** una gonna **arancione** delle camicette **blu** delle scarpe **marrone** una camicia **grigio scuro** degli stivali **rosso fuoco**

Die Farbadjektive **bianco, nero, rosso, azzurro, giallo, grigio, verde, celeste** richten sich wie alle anderen Adjektive in Geschlecht und Zahl nach ihrem Bezugswort.
Unveränderlich sind dagegen **marrone, arancione, blu, beige, viola, lilla, rosa** und **turchese,** wobei man in der Umgangssprache auch die Pluralformen **marroni, arancioni** und **turchesi** hört.
Ebenso sind zusammengesetzte Farbadjektive wie **verde chiaro, grigio scuro, rosso fuoco** unveränderlich.

Portfolio Che cosa so fare

Unità 9		
So	**So farlo bene**	**Voglio migliorare**
fare gli auguri a voce e per iscritto (2, 4, 5, 7, 8)		
parlare di ciò che è accaduto in passato (17, 18, 20)		
esprimere le mie preferenze (11, 12)		
parlare di intenzioni e progetti per il futuro (24, 27,29)		
parlare del tempo atmosferico (35)		

Unità 10		
So	**So farlo bene**	**Voglio migliorare**
fare acquisti (1, 2, 5, 7, 8)		
proporre qualcosa (3)		
descrivere un capo d'abbigliamento (12, 14, 16)		
esprimere una richiesta o un bisogno (3, 5, 15, 17)		
parlare dei miei gusti (13, 15)		
chiedere un consiglio o un aiuto (9, 10, 17)		

Liste der unregelmäßigen Verben

Infinitiv	Präsens	Imperativ	Futur	Konditional	Gerundium	Partizip
andare	vado, vai, va, andiamo, andate, vanno	va'/vai vada andate	andrò	andrei	andando	andato
avere	ho, hai, ha, abbiamo, avete, hanno	abbi abbia abbiate	avrò	avrei	avendo	avuto
bere	bevo, bevi, beve, beviamo, bevete, bevono	bevi beva bevete	berrò	berrei	bevendo	bevuto
cadere	cado, cadi, cade, cadiamo, cadete, cadono	cadi cada cadete	cadrò	cadrei	cadendo	caduto
dare	do, dai, dà, diamo, date, danno	da'/dai dia date	darò	darei	dando	dato
dire	dico, dici, dice, diciamo, dite, dicono	di' dica dite	dirò	direi	dicendo	detto
dovere	devo, devi, deve, dobbia-mo, dovete, devono		dovrò	dovrei	dovendo	dovuto
essere	sono, sei, è, siamo, siete, sono	sii sia siate	sarò	sarei	essendo	stato
fare	faccio, fai, fa, facciamo, fate, fanno	fa'/fai faccia fate	farò	farei	facendo	fatto
piacere	piaccio, piaci, piace, piacciamo, piacete, piacciono		piacerò	piacerei	piacendo	piaciuto
potere	posso, puoi, può, possiamo, potete, possono		potrò	potrei	potendo	potuto
proporre *Ebenso:* *disporre* *(ri)comporre*	propongo, proponi, propone, proponiamo, proponete, propongono	proponi proponga proponete	proporrò	proporrei	proponendo	proposto

Infinitiv	Präsens	Imperativ	Futur	Konditional	Gerundium	Partizip
rimanere	rimango, rimani, rimane, rimaniamo, rimanete, rimangono	rimani rimanga rimanete	rimarrò	rimarrei	rimanendo	rimasto
riuscire	riesco, riesci, riesce, riusciamo, riuscite, riescono		riuscirò	riuscirei	riuscendo	riuscito
salire *Ebenso:* *risalire*	salgo, sali, sale, saliamo, salite, salgono	sali salga salite	salirò	salirei	salendo	salito
sapere	so, sai, sa, sappiamo, sapete, sanno	sappi sappia sappiate	saprò	saprei	sapendo	saputo
scegliere	scelgo, scegli, sceglie, scegliamo, scegliete, scelgono	scegli scelga scegliete	sceglierò	sceglierei	scegliendo	scelto
sedersi	mi siedo, ti siedi, si siede, ci sediamo, vi sedete, si siedono	siediti si sieda sedetevi	mi siederò	mi siederei	sedendomi	seduto
stare	sto, stai, sta, stiamo, state, stanno	sta'/stai stia state	starò	starei	stando	stato
tenere *Ebenso:* *ottenere* *sostenere*	tengo, tieni, tiene, teniamo, tenete, tengono	tieni tenga tenete	terrò	terrei	tenendo	tenuto
togliere *Ebenso:* *sciogliere*	tolgo, togli, toglie, togliamo, togliete, tolgono	togli tolga togliete	toglierò	toglierei	togliendo	tolto
tradurre *Ebenso:* *condurre*	traduco, traduci, traduce, traduciamo, traducete, traducono	traduci traduca traducete	tradurrò	tradurrei	traducendo	tradotto
uscire	esco, esci, esce, usciamo, uscite, escono	esci esca uscite	uscirò	uscirei	uscendo	uscito
vedere *Ebenso:* *rivedere*	vedo, vedi, vede, vediamo, vedete, vedono	vedi veda vedete	vedrò	vedrei	vedendo	visto
venire *Ebenso:* *provenire*	vengo, vieni, viene, veniamo, venite, vengono	vieni venga venite	verrò	verrei	venendo	venuto
vivere	vivo, vivi, vive, viviamo, vivete, vivono	vivi viva vivete	vivrò	vivrei	vivendo	vissuto
volere	voglio, vuoi, vuole, vogliamo, volete, vogliono		vorrò	vorrei	volendo	voluto

Verben mit unregelmäßigem Partizip Perfekt

accendere acceso
accorgersi accorto
aggiungere aggiunto
assumere assunto
attendere atteso
chiedere chiesto
chiudere chiuso
convincere convinto
correggere corretto
correre corso
corrispondere corrisposto
decidere deciso
deludere deluso
descrivere descritto
dipendere dipeso
dipingere dipinto
discutere discusso
distinguere distinto
dividere diviso
esprimere espresso
includere incluso
leggere letto
muoversi mosso
nascere nato
occorrere occorso
offrire offerto
percorrere percorso
perdere perso
permettere permesso
prendere preso
raggiungere raggiunto
richiedere richiesto
rileggere riletto
rinchiudere rinchiuso
riprendere ripreso
rispondere risposto
rivolgere rivolto
scendere sceso
scoprire scoperto
scorrere scorso
soccorrere soccorso
soffrire sofferto
spendere speso
svolgere svolto
trascorrere trascorso
uccidere ucciso
vincere vinto

Scusa, come ti chiami?

53 **Fonologia.** **Hören und lesen Sie die folgenden Wörter. Sprechen Sie sie nach und unterstreichen Sie den Vokal, der betont wird. Welche Wörter werden auf der letzten, welche auf der vorletzten und welche auf einer anderen Silbe betont?**
Tragen Sie sie entsprechend in die Tabelle ein.

[caffè – ventitré – francese – telefono – abitano – nazionalità – Angelo – età – telefonano – gentile – simpatico – italiano – problema – Brescia – Paolo – così – Lucia – cognome]

città	gelato	quindici

1 Bilden Sie Dialoge.

1. ● Buongiorno, sono Rossi.	a ❍ Pablo Pinedo.
2. ● Ciao, tu sei Stefano?	b ❍ Ah, sei tedesca?
3. ● Sono Elke Bauer.	c ❍ Francesco, piacere!
4. ● Come ti chiami?	d ❍ Bandini, molto lieto!
5. ● Salve, io sono Anna Sarti.	e ❍ Sì, sono io.

2 Vervollständigen Sie die Dialoge mit den angegebenen Wörtern.

1
● Buongiorno, io .... Sandra Gentilini. E Lei come si .... ?
❍ .... Valbruzzi.

[Paolo – chiama sono]

2
● Sono Peter Heine, sono .... a Berlino. E tu?
❍ Io abito a ....

[tedesco – Roma Abito]

3
● .... , sono Tiziano Bindi. Abito a .... E tu, ... svizzera?
❍ Sì, ma abito .... Italia.

[Pescara – Ciao sei – in]

4
● Il mio .... è Lucille Debois, sono .... , e tu ?
❍ Io sono Tina Bandini, abito a Parigi, ... sono ....

[ma – nome francese – italiana]

3 **Ergänzen Sie die Endungen der Nationalitätsbezeichnungen.**

1. Yvette è frances...
2. Carmen è spagnol...
3. Thomas è tedesc...
4. Natalia è russ...
5. Hans è austriac...
6. Boris è russ...
7. Jan è olandes...
8. Nicole è american...
9. Fernanda è brasilian...
10. Atsuko è giappones...

4 **Ordnen Sie folgende Wörter den Oberbegriffen zu.**

essere – ~~Austria~~ – ~~ciao~~ – è – Belgio – ~~spagnola~~ – francese – mi chiamo – salve – arrivederci – Italia – tedesco – ~~abitare~~ – turco – buonanotte – inglese – sono – Norvegia – buongiorno – Gran Bretagna

nazioni	nazionalità	saluti	verbi
Austria	spagnola	ciao	abitare

5 **Vervollständigen Sie die Zahlen.**

70: ....anta
28: ....otto
14: qua ici
53: cin ....tatré
68: se ....totto
71: se ....uno
12: do.........
19: ....annove
600: ....cento

6 **Setzen Sie die passenden Verbformen von *essere, abitare, chiamarsi, avere* und die nötigen Präpositionen ein.**

1. Non .... Anna, ... Mara.
2. Io .... Roma, non a Napoli.
3. Piero non .... sposato.
4. Scusa, tu come ....?
5. Questa è Ann e .... 35 anni.
6. Karin .... Austria.
7. Io non .... greco.
8. Io .... 40 anni e .... single.

7 **Bilden Sie Sätze aus folgenden Elementen.**

1. come/buonasera/oggi/Luigi/sta ....
2. Lei/molto/sto/e/grazie/bene ....
3. e/grazie/bene/tu/abbastanza ....
4. va/ragazzi/ciao/come ....
5. Lei/c'è/grazie/male/non/e ....
6. Luisa/come/salve/stai ....

8 **Bilden Sie Sätze, indem Sie folgende Wörter in die richtige Reihenfolge bringen.**

1. Jan / sono / presento: / Ciao! / Mi / olandese / anni. / 24 / sono / ho / e
....
2. Bob. / è / italiano. / Non / Questo / è
....
3. mi / Jane / Buongiorno, / americana. / sono / e / chiamo
....
4. Elle, / 48 / mio / Copenaghen. / e / a / abito / Il / è / nome / ho / anni
....

9 **Vervollständigen Sie zunächst den Dialog. Bringen Sie dann die Fragen in die Du-Form.**

Höflichkeitsform		Du-Form
● Come .... chiama? ❍ Danuta .... ● Di .... ? ❍ Di Danzica.	dov'è – si Krajewska	● .... ❍ .... ● .... ❍ ....
● Bene, allora è .... ? ❍ Sì. ● Dove .... in Italia? ❍ A .... ● .... anche un recapito telefonico? ❍ Sì, il .... è: 0461 3322 11 00. ● Grazie.	Ha Trento abita polacca numero	● .... ❍ .... ● .... ❍ .... ● .... ❍ .... ● ....

10 **Formulieren Sie folgende Fragen auf Italienisch.**

1. Wie schreibt man „belga"? ....
2. Wo wohnst du? ....
3. Woher kommt er? ....
4. Wie lautet seine Adresse? ....
5. Wie alt ist er? ....
6. Wie ist Ihre Telefonnummer? ....

11 **Bilden Sie Fragen in der „Du"-Form zu folgenden Antworten.**

1. ●	a ❍ Lisa Douglas.
2. ●	b ❍ 22 anni.
3. ●	c ❍ No, abito a Roma.
4. ●	d ❍ Sì, il numero è: 443 556 77.
5. ●	e ❍ Due anni.
6. ●	f ❍ Medicina.
7. ●	g ❍ douglasdou@tiscali.it

12 **Können Sie einige dieser Wörter übersetzen?**

italiano	inglese	tedesco	francese	spagnolo
io studio architettura indirizzo lingue musica centro interesse				

13 **Setzen Sie die jeweils passende Form von *essere* ein.**

1. ● Ciao, io .... Silvia. Voi .... Giovanna e Rita, vero?
❍ Sì, e questo .... Boris.
● Ciao, Boris.

2. ● Ciao, Matthias, tu .... tedesco, vero?
❍ Sì, e questo .... il mio amico Kurt, ... di Stoccarda.

14 **Vervollständigen Sie die Verbformen.**

1. Mi chiam... Pablo.
2. Anna, Tina, dove abitat... ?
3. Francesco gioc... volentieri a tennis.
4. Come vi chiamat... voi?
5. Dove abitan... Carlo e Pedro?
6. Alberto, ha... un recapito telefonico?
7. Come si scriv... il tuo nome?
8. Noi studiam... l'italiano per motivi di lavoro.
9. Avet... un cellulare?
10. No, noi non abitiam... in centro.

15 **Setzen Sie die jeweils passende Verbform ein.**

sono – si chiamano – hanno – siete – giocate – abitiamo – vi chiamate

1. Ragazze, scusate, come .... ?
2. Voi .... a tennis?
3. I signori .... di Roma.
4. Le mie amiche .... Stefi e Flavia.
5. Carlo ed io .... nello stesso appartamento da un anno.
6. Elisa e Maria .... uno studio di architettura[1] a Venezia.
7. Scusate, ... di Palermo anche voi?

Vocabolario:
[1]uno studio di architettura *Architekturbüro*

16 **Welches Adjektiv passt?**

moderna – inglese – simpatica – piccolo – interessante – lieto

1. La stazione[1] di Lipsia è ....
2. Il nostro appartamento è .... per tre persone.
3. Stefania è la mia amica, è molto ....
4. Ciao, mi chiamo Dave e sono ....
5. ● Piacere, Bordandini. – ❍ Molto ....
6. Questo libro di Alberto Moravia è ....

Vocabolario:
[1]la stazione *der Bahnhof*

17 **Ergänzen Sie das jeweils passende Fragewort.**

Chi – Dove – Di dove – Qual è – Che cosa – Come – Quanto tempo – Perché

1. .... stai oggi?
2. .... il tuo numero di telefono?
3. .... siete a Roma?
4. .... rimani in Francia?
5. .... studia Paolo?
6. .... abitano Anne e Mary?
7. .... ha un cellulare?
8. .... siete?

18 **Verneinen Sie die Sätze und geben Sie eine ausführliche Antwort wie im Beispiel.**

1. Abiti in Italia? — No, non abito in Italia, abito in Belgio.
2. Questo è il numero di telefono di Sandra? — No, ...
3. Scusi, Lei si chiama Ferrero? — No, ...
4. Siete di Parigi? — No, ...
5. Ann è americana? — No, ...
6. Studia architettura Francesco? — No, ...
7. Souad rimane un anno in Italia? — No, ...
8. È sposata Lory? — No, ...

19 **An der Uni Bergamo werden Italienischkurse für Ausländer organisiert und Sie möchten sich anmelden. Füllen Sie das Anmeldeformular aus.**

Vocabolario:

[1] titolo di studio *Abschluss*
[2] codice fiscale *Steuernummer*
[3] Da chi ha saputo di questo corso? *Von wem haben Sie über diesen Kurs erfahren?*
[4] ambasciata *Botschaft*
[5] giornali *Tageszeitungen*

UNIVERSITÀ DEGLI STUDI DI BERGAMO
CIS – CENTRO DI ITALIANO PER STRANIERI

SCHEDA DI ISCRIZIONE

1. Cognome ....
Nome ....
Sesso ☐ M ☐ F
Luogo di nascita ....
Data di nascita ....
Nazionalità ....
Prima lingua ....
Altre lingue ....
Professione ....
Titolo di studio[1] ....
Indirizzo ....
....
....
CF (codice fiscale)[2] ....

2. Conoscenza dell'italiano
☐ nessuna ☐ un po' ☐ discreta ☐ buona ☐ molto buona

3. Da chi ha saputo di questo corso[3]?
☐ Consolato, Ambasciata[4], Istituto di cultura
☐ Università, scuole
☐ Giornali[5]
☐ Amici
☐ Internet

4. Perché studia l'italiano?
....
....

20 Einige Personen haben an eine Zeitschrift geschrieben, weil sie auf Partnersuche sind. Lesen Sie die Texte in Übung 21 und versuchen Sie, die folgenden Fragen zu beantworten.

1. Wessen Traumpartner soll sportlich sein? ....
2. Wer spielt gerne Tennis? ....
3. Wer interessiert sich für moderne Kunst? ....
4. Wer gibt an, mit sich selbst, trotz zahlreicher Fehler, zufrieden zu sein? ....
5. Wer würde gerne „positiver sein"? ....

21 Finden Sie in den Texten die italienische Entsprechung für:

1. Musik hören	....	**5.** blond	....
2. Theater	....	**6.** sensibel	....
3. sympathisch	....	**7.** Natur	....
4. Charakter	....	**8.** Ideen/Vorstellungen	....

Marina, Udine, 53 anni

Quali sono i tuoi hobby?
Ballo, viaggi, arte moderna.
Cosa ti piace di te?
Tutto, anche i miei numerosi difetti.
Cosa cambieresti di te?
Niente.
Descrivi il partner dei tuoi sogni.
Sensibile e ... biondo.

Chiara, Bergamo, 39 anni

Quali sono i tuoi hobby?
Ascoltare musica, viaggiare, il teatro.
Cosa ti piace di te?
Quasi tutto.
Cosa cambieresti di te?
Vorrei essere più positiva.
Descrivi il partner dei tuoi sogni.
Simpatico, sportivo, generoso.

Roberto, Milano, 37 anni

Quali sono i tuoi hobby?
Andare in montagna, stare in mezzo alla natura.
Cosa ti piace di te?
Ho le idee chiare.
Cosa cambieresti di te?
Poco.
Descrivi la partner dei tuoi sogni.
Dovrebbe avere un carattere simile al mio.

Fabio, Mantova, 46 anni

Quali sono i tuoi hobby?
Sci, tennis, mi piace leggere, studiare lo spagnolo.
Cosa ti piace di te?
Sono onesto.
Cosa cambieresti di te?
Sono troppo buono.
Descrivi la partner dei tuoi sogni.
Semplice e piena di vita.

22 Lesen Sie folgende Titel von Zeitungsartikeln und ordnen Sie zu (tragen Sie die Nummer des oder der entsprechenden Titel ein).

1. Il sogno degli italiani? Anche la domenica aperta per shopping
2. Prodi: "Economia, sono ottimista"
3. Budapest: anniversario del '56
4. Dow Jones: nuovo record assoluto
5. Scoperto negli Stati Uniti il gene che rende sensibili al dolore

a Die Zeitungsartikel sind aus dem Wirtschafts- und Finanzteil. ....
b In dem Beitrag wird über neue Forschungsergebnisse der Genetik berichtet. ....
c Die Italiener hätten gern mehr Möglichkeiten, sonntags einkaufen zu gehen. ....
d Der Artikel befasst sich mit dem Jahrestag des Ungarn-Aufstandes. ....

L'alimentazione

Cosa mangi?

54 **Fonologia. Hören und lesen Sie die folgenden Wörter. Sprechen Sie sie nach und unterstreichen Sie die Buchstaben *c* und *g*: Wie werden sie ausgesprochen? Tragen Sie die Wörter entsprechend ihrer Aussprache in die Tabelle ein.**

calamari – cioccolata – spaghetti – parmigiano – albicocche – formaggio – carne – vongole – yogurt – arancia – gelato – cereali – spinaci – ciliegia – cena – buongiorno – bacio – cucina – gesto

[tʃ] *wie tschüs*	[k] *wie Kino*	[dʒ] *wie Gin*	[g] *wie Garten*

1 Bilden Sie Wörter.

soglio – muta – te – cocche – sche – yo – stecca – spre – cro – lat – lata – sciutto – bi – la – maggio – albi – ac – stata – ciocco – for – pe – gurt – pro – qua

....
....
....
....
....
....

2 Wählen Sie Ihr Frühstück, indem Sie die Satzteile zusammenfügen.

1. Mangio un	**a** fetta biscottata con miele e bevo un caffè.
2. Bevo un	**b** biscotti e bevo un cappuccino.
3. Mangio una	**c** müsli e bevo un tè.
4. Bevo una	**d** caffellatte e mangio cereali.
5. Mangio	**e** spremuta d'arancia e mangio pane e marmellata.

3 **Vervollständigen Sie die Dialoge mit den fehlenden Wörtern.**

● Tu .... prendi oggi?
❍ Mah, un .... e una ....

pasta **cappuccino** **cosa**

● Oggi .... io, cosa .... ?
❍ Grazie, non bevo ....
● Ma dai, un .... ? Un caffè?
❍ Beh, allora un tè al ....

tè **niente** **offro** **limone** **bevi**

● Bevi un .... con me?
❍ Sì, dai, ... idea, andiamo al .... !

buona **caffè** **bar**

4 **Ergänzen Sie die jeweils passende Antwort bzw. Frage.**

1. ● Prendi anche tu una pasta al cioccolato?	**a** ❍ ....
2. ● Abiti a Madrid?	**b** ❍ ....
3. ● E tu, Sandra, cosa bevi?	**c** ❍ ....
4. ● Quanti anni hai?	**d** ❍ ....
5. ●	**e** ❍ Fusaro, molto lieto.
6. ●	**f** ❍ Io prendo un'aranciata.
7. ●	**g** ❍ Via Firenze, 33.
8. ●	**h** ❍ Io un cappuccino con un cornetto.

5 **Unterstreichen Sie den jeweils passenden unbestimmten Artikel.**

1. Io prendo *un'/un/uno* prosecco con *un'/un/uno* toast.
2. Ed io *un'/una* birra con *un'/un/uno* panino.
3. Buongiorno, sono *un'/una* collega della dottoressa Materia.
4. Per me *un'/un/uno* spumante.
5. Io bevo *un'/un/uno* amaro, grazie.
6. Abito con *un'/un/uno* studente universitario in *un'/un/uno* appartamento in centro.

6 **Vervollständigen Sie die Verbformen.**

1. H...... 50 centesimi, Fabio?
2. No, mi dispiac...... .
3. Cosa prend...... , signora?
4. Grazie, ma non h...... appetito.
5. Oggi offr...... noi. Cosa prend...... , ragazzi?
6. Gianna e Sandro non prend...... niente.
7. Beh, io bev...... un cappuccino decaffeinato.

7 **Für einen Obstsalat brauchen Sie viel Obst. Benutzen Sie die Pluralformen.**

1. una mela — due ....
2. una pesca — quattro ....
3. un'arancia — tre ....
4. un ananas — due ....
5. un melone — due ....
6. una pera — cinque ....
7. un'albicocca — dieci ....
8. un limone — tre ....

8 **Welches Wort passt jeweils nicht in die Gruppe? Unterstreichen Sie es.**

piatto cucina cibo euro alimentare	sicuramente italiani nazione cultura tradizione	pasta legumi regione verdure erbe aromatiche	ricco importante maccheroni preferito amato

9 **Verbinden Sie jede Frage mit der jeweils passenden Antwort.**

1. ● Sandra, prendi la pasta?	a ○ Sì, benissimo, grazie.
2. ● Va bene questo tavolo?	b ○ Sì, certo, ma per favore gassata.
3. ● Prego, volete ordinare?	c ○ Grazie, ma non bevo nulla.
4. ● Preferisci vino rosso o bianco?	d ○ No, oggi non prendo niente.
5. ● Silvia, cosa mangi per secondo?	e ○ Sì, per me tortellini alla panna e per te?
6. ● Bevi anche l'acqua minerale?	f ○ Non mangio niente, bevo solo un cappuccino.

10 **Sie haben Ihre italienische Begleiterin zum Essen eingeladen. Fragen Sie sie ...**

1. ... ob ihr dieser Tisch passt. ....
2. ... was sie gerne zu essen hätte. ....
3. ... ob sie lieber Bier oder Wein trinkt. ....
4. ... ob sie mit Ihnen zusammen eine Flasche Mineralwasser trinken möchte. ....
5. ... ob sie gerne einen zweiten Gang hätte. ....
6. ... ob sie einen Espresso trinkt. ....

11 **Es ist ein schöner Abend in Rom und Sie gehen ins Restaurant, um den Tag gemütlich ausklingen zu lassen. Vervollständigen Sie den Dialog mit dem Kellner.**

	○ Buonasera.
Sie grüßen und sagen, dass Sie gern einen Tisch für eine Person hätten.	● ....

	❍ Prego, va bene questo?
Sie äußern Ihr Einverständnis.	● ....
	❍ Ecco il menù, prego.
Sie bedanken sich.	● ....
	❍ Prego, vuole ordinare? Da bere, cosa prende?
Sie möchten gern ein Viertel Rotwein und eine Flasche Mineralwasser.	● ....
	❍ La minerale naturale o frizzante?
Sie hätten lieber Mineralwasser mit Kohlensäure.	● ....
	❍ E il vino, va bene il Montepulciano d'Abruzzo?
Sie bestätigen.	● ....
	❍ E da mangiare cosa prende?
Als Vorspeise hätten Sie gern Melone mit Schinken, als ersten Gang die Gnocchi in Butter und Salbei und als zweiten Gang den Fisch aus dem Ofen.	● ....
	❍ Come contorno cosa desidera?
Sie nehmen das Gemüse der Saison.	● ....
	❍ Benissimo, grazie.

12 Hier sehen Sie Frau Mancinis Speisekammer.
Was muss sie einkaufen, um folgende Speisen vorzubereiten?

Pasta e fagioli

1 pacco di pasta corta[1]
2 cipolle
2 scatole di fagioli
1 fetta di speck
1 pomodoro maturo
1 dado per brodo[2]

Macedonia

2 banane
1 pesca
1 mela
1 limone
1 arancia
5 noci[3]
zucchero

Vocabolario:
[1] pasta corta *kurze Nudelsorte z.B. pennette, maccheroni usw.*
[2] dado per brodo *Brühwürfel*
[3] la noce *Walnuss*

Lista della spesa

....
....
....
....
....

13 **Ergänzen Sie den Dialog mit den angegebenen Wörtern.**

[mezzo litro – pacchi – a – di – pasta – scatolette – bottiglie – divertimento]

Vocabolario:
[1]prezzo *Preis*

- Stefano, fai la spesa qui ...... Firenze e non al camping?
- ○ Sì, qui i prezzi[1] sono buoni.
- Cosa prendi?
- ○ Tre .... di biscotti, un pacchetto ...... caffè e quattro .... di vino.
- E per cucinare?
- ○ Quattro .... di pomodori pelati, ... d'olio d'oliva e cinque pacchi di ....
- Beh, allora buon viaggio e buon .... !

14 **Vervollständigen Sie die folgende Tabelle mit den fehlenden Verbformen.**

preferire	leggere	cercare	convincere	bere
	leggo			
		cerchi		bevi
preferisce			convince	
			convinciamo	
preferite				bevete
		cercano		

15 **Schreiben Sie zu jedem Wort den jeweils passenden bestimmten Artikel.**

... lavoro	... acqua	... patate
... yogurt	... studente	... anni
... burro	... cipolle	... numero
... spinaci	... peperone	... strudel
... uva	... amico	... albicocca

16 **Enrico möchte heute Abend kochen; er hat nur die Zutaten aufgeschrieben, die er benötigt. Jetzt müssen Sie entscheiden, welche Mengen eingekauft werden müssen.**

[una scatola – un chilo e mezzo – una bottiglia – un chilo – un pacco – due etti – un pezzo]

vino bianco secco — *due litri di vino bianco secco*
pane integrale[1] ....
carne di maiale ....
prosciutto di Parma ....
formaggio ....
olio d'oliva ....
pomodori pelati ....
biscotti Savoiardi[2] ....

Vocabolario:
[1]il pane integrale *Vollkornbrot*
[2]biscotti Savoiardi *Löffelbiscuits*

17 **Sie müssen drei Tage auf einer einsamen Insel ausharren. Was nehmen Sie im Rucksack mit?**

Welche Verpflegung würden Sie auswählen?

18 **Lesen Sie den Text und kreuzen Sie die zutreffenden Aussagen an.**

LA DIETA MEDITERRANEA

Quali sono gli alimenti che giornalmente devono essere presenti sulla nostra tavola?

Una sana alimentazione deve comprendere la frutta e la verdura, i cereali e i loro derivati (il pane e la pasta per le fibre), il pesce e l'olio d'oliva per il condimento. È bene mangiare la carne non più di tre/quattro volte la settimana. Le carni bianche sono più digeribili. I formaggi (lo stracchino, la ricotta, la mozzarella, ecc.) possono sostituire il pesce e la carne.

www.ministerosalute.it

1. Olivenöl ist für eine gesunde Ernährung wichtig. ☐
2. Obst und Gemüse sollte man jeden Tag essen. ☐
3. Es ist gesund, täglich Fleisch zu essen. ☐
4. Helles Fleisch ist besser verdaulich. ☐
5. Auch wer gern Käse isst, sollte trotzdem auf Fisch nicht verzichten. ☐

19 **Lesen Sie den Text noch einmal. Wie lauten die entsprechenden italienischen Ausdrücke?**

1. auf unserem Tisch ....
2. vorhanden sein ....
3. eine gesunde Ernährung ....
4. es ist gut ....
5. nicht öfters als drei/vier Mal pro Woche ....

Esercizi 3 Famiglia e amici

Quanti siete in famiglia?

55 **Fonologia. Hören und lesen Sie die folgenden Wörter und sprechen Sie sie nach. Ordnen Sie sie ihrer Aussprache entsprechend den deutschen Wörtern zu.**

sciarpa – scherzo – Frascati – besciamella – scoperta – scirocco – scusi – sciupato – scuro – ascensore – sciopero – freschi – asciugare – scarpe – biscotti – camoscio – scendere – scheda – tedeschi – sci

Schal	Schere	Schild	Schock	Schuster
Skandal	**Skelett**	**Skizze**	**Skonto**	**skurril**

1 Tragen Sie den jeweils fehlenden Begriff ein.

1. Il marito di mia nonna è mio ....
2. Il marito di mia figlia è mio ....
3. La figlia di mia sorella è mia ....
4. Il figlio di mio zio è mio ....
5. La sorella di mia madre è mia ....
6. La moglie di mio fratello è mia ....
7. La moglie di mio figlio è mia ....
8. La madre di mio marito è mia ....

2 Welche Verwandtschaftsbezeichnungen kennen Sie in welcher Sprache?

italiano	inglese	tedesco	francese	spagnolo
		Mutter	mère	
padre				
	brother			hermano
			fille	hija
		Großmutter		abuela
	wife			

3 Sehen Sie sich den Stammbaum auf Seite 35 an und beantworten Sie die folgenden Fragen zu Valentinas Familie.

1. Quanti figli hanno i suoi nonni? Come si chiamano? ....
2. Chi sono i suoi genitori? ....
3. Quanti nipoti hanno i suoi nonni? ....
4. Quanti nipoti hanno i suoi genitori? ....
5. Quanti zii ha? ....
6. Come si chiamano i suoi cugini? ....
7. Chi è la suocera di suo zio Vittorio? ....
8. Chi sono i generi dei suoi nonni? ....

4 **Verbinden Sie die Fragen mit den passenden Antworten.**

1. ● Gigliola, è a casa tuo marito?	a ❍ Anna e Sandra.
2. ● Giacomo, come si chiamano le tue nipoti?	b ❍ La torta di tua madre.
3. ● Stefano, cosa fai oggi pomeriggio?	c ❍ Un bicchiere di latte caldo con il miele, grazie.
4. ● Giorgio, quella ragazza è tua sorella?	d ❍ Vado in bicicletta con il mio papà.
5. ● Cosa offriamo agli amici?	e ❍ Sì, oggi non lavora.
6. ● Cosa beve tua figlia, Ludovica?	f ❍ Sì, un bambino che si chiama Alessio.
7. ● Tuo fratello ha figli?	g ❍ No, è mia cugina.

5 **Ergänzen Sie die fehlenden Wörter.**

[cucinare – anni – negozio – nonna – studentessa – espansive – banca – giovanile – università]

Samanta è una .... universitaria. Ha 21 .... e abita proprio vicino all'................ . Suo padre lavora in .... e sua madre in un .... di abbigliamento. Le sorelle di Samanta sono ragazze .... Con la sua famiglia abita anche sua .... Caterina, una donna ancora .... e dinamica che ama molto viaggiare e .... per tutta la famiglia.

6 **Ergänzen Sie die Verben in der jeweils passenden Form. Zwei Verben kommen zweimal vor.**

[abitare – chiamarsi – avere – studiare – viaggiare – frequentare – piacere – essere – parlare – amare]

Veronica .... di sé e dei suoi fratelli: «............... Veronica e i miei genitori .... Tristano e Gigliola. .... una sorella e un fratello. Che tipi .... ? Loro .... l'università. .... ragazzi simpatici e intelligenti. Mio fratello .... con la sua ragazza. Gli piace molto .... Mia sorella è un po' timida e .... sempre molto. Io invece .... la natura e la musica e non sempre mi .... studiare.»

7 **Formulieren Sie passende Fragen zu den folgenden Antworten.**

1. ● ....
❍ Mio fratello si chiama Stefano.
2. ● ....
❍ Sì, mio padre lavora in banca e mia madre è medico.
3. ● ....
❍ Siamo in tre: io, mio padre e mia madre.
4. ● ....
❍ No, sono figlia unica.
5. ● ....
❍ No, i miei nonni vivono a Rovereto.
6. ● ....
❍ I miei fratelli sono molto socievoli.
7. ● ....
❍ Sì, lui studia filosofia.

8 **Marcello und Federica sind ein Paar, er möchte nicht mehr ohne sie leben und umgekehrt. Was jeder nicht mehr vermissen möchte, können Sie hier lesen. Ergänzen Sie die passenden Possessivbegleiter.**

i .... capelli lunghi
i .... occhi azzurri
le .... lasagne
il .... sorriso

la .... musica
i .... regali
il .... profumo
le .... belle mani

i .... viaggi
le .... passeggiate
i .... amici
la .... casa

9 **Ergänzen Sie in den Dialogen die angegebenen Wörter.**

allora – anche – invece – anch'io

1. ● Io parlo il francese perché mia madre è di Tolosa.
   ❍ Io .... capisco solo un po' di inglese.
2. ● Sandrina, io vado al mare con mia figlia.
   ❍ Vengo ....
3. ● Mio fratello parla bene tre lingue.
   ❍ ....
4. ● Mia figlia studia Giurisprudenza e vive con un'amica a Bologna.
   ❍ .... mio figlio vive a Bologna, lui però studia Economia e Commercio.
5. ● Mia sorella Marina è sposata e ha due bambine.
   ❍ Mia sorella .... è divorziata.
6. ● Silvia è in America per uno scambio presso una famiglia.
   ❍ .... sei sola con tuo marito!

10 **Lösen Sie das Kreuzworträtsel.**

1. Se una donna ha il marito è ....
2. Un uomo che non è più sposato è ....
3. Un'altra parola per sposato: ....
4. Una donna che non vive più con suo marito, ma non è divorziata è ....
5. Una donna non sposata è ....
6. Un uomo non sposato è ....
7. Quando la moglie muore il marito è ....
8. Il compagno di una donna, ma non ancora il marito: ....

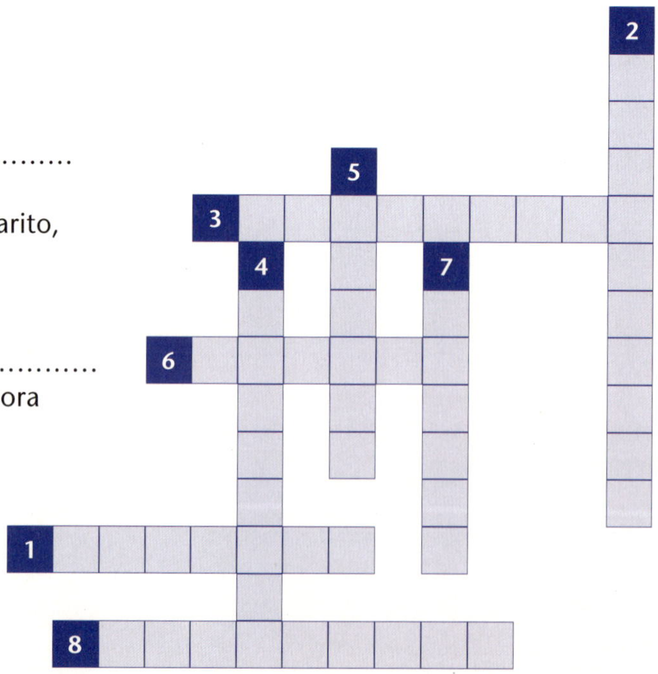

11 **Lesen Sie die Sätze und bringen Sie sie in die richtige Reihenfolge, so dass ein zusammenhängender Text entsteht.**

1. ☐ che abita in un appartamento con due studenti ucraini.
2. ☐ tutti e due hanno gli stessi interessi perché amano fare sport e la
3. ☐ Gualtiero è celibe e anche lei è nubile, ma è già fidanzata
4. ☐ dura molto poco: anche loro litigano molto e dopo due anni divorziano.
5. [1] Gualtiero conosce Annalisa dopo l'università, ed è subito amore:
6. ☐ con Felipe, un ragazzo spagnolo molto simpatico
7. ☐ Con il tempo Annalisa e Felipe litigano sempre più spesso, poi un giorno
8. ☐ Felipe, il suo ex fidanzato e ritorna con lui.
9. ☐ Quando anche Annalisa finisce l'università, sposa Gualtiero. Ma la loro felicità
10. ☐ Gualtiero resta single per poco, poi va a vivere con la sua nuova compagna,
11. ☐ Annalisa invece va in vacanza a Malaga e lì un giorno incontra
12. ☐ si separano e Annalisa va a vivere con Gualtiero.
13. ☐ loro musica preferita è il jazz.

12 **Welches Wort passt jeweils nicht dazu? Unterstreichen Sie es.**

studentato	basso	figo	slovena
occhiali	carino	tennis	Ucraina
internazionale	antipatico	squash	tedeschi
progetto	riservato	sportivo	francesi
esperto	riscaldate	gioca	spagnolo
intellettuale	robusto	torneo	russo

13 **Sehen Sie sich das Foto an und entscheiden Sie, welcher Begriff passt.**

Questa è Chiara. È una ragazza *carina / antipatica*, con i capelli e gli occhi *castani / chiari*. È *alta / bassa* e *magra / grassoccia*. Ama viaggiare ed è molto *sportiva / pigra*, gioca a tennis e squash. Ha molti amici, è sempre *gentile / riservata*, è un po' chiacchierona e non è *timida / estroversa*.

14 **Bringen Sie die Wörter folgender Sätze aus dem Text *I compagni di Carla* in die richtige Reihenfolge.**

1. occhi / i / chiari / castani / Ha / gli / capelli / e

   ....

2. ai / squash / sua / addirittura / passione / A / parte / studio / lo / nazionali / la / partecipa / tornei / è / lo / ,

   ....

3. gran / ma / già / È / ragazza / figo / un / ha / la /

   ....

15 **Wie lautet jeweils das Gegenteil? Ordnen Sie zu.**

1. alto →	**a** debole
2. attivo	**b** basso
3. forte	**c** antipatico
4. magro	**d** giovane
5. vecchio	**e** grassoccio
6. simpatico	**f** pigro

16 **Jeweils drei Teile bilden einen Satz. Ordnen Sie zu.**

1. Il mio sport	un patito[1] di	a tennis.
2. La mia musica	passione è	rap.
3. Sono	preferito è il	Formula Uno.
4. La mia	giocare	basket.
5. Mi piace	preferita è il	l'arte moderna.

Vocabolario: [1]patito *Fan*

17 **Wie sagt man das auf Italienisch?**
Arbeiten Sie als Dolmetscher und verwenden Sie dabei das Verb *piacere*.

1. Wir mögen das Meer sehr. ....
2. Schmeckt Ihnen das Bier? ....
3. Gefällt ihm dieser Film? ....
4. Nein, das gefällt mir nicht. ....
5. Reist du gerne? ....
6. Spielt ihr gerne Tennis? ....
7. Mögen Sie Jazz? ....
8. Franco mag ich überhaupt nicht. ....
9. Dieses Lied gefällt ihr nicht so gut. ....

18 **Was mögen Daniele und Debora, was mögen sie nicht? Verwenden Sie das Verb *piacere*.**

....
....
....
....

....
....
....
....

19 **Ergänzen Sie wo nötig den Artikel.**

1. La ragazza alta con i capelli biondi è .... mia figlia.
2. Olga parla .... italiano e .... francese.
3. Giulia è sulla Costa Amalfitana con .... suo fidanzato.
4. Complimenti per .... tua torta al cioccolato!
5. .... mio figlio vive e studia a Roma.
6. Scusa, queste ragazze simpaticissime sono .... tue sorelle?
7. .... mia città è molto grande e caotica.

20 **Fügen Sie die Possessivbegleiter und gegebenenfalls den bestimmten Artikel hinzu.**

1. Samanta abita con .... amiche.
2. La nonna Caterina è la madre di .... padre.
3. Io cucino volentieri, ... piatto forte è la pasta alle melanzane.
4. Anna, non ho ancora .... numero di telefono.
5. Giacomo, quanti anni ha .... cugina?
6. Signora, ... crostata è veramente buona.
7. Paolo è molto bravo in cucina, ... antipasti sono famosi.
8. .... figli studiano e abitano ancora con me.
9. I Rossi e .... figlio sono a Madrid.
10. Daniel e .... famiglia adesso vivono a Berlino.

21 **Vervollständigen Sie die Adjektive mit der richtigen Endung.**

1. È un medico ingles...... molto famos.......
2. I miei genitori sono veramente brav...... in cucina.
3. Mia nonna è un tipo attiv...... e giovanil.......
4. Come sono carin...... le tue compagne d'appartamento!
5. Ma tu mangi sempre queste pizze già pront......?
6. Noi abbiamo gli stessi gusti: ci piace la musica etnic.......
7. Siamo un gruppo internazional.......
8. Ann e Jane sono american.......
9. Le mie figlie sono piuttosto socievol....... ed espansiv.......

22 **Ersetzen Sie die kursiv markierten Wörter durch die passenden indirekten Objektpronomen. Achten Sie auf die richtige Wortstellung.**

[ti – vi – gli – mi – ci – gli – le]

1. *A me* non piace ascoltare musica pop.
2. Quando chiedi *a Luisa* di fare questo lavoro?
3. *A noi* piace molto la cucina[1] italiana.
4. La sera racconto sempre *ai bambini* una bella fiaba.
5. *A voi* piace il nuovo film di Scorsese?
6. Cosa compri a *tuo marito* per Natale[2]?
7. *A te* Marisa parla spesso dei suoi problemi?

Vocabolario:
[1]cucina *Küche*
[2]Natale (m) *Weihnacht*

23 **Ordnen Sie jeder Frage die passende Antwort zu und fügen Sie dann die fehlenden Adverbien bzw. Adjektive (*molto, poco, tanto, abbastanza*) ein.**

1. Perché vai sempre sul balcone?	**a** Sì, è un tipo .... socievole e allegro.
2. Come mai hai problemi di digestione?	**b** .... bene, ho preso un'aspirina.
3. Come va tuo figlio a scuola?	**c** Perché fumo .... sigarette.
4. Come stai oggi?	**d** Mah, sono bloccata, ho .... idee.
5. Come va il lavoro al tuo romanzo?	**e** Ho mangiato .... calamari.
6. Conosci il ragazzo di Piera?	**f** Non bene, gli insegnanti dicono che studia ....

La vita quotidiana

Che cosa fai di solito?

56 **Fonologia. Hören und lesen Sie die folgenden Sätze und sprechen Sie sie nach.**

1. Adesso sono le sei, devo fare la spesa.
2. Sabato sera andiamo alla festa di Alessandro?
3. Il treno per Sondrio parte alle sedici e sei minuti.
4. Mi aspettate alla stazione?
5. Verso che ora arriva di solito il signor Saroni?
6. Spesso il fine settimana siamo molto stanchi.
7. Ora devo sbrigare questo lavoro, possiamo discutere dopo?
8. I miei suoceri si svegliano sempre prestissimo.
9. Passare le vacanze con Stefania non è molto riposante.
10. Il codice postale di Atessa è 66041, vero?

1 Vervollständigen Sie die Sätze mit dem jeweils passenden Ausdruck.

[i piatti – la doccia – la musica – al cinema – in palestra – la tavola – la chitarra – al computer – a lezione]

1. La mattina mi alzo e faccio ....
2. Stasera vado .... con il mio ragazzo.
3. Dopo pranzo chi lava .... ?
4. John va .... d'italiano.
5. Giorgia è in camera e suona ....
6. I ragazzi ascoltano .... fino a tardi.
7. Ragazzi, apparecchiate voi .... ?
8. Ti piace lavorare .... ?
9. Dopo il lavoro vado ....

2 Bilden Sie Sätze mit den angegebenen Elementen.

1. mi/verso/Mio nonno/chiama/le 8
   ....
2. ci/alle 7/Io e/ogni mattina/svegliamo/Stefano
   ....
3. sotto le/ancora/restare/coperte/un po'/Mi piace
   ....
4. a leggere/Resto/alle 8/fino/a letto
   ....
5. Lascio/l'autobus/e prendo/al parcheggio/la macchina
   ....
6. e/il caffè/corre/Lui/prepara/in cucina
   ....
7. otto/dalla cucina/urla/mia madre/Alle
   ....
8. colazione/mio/Io/nel frattempo/si prepara/marito/e/faccio
   ....

3 **Vervollständigen Sie die Tabelle.**

	svegliarsi	**farsi**	**mettersi**	**vestirsi**
io	mi sveglio			
tu		ti fai		
lui/lei			si mette	
noi		ci facciamo		
voi			vi mettete	
loro				si vestono

4 **Ergänzen Sie die passenden Verbformen.**

1. Dopo una breve colazione (io – uscire) .... di casa.
2. Alle sei a casa nostra (suonare) .... la sveglia.
3. (Io – farsi) .... la barba prima di fare colazione.
4. Mio marito ed io (andare) .... a letto tardi la sera.
5. Anche voi (fare) .... la spesa in questo supermercato?
6. Noi (uscire) .... di casa molto presto e (prendere) .... l'autobus.
7. Ma (tu – svegliarsi) .... sempre così tardi?
8. La mattina Luisa prima fa colazione e poi (truccarsi) ....
9. Quando (noi – andare) .... a scuola (noi – prepararsi) .... sempre molto in fretta.
10. Ragazzi, è tardi, se non (correre) .... perdete[1] l'autobus!

Vocabolario:
[1]perdere *hier: verpassen*

5 **Verbinden Sie die Satzteile und bilden Sie Sätze.**
Achtung: Einige Sätze bestehen aus mehr als zwei Teilen.

1. Carlo ed io la mattina	**a** si alza per primo.
2. Carlo	**b** mi riaddormento per pochi minuti.
3. Lui	**c** andiamo in cucina
4. Io invece resto sotto le coperte e	**d** ascoltare le notizie alla radio
5. Insieme	**e** va in bagno prima di me.
6. e poi	**f** ci svegliamo alle 6.30.
7. A me piace	**g** facciamo colazione.
8. mentre	**h** mi vesto e mi trucco.
9. Alle 8	**i** usciamo di casa per andare al lavoro.

6 **Che ore sono? Schreiben Sie die jeweils passende Zeit auf.**

15:00	Sono le tre.	**1:30**	....
17:45	....	**20:10**	....
12:00	....	**18:20**	....
7:15	....	**10:55**	....

7 **Valeria berichtet über ihre Gewohnheiten. Ergänzen Sie die fehlenden Wörter.**

[mezzogiorno – sera – viaggio – autobus – pomeriggio – compagna – università – biblioteca – alle – lingue – cappuccino – mensa – dalle – a]

«Mi chiamo Valeria e studio .... a Padova. Vado all'università in .... Il .... dura poco, ... 8 alle 8.20. Prendo un .... al bar con una .... , poi andiamo a lezione dalle 8.30 .... 11.00 o .... Pranziamo quasi sempre in .... , perché è vicina all' .... Il .... , quando non ho lezione, vado in .... La .... non sono mai a casa prima delle 20.30.»

8 **Franco Pesce hat einige Fragen über sein Leben beantwortet. Schreiben Sie sie neben die jeweils passende Antwort.**

1.	**a** Il fine settimana vado con gli amici al cinema o in discoteca.
2.	**b** Faccio le faccende di casa il pomeriggio.
3.	**c** Questo fine settimana sto a casa.
4.	**d** Ogni giorno, tranne la domenica, mi sveglio alle 4.00.
5.	**e** Il pane deve essere pronto prima delle 8.00.
6.	**f** Due volte alla settimana gioco a calcio.
7.	**g** Lavoro in panetteria fino alle 12.00.

9 **Weil sein Kalender einige Flecken abbekommen hat, muss Roberto jetzt seine Termine für diese Woche rekonstruieren. Helfen Sie ihm dabei.**

[gita in – appuntamento – all'osteria con Gina – avvocato Caruso – a cena con – riunione – colloquio con il – consulenza a – con mamma]

Lunedì *alle dieci riunione di lavoro*

Martedì ....

Mercoledì ....

Giovedì ....

Venerdì ....

Sabato ....

Domenica ....

10 **Sie treffen einen Freund, der Ihnen vorschlägt, ins Kino zu gehen. Vervollständigen Sie den Dialog.**

● Ciao Roberto, come stai?	❍ .... *Sie sagen, dass es Ihnen recht gut geht und fragen ihn nach seinem Befinden.*
● Eh, ho molto stress con il lavoro. Senti, perché non andiamo al cinema una di queste sere?	❍ .... *Sie finden die Idee gut. Sie fragen, wann er Zeit hat.*
● Beh, oggi e domani lavoro fino a tardi, ma giovedì non ho impegni.	❍ .... *Sie bedauern, aber donnerstags spielen Sie von 18.30 bis 19.30 Uhr mit einem Kollegen Tennis und sind nicht vor 20.30 Uhr zu Hause.*
● E più tardi[1]?	❍ Più tardi non posso[2] perché .... *Später können Sie nicht, weil Sie freitags sehr früh aufstehen. Sie schlagen das Wochenende vor.*
● Questo fine settimana non posso, vado al mare con Serena. E venerdì?	❍ .... *Freitag passt Ihnen gut, aber nicht vor 20.00 Uhr.*
● Non c'è problema, andiamo allo spettacolo[3] delle 22.00. Va bene?	❍ .... *Sie sind einverstanden, samstags stehen Sie ja spät auf.*
● Perfetto! Allora ci vediamo[4] venerdì al cinema Augustus. Alle 21.45 va bene?	❍ .... *Sie bejahen und verabschieden sich.*
● Ciao, e buona settimana!	

Vocabolario:
[1]più tardi *später* [2]non posso *ich kann nicht*
[3]spettacolo *Vorstellung* [4]ci vediamo *wir sehen uns*

11 **Was tun Sie wie oft? Bilden Sie Sätze und ergänzen Sie die entsprechenden Adverbien.**

[sempre – di solito – spesso – qualche volta – raramente – mai]

Esempio: guardare la televisione (0%) – Non guardo mai la televisione.

1. andare a un concerto (10%)	....
2. lavare la macchina (25%)	....
3. andare a una partita di calcio (0%)	....
4. uscire con gli amici (50%)	....
5. pranzare al ristorante (75%)	....
6. leggere il giornale (100%)	....
7. alzarmi a mezzogiorno (0%)	....

12 **Vervollständigen Sie die Sätze mit den passenden Formen von *uscire* bzw. *andare* und den entsprechenden Präpositionen (*a* oder *di*).**

1. La mattina Carlo ed io .... casa alle 8.
2. Oggi papà .... Roma per motivi di lavoro.
3. Voi .... casa a dormire?
4. Zia Pina non .... mai .... casa da sola.
5. .... spesso .... teatro con la mia collega.
6. A che ora (voi) .... casa domani mattina?

13 **Berichten Sie jetzt über Ihre Aktivitäten. Verwenden Sie die Adverbien der Zeit.**

raramente – ogni tanto – prima … dopo – di solito – ora – domani – non … mai

....

....

....

....

....

14 **Vervollständigen Sie die Sätze mit der Präposition *a* bzw. *da*, gegebenenfalls in Verbindung mit dem bestimmten Artikel.**

1. Domani ho un appuntamento … dentista.
2. Il sabato andiamo … cinema.
3. Stasera vado … mia nonna.
4. Stefano per favore vai tu … posta?
5. A che ora esci … ufficio?
6. Vieni con me … teatro?
7. Finisco di lavorare … 15.00.
8. Quest'anno Paola non va … mare.
9. Claudia va … parrucchiera[1].
10. Di solito dormo … undici e mezzo di sera … sette di mattina.
11. I ragazzi vanno … casa per mangiare.
12. A partire … tre di pomeriggio non sono in ufficio.

Vocabolario:
[1]parrucchiera *Friseurin*

15 **Wie sagen Sie auf Italienisch …**

1. … dass Sie von 9 Uhr bis 15 Uhr arbeiten?

   ....
2. … dass Sie zu Ihrer Freundin Lisa gehen?

   ....
3. … dass Sie häufig ins Schwimmbad gehen?

   ....
4. … dass Sie immer früh aufstehen?

   ....
5. … dass Sie nie ins Fitnessstudio gehen?

   ....
6. … dass Sie selten vor 19 Uhr zu Hause sind?

   ....
7. … dass Sie freitags mit Freunden ausgehen?

   ....

16 **Lesen Sie folgende Veranstaltungshinweise. Welche Veranstaltung könnte jeweils für die unten genannten Personen interessant sein?**

"Idee Casa 2006": sicurezza e bio-ambiente, le nuove qualità dell'abitare

7ª Edizione – 10/13 novembre 2006
Quartiere Espositivo TRENTO FIERE
Luogo: TRENTO
Orario: venerdì e lunedì, dalle 10.00 alle 19.00; sabato e domenica, dalle 09.00 alle 20.00
Ingresso: aperto al pubblico
Prezzo biglietto € 5,00 – ridotto € 2,50

Trento: "In gita per il centro", fino al 31 dicembre 2006

È stata organizzata a Trento un'interessante iniziativa che prevede una gita per il centro storico della città. Sarà possibile approfittare di queste escursioni guidate ogni sabato pomeriggio fino al 31 dicembre 2006. Partenza alle ore 15.00 dall'Ufficio Turismo Trentino, biglietto € 3.00. La partecipazione è gratuita per i possessori della Trento Card e per i ragazzi fino ai 18 anni.

Anch'io a teatro con mamma e papà

Il programma per la Stagione teatrale 2006–2007 per ragazzi di Trento va dal 28 ottobre 2006 al 4 febbraio 2007. Molte novità caratterizzano questa edizione di "Anch'io a teatro con mamma e papà" 2006–2007.

Dal 18 ottobre: il piacere del cinema

Dopo la pausa estiva, torna la programmazione "Il piacere del cinema", con "Radio America". Cinema Teatro di Cles, ore 21.
Radio America (2006) (A Prairie Home Companion) Un film di Robert Altman. Con Woody Harrelson, Tommy Lee Jones, Meryl Streep. Genere Commedia, colore, 100 minuti. Produzione USA 2006.
Ingresso intero € 5,50
Ingresso ridotto € 4,00
Riduzioni per: giovani di età inferiore agli anni 18; studenti universitari; anziani di età superiore agli anni 65.
www.finesettimana.it

Notieren Sie für jede Person den Namen der jeweiligen Veranstaltung:

1. Maria möchte etwas mit ihrer achtjährigen Nichte unternehmen, die über das Wochenende zu Besuch kommt.
   ....
2. Gianni und Francesca gehen gern ins Kino, am liebsten sehen sie etwas Lustiges an.
   ....
3. Gino bekommt Besuch von Freunden, die zum ersten Mal nach Trento kommen.
   ....
4. Roberto plant, in Kürze mit dem Hausbau zu beginnen und informiert sich deshalb gern über Neuigkeiten auf diesem Sektor.
   ....

17 **Lesen Sie nochmals die Texte der Übung 16 und suchen Sie jeweils die italienische Entsprechung für folgende Wörter und Ausdrücke.**

1. Qualität	....	7. für das Publikum geöffnet	....
2. Eintritt	....	8. Rundgang durch das Zentrum	....
3. Preis	....	9. an jedem Samstag Nachmittag	....
4. Programm	....	10. die Teilnahme ist kostenlos	....
5. Pause	....	11. Jugendliche bis 18 Jahre	....
6. Komödie	....	12. reduzierter Eintrittspreis	....

I viaggi e i luoghi

Scusi, vorrei andare ...

57 **Fonologia. Hören Sie die folgenden Wörter und sprechen Sie sie nach.**

tranquillo – guida – ghirlanda – qualche – gara – guardare – acquisti – chiesa – seguire – squillare – schizzo – disguido – quanto – guanto – gancio – guerra – quercia – ghepardo – quota – eseguo – cuore

1 Ergänzen Sie mithilfe der Bilder die fehlenden Wörter. Denken Sie auch an die Präpositionen.

1.  Gianni va a lavorare ....
2.  Vieni a casa mia .... ?
3.  Questa sera andiamo a teatro ....
4.  I ragazzi partono per la Grecia ....
5.  Devo portare mio marito ....
6.  Oggi vado in centro ....
7.  Vai a prendere la zia .... ?
8.  Stefano e Hans vanno al mare ....

2 Verbinden Sie die Satzteile.

1. Con il treno delle 15.15	a la prenotazione obbligatoria.
2. Quanto tempo ho a Genova	b per prendere la coincidenza?
3. E non ci sono	c le diciassette e quindici.
4. Deve partire verso	d di seconda classe.
5. Io compro un biglietto	e quaranta minuti.
6. Il viaggio dura tre ore e	f deve cambiare a Roma Termini.
7. Costa 59 euro con	g altri treni a quell'ora?

3 Vervollständigen Sie die Sätze mit *c'è* bzw. *ci sono*.

1. Vado volentieri a Roma perché .... molti treni comodi.
2. .... un treno dopo le 21 per Milano?
3. In piazza Saffi .... diversi bar.
4. Annette, ... una signora che ti cerca.
5. Purtroppo non .... altre possibilità per arrivare a Vieste.
6. .... una banca in questa stazione?

4 **Tragen Sie die Wörter in die jeweils passende Spalte ein. Einige Wörter kann man in beide Spalten eintragen.**

[scalo – binario – interregionale – arrivo – classe turistica – prenotazione obbligatoria – compagnia – volo – supplemento – viaggiatore – aeroporto – partenza – passeggero – prendere la coincidenza – stazione – biglietto – seconda classe]

treno	aereo

5 **Ergänzen Sie die passende Präposition.**

[da – di – in – su – a]

1. Qui in centro deve andare .... piedi.
2. È molto difficile muoversi .... macchina.
3. Questa strada porta direttamente .... piazza della Repubblica.
4. .... questo treno non c'è aria condizionata.
5. Noi partiamo .... Modena per andare a Umbria Jazz.
6. Queste persone sono compagni .... viaggio molto piacevoli.
7. Da piazza Italia vado dritto fino .... piazza della Repubblica.

6 **Unterstreichen Sie die jeweils passende Form.**

1. Giuliana domani *deve/devi* andare a Crotone.
2. *È/C'è* un treno alle quattro del pomeriggio?
3. *Sono/Ci sono* voli economici per Londra?
4. Ragazzi, attenti, *devono/dovete* prendere la coincidenza a Firenze!
5. L'Eurostar *è/c'è* più veloce di questo treno?
6. Sandra *devo/deve* fare scalo a Roma Fiumicino.
7. Carlo ed io *dovete/dobbiamo* pagare il supplemento.

7 **Was darf bzw. muss man, was darf man nicht? Ordnen Sie den Symbolen die Sätze zu und ergänzen Sie die Formen von *potere* bzw. *dovere*.**

1. Qui non si ...... parcheggiare.
2. Qui (io) ...... dare la precedenza.
3. Qui si ...... girare a destra.
4. Qui non si ...... superare il limite di velocità.
5. Qui (io) non ...... sorpassare.
6. Qui non si ...... andare con la macchina.

A

B

E

F

C

D

8 **Flavia macht Urlaub bei einer Bekannten in Rom und hat für heute Vormittag einen Spaziergang durch das Zentrum geplant. Lesen Sie die Wegbeschreibungen und suchen Sie auf dem Stadtplan die Ziele, die sie erreichen will.**

1 Parte da Piazza Pia, va fino a via San Pio X e attraversa il ponte, gira a sinistra sul Lungotevere e prende la terza strada sulla destra, così può camminare un po' per le strade del centro. Passa un incrocio e prosegue sempre dritto fino alla fine della strada, lì gira a destra e poi subito a sinistra. Va ancora avanti, attraversa due piccoli incroci e dopo la seconda traversa[1] sulla sinistra arriva finalmente in ....

2 Da lì va poi avanti fino a via dei Sediari, in fondo alla strada gira a sinistra e poi a destra in via di S. Chiara. Prosegue poi sempre dritto fino alla fine della strada. Lì c'è .... dove ci sono tanti negozi e può fare un po' di shopping.

3 Dopo torna indietro per la stessa strada fino a via dei Cestari, lì gira a sinistra, va fino in fondo, gira a destra e alla seconda traversa a sinistra. Attraversa il viale, continua a camminare verso il Tevere e alla quinta traversa gira a sinistra. Dopo poco arriva a .... dove tutte le mattine c'è il mercato, così può fare un po' di spesa per la sera. Poi passa per casa, si riposa un po' e il pomeriggio ...

Vocabolario:
[1]traversa *Querstraße*

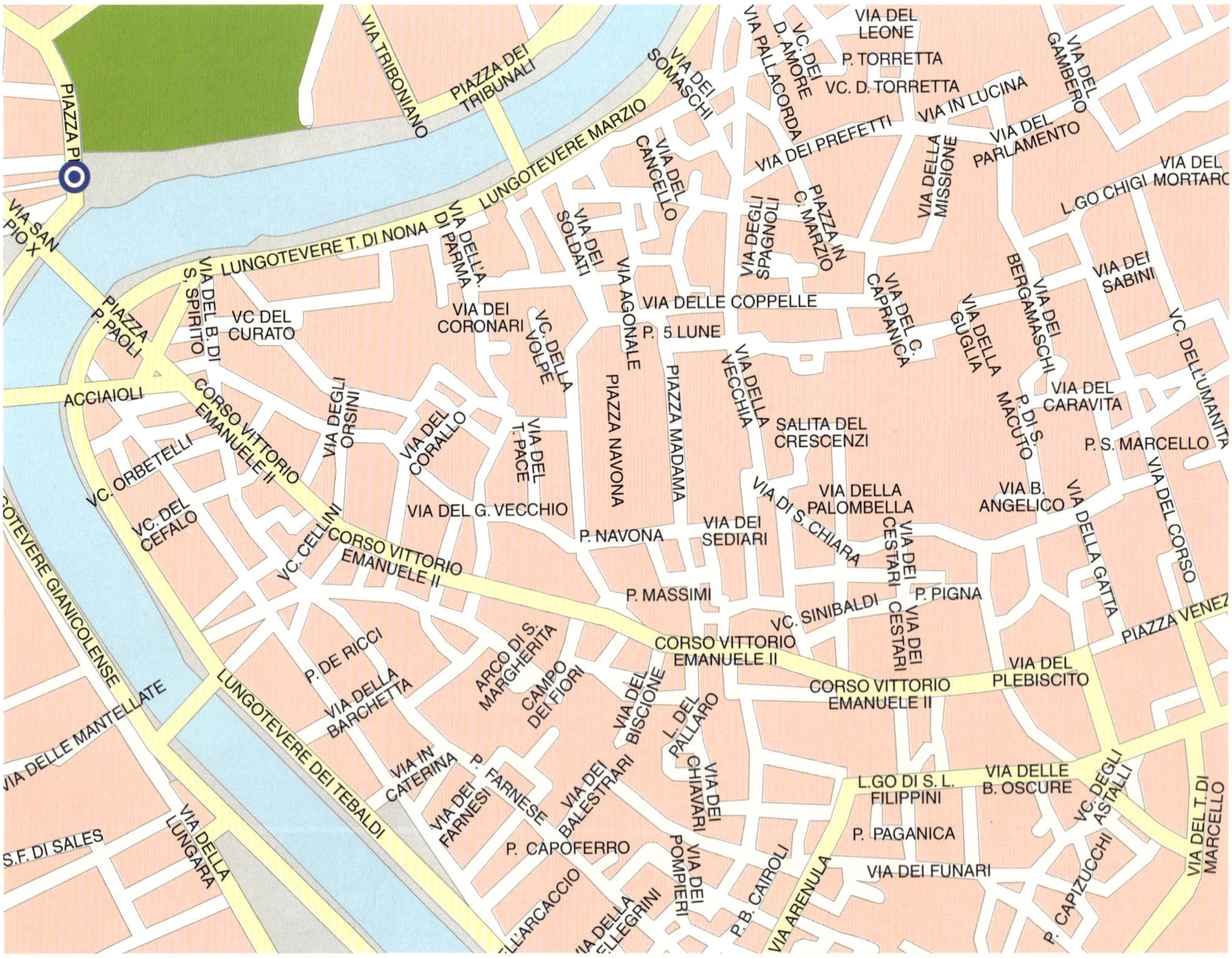

9 **Bilden Sie Sätze.**

1. è un moderno/L'Hotel Europa/ed elegante albergo/a 4 stelle
....
2. Umbria Jazz/al jazz/è/dedicata/una manifestazione
....
3. in/ammessi/albergo/Non/sono/gli animali
....
4. Devi comprare/oggi/domani/è chiusa/perché/il biglietto/l'agenzia
....
5. sul mare/di vista/godono/Alcune camere
....
6. è chiuso/perché/in città/Non puoi/il centro storico/parcheggiare
....
7. in piazza Partigiani/prendere/mobili/devo/Dal parcheggio/le scale
....

10 **Vervollständigen Sie den Brief mit *c'è* bzw. *ci sono* und den passenden Endungen der Adjektive.**

Caro Cesare,
come stai? Sono a Roma per una breve vacanza, ... un volo diretto che costa poco e in un'ora ti porta a Roma. Qui .... tant... turisti ma non ti senti straniero, la città è apert... a tutti. .... molt... quartieri ma dappertutto ti senti a casa tua. La gente è simpatic... e cordial... e anche se parli poco l'italiano, puoi comunicare senza problemi. .... tant... cose da vedere, pensa, più di cento chiese, piazze meraviglios... come Piazza Navona e poi .... Fontana di Trevi. E se vuoi fare una bell... passeggiata nel verde devi solo andare al Gianicolo. Da lì .... una bellissim... vista su Roma. La prossim... volta devi venire anche tu.
A presto

Anna

11 **Richtig oder falsch? Hören Sie noch einmal den Dialog 25, Track-Nr. 27 und kreuzen Sie an.**

	vero	falso
1. La signora prenota una stanza d'albergo a Venezia per tre persone.	☐	☐
2. Vuole andare a Venezia durante il periodo di Carnevale.	☐	☐
3. Cerca una stanza per cinque giorni.	☐	☐
4. All'hotel Arlecchino ci sono ancora due stanze con quattro posti letto ed una doppia.	☐	☐
5. La cliente sceglie la stanza matrimoniale con un lettino per il bambino.	☐	☐
6. La signora deve pagare 120 euro al giorno per tre persone.	☐	☐
7. Non è possibile raggiungere Venezia in macchina.	☐	☐

12 **Sie möchten mit Ihrer Familie eine Woche Urlaub in Rapallo verbringen und haben das Hotel Europa ausgesucht. Schreiben Sie eine Mail und erkundigen Sie sich, ob es zwei Doppelzimmer (für 4 Personen) mit Meeresblick für die von Ihnen gewählte Zeit gibt. Sie möchten gern die Zimmer mit Halbpension (con mezza pensione) reservieren. Fragen Sie auch nach dem Preis.**

13 **Ergänzen Sie die fehlenden Präpositionen. Entscheiden Sie, ob ein Artikel nötig ist.**

1. Questa stanza ha la vista .... canale.
2. Qual è il prezzo .... camera doppia?
3. .... parcheggio arriva subito in piazza Italia.
4. L'albergo è .... una zona tranquilla.
5. I concerti sono in diverse zone .... centro.
6. Parte .... Roma Termini alle 18.20.
7. .... questo treno c'è l'aria condizionata.
8. Le camere sono eleganti e curate .... arredo.
9. La signora Marchioro si informa .... parcheggio.
10. .... camere ci sono TV satellitare, frigobar e accesso internet.

14 **Vervollständigen Sie den Text über Giulia mit den Präpositionen *di, a, in, su* in Verbindung mit dem bestimmten Artikel. In mehreren Fällen bleibt die Präposition ohne Artikel.**

Giulia scrive una lettera .... (a) rivista Grazia e racconta .... (di) suo viaggio in treno da Modena .... (a) Milano dove cerca casa. La mattina sale .... (su) interregionale .... (di) 8.59 e subito comincia a parlare con un ragazzo fino .... (a) suo arrivo .... (a) stazione di Milano. .... (in) pomeriggio risale .... (su) treno per tornare a casa. .... (in) carrozza dove trova posto ci sono due ragazzi pakistani che a un certo punto offrono prugne .... (su) un vassoio .... (a) altri viaggiatori. Giulia è felice di viaggiare anche .... (su) treni senza aria condizionata perché è sempre possibile trovare .... (in) altri viaggiatori buoni compagni .... (di) viaggio per dialogare.

15 **Sehen Sie die Zeichnung an und beschreiben Sie dieses Stadtviertel.**
Verwenden Sie die Ihnen bekannten präpositionalen Ausdrücke.
Sie befinden sich am roten Punkt.

....
....
....
....
....
....
....
....
....
....

16 **Lesen Sie diesen Prospekt und entscheiden Sie, welche Aussagen richtig und welche falsch sind.**

Hotel dei Monti

Situato a pochi metri dalla funivia Paradiso che porta al ghiacciaio Persena, dispone di 116 camere dotate di servizi, telefono, radio, tv, cassaforte. La tessera Club include: un pasto presso un rifugio convenzionato, un'escursione husky-trekking, un ingresso alla piscina di Ponte di Legno, palestra, sauna e docce scozzesi. A pagamento, sono disponibili anche solarium UVA ed idromassaggio.

Inoltre, servizio di Miniclub gratuito per i bambini dai 4 ai 12 anni e servizio di babysitter per i più piccoli (a pagamento, su richiesta). Ogni settimana è possibile partecipare ad una serie di passeggiate naturalistiche gratuite organizzate dall'hotel.

Adattato dal catalogo "Alpitour"

	vero	falso
1. L'albergo si trova al mare.	☐	☐
2. Tra i servizi c'è il telefono in camera.	☐	☐
3. Con la tessera Club è possibile fare anche la sauna senza pagare.	☐	☐
4. Per usare l'idromassaggio bisogna pagare un extra.	☐	☐
5. Per i bambini fino a 12 anni c'è il servizio Miniclub incluso nel prezzo.	☐	☐
6. Per i bambini al di sotto dei 4 anni c'è un servizio di babysitter gratuito.	☐	☐
7. Tutte le settimane ci sono visite guidate.	☐	☐
8. Le visite guidate sono a pagamento.	☐	☐

17 **Schreiben Sie auf, was Ihnen bei einer Ferienunterkunft wichtig ist. Versuchen Sie, die Übung mit dem Ihnen bekannten Wortschatz zu bewältigen.**

L'albergo deve essere tranquillo, . . .
La stanza deve avere la tv, . . .

Come hai passato le vacanze?

58 Fonologia. **a) Hören Sie die folgenden Wörter und sprechen Sie sie nach.**

rosa – rossa – capelli – cappelli – pala – palla – pena – penna – casa – cassa – polo – pollo

b) Hören Sie nun folgende Wörter, ergänzen Sie sie und sprechen Sie sie anschließend nach.

se……e – du……o – e……o – a……etto – di……a – tu……a – a……atte – ade……o – a……errare – rife……ire – a……iso – fa……a – co……ia – via……io – se……e – bu……o – di……a – co……ia

1 **Sehen Sie sich die Freizeitaktivitäten auf S. 72 noch einmal an. Welche werden Ihrer Meinung nach von diesen drei Personen bevorzugt? Schreiben Sie sie auf. Wer hat am Ende die größere Auswahl?**

Giovanni è molto sportivo.
....
....
....
....

Teresa ama le città d'arte e la cultura.
....
....
....

Andrea ricerca il piacere.
....
....
....
....

2 **Was macht man jedes Jahr? Ergänzen Sie den Text mit den folgenden Verben und Sie wissen Bescheid.**

aspettare – programmare – montare – andare (2x) – partire – formare – sudare[1] – perdere – arrivare

Ogni anno si *aspetta* l'arrivo delle vacanze,
si .... le ferie,
si .... in macchina,
si .... in montagna o
si .... al mare, ma
si .... spesso nel momento sbagliato e allora
si .... le code in autostrada,
si .... sotto il sole,
si .... la pazienza, ma quando
si .... alla meta[2]
che soddisfazione! Allora cominciano davvero le vacanze.

Vocabolario:
[1]sudare *schwitzen*
[2]meta *Ziel*

3 Ein Strandurlaub mit einem kleinen Kind kann für Mutter und Kind sehr anstrengend sein. Lesen Sie, was eine Mutter ihrem kleinen Sohn sagt, und vervollständigen Sie den Text mit *si* und der entsprechenden Verbform.

Alberto, ma cosa fai?! Non .... (giocare) con i giocattoli degli altri bambini! No, non .... (toccare[1]) le cose di questi signori! Eh no, ora non .... (mangiare) i biscotti perché fra poco .... (andare) a pranzo! E dopo pranzo .... (dormire) un pochino. Non .... (fare) il bagno adesso, fa troppo caldo, ora .... (stare) sotto l'ombrellone e con questo sole .... (mettere) il berretto. Adesso .... (tornare) in albergo e più tardi .... (comprare) il gelato, sei contento?

Vocabolario:
[1]toccare *anfassen, berühren*

4 Filippo und Paola verbringen ihren Urlaub in den Dolomiten. Heute wollen sie den ganzen Tag wandern und packen ihre Rucksäcke. Ergänzen Sie die Objektpronomen und ordnen Sie die Sätze einander zu, sodass ein Dialog entsteht.

1. Filippo, dov'è la crema solare? → c 2. Sono in cucina. ... dimentichi sempre dappertutto. 3. ... preparo io, naturalmente, ma all'acqua ci pensi tu, vero? 4. Mah, io ... prendo, non si sa mai. E non dimenticare le carte topografiche. 5. Certo, partiamo!	**a** A proposito di cucina, chi prepara i panini? **b** No no, ... metto subito nel mio zaino. Allora, siamo pronti? **c** È qui, ... prendo io. Ma non vedo i miei occhiali da sole. **d** Certo, ... metto subito nelle borracce[1]. Che dici, ci vogliono anche i bastoncini[2]?

Vocabolario:
[1]borraccia *Wasserflasche* [2]bastoncini *Wanderstöcke*

5 *Essere* oder *avere*? Ergänzen Sie das jeweils passende Hilfsverb.

1. Luigi si .... lavato in fretta ed .... uscito senza fare colazione.
2. Claudia .... ricevuto una e-mail dal suo ragazzo.
3. L'estate scorsa io .... rimasta sempre in città.
4. I bambini stamattina si .... alzati molto tardi.
5. Emanuela e Stefania .... andate in Spagna con un gruppo di amici.
6. .... appena scritto un sms a Laura, forse viene anche lei stasera.
7. Giuliano ed io .... visitato i trulli di Alberobello.

6 Vervollständigen Sie die E-Mail mit den Verben im *passato prossimo*.

Vocabolario:
[1]ormai *mittlerweile*

Cara Gloria,
domenica non .... (tu – venire), peccato davvero! Con Gabriella e Daniele .... (fare) una camminata in montagna e .... (passare) proprio una bella giornata. .... (partire) presto da casa perché ormai[1] le giornate non sono più tanto lunghe, così non .... (trovare) neanche molto traffico e dopo un'ora .... (arrivare) al parcheggio. .... (cominciare) a camminare e finalmente .... (dimenticare) il lavoro e lo stress dei giorni passati. .... (parlare) di tante cose. Dopo un'ora .... (fare) una pausa (lo sai che Gabriella ha sempre tanta fame e dice di dover mangiare!). .... (arrivare) fino al lago Bianco: è un posto bellissimo! Al ritorno .... (mangiare) a Bormio in un piccolo ristorante e quindi .... (tornare) a casa molto tardi, molto stanchi ma soddisfatti. La prossima volta – forse domenica prossima – vieni anche tu?
Bacioni Marco

7 **Kennen Sie einige dieser Wörter in anderen Sprachen? Welche?**

esperienza ....
isola ....
giovane ....
supermercato ....
vacanza ....
mare ....
tenda ....

8 **Lesen Sie den Text 14 auf S. 77 noch einmal. Stellen Sie passende Fragen zu Davides Antworten.**

1. ● ....
❍ Con la mia famiglia.
2. ● ....
❍ A Valledoria, in Sardegna.
3. ● ....
❍ No, perché i bambini sono troppo piccoli.
4. ● ....
❍ Una vacanza di solo riposo.
5. ● ....
❍ In un villaggio turistico.
6. ● ....
❍ Hanno giocato all'aperto tutti i giorni.
7. ● ....
❍ Io ho letto molto e mia moglie ha fatto molti bagni.

9 **Um nicht zu vergessen, wie viele Tage jeder Monat hat, lernen italienische Kinder diese Verse. Versuchen Sie sie zu rekonstruieren (der Anfang ist angegeben).**

- [ ] ha novembre
- [ ] con aprile, giugno
- [1] Trenta giorni
- [ ] e settembre,
- [ ] ce n'è uno,
- [ ] ne han trentuno.
- [ ] di ventotto
- [ ] tutti gli altri

28 30 31

10 **Ordnen Sie jeder Jahreszeit die entsprechenden Monate zu.**

....
....
....

....
....
....

....
....
....

....
....
....

11 **Sehen Sie sich die Freizeitsaktivitäten auf Seite 72 noch einmal an. Mit welchen haben Sie sich in der Vergangenheit beschäftigt?**

L'inverno scorso ....
L'estate passata ....
La primavera scorsa ....
Quest'autunno ....

12 **Vervollständigen Sie den Dialog zwischen zwei Freundinnen mit den angegebenen Ausdrücken.**

[spendere tanto – una settimana sola – un ombrellone con due lettini – tempo – su un'isola deserta – un posto più tranquillo – molto gradevole – vicino al mare]

- ● Sara, noi abbiamo noleggiato .... in prima fila, e voi dove siete?
- ○ Noi non vogliamo .... , siamo in quarta fila, e già sono 180 euro!
- ● Ma come, quanto .... vi fermate?
- ○ Due settimane, e voi?
- ● Ah, no, noi restiamo .... , Gianni da lunedì prossimo deve lavorare.
- ○ Allora fai bene, in prima fila siete .... , è più comodo andare in acqua e c'è anche una brezza[1] marina ....
- ● È vero, però in quarta fila voi avete .... , da noi c'è tanta confusione!
- ○ Chiaro, in alta stagione all'«Onda marina» non puoi certo pensare di stare .... !

Vocabolario:
[1]brezza *Brise*

13 **Bilden Sie Sätze mit den angegebenen Elementen.**

1. di cose./abbiamo già visto/In Toscana/un sacco
....
2. più emozionante/di Siena./il Palio/è stato/L'evento
....
3. San Gimignano/un paese/tantissime torri./è/con
....
4. in spiaggia./il sole/lo preferisco/a prendere/andare
....
5. una vacanza/abbiamo scelto/riposo./di solo/Quest'anno
....
6. ti faccio/le belle foto/Quando sono a casa/vedere/che abbiamo scattato.
....

14 **Vervollständigen Sie die Sätze mit *fa, fra* und *da*.**

1. .... un anno risparmio i soldi per queste vacanze.
2. I miei vicini di casa sono partiti tre giorni .... per la Sicilia.
3. Se vuole Le posso offrire un posto in prima fila .... 12,50 euro al giorno.
4. Le nostre ferie iniziano .... un mese.
5. Elena tre anni .... ha fatto un viaggio di due mesi in Indonesia.
6. Ho comprato un paio di ciabatte .... mare carinissime!
7. Sai che la figlia di Cristina .... un mese si laurea in economia?

15 In einem Reisemagazin haben Sie interessante Internetadressen entdeckt. Wem können Sie folgende Seiten empfehlen?

1 Avete in programma un weekend a Firenze? Affidatevi a questo sito e avrete in mano le chiavi della città. Piatti, vini e prezzi di tutti i ristoranti fiorentini con descrizione del locale: **www.firenzerestaurant.it**

2 Sito ricco di informazioni sul Museo Etnografico della Val Trebbia (Liguria), con possibilità di prenotare camere vicine al museo per un fine settimana culturale: **http://digilander.libero.it/museoetnografico**

3 La prima organizzazione no profit di scambi interculturali tra studenti di tutto il mondo ha rinnovato il sito e ampliato lo spazio dedicato alle testimonianze dei propri visitatori: **http://www.intercultura.it**

4 Il grande patrimonio turistico ed enogastronomico del nostro Bel Paese è da tutti apprezzato e riconosciuto. *Italy from Italy*, la rivista online vuole promuovere, a livello nazionale ed internazionale, i nostri usi e costumi: **www.italyfromitaly.it5.**

5 Basta un click per viaggiare nei parchi nazionali italiani. La navigazione è semplice e dà la possibilità di conoscere ogni cosa sul parco scelto. Ricchissima la sezione dedicata a chi intende soggiornare nel parco con informazioni su dove dormire e dove assaggiare i prodotti tipici: **http://www.parks.it**

da: Verde oggi, febbraio 2003

a Una vostra amica vuole passare per la prima volta le vacanze in Italia. Per questo frequenta un corso d'italiano all'università della vostra città. È interessata a contatti con altri studenti: ......
b Il vostro collega vuole andare in vacanza in Italia con tutta la famiglia, ma non sa ancora di preciso dove. Ama la natura e andare in bicicletta: ......
c Ai vostri zii piace tanto cucinare e mangiare nei ristoranti più raffinati. Quest'anno vogliono passare una settimana in Toscana: ......
d Volete passare insieme a degli amici alcuni giorni in Liguria per fare delle camminate in montagna, ma siete anche interessati a conoscere la storia e la cultura della zona: ......

16 Vervollständigen Sie mit dem Partizip Perfekt der folgenden Verben.

[stare – mettere – scrivere – rispondere – prendere – vedere – scegliere]

1. Scusa, Sabrina, non ho ancora .... alla tua mail.
2. Le ragazze hanno .... moltissime cartoline ai loro amici dalla Toscana.
3. Pino e Oliviero hanno .... una vacanza avventurosa e bellissima: fanno trekking sulle Ande.
4. Sofia, hai finalmente .... in ordine la tua camera?
5. Guarda che non hai .... né il costume da bagno, né la crema solare.
6. Sono sfinita! Pensa che siamo .... in coda sull'autostrada per quattro ore!
7. Non ho mai .... spiagge più belle e più pulite.

17 Reisevorbereitungen. Ergänzen Sie im Dialog die fehlenden direkten Objektpronomen.

● Senti, Serena, tu sai dove sono i due libri che voglio portare?
○ Sono qui, ... metto nella borsa.
● Abbiamo la crema solare?
○ No, ... compro stasera quando vado a fare la spesa.
● Non ci sono le mie ciabatte da mare.
○ Dai, ... troviamo sicuramente, altrimenti ... compriamo.
● E questo costume da bagno?

○ No, non ... porto, non mi piace più.
● Dobbiamo ancora controllare l'olio della macchina!
○ Sì, ... controlliamo prima di partire.
● E poi bisogna telefonare a Giorgio per dirgli che ... aspettiamo domani alle otto.
○ Sì, è vero. ... fai tu?

18 **Ergänzen Sie die jeweils passende Form von *volere*.**

1. .... noleggiare un pedalò, Adele?
2. Maria non .... venire con me in Maremma.
3. Ragazzi, ... vedere le foto delle nostre vacanze?
4. Io non .... prendere un ombrellone in prima fila, costa troppo.
5. Quest'anno (noi) .... fare una grigliata in giardino per Ferragosto.
6. Perché (tu) .... andare in Egitto in agosto? C'è troppo caldo!
7. I miei figli .... fare snowboard quest'inverno.

19 ***Più grande* oder *meno bella*? Vergleichen Sie und bilden Sie Sätze.**

1. Milano è 2. Fare passeggiate nei boschi è 3. Un ombrellone in riva al mare è 4. Le spiagge della Sardegna sono 5. Gli Appennini sono 6. L'acqua dei laghi alpini è 7. I giochi con l'animatore sono	più meno	costoso emozionante fredda noiosi grande e frenetica alti pulite	di quelle della nostra regione. delle nostre partite a ping-pong. di quella del mare. di un viaggio all'estero. di Verona. delle Alpi. di uno in quarta fila.

20 **Lesen Sie folgenden Text und entscheiden Sie, welche Aussagen richtig, welche falsch sind.**

Il Palio di Siena
Il Palio di Siena è una competizione fra le contrade di Siena nella forma di una giostra equestre di origine medievale che si svolge due volte l'anno: il 2 luglio si corre il Palio di Provenzano e il 16 agosto il Palio dell'Assunta. In occasione di avvenimenti eccezionali (ad es. la conquista della Luna da parte dell'uomo) o di ricorrenze cittadine o nazionali ritenute rilevanti e pertinenti (ad es. il centenario dell'Unità d'Italia) la comunità senese può decidere di effettuare un Palio straordinario, tra maggio e settembre.
Wikipedia, l'enciclopedia libera

	vero	falso
1. Il Palio di Siena si tiene normalmente ogni due anni.	☐	☐
2. Il Palio si tiene a maggio o a settembre.	☐	☐
3. Ci sono i diversi quartieri della città di Siena che partecipano.	☐	☐
4. A volte si tiene anche un terzo Palio.	☐	☐
5. Si festeggia il Palio da circa cento anni.	☐	☐
6. La festa ricorda l'Unità d'Italia.	☐	☐

La storia personale

Quando ero piccolo ...

59 **Fonologia.** **Hören Sie die folgenden Wörter und sprechen Sie sie nach.**

gnocchi – sveglia – palio – ragno – maglione–
geranio – voglio – lievito – foglio – lasagne –
tovagliolo – ignorante – figlio – bagno –
griglia – campagna – compagnia – aglio – olio –
insonnia – sogno – coniglio – begonia –
famiglia – familiare – magnolia – moglie –
petrolio – giglio – paglia – montagna – raccogliere

1 **Sehen Sie sich die Zeichnungen an. Welche Berufe üben diese Menschen aus? Ergänzen Sie dann die Berufsbezeichnungen in den Sätzen.**

1. Lo .... italiano Alessandro Baricco è diventato famoso con il romanzo *Seta.*
2. Mio fratello è .... e lavora nella ricerca[1].
3. Pier Paolo Pasolini era scrittore e ....
4. Margherita Hack è una nota .... italiana, il suo campo è l'astronomia.
5. Sandra ha cominciato a lavorare come .... in un negozio d'abbigliamento.
6. Gli studenti devono preparare a casa i compiti[2] e poi consegnarli[3] all'.................. .
7. Claudio è un bravissimo .... , suona il violino nell'orchestra della Scala.
8. La mia amica Carla è .... , adesso c'è una sua mostra a Monza, l'andiamo a vedere?

Vocabolario:
[1]ricerca *Forschung*
[2]compiti *Hausaufgaben*
[3]consegnare *abgeben*

2 **a) Entscheiden Sie, ob die ausgeschriebene Zahl der Jahreszahl entspricht. Wenn nicht, korrigieren Sie das Zahlwort.**

1. Millenovecentosessantanove	1979	....
2. Millequattrocentonovantadue	1492	....
3. Millenovecentottantanove	1989	....
4. Duemilasedici	2717	....
5. Milleottocentotrentadue	1822	....
6. Millecinquecentocinquantadue	1542	....
7. Duemilatre	2003	....
8. Milleseicentottantanove	1789	....

b) **Drei Jahreszahlen beziehen sich auf historische Ereignisse. Welche? Wie heißen diese Ereignisse auf Italienisch? Finden Sie es heraus und schreiben Sie sie auf.**

....

3 **Wie war es früher? Ordnen Sie zu.**

1. Il Natale → c 2. A Ferragosto 3. A Capodanno 4. Quando ero piccola la festa di San Valentino 5. Per il mio compleanno 6. Il giorno di Pasqua 7. Il giorno del mio onomastico	**a** era d'estate, ma noi non lo festeggiavamo. **b** ci regalavano le uova di cioccolato con la sorpresa[1] dentro. **c** lo passavamo sempre con i nonni. **d** mangiavamo sempre il cotechino[2] con le lenticchie[3]. **e** non la festeggiava nessuno. **f** facevamo una bella festa in giardino. **g** la nonna mi preparava sempre una bella torta con le candeline[4].

Vocabolario:
[1]sorpresa *Überraschung* [2]cotechino *Brühwurst aus Schweinefleisch* [3]lenticchie *Linsen* [4]candeline *kleine Geburtstagskerzen*

4 **Ergänzen Sie die fehlenden Formen.**

andare	dormire	essere	prendere	avere
andavo	dormivo	ero	....	....
....	dormivi	....	prendevi	avevi
andava	....	era	....	aveva
....	....	....	prendevamo	....
....	dormivate	....	prendevate	....
andavano	....	erano	....	avevano

5 **Patrizia und Mauro haben ihren Urlaub in Sizilien verbracht.**
Vervollständigen Sie ihre Erzählung mit den angegebenen Verben.

[offrivano – avevano – facevamo – era – andavamo – faceva – c'era – riuscivamo – si trovava – uscivamo]

1. La località .... bella ma troppo turistica.
2. L'albergo .... a due chilometri di distanza dalla spiaggia.
3. In spiaggia .... troppa gente e così spesso .... il bagno nella piscina dell'hotel.
4. Certi giorni .... così caldo che non .... a stare al sole.
5. La sera .... spesso e .... a passeggiare lungo il mare.
6. I ristoranti .... un'ottima cucina regionale.
7. I paesi dell'interno .... un grande fascino[1].

Vocabolario:
[1]fascino *Charme*

6 **Lesen Sie den kurzen Text über Danielas Leben in Bologna und unterstreichen Sie die Imperfektformen. Schreiben Sie dann den Text in der ersten Person Plural (*noi*).**

Quando Daniela abitava a Bologna, aveva un grazioso appartamento che dava sulle colline. L'appartamento non era grande ma aveva un bel balcone, sul quale Daniela, nelle giornate di sole, trascorreva molte ore del suo tempo libero: leggeva il giornale, scriveva lettere agli amici e invitava i colleghi a prendere un caffè.

7 **Wie war es in der Schul- und Studienzeit? Ergänzen Sie das passende Relativpronomen und gegebenenfalls die entsprechende Präposition und ordnen Sie zu.**

1. La casa 2. Gli amici 3. Le gite scolastiche 4. C'erano alcuni insegnanti 5. I viaggi 6. Lucia era l'amica 7. L'insegnante 8. La materia	in con di a	cui che	a telefonavo tutti i giorni. b preferivo era chimica. c faceva le lezioni più interessanti era giovanissimo. d uscivo il sabato erano più grandi di me. e ricordo con più piacere li ho fatti durante l'università. f abitavamo era molto vecchia. g facevamo tutti gli anni erano sempre molto interessanti. h non ho un buon ricordo.

8 **Elisabetta erinnert sich an die Sommerferien ihrer Kindheit. Ergänzen Sie die Verben im Imperfekt.**

Quando .... (essere) bambina .... (noi – passare) tutte le estati a Montignoso, vicino a Massa Carrara. Le estati .... (essere) molto lunghe allora perché la scuola .... (finire) a metà giugno e .... (ricominciare) il 1° di ottobre. A Montignoso mio nonno .... (avere) una vecchia casa con un giardino molto grande che mio fratello ed io .... (usare) soprattutto per fare interminabili[1] gare in bicicletta. Naturalmente .... (andare) al mare tutti i giorni, ... (giocare) a fare buche[2] nella sabbia oppure .... (costruire) bellissimi castelli sulla riva. Il momento più bello .... (essere) quando i nostri genitori ci .... (dare) il permesso di fare il bagno. Allora .... (correre) in acqua tutti contenti, ... (tuffarsi[3]) nelle onde, ... (nuotare) sott'acqua e .... (fare) mille capriole[4]. Per papà e mamma .... (essere) molto difficile farci uscire dall'acqua, anche perché noi .... (fingere[5]) sempre di non vederli quando ci .... (segnalare[6]) di tornare a riva. A volte .... (venire) a trovarci mia cugina Marina, che .... (avere) la mia stessa età. .... (fermarsi) da noi quasi un mese e io .... (passare) con lei i momenti più belli di tutte le vacanze. .... (venire) anche la zia Livia, che .... (essere) la sorella di mia nonna e che .... (sapere) farci divertire come nessun altro. La nostra casa d'estate .... (essere) sempre piena di tante persone e a noi bambini .... (piacere) essere in compagnia di zii e cugini che durante il resto dell'anno non .... (noi – vedere) mai. Quando poi, quasi da un giorno all'altro, ... (ritrovarsi) soli nella casa grande e silenziosa, ... (sapere) che ormai il ritorno in città e a scuola non .... (essere) più lontano e .... (sentirsi) terribilmente tristi.

Vocabolario:
[1]interminabile *endlos* [2]buca *Grube* [3]tuffarsi *tauchen* [4]capriole *Purzelbäume* [5]fingere *so tun als ob* [6]segnalare *signalisieren*

9 **Elisabetta ist interviewt worden und hier können Sie ihre kurzen Antworten lesen. Lesen Sie den Text über ihre Sommerferien noch einmal und überlegen Sie, welche Fragen ihr gestellt wurden.**

1. ● ....
   ❍ A Montignoso.
2. ● ....
   ❍ Dalla metà di giugno al 1° di ottobre.
3. ● ....
   ❍ Tutti i giorni.
4. ● ....
   ❍ Quando potevamo fare il bagno.

5. ● ....
❍ Con mia cugina Marina.
6. ● ....
❍ La sorella di mia nonna.
7. ● ....
❍ Sempre piena.
8. ● ....
❍ Quando restavamo soli.

10 **Lesen Sie die Beschreibungen und ergänzen Sie die angegebenen Verben in der jeweils passenden Form. Tragen Sie dann die Nummern der Sätze in die zutreffende Spalte ein.**

1. Per viaggiare si .... (prendere) il treno perché .... (essere) pochissime le persone che .... (potersi) permettere una macchina. Un viaggio .... (richiedere) tempo e preparazione.
2. La famiglia tipica .... (avere) uno o al massimo due figli, ma .... (esserci) anche molte coppie che .... (decidere) di non avere figli per niente. I nonni .... (abitare) da un'altra parte. Spesso si .... (passare) le feste insieme.
3. Per la strada .... (vedersi) tante carrozze con i cavalli, molta gente .... (andare) a piedi e le strade .... (essere) polverose[1] perché non .... (essere) asfaltate[2].
4. Con l'aereo si .... (potere) arrivare in ogni parte del mondo in poche ore e il turismo .... (diventare) un fenomeno di massa.
5. Le strade .... (essere) sempre piene di macchine e motorini[3], e nelle ore di punta il traffico .... (muoversi) lentamente[4] perché .... (esserci) spesso lunghe code ai semafori.
6. In famiglia .... (esserci) almeno tre o quattro bambini e in casa .... (abitare) spesso anche i nonni e altri parenti.

Vocabolario:
[1]polveroso *staubig* [2]asfaltato *asphaltiert* [3]motorino *Mofa* [4]lentamente *langsam*

una volta	oggi

11 ***Mentre* oder *durante*? Ergänzen Sie und ordnen Sie zu.**

1. .... noi stavamo in montagna sotto la pioggia	a .... la cena.
2. .... il suo soggiorno di studio in Inghilterra	b qualcuno le ha rubato il borsellino.
3. .... la nostra vacanza a Roma	c .... mio marito lavava i piatti.
4. .... mia madre faceva la spesa al mercato	d ascoltava sempre musica classica.
5. La sera dopo cena portavo fuori il cane	e al mare c'era un tempo bellissimo.
6. Non mi piace tenere la televisione accesa	f Mara ha conosciuto Peter, il suo ragazzo.
7. .... studiava mio fratello	g abbiamo visitato la Cappella Sistina.

12 **Vervollständigen Sie die Mail mit den angegebenen Wörtern.**

e (3x) – ma (3x) – perché (2x) – mentre – quando – poi

Vocabolario:
[1]bifamiliare *Zweifamilienhaus*

Invia Conversazione Allega Indirizzo Font Colori Registra come Bozza

A: gianma@hotmail.com

Oggetto: un saluto

Caro Gianfranco,
scusa se negli ultimi mesi non mi sono più fatta viva, ... sai com'è: la famiglia, il lavoro, mille altre cose. Insomma, ho pensato a te tante volte, ... mi preparavo a scriverti, c'era sempre qualcos'altro da fare. Come stai? Noi stiamo bene, per fortuna. Abbiamo cambiato casa da poco .... nel vecchio appartamento non ci stavamo più. Adesso abitiamo in una bifamiliare[1] fuori città .... siamo molto contenti. Certo, Paolo deve andare al lavoro in metropolitana, ... i bambini hanno molta più libertà. Così .... io lavoro al computer (lo sai che ho scelto il telelavoro, vero?) loro possono giocare tranquillamente in giardino. E .... finalmente non abbiamo più il rumore delle macchine sotto casa. .... non ci vieni a trovare? Ci sono voli che costano poco .... ora abbiamo anche una bella stanza per gli ospiti. Aspetto tue notizie .... spero di vederti qui presto.
Tua Claudia

13 **Suchen Sie die Wörter, die Gegenstände im Haus bezeichnen, und vervollständigen Sie mit diesen die Sätze.**

l	a	v	a	s	t	o	v	i	g	l	i	e	w	n
a	r	r	t	v	a	s	c	a	b	a	g	n	o	s
m	u	h	e	e	v	i	o	s	s	c	f	i	i	z
p	f	r	i	g	o	r	i	f	e	r	o	z	m	o
a	f	i	j	m	l	m	p	d	x	e	r	c	b	a
d	i	v	a	n	o	d	d	w	p	r	n	t	g	q
a	t	e	s	v	w	b	q	a	h	j	o	w	o	u

Vocabolario: [1]sciogliersi *schmelzen*

1. Caterina, metti il burro in .... altrimenti si scioglie[1].
2. Luisa ha comprato un nuovo .... con le sedie una diversa dall'altra. Originale, vero?
3. Ma non c'è luce, come fai a leggere? Accendi la .... !
4. Quando torno stanco dal lavoro, mi metto un po' sul .... a guardare la televisione.
5. Questi bicchieri di cristallo sono bellissimi, ma non li posso lavare in ....
6. Mia figlia la mattina fa sempre la doccia, la .... da .... non la usa quasi mai.
7. Volevo preparare una torta per domani, ma purtroppo il .... non funziona.

14 **Lesen Sie noch einmal die Anzeigen auf S. 94. Welche Anzeige passt zu dem Grundriss?**

15 **Kurz nach der Geburt ihrer Enkelin hat Maria diesen Brief an ihre in Kanada lebende Tochter geschrieben.**

Heute ist Matteo 30 geworden. Seine Großmutter erzählt ihm, wie es war als seine Schwester Cristina auf die Welt kam. Setzen Sie die Erzählung fort, indem Sie die im Brief unterstrichenen Sätze in die Vergangenheit setzen. Achten Sie dabei auch auf die Pronomen und die Verwandtschaftsbezeichnungen.

Cara Orietta,
martedì 12 alle otto e mezza di mattina è nata Cristina. Pesa 3 chili e 400 grammi ed è lunga 48 cm. Ha già tantissimi capelli neri. La piccola e tua sorella stanno bene, sono andata a trovarle ieri sera all'ospedale. Matteo dorme da noi e non puoi immaginare quanto mi occupa. Non è molto contento di avere una sorellina, lui vuole un fratellino per giocare. Si rifiuta di andare all'asilo se lo accompagno io, così deve accompagnarlo tuo padre. Si lamenta in continuazione perché non c'è la mamma e quando il suo papà torna dal lavoro fa solo capricci[1].
Oggi è domenica e suo padre lo porta all'ospedale per fargli vedere la bambina, anche se Matteo non sembra molto entusiasta dell'idea. Domani tua sorella e la bambina escono dall'ospedale. Proprio il giorno del compleanno di Matteo. Che bel regalo per lui!

Quando è nata Cristina pesava 3 chili ....
....
Tu ....
....
....
....
Tua madre e tua sorella ....
....
....

Vocabolario: [1]fare capricci *bockig sein*

16 ***Imperfetto*** **oder** ***passato prossimo*****? Ergänzen Sie mit den richtigen Verbformen.**

1. Mentre guardavo un DVD .... (sparire) l'immagine[1].
2. Sergio .... (telefonare) mentre preparavo da mangiare.
3. Mentre Fulvio .... (fare) gli esercizi di matematica, Anna ascoltava il Requiem di Mozart.
4. Mentre aspettavo l'autobus .... (passare) Fabrizio in macchina.
5. La macchina si è rotta mentre .... (noi – andare) al lavoro.

Vocabolario:
[1]immagine (f) *Bild*

17 **Vervollständigen Sie mit dem jeweils passenden Relativpronomen.**

Alessandra è la ragazza ...
1. .... ti ho parlato molte volte.
2. .... andavo all'università.
3. .... mi ha aiutata a preparare gli esami.
4. .... lavora al Museo del Cinema di Torino.
5. .... spesso chiedo un consiglio.
6. .... sono stata alle Maldive.
7. .... dormo quando vado a Torino per lavoro.
8. .... posso contare quando ho bisogno di aiuto.

18 **In welchen Sätzen können Sie** ***quando*** **durch** ***mentre*** **ersetzen? Kreuzen Sie an.**

1. Puoi comprare il pane quando torni dal centro? ☐
2. Quando andavo a scuola raccontavo sempre i miei sogni alle mie amiche. ☐
3. Quando ho conosciuto Alice era ancora una bambina. ☐
4. Giorgio ha la brutta abitudine d'interrompere le persone quando parlano. ☐
5. Perché non rispondi mai quando ti faccio una domanda? ☐
6. Quando arrivi mandami un SMS, per favore. ☐
7. Quando stavo entrando in casa è squillato il cellulare. ☐
8. Mi dà molto fastidio che non mi ascolti quando parlo. ☐

Le professioni e la scuola

Com'è il tuo lavoro?

60 **Fonologia.** Hören Sie die folgenden Wörter, vervollständigen Sie sie mit den fehlenden Buchstaben und sprechen Sie nach.

......anca – ......anchina – in......erno – in......erno – ......erso – ......erso – ......a......ore – ......a......evano – ta......olo – can......ina – ca......ina – ......ar......i – ......osto – ......osco – an......are – s......are – ......asta – ......asta

1 **Wissen Sie, welche beiden bekannten italienischen Persönlichkeiten hier beschrieben werden? Tragen Sie ihre Namen ein.**

1. .... è nata a Bolzano. Dopo la laurea a Venezia in Lingue e Letterature Straniere ha svolto il praticantato giornalistico nella sua città natale a Telebolzano, quindi è approdata in RAI, prima a Sender Bozen, il canale in lingua tedesca, poi alla redazione di Bolzano del TGR italiano. Giornalista televisiva celebre in Italia, è stata la speaker del principale notiziario televisivo del primo canale RAI, il TG1. È nota anche in Germania per aver condotto alcuni programmi giornalistici. Oltre all'italiano e al tedesco, parla correntemente l'inglese e il francese.
2. .... è nato a Napoli. Nel 1967 ha vinto il Premio Cantelli per giovani direttori d'orchestra. Dal 1968 al 1980 è stato direttore principale e direttore musicale del Maggio Musicale Fiorentino, poi direttore principale della Philharmonic Orchestra di Londra, dell'Orchestra di Filadelfia e dell'Orchestra Filarmonica della Scala che ha portato in tournée in Italia e in Europa. Dal 1986 al 2005 è stato direttore musicale del Teatro alla Scala di Milano.

2 **Um welche Berufe handelt es sich? Schreiben Sie die Wörter auf die zutreffenden Zeilen und vervollständigen Sie sie mit der entsprechenden Endung.**

alberga... – art... – music... – bad... – dent... – camion... – segreta... – impieg... – giornal... – at... – scrit... – cant... – stil... – reg... – diret... – scienzi... – pit... – insegn... – commissa... – contadin... – imprendi... – benzin... – commess... – camer... – dott... – profess... – fotograf... – parrucch...

-iere/-iera ....
-ista ....
-tore/-trice ....
-ante ....
-ato/-ata ....
-aio/-aia ....
-o/-a ....
-rio/-ria ....
-ore/-oressa ....

3 **Welche Berufe haben die Personen?**

1. Roberto e Mara fanno parte del coro dell'Opera. Sono ....
2. Aldo ha uno studio medico nel centro della città. È ....
3. Laura dà lezioni d'italiano presso una scuola di lingue. È ....

4. Verena lavora in un ristorante e serve i clienti. È ....
5. Gianni scrive articoli scientifici per una rivista specializzata. È ....

4 **Um welche Gegenstände handelt es sich? Vervollständigen Sie die Wörter.**

_sp_ra_olv_re	r_di_	mi_ro_nd_
m_cch_n_ f_to_raf_ca	t_vo_o	sc_iva_ia
f_rr_ da s_ir_	se_ia	_ull_no
a_ci_ga_ap_ll_	a_ma_io	fo_b_ci

5 **Lesen Sie den Text und entscheiden Sie, welche Aussagen zutreffend sind.**

LE NUOVE SEGRETARIE

Quasi sempre sono laureate. Vengono assunte a termine, ma se soddisfano le aspettative la riconferma a tempo indeterminato non si fa attendere. Lo stipendio? Parte da 17 mila euro (lordi) annui, ma con un po' d'esperienza può oscillare dai 25 mila ai 40 mila, fino a superare i 60 mila per le figure più qualificate. I dati sono dell'indagine 2005 di Page Personell, l'agenzia per il lavoro del gruppo Michael Page, che sottolinea come, oggi, le segretarie si vedano affidare incarichi di sempre maggiore responsabilità. Devono coadiuvare l'attività dei dirigenti oltre che tenere i rapporti con le case madri, gli agenti e i fornitori. Devono poi conoscere almeno l'inglese e saper gestire urgenze e priorità. In definitiva, oggi, alla figura dell'«assistente» viene riconosciuto un ruolo strategico. «Date le nuove responsabilità, il successo di un'azienda dipende anche da lei, – spiega Pamela Bonavita, responsabile Divisione segretarie di Page Personell – perciò è giusto che si propongano nuovi e interessanti pacchetti retributivi. I quali possono raggiungere livelli anche molto elevati, soprattutto nelle multinazionali e nelle grandi aziende».
Per arrivare ad un buono stipendio è infine importante conoscere le lingue straniere: per aspirare alle migliori posizioni è essenziale padroneggiarne almeno due.

Paola Pignatelli/www.corriere.it

	vero	falso
1. Le segretarie di oggi hanno frequentato quasi tutte l'università.	☐	☐
2. Trovano subito un posto a tempo indeterminato.	☐	☐
3. Le segretarie oggi hanno sempre più responsabilità.	☐	☐
4. Devono tenere i contatti con i collaboratori del dirigente.	☐	☐
5. Se un'azienda ha successo è anche merito della segretaria.	☐	☐
6. La conoscenza di almeno tre lingue straniere è indispensabile.	☐	☐

6 **Vervollständigen Sie den Text mit den folgenden Ausdrücken.**

libere professioniste – tipologie di lavoro – guarda al domani – componente più dinamica – conciliare – nel mondo del lavoro/in campo professionale – realtà sociale – fase di vita – orari – forme di lavoro

La donna italiana è diventata la .... della società italiana. Sempre più protagonista della ...., culturale ed economica del Paese, utilizza .... moderne e flessibili e cerca di .... famiglia e lavoro. Svolge tutte le .... come il part-time o il tempo determinato con .... diversi dalla norma. La sua posizione .... è migliorata: sono sempre più numerose le imprenditrici, le dirigenti e le .... La donna italiana .... con fiducia: per lei anche la "terza età" potrà diventare una .... sempre più attiva.

7 **Was tut Ihrer Meinung nach Sergio im Moment?
Ergänzen Sie die Verben im Gerundium in Verbindung mit *stare*.**

[correggere – lavorare – riflettere – guardare – aprire – suonare – offrire – parlare – scrivere – leggere – mangiare – fare – prendere]

Sergio forse .... una lettera, o .... la TV, magari .... al computer, o .... con un collega. Forse invece è al ristorante e .... un piatto di pasta, oppure .... il caffè al bar, ... una pausa. Forse è sera, è a casa e .... il pianoforte[1], ... il giornale, ... una bottiglia di aranciata, ... un aperitivo ai suoi amici, ... i compiti degli studenti, o forse semplicemente .... su cosa fare.

Vocabolario:
[1]pianoforte *Klavier*

8 **Vervollständigen Sie die Tabelle.**

	uscire	sapere	svolgere
io			
tu	esci		
lui/lei		sa	
noi			svolgiamo
voi			
loro			

9 **Bilden Sie Sätze mit dem Verb *sapere* bzw. *conoscere*.**

1. tu / suonare la chitarra
.... ?
2. mia madre / mio padre / a Napoli / 30 anni fa
....
3. voi / il nuovo disco di NEK
.... ?
4. due anni fa Fabio / non / ancora / Laura
....
5. Sabina / sciare / da bambina / già
....
6. io / ieri / che mi assumono dal 1 novembre
.... !

10 **Lesen Sie die Stellenanzeigen auf Seite 102 und finden Sie die für die betreffende Person jeweils passende Arbeitsstelle. Tragen Sie die Ziffer der jeweiligen Anzeige ein.**

1. Karin è nata a Weimar nel 1976. Dopo il liceo si è trasferita a Monaco dove nel 2001 si è laureata in inglese e italiano. Fino al 2005 ha lavorato in una ditta di Monaco con due filiali in Italia, poi si è sposata con un italiano e si è traferita con lui in Italia. ....
2. Francesco studia tedesco all'università di Padova e cerca un'occupazione non troppo impegnativa per guadagnare qualcosa durante le vacanze estive. ....
3. Sophie è inglese dell'Isola di Wight. Dopo il liceo ha lavorato come ragazza alla pari presso una famiglia di Torino dove ha imparato molto bene l'italiano. Ama i bambini e desidera fare esperienze di vita in altri Paesi. ....

11 **Aurora und Milena geben Francesca Ratschläge, haben jedoch ganz unterschiedliche Vorstellungen. Vervollständigen Sie ihre Aussagen mit den Imperativformen und gegebenenfalls den Pronomen.**

Aurora	*Milena*
1. .... questo annuncio, è interessante.	Non leggerlo, perdi solo tempo.
2. Fai uno stage prima di cercare lavoro.	Sì, ma non .... in una ditta troppo piccola.
3. .... il cinese, ti servirà nel lavoro.	No, non impararlo, è troppo difficile, e poi i cinesi parlano inglese.
4. .... subito la domanda di lavoro.	Scrivila domani, prima rifletti.
5. Telefona al responsabile delle risorse umane.	Non .... se non sai bene cosa dire.
6. Conferma la data del colloquio.	Non .... prima di essere sicura che puoi.
7. Sii sicura di te stessa al colloquio.	Non .... troppo sicura, potresti sembrare arrogante.
8. .... a fare quattro passi prima di decidere.	Non uscire che fa un freddo polare.

12 **Auch Svetlana lebt, wie Hamid, in Italien und ist interviewt worden. Ordnen Sie zu und Sie werden ihre Geschichte erfahren.**

1. Ciao, Svetlana. Dunque, tu di dove sei?
2. E da quanto tempo vivi in Italia?
3. Come mai sei venuta in Italia?
4. È stato facile venire qui?
5. ... ti ha proposto di venire in Italia, è così?
6. Ed è stato davvero facile?
7. La tua famiglia è rimasta in Ucraina?
8. Torni spesso a casa?
9. Perché ti sei trasferita a Milano?
10. Lavori ancora come badante?
11. E ti piace?
12. Un sogno che vorresti realizzare?

a Proprio così. Mi ha raccontato che trovare un posto come badante era abbastanza facile.

b Perché con la famiglia di Reggio Emilia non mi trovavo bene. Era molto faticoso e non avevo mai tempo per me. Per fortuna ho conosciuto Aldo, che adesso è il mio compagno, e sono venuta a vivere qui con lui.

c Sì, per me abbastanza. Mia cugina lavorava già da due anni come badante a Reggio Emilia e ...

d Da 5 anni. Prima ho abitato tre anni a Reggio Emilia e due anni fa sono venuta a Milano.

e Sono ucraina, vengo da un paese vicino al Mar Nero.

f Portare mia figlia a vivere qui in Italia.

g Sì, non è stato difficile. Ma i primi tempi sono stati durissimi perché non conoscevo la lingua e avevo una grandissima nostalgia di casa.

h Diciamo che sto meglio di prima. Ci sono anche altre connazionali e poi non devo lavorare tutto il giorno.

i Beh, come quasi tutti, perché in Ucraina non avevo lavoro.

j Una o due volte all'anno.

m Sì, ho una figlia che va ancora a scuola e vive con i miei genitori.

n No, adesso lavoro in un'impresa di pulizie.

13 **Vervollständigen Sie den Lebenslauf mit den passenden Begriffen.**

CURRICULUM VITAE

....	Tiziano Bruni	....	2004-2005 stage presso la ditta Pellerino
....	Torino, 13/03/1978	....	2004 Laurea in Economia e Commercio presso l'Università degli Studi di Torino
....	italiana	....	2000 Diploma di maturità scientifica
....	celibe	....	ottima conoscenza dell'inglese e del francese scritto e parlato
....	Via Bertola 39, Torino		
....	011 4528631, Bruni@virgilio.it		

14 **Wird in folgenden Sätzen geduzt oder gesiezt?**

	tu	Lei
1. Scusi!	☐	☐
2. Senta, vengo un po' più tardi.	☐	☐
3. Non partire troppo tardi, mi raccomando!	☐	☐
4. Mi dica.	☐	☐
5. Ascolta.	☐	☐
6. Non prenda la macchina, è meglio l'autobus.	☐	☐

15 **Welche Ratschläge bekommt Herr Bianchi von seinem Arzt?**

«.................... (cercare) di riposare un po', non .... (lavorare) troppo, ... (mangiare) più frutta e verdura e meno snack, non .... (bere) tanto caffè, ... (fare) un po' di sport o .... (andare) a fare una passeggiata dopo pranzo, ... (prendere) qualche giorno di vacanza e vedrà che tra poco starà molto meglio.»

Was sagt der Arzt, wenn die gleichen Ratschläge einem Freund gelten?

«Cerca di riposare un po' ....
....
....
....
....
....

16 **Vervollständigen Sie die Antworten.**

1. ● C'è ancora dell'acqua?
○ Sì, c'è una bottiglia ancora chiusa, ...! (tu/la/prendere)

2. ● Siete pronti, andiamo?
○ No, ... (voi/aspettare), dobbiamo ancora telefonare a Sergio.

3. ● Che dici, scrivo una mail a Serena e le chiedo scusa?
○ .... (tu/non/lo/fare), secondo me deve scusarsi lei.

4. ● Le mando un'e-mail per confermare la prenotazione?
○ .... (Lei/mi/mandare) un fax, per piacere. Al momento ho problemi con il computer

5. ● Possiamo finire questo lavoro domani?
○ No, ... (voi/lo/finire) stasera, perché domani abbiamo altro da fare.

17 **Wie lautet das aus dem jeweiligen Adjektiv gebildete Adverb?**

regolare →	....	inutile →	....
raro →	....	gentile →	....
tipico →	....	industriale →	....
felice →	....	perfetto →	....
difficile →	....	diverso →	....
discreto →	....	culturale →	....

18 **Adjektiv oder Adverb? Unterstreichen Sie die jeweils richtige Form.**

1. Sono *sicuro/sicuramente* che Alfredo fa gli straordinari anche stasera.
2. Non riesco a seguire la famiglia e il lavoro *contemporaneo/contemporaneamente.*
3. Anna è stanca di fare solo lavori interinali, ora vorrebbe un lavoro *regolare/regolarmente.*
4. Secondo me la candidata non è *vera/veramente* interessata a questo posto.
5. La situazione *economica/economicamente* del nostro Paese è piuttosto difficile.
6. Maria parla *perfetta/perfettamente* il russo.
7. È *raro/raramente* trovare delle offerte di lavoro davvero interessanti.
8. Se vado al lavoro con la metropolitana arrivo più *veloce/velocemente.*
9. Purtroppo Romina non ha ancora un lavoro fisso, lavora *saltuaria/saltuariamente.*
10. Quando sono arrivato in Italia non è stato *facile/facilmente* trovare subito un lavoro.
11. Il direttore lo ha congedato molto *cordiale/cordialmente.*
12. Allegra è fortunata perché ha un orario di lavoro *flessibile/flessibilmente.*

19 **Lesen Sie den folgenden Artikel und finden Sie für jeden Abschnitt den jeweils passenden Titel.**
FLESSIBILITÀ – LE PROFESSIONI PIÙ AMBITE – DIFFICOLTÀ AL SUD

Giovani e lavoro: aspettative, sogni e realtà

Il 77% dei ragazzi tra i 18 e i 30 anni, che rappresentano quasi 8 milioni di italiani, ha avuto contatti con il mondo del lavoro

MILANO – Quasi 8 milioni di italiani fra i 18 e i 30 anni (pari al 77% della popolazione giovanile nazionale) hanno avuto un contatto con il mondo del lavoro. Di questi il 48% ha o ha avuto un contratto a tempo indeterminato, mentre il restante 52% ha sperimentato almeno una volta un lavoro occasionale o saltuario. Sono le stime di una ricerca che ha coinvolto 1.400 giovani tra i 18 e i 30 anni sull'intero territorio nazionale.

.... – Quando si esce dalla scuola si fa fatica a trovare lavoro, soprattutto nel Mezzogiorno e in particolare per i più giovani. Hanno infatti un contratto a tempo indeterminato il 54% dei giovani nel Nord-ovest, il 44% nel Nord-est, il 35% nell'Italia centrale e il 24% nel Sud e solo il 17% dei 18-20enni, e il 36% dei 21-24enni. Il 60% degli intervistati si dichiara molto soddisfatto per il tipo di occupazione svolta. Solo uno su dieci è sicuro che in futuro cambierà professione o posto di lavoro.

.... – I giovani si dimostrano aperti al part-time (82%) o al lavoro a tempo determinato (69%). Il 46% è d'accordo o abbastanza d'accordo a misure che favoriscano i licenziamenti mentre il 54% è poco o per nulla d'accordo. I giovani si dimostrano, dunque, disponibili a fare sacrifici per entrare nel mercato del lavoro ma, una volta occupati, vogliono sicurezza lavorativa e buona retribuzione.

.... – Questa la classifica delle professioni più ambite risultante dal questionario pubblicato sui siti di Corriere Lavoro, Adecco e Istituto Iard:

1 direttore di quotidiano nazionale
2 giudice
3 medico di pronto soccorso
4 imprenditore (settore abbigliamento)
5 attore
6 commercialista laureato
7 progettista siti internet
8 cassiere di banca
9 elettricista
10 commesso

www.cambiolavoro.com

20 **Suchen Sie im Text die italienische Entsprechung für folgende Ausdrücke.**

1. Erwartungen ....
2. Süditalien ....
3. Maßnahmen ....
4. Opfer bringen ....
5. Gelegenheitsarbeit ....
6. Beschäftigung ....
7. unterstützen ....
8. Gehalt ....

Noi e gli altri

Tanti auguri!

61 **Fonologia. Hören Sie zu, wie im Italienischen die Wörter im Satz aneinander gebunden werden. Arbeiten Sie anschließend zu zweit und lesen Sie sich die Sätze gegenseitig vor.**

i t a
b a
a U
a r d
A n d i n e
r o
e a

1. Andrea abita in un appartamento al quarto piano.
2. Sandro ormai è andato a casa.
3. Elena si è iscritta a un corso d'inglese.
4. Anche Anna andrà all'estero per qualche anno.
5. Ieri sera sono stata al cinema.
6. La signora Alberti è entrata in azienda solo pochi mesi fa.

1 Vervollständigen Sie die Antworten mit dem jeweils passenden Glückwunsch.

1. ● Sono un po' nervosa, sai domani ho un colloquio di lavoro.
   ❍ Beh, allora .... !
2. ● Anche quest'anno ti sei dimenticato che oggi è il mio compleanno!
   ❍ Non è vero, ecco il regalo! .... , tesoro!
3. ● Sergio, ce l'ho fatta[1]! Ho superato l'esame a pieni voti!
   ❍ .... ! Mi fa proprio piacere.
4. ● Ehi Franco, come mai hai portato lo spumante?
   ❍ Oggi sono diventato papà di due bei maschietti e voglio festeggiare con voi!
   ● Due? Doppie .... , allora!
5. ● Roberto ti ha già detto che il mese prossimo ci sposiamo?
   ❍ Davvero? No, non lo sapevo ancora. ....!

Vocabolario:
[1] ce l'ho fatta *ich habe es geschafft*

2 Giuliano hat sein Diplom erhalten und sein Freund Tommaso ruft ihn an, um ihm zu gratulieren. Bringen Sie die Sätze des Dialogs in die richtige Reihenfolge.

Giuliano
1. ☐ Ma sai, a settembre comincio uno stage.
2. ☐ Sì, mi ha aiutato mio cugino.
3. ☐ Grazie, sì, adesso è tutto finito per fortuna.
4. [1] Pronto!
5. ☐ Benissimo, allora a sabato alle nove.
6. ☐ Senti piuttosto, che ne dici di venire sabato sera a bere un bicchiere di spumante? Vengono anche Aldo e Valentina.

Tommaso
7. ☐ Va bene, allora a sabato, ciao.
8. ☐ Beato te! Io un anno fa ho cercato tanto.
9. ☐ Ciao Giuliano, sono Tommaso. Auguri! Ce l'hai fatta! Ti sei laureato!
10. ☐ E ora devi cercare un lavoro ...
11. ☐ Volentieri, così possiamo parlare un po'.
12. ☐ Ah bene, hai già trovato qualcosa!

3 Groß oder klein? Vervollständigen Sie die Tabelle.

macchinina	macchina	macchinone
....	gatto	....
stradina	....	....
....	bene	....
stanzina	....	....
....	scatola	....

4 **Unterstreichen Sie die Wörter, die durch die Endung eine Verkleinerungs- oder Vergrößerungsform darstellen.**

mattina – bacione – regalino – stagione – paesino – macchina – tavolino – cavallino – giardino – cappellino – bambino – balcone – bagnino – bicchierino – camino – borsone – bruttino – canzone – lavorone – difficilino – medicina – cucina – bellino – melone – trenino – vicino – gallina – bottiglione – destino – piscina

5 **Bisweilen ändert sich durch die Endungen *-ino* bzw. *-one* die Bedeutung eines Wortes. Notieren Sie jeweils die deutsche Übersetzung.**

pane	....	panino	....
signora	....	signorina	....
caro	....	carino	....
pensiero	....	pensierino	....
tabella	....	tabellone	....
telefono	....	telefonino	....

6 **Vervollständigen Sie die Werbetexte mit den folgenden Wörtern.**

la (2x) – si – te (2x) – ti – lo (2x) – Vi – vostri – vostro – voi – tuo – nostre

1

Idee regalo per la Festa della Donna
Per la festa della donna, abbiamo preparato per .... una serie di menu. Scegli quello che più .... piace e riceverai a casa tutti gli ingredienti per realizzar......... . Oppure scegli una delle .... preziose idee regalo.

2

Idea regalo per la laurea
.... offriamo un palmare che potrete regalare per la laurea o il compleanno dei .... cari. Uno strumento comodo da utilizzare e con il quale .... può fare un bel pensiero utile e prezioso. Al .... regalo potete associare[1] un biglietto di auguri personalizzato, scelto e scritto da ....

3

Idea regalo per i golosi[2]
Regala il sapore unico della cioccolata e delle paste fatte in casa! Una confezione regalo ricca di dolciumi artigianali è ideale come regalo per parenti e amici. Abbiamo creato per .... una bellissima confezione regalo che racchiude la tradizione artigianale valdostana[3]. Abbina......... a un biglietto di auguri personalizzato e dona......... a un .... amico o parente goloso, ... lascerai senza parole.
http://www.yndella.com/ideeregalo.aspx

Vocabolario:
[1]associare *verbinden, beilegen* [2]goloso *Feinschmecker* [3]valdostano *aus der Region Val d'Aosta*

7 Vervollständigen Sie mit dem betonten oder unbetonten Pronomen und gegebenenfalls mit der notwendigen Präposition.

1. ● Guarda Dora, Marcello mi ha scritto una cartolina!
   ○ L'ha scritta solo .... ?
   ● Sì, perché?
   ○ Che antipatico! .... non scrive mai.
2. ● È vero che Federica .... ha invitati al suo matrimonio?
   ○ Beh, veramente prima aveva invitato solo .... , poi ha saputo che ho il ragazzo e così ha invitato anche ....
3. ● Perché hai raccontato a tuo padre che ho perso il posto di lavoro?
   ○ Ma no, non l'ho raccontato .... , l'ho detto a mio fratello.
4. ● Ragazzi, che ne dite di andare a vedere l'ultimo film di Pupi Avati domani?
   ○ Sì, volentieri. Lo dico anche a Milena. .... piace molto Avati.
   ● E tu, Armando?
   ○ Mi dispiace, ma devo andare con Anna da sua madre. .... ha invitati a cena domani sera.
5. ● Ma è vero che state facendo un corso di tango?
   ○ Sì, ... piace tantissimo. Perché non venite anche voi?
   ● .... piacerebbe venire, ma a Massimo no. .... il tango non piace per niente.

8 Vervollständigen Sie die Zusammenfassung des Zeitungsartikels auf S. 116 mit den fehlenden Präpositionen, gegebenenfalls in Verbindung mit dem bestimmten Artikel.

.... Pordenone un bambino .... sette anni voleva andare .... comprare un giocattolo .... cuore .... notte. È stato trovato intorno .... quattro davanti .... negozio .... giocattoli .... Sacile, ... circa tre chilometri .... sua abitazione. È uscito .... casa mentre i suoi genitori dormivano. Aveva .... mano lo zainetto .... i suoi giocattoli preferiti. I carabinieri sono stati avvisati .... alcuni passanti che hanno visto il bambino girare .... le vie .... paese .... solo. Hanno chiamato i genitori che si sono svegliati .... lo squillo .... telefono.
La mattina il bambino è tornato .... casa .... suoi genitori dopo un giro .... bordo .... macchina .... carabinieri.

9 Silvia entschuldigt sich bei Francesca, weil sie an ihrer Hochzeitsfeier nicht teilnehmen konnte. Lesen Sie, was Silvia schreibt. Jetzt sind Sie dran. Sie mussten einer Feier fernbleiben und entschuldigen sich schriftlich. Geben Sie einen Grund für Ihre Abwesenheit an.

Cara Francesca,
scusa se non sono venuta al tuo matrimonio, ma non ho proprio potuto. Avevo un forte mal di testa e la febbre alta, insomma stavo davvero male. Mi dispiace molto. Barbara però mi ha raccontato tutto e mi ha detto che è stata una cerimonia bellissima! Sono molto contenta per te! Ti faccio tanti auguri di un futuro felice insieme a tuo marito!
Bacioni, Silvia

....
....
....
....
....
....
....
....
....
....

10 ***Imperfetto* oder *passato prossimo*? Unterstreichen Sie die jeweils korrekte Form.**

Invia Conversazione Allega Indirizzo Font Colori Registra come Bozza

A: angie@hotmail.com

Oggetto: letterina

Cara Angela,
scusa se non *ho risposto/rispondevo* subito alla tua e-mail, ma *sono tornata/tornavo* ieri da Sanremo. *Sono andata/andavo* a trovare Pasquale e la sua famiglia. Ti ricordi di lui, vero? Era un pezzo[1] che *ho voluto/volevo* andare a Sanremo e quando Pasquale mi *ha invitata/invitava* alla festa per i suoi 40 anni *ho accettato/accettavo* subito con piacere. Anche se non è più alta stagione a Sanremo *c'era/c'è stata* ancora tantissima gente, le strade del centro *sono state/erano* piene di macchine, moto e scooter. *Sono arrivata/arrivavo* venerdì pomeriggio e la sera *abbiamo mangiato/mangiavamo* alle "Cantine Sanremesi", un localino tipico del centro storico. Sabato mattina *abbiamo fatto/facevamo* una gita ad Imperia, perché Pasquale *voleva/ha voluto* farmi vedere la città, che mi *piaceva/è piaciuta* molto. A Oneglia *ho voluto/volevo* comprare 4 bottiglie di olio d'oliva. Naturalmente quando poi *arrivavo/sono arrivata* alla stazione di Milano mi *pentivo/sono pentita*[2] perché *sono state/erano* pesantissime, però l'olio è eccellente. Sabato sera *abbiamo festeggiato/festeggiavamo* il compleanno sul bellissimo terrazzo di casa sua con vista sul mare. *Ci sono state/c'erano* una quarantina di persone ed un buffet quasi esclusivamente a base di pesce. *Ho conosciuto/conoscevo* alcuni amici di Leila e Pasquale e mi *divertivo/sono divertita* un sacco. Domenica mattina *c'era/c'è stato* un tempo bellissimo e così *andavamo/siamo andati* sulla spiaggia con i bambini, ma *c'è stato/c'era* il mare molto mosso e quindi non *facevo/ho fatto* il bagno. *Pranzavamo/Abbiamo pranzato* in un locale vicino al porto e subito dopo loro mi *accompagnavano/hanno accompagnata* al treno per Milano. Insomma, un bel fine settimana!
E noi due quando ci vediamo?
Tanti bacioni Linda

Vocabolario: [1]era un pezzo che *schon lange* [2]pentirsi *bereuen*

11 **Vervollständigen Sie mit den folgenden Wörtern und dem jeweils passenden Objektpronomen.**

[i berretti – la ragazza – il pane – delle tazze da tè – la macchina fotografica – i piatti]

1. ● Alessandra, puoi lavare tu .... ?
   ○ Veramente .... ho lavati ieri. Perché non chiedi a Gianni?
2. ● Tu sai dove ho messo .... ? Non riesco a trovar......... .
   ○ Ma ti ho detto che .... ho prestata ad Andrea, non ti ricordi?
3. ● Dobbiamo comprare .... ?
   ○ No, ... ha già comprato Gina.
4. ● Hai visto .... dei ragazzi?
   ○ Sì, ... ho già messi nello zaino.
5. ● Ieri in centro ho visto .... che mi piacciono molto, penso che .... comprerò.
   ○ Ma perché non .... hai comprate subito? Lo sai che ci servono, ne abbiamo così poche ormai.
6. ● Tu conosci .... di Dino?
   ○ Sì, ... ho conosciuta alla festa di Stefano.

12 **Ergänzen Sie die Pronomen und die Endung des Partizips.**

● Allora com'è stato il matrimonio di Verena? Hai fatto delle foto?
○ Certo, ... ho fatt... . Domani ti porto il cd, così le puoi vedere al computer.
● Hai portato anche la telecamera?
○ No, perché mio marito .... ha dimenticat... sul tavolo in soggiorno!
● Che peccato! Ma senti, è venuto anche Luca?
○ Luca Ferrisi? Sì, ma .... ho vist... solo al ristorante. Perché, lo conosci?
● Sì, ... ho conosciut... l'anno scorso alla festa di laurea di Verena. Com'era lei?
○ Bellissima! Aveva un'acconciatura molto originale. .... ha pettinat... sua cugina che è parrucchiera. Anche il vestito era semplice, ma elegante.
● Ah, sì. Conosco il negozio dove .... ha comprat... . Hanno dei vestiti stupendi!
○ E poi la sala del Municipio dove hanno fatto la cerimonia, non immagini che meraviglia, con affreschi e mobili del XVII secolo. Pensa che .... ha restaurat... il fratello di Verena!
● Davvero? Però! Allora suo fratello è restauratore, non lo sapevo.
Senti, ma avete gettato il riso agli sposi, quando sono usciti?
○ Certo che .... abbiamo gettat... !
● Anche i confetti?
○ No, i confetti non .... abbiamo neanche comprat... .
Ma abbiamo buttato dei petali di rose rosse.
● Carino! Adesso però devo andare, scusami. Mi racconterai tutto domani in ufficio.
Ricordati di portarmi la bomboniera.
○ No, guarda che le bomboniere non .... hanno regalat... . Hanno preferito donare i soldi ad un'associazione per le adozioni a distanza. A noi hanno dato il certificato.
● Ah, ma è un'idea bellissima!

13 **Saverio ist unentschlossen, wie es nach dem Abitur weitergehen soll.**
Vervollständigen Sie mit den folgenden Verben in der jeweils passenden Form des *futuro semplice*.

[innamorarsi – passare – imparare – piacere – fermarsi – essere – continuare – incontrare – andare (2x) – dovere – avere – tornare – cercare]

Cosa farò dopo la maturità? Non lo so. Prima di tutto .... superare l'esame, altrimenti .... costretto a ripetere l'anno. Ma se .... ad impegnarmi come sto facendo ora, credo che .... tutto bene . Mio padre dice che se oltre all'inglese .... perfettamente un'altra lingua, ... senz'altro molte più opportunità di lavoro. Perciò non credo che .... subito un posto di lavoro, forse .... un po' di mesi all'estero. Ho un carissimo zio che vive ad Anversa e che sarebbe contento di avermi là. Sì, forse .... un po' di tempo da lui e se mi .... magari .... anche un po' più del previsto. E poi chi lo sa, magari .... una ragazza carina e simpatica, ... di lei e non .... più in Italia. Beh, intanto adesso vado a studiare, ne riparliamo fra qualche mese.

14 **Ergänzen Sie mit dem jeweils passenden Verb im *futuro semplice*.**

[arrivare – essere – stare – essere – fermarsi – avere – sentirsi – andare – dormire]

1. ● Chissà cosa sta facendo Diana a quest'ora?
○ .... sicuramente studiando, fra una settimana ha gli esami.
2. ● Hai preso tu la mia relazione sul Rinascimento?
○ No, ... vicino al computer.

3. ● Che strano, Fabio non è arrivato con questo tram.
   ❍ .... con il prossimo.
4. ● Serena non risponde al cellulare.
   ❍ A quest'ora .... , lo sai che la domenica si alza tardi.
5. ● Camilla oggi non sta ferma un istante.
   ❍ .... eccitata per la festa.
6. ● Ha chiamato Guido, stasera non viene in palestra.
   ❍ Eh, non .... bene, ieri ha bevuto tantissimo.
7. ● E se Viviana perde anche questo treno, cosa fa?
   ❍ Mah, ... in un albergo o .... per la notte da una collega.
8. ● Brrr, ho freddo e anche un po' di mal di testa.
   ❍ Hm, ... un po' di febbre.

15 **Vervollständigen Sie mit dem jeweils passenden Verb wie im Beispiel.**

[~~aprire~~ – uscire – laurearsi – fare – chiudere]

1. In Piazza Dante stanno per aprire un nuovo ristorante. Ci andiamo una sera?
2. Ora è troppo tardi per fare la spesa, sono quasi le otto. I negozi ....
3. Senti, posso richiamarti nel pomeriggio? .... perché ho un appuntamento.
4. Secondo me tu .... un grande errore. Non si può, ai tempi d'oggi, lasciare il lavoro prima di avere trovato un nuovo posto.
5. Angelo .... e poi vuole entrare nella ditta di suo zio.

16 **Setzen Sie das indirekte oder das direkte Objektpronomen und die Endung des Partizips ein.**

1. ● Hai telefonato ad Arturo?	❍ Sì, ... ho telefonat... poco fa.
2. ● Cosa regaliamo a Raffaella?	❍ Direi un libro. So che ... piacciono i libri di Starnone.
3. ● Hai spedito la lettera per il notaio?	❍ ... ho spedit... stamattina con le altre.
4. ● Dove hai messo i libri di Luisa?	❍ ... ho mess... accanto al computer.
5. ● Cosa compriamo a Carla?	❍ Io veramente ... ho comprat... già un libro di cucina.
6. ● Hai scritto ai tuoi genitori?	❍ Sì, non ricordi? ... ho scritt... tre giorni fa.
7. ● Allora cosa hai detto a Giulia?	❍ ... ho propost... di passare da noi domani dopo cena.
8. ● Marco, dove sono le chiavi?	❍ Ma non ... hai mess... tu nella borsetta?
9. ● Bella questa cravatta!	❍ Sì, carina, vero? ... ha portat... mia sorella da Parigi.

17 **Vervollständigen Sie die Sätze mit dem jeweils in Klammern angegebenen Verb im *passato prossimo* oder *imperfetto*.**

1. Sai che domenica siamo andati in montagna con Egidio? Ad un certo punto lui .... (avere) così tanta paura che non voleva più andare avanti.
2. Da bambina .... (avere) sempre paura del buio, così quasi ogni notte .... (andare) a dormire nel lettone vicino a mia madre. Solo lei .... (sapere) tranquillizzarmi.
3. Ieri .... (sapere) che vogliono assumere nuovo personale per il nostro reparto.
4. Ho chiesto a Valeria dove andrà in vacanza con Aldo, ma lei mi ha riposto che .... (lasciarsi). Che figura ho fatto, non lo .... (sapere)!
5. Maria .... (conoscere) dei ragazzi francesi e li vuole andare a trovare a Pasqua.
6. Sandro .... (conoscere) Giorgio già da molto tempo quando .... (cominciare) a suonare con lui.
7. Il signor Baldi ieri non è venuto al lavoro perché non .... (stare) molto bene.
8. Alla festa di Andrea Mariella ha bevuto troppo e in macchina .... (stare) male.

Preferisco quella rossa!

62 **Fonologia. Hören Sie die folgenden Sätze und entscheiden Sie, ob es sich um eine Aussage, eine Frage oder einen Ausruf handelt. Setzen Sie die jeweils entsprechende Interpunktion ein.**

1. Ha visto il mio cellulare ☐
2. Ma non dovevi venire stasera ☐
3. Per la domanda di lavoro deve compilare questo modulo ☐
4. Mamma mia, che bella sorpresa ☐
5. Venite da me alle cinque ☐
6. Il dottore l'attende nella stanza accanto ☐
7. Mi passi il sale e l'olio per favore ☐

1 Welches Wort passt jeweils nicht in die Reihe?

1. macelleria – salumeria – libreria – panetteria – supermercato – negozio di alimentari
2. banane – melanzane – basilico – peperoni – aglio – zucchine
3. farmacista – commessa – fruttivendolo – tabaccaio – avvocato – macellaio
4. scarpe – vestito – profumo – pantaloni – sciarpa – cappello

2 Suchen Sie die Wörter im Buchstabenfeld, die zu den folgenden Verben passen.

mettere	leggere	andare	preparare
il	il	in	il ....
le	il	all'	la ....
gli	la	dal	le ....

O	F	E	M	E	L	A	N	Z	A	N	E	G
A	A	R	E	S	C	A	R	P	E	I	C	I
F	R	U	T	T	I	V	E	N	D	O	L	O
C	M	A	R	A	N	I	E	R	I	B	I	R
A	A	L	C	A	F	F	E	I	C	O	B	N
R	C	A	P	P	E	L	L	O	O	C	R	A
N	I	L	E	T	T	E	R	A	L	H	O	L
E	A	Z	S	O	C	C	H	I	A	L	I	E

3 In welche Geschäfte geht Stefano?

Stefano oggi ha una giornata libera, ma la mattina deve sbrigare alcune faccende. Prima va dal .... perché gli servono dei francobolli, poi passa in .... per comprare una penna biro come regalo per suo padre, subito accanto c'è la .... dove gli piace sempre fermarsi per scoprire nuovi libri. Siccome stasera ha invitato degli amici a cena, passa dal .... per prendere del pane, poi va dal .... per comprare della verdura, dell'insalata ed un po' di frutta. In .... compra delle bistecche e prima di tornare a casa passa all'.................... per prendere il giornale.

4 Vervollständigen Sie den Text mit den folgenden Wörtern.

alto – caro – chilo – costo – giornata – negozi – ore – pane – panetteria – qualità – servizio – supermercati

CONSIGLI PER LA SPESA

Macelleria, salumeria e .... devono essere i .... di fiducia. Il prezzo a volte può essere un po' più .... ma lì si può avere la quantità[1] desiderata di carne, formaggio o .... di buona ....
È buona regola non fare la spesa nei negozi e nei .... nelle ultime .... della ....
Il .... rischia d'essere troppo frettoloso e i prodotti migliori[2] spesso sono già stati venduti.
Il basso .... di un prodotto non sempre indica il prodotto meno ...., bisogna confrontare i prezzi al ....

Vocabolario:
[1]quantità *Menge* [2]migliore *beste/r/s*

5 Nicola e Antonella wollen einkaufen. Unterstreichen Sie das jeweils passende Wort.

● Senti Antonella, dobbiamo andare a fare *di/la* spesa, il frigo è vuoto.
○ Eh sì, vediamo cosa ci serve.
● Ci serve un po' *della/di* frutta, dobbiamo prendere *di/delle* mele e magari anche un po' *di/dell'*uva ...
○ C'è ancora *dello/del* pane?
● È quasi finito, ci sono solo *di/due* panini.
○ Bisogna prendere anche un litro *del/di* latte e *dell'/di* affettato ...
● Sì, e poi è rimasta solo *della/una* bottiglia *dell'/di* acqua minerale. Prendiamo anche *del/dei* succhi *della/di* frutta e qualche bottiglia *del/di* vino bianco?
○ Certo, ma sarà meglio che facciamo la lista, altrimenti ci dimentichiamo qualcosa.

6 Ergänzen Sie den Dialog im Lebensmittelgeschäft.

	● A chi tocca?
Sie sagen, dass Sie an der Reihe sind.	○ ....
	● Buongiorno, dica.
Sie hätten gern 4 Brötchen.	○ ....
	● Va bene. Altro?
Sie sagen, dass Sie noch Käse brauchen.	○ ....
	● Quale?
Sie hätten gern 200 g Gorgonzola und ein Stück Parmesan.	○ ....
	● Del parmigiano va bene questo pezzo?
Sie hätten gern das andere Stück.	○ ....

	● Certo. Le serve altro?
Sie möchten noch rohen Schinken.	❍ ....
	● Il prosciutto di Parma o il San Daniele?
Sie möchten lieber den Parmaschinken.	❍ ....
	● Quanto ne vuole?
Sie sagen, dass sie 100 g brauchen.	❍ ....
	● Bene. Altro ancora?
Sie sagen, dass das alles ist und bedanken sich.	❍ ....
	● Allora sono in tutto 9 euro e 50.
Sie geben das Geld.	❍ ....

7 Ergänzen Sie die Sätze mit der richtigen Form von *servire* und den passenden Pronomen.

1. Se vuoi fare un giro con la mia bicicletta prendila pure, oggi non ....
2. Valeria, ha detto il dottor Guglielmi che le due relazioni .... per domani.
3. Puoi prestare il dizionario a Marinella? .... per una traduzione.
4. Senti, se venerdì andiamo in montagna cosa .... ?
5. Mamma, vado al supermercato. .... qualcosa?
6. Signor Zorzi, per quando .... la macchina?
7. Ragazzi, ci potete prestare la tenda o .... questo fine settimana?
8. Devo comprare un paio di scarpe eleganti. .... per il matrimonio di Alice.

8 Hier ist ein Rezept für *Verdure grigliate.* Vervollständigen Sie die Wörter in den Angaben der Zutaten und bringen Sie die Sätze des Rezepts in die richtige Reihenfolge.

Ingredienti: 2 melan........., 2 zuc.........e, 4 pomo........., 1 rametto di rosmarino, 2 cucchiai di ol......... d'oli........., sa......... q.b.[1], origano, 200 gr di forma.........

Preparazione:
- ☐ Sistemate le verdure su un piatto, conditele con l'olio, il sale e le erbe aromatiche.
- ☐ Tagliate le zucchine e le melanzane nel senso della lunghezza e i pomodori, che devono essere maturi, a fette rotonde.
- ☐ Pulite le verdure.
- ☐ Un consiglio: se non disponete del grill, potete preparare le verdure anche in una padella.
- ☐ Cuocete ora le verdure sulla griglia per circa mezzo minuto da ambo le parti[2].
- ☐ Servitele con del formaggio.

Vocabolario:
[1]q.b. (quanto basta) *in der notwendigen Menge*
[2]da ambo le parti *auf beiden Seiten*

9 Wo brauchen Sie *ne*, wo dagegen ein Objektpronomen? Ergänzen Sie die Sätze.

1. ● Gianni, vuoi ancora del vino?
   ❍ Sì, grazie, però ...... prendo solo un po'. ...... ho già bevuto troppo.
2. ● Ecco le pastiglie. ...... prenda sempre dopo i pasti.
   ❍ Va bene. E quante ...... devo prendere?
   ● ...... prenda solo una, sono molto forti.

3. ● Signora, i pomodori ...... vuole maturi?
❍ Sì, per favore.
● E quanti ...... vuole? Un chilo?
❍ No, un chilo è troppo, ... vorrei solo tre o quattro.

4. ● Allora ti piace quella sciarpa? ...... prendi?
❍ Sì, anzi ...... prendo una anche per mia cugina. Fra una settimana compie gli anni.

10 Setzen Sie die fehlenden Buchstaben in den Formen des *condizionale* ein und übertragen Sie anschließend die Verben in die Tabelle.

potr□□be – dovr□□ – vor□□mmo – consiglier□□te – sentire□□ero – mettere□□i – vorrebbe□□ – dovreb□□ – potre□□o – ascolt□□ei – apri□□ste – prender□□ti

1ª persona singolare	2ª persona singolare	3ª persona singolare
....	....	....
....	....	....
1ª persona plurale	**2ª persona plurale**	**3ª persona plurale**
....	....	....
....	....	....

11 Unterstreichen Sie die Verben, die in der Form des *condizionale* erscheinen.

facevo – telefoneremmo – vedremo – dormirei – discuterai – spenderesti – passerebbero – mettiti – esserci – dica – dovrebbe – abbatte – preparatelo – scrivereste – vorrei – andrà – sapreste – guarderebbe – sarai – visto – domandare – chiederesti – verremmo – partiva – saremo – sarei

12 Quanto sarebbe bello! Wie wäre es, wenn Sie das Leben noch einmal leben könnten? Lesen Sie, was diese drei Personen dazu sagen und vervollständigen Sie ihre Aussagen mit den Verben im *condizionale*.

Filomena: Io, cosa .... (fare) diversamente? Un po' tutto, credo. In prima linea non .... (lasciare) la scuola dopo la licenza media, ma .... (continuare) a studiare. Magari non .... (sposarsi) così giovane, anzi .... (rimanere) nubile e .... (cercare) un buon posto di lavoro: non .... (dovere) fare la casalinga e non .... (fare) la serva di tutta la famiglia!

Guglielmo: Innanzitutto .... (frequentare) l'università. Quando ero giovane non è stato possibile perché i soldi non c'erano. Con un posto migliore ed uno stipendio più alto .... (noi – permetterci) un po' più di lusso, ad esempio a mia moglie .... (comprare) una macchina, tutta la famiglia .... (potere) fare le vacanze più lunghe, in un albergo e non in campeggio, e i miei figli .... (essere) contentissimi di avere lo scooter o la tv in camera come i loro amici!

Luigi: Ci devo pensare un attimo. Sì, ... (fare) il parrucchiere, mia moglie ed io .... (avere) due figli, la sera .... (guardare) la tv insieme o io .... (leggere) un po', la domenica .... (andare) al mare o in campagna con la famiglia e gli amici, insomma, ... (fare) di nuovo tutto esattamente nella stessa maniera!

13 **Die Verkäuferin in einer Boutique hört jeden Tag diese Sätze. Vervollständigen Sie sie mit der jeweils passenden Form von *quello*.**

1. Mi fa vedere .... gonna blu che è in vetrina?
2. Vorrei provare .... scarpe nere che ha appena fatto vedere a .... altra signora.
3. Potrei vedere ancora una volta .... maglione rosso?
4. .... pantaloni che ho provato prima erano più belli.
5. .... camicia non mi andava bene, la sua collega l'ha già portata via.
6. Se prendo anche .... stivali mi fa un po' di sconto?
7. .... ombrello in vetrina è proprio carino!

14 **Was wird hier beschrieben?**

1. Si usa per scrivere. ....
2. Si mette sulla cartolina prima di spedirla. ....
3. Li usa chi non vede bene. ....
4. Si mangia e può essere di maiale. ....
5. Li mettono sia gli uomini che le donne. ....
6. Si prendono contro il mal di testa. ....

15 **In welchen Geschäften können Sie die folgenden Sätze hören? Schreiben Sie die Zahlen in die passende Zeile.**

1. In tinta unita o in fantasia?
2. Questa pomata è molto efficace.
3. Se non passa dovrebbe andare dal medico.
4. Sì, un chilo.
5. Cinque francobolli per lettera e una ricarica Vodafone.
6. Avrei bisogno di qualcosa contro i bruciori di stomaco.
7. C'è lo sconto perché abbiamo i saldi.
8. Li vorrei ben maturi, per favore.
9. La posso provare?
10. Un etto e mezzo, ha detto?
11. Vuole provare la taglia più piccola?
12. Mi dispiace, ma la Repubblica è già finita, c'è ancora il Corriere.
13. Porto la 42.

Farmacia ....
Negozio di abbigliamento ....
Fruttivendolo /Alimentari ....
Tabaccaio/Edicola ....

16 **Lesen Sie den folgenden Artikel und kreuzen Sie dann die zutreffenden Aussagen an.**

I dati in una ricerca Cermes-Bocconi commissionata da Federdistribuzione:
Troppo pochi i negozi aperti alla domenica

Il 64,5% degli italiani ha fatto acquisti nei supermercati nel giorno di festa. L'80% vuole più esercizi commerciali aperti

MILANO – Domenica, giorno di riposo e di shopping. Nell'ultimo anno, secondo i risultati di una recente ricerca, il 64,5% degli italiani ha fatto acquisti domenicali nei supermercati, il 56,8% nei centri commerciali, il 54,7% nel centro città, il 39,8% nei mercati ambulanti e il 37,8% nei negozi sottocasa.

NON BASTANO I NEGOZI APERTI – Ciononostante, dalla ricerca della Bocconi emerge che quasi l'80% degli italiani è insoddisfatto dell'attuale situazione delle aperture domenicali e richiede interventi migliorativi. Le aperture domenicali sono percepite come un servizio per il consumatore, poiché consentono una migliore gestione del proprio tempo e permettono un acquisto più ragionato e consapevole. Ma sono anche un incentivo per l'economia, creando ricchezza e permettendo consumi che altrimenti non si farebbero.

ABBIGLIAMENTO AL PRIMO POSTO – Si acquistano soprattutto abbigliamento e calzature (69,1%), prodotti di elettronica ed elettrodomestici (30,3%), articoli per la casa (24,1%) ma anche, in misura estremamente rilevante, prodotti alimentari (63,5%) a testimonianza di quanto le aperture domenicali siano percepite dal cittadino come un vero e proprio servizio.

www.corriere.it, 24 ottobre 2006

1. Gli italiani vorrebbero più negozi aperti anche la domenica. ☐
2. La domenica le persone preferiscono riposare senza doversi occupare anche delle spese. ☐
3. Per fare acquisti la domenica le persone preferiscono supermercati e negozi grandi. ☐
4. Gli italiani sono insoddisfatti dei cambiamenti previsti. ☐
5. Negozi aperti la domenica consentono di scegliere i prodotti con più calma. ☐

17 Verbinden Sie die Sätze.

1. Che cosa facciamo stasera?	a Buona idea!
2. Ma lo sai che Mara non può bere alcolici!	b Sì, guardi, lì a destra c'è il camerino.
3. Perché non invitiamo anche Alfredo?	c Vorrei un chilo di pesche.
4. Mi dica!	d A volte un po' di mal di testa.
5. A chi tocca?	e Due al giorno.
6. Altro?	f Certo! Si accomodi alla cassa.
7. Ha altri sintomi?	g A me!
8. Quante ne devo prendere?	h Mah, io direi di andare al cinema.
9. La posso aiutare?	i Sì, per favore. Sto cercando un paio di guanti per me.
10. Posso pagare con il bancomat?	l Sì, mi dia anche un po' di prezzemolo.
11. La posso provare?	m Ah, è vero!

18 Ergänzen Sie mit dem jeweils passenden Farbadjektiv.

1. tre limoni ....
2. un pomodoro ....
3. due zucchine ....
4. quattro mozzarelle ....
5. due topolini[1] ....
6. un maialino ....
7. un bellissimo cielo ....
8. un chilo di arance ....

Vocabolario: [1]topolino *Mäuschen*

19 Lesen Sie die Beschreibung des Films und kreuzen Sie die richtigen Aussagen an.

LA FRECCIA AZZURRA

Film d'animazione, Italia (1996)
Regia di Enzo D'Alò

DESCRIZIONE: Nella notte di Natale, Babbo Natale porta i doni a tutti i bambini del mondo. Ma i bambini più fortunati sono quelli italiani, perché in Italia nella notte dell'Epifania ricevono altri regali. Li porta loro la Befana, che vola a cavallo di una scopa[1]. Un anno però la Befana si ammala, e per questo non riesce a salire sulla scopa per introdurre i doni nei camini delle case dove i piccoli l'aspettano impazientemente. Giusto in tempo arriva il dottor Scarafone per diventare il suo assistente e per aiutarla. Ma invece di donare i giocattoli il cattivo Scarafone vorrebbe venderli. I giocattoli però capiscono le sue intenzioni e diventano attivi ...
L'unico cartone con un premio Nobel, Dario Fo, che dà la voce a Scarafone, con le musiche di Paolo Conte.

1. I bambini italiani ricevono i regali solo nella notte dell'Epifania (6 gennaio). ☐
2. La Befana va su un cavallo per portare i regali ai bambini. ☐
3. I regali della Befana arrivano ai bambini attraverso il camino della loro casa. ☐
4. Un anno la Befana sta male e per questo Scarafone diventa il suo assistente. ☐
5. Scarafone deve vendere il regali al posto della Befana. ☐
6. Attraverso la figura di Scarafone sentiamo parlare Dario Fo. ☐

Vocabolario:
[1]scopa *Besen*

Test A1 (Unità 1-5)

Punti:

63 1 Comprensione globale di un testo orale

Ascoltate il dialogo e mettete una crocetta sull'affermazione corretta.

1. Le due persone sono colleghi di lavoro. ☐
   sono una coppia/marito e moglie. ☐
2. Katia è un'amica di Nadia. ☐
   di tutti e due. ☐
3. L'uomo sabato non ha tempo. ☐
   ha tempo. ☐
4. Nadia vuole andare in trattoria. ☐
   in pizzeria. ☐

Punteggio totale 4. Risultato personale:

...... /4

63 2 Comprensione dettagliata di un testo orale

Riascoltate il dialogo e completate le frasi.

1. ● Sì, dunque ... però il prossimo .... viene a trovare .... e scrive se sabato sera vogliamo andare .... in pizzeria. Bello dai! Ho una gran voglia .... Rispondo che andiamo, no?
   ○ No, aspetta io non posso.
   ● Come, non puoi?
   ○ Lo sai che .... a mio padre di portarlo .... ad Asti ...
   ● Ah è vero ...

2. ○ La Trattoria Toscana è quella .... chiesa di San Francesco, giusto?
   ● No, quella è l'Osteria degli Amici. La Trattoria Toscana è .... Palmanova. Quando .... stazione della metropolitana .... e vai avanti fino al primo .... e la Trattoria è proprio lì ....

Punteggio totale 27. Risultato personale:

...... /27

3 Vocabolario, espressioni e strutture

Sottolineate la forma corretta tra le due alternative.

Mi chiamo Matteo, sono **da/di** Foggia, ma abito con **mia/la mia** famiglia **a/in** Bologna. **Mia/La mia** moglie si chiama Carmen. **Hanno/Abbiamo** due **bambini/bambine**: Chiara e Alessia. Durante la settimana la mattina **si alzano/ci alziamo** tutti **presto/tardi**, perché io e Carmen andiamo a **lavorare/lavoriamo** e le bambine **possono/devono** andare a scuola. Mentre Carmen e le bambine **si/ci** lavano io preparo **il/la** colazione per tutti, poi mangiamo insieme. Dopo porto le bambine **in/con** macchina a scuola, che è vicina **al/il** mio ufficio. **Poi/Dopo** la scuola le bambine vanno dai **loro/suoi** nonni, che abitano proprio **di/in** fronte **alla/della** scuola, devono solo **girare/attraversare** la piazza. Lì vicino **c'è/è** anche **uno/un** parco dove vanno a giocare insieme. La sera o io o Carmen andiamo a prenderle quando torniamo a casa. **Mercoledì/Il mercoledì** sera io frequento **un corso/una classe** d'inglese, Carmen il martedì e il venerdì **va/vai** in palestra. Il sabato e la domenica generalmente cucino io. **Mi piace/Gli piace** cucinare soprattutto i piatti esotici. Lo faccio volentieri anche perché "le mie donne" dicono che sono un cuoco perfetto!

Punteggio totale 25. Risultato personale:

...... /25

4 Comprensione globale di testi scritti

Leggete i testi, poi abbinate il titolo giusto ad ognuno.

1. Alimentazione, la tavola del buon senso: i ragazzi preferiscono mangiar sano
2. Castagne, un gusto che sa di storia. Itinerari, sagre e feste di piazza
3. Pane a Senigallia, cous cous a Trapani: la cultura della tavola fa scuola e musica

☐ Quattro giorni per scoprire il pane sotto ogni aspetto, altri sei per perdersi nel sapore esotico del cous cous: „Pane Nostrum", a Senigallia, in provincia di Ancona, dal 14 al 17 settembre, e il „Cous Cous Fest" a San Vito lo Capo, in provincia di Trapani, dal 19 al 24. Due manifestazioni di fine estate che mescolano cultura, enogastronomia e musica.

☐ È un alimento umile e antico, che a lungo ha sostituito il pane, ora è diventato prelibatezza alla quale si dedicano itinerari turistici e manifestazioni di piazza. La castagna profuma di autunno, ne ha il colore caldo, invita alle passeggiate nel bosco, da interrompere presto perché fa buio e da concludere con un fuoco, le arrostite e un buon bicchiere di novello.

☐ Pizza margherita o zuppa di farro, cotoletta panata o scaloppina al limone? Cosa gustare nel piatto e nella pancia non è solo una questione da adulti. Anche i bambini, che spesso si trovano a fare i conti con i chili di troppo e con l'assalto alle merendine e ai fast food, da oggi possono finalmente dire cosa vorrebbero mangiare e magari scoprire se ne sanno abbastanza sull'argomento 'nutrizione corretta'.

www.repubblica.it

Punti:

Punteggio totale 3. Risultato personale:

...... /3

5 Comprensione selettiva di un testo scritto

Andrea, Gigliola, Guido e Daria sono insieme a Napoli. Domani vogliono trascorrere una giornata ognuno per conto proprio. Cosa possono fare?

1. Guido ama passeggiare nel verde.
2. Andrea è un grande appassionato di archeologia, il pomeriggio andrà al museo e ha la mattina libera.
3. Gigliola vorrebbe occupare tutta la giornata, ma ha pochi soldi da spendere.
4. Daria non ha mai visto le isole dell'arcipelago napoletano.

Itinerario o luogo di visita	**Gita a Capri:** Marina Grande; ruderi di Villa Jovis; Tragara, la passeggiata più famosa dell'isola con la terrazza belvedere che si affaccia sui Faraglioni e su tutta la baia di Marina Piccola	**I Grandi Centri dell'Antichità:** Pompei	**Oltre la Storia:** l'area archeologica di Foce a Sarno	**Real Parco di Capodimonte e Orto del giardino del Torre**

Appuntamento	Porto di Napoli, Molo Beverello, davanti alla SNAV	Pompei all'ingresso degli scavi (di fronte alla stazione Vesuviana di Pompei scavi)	Foce del Sarno all'ingresso degli scavi	All'ingresso di Porta grande di Capodimonte
Orario	9.30	9.45	10.15	14.15
Durata	Intera giornata con pranzo al ristorante	Mezza giornata	Intera giornata	Mezza giornata
Costo	Costo dell'escursione compresi pranzo e trasporto: 50 euro	Biglietto per gli scavi a pagamento (10 euro dai 25 ai 65 anni – 5 euro dai 18 ai 25 – gratuito per gli altri)	6 euro	
Organizzatori	Capri Tours	Gruppo Archeologico Napoletano	Gruppo Archeologico Napoletano	Il Gabbiano Jonathan
Info	Prenotazione obbligatoria tel. 338943819 info@CapriTours.it	3384031994 info@archemail.it	Prenotazione obbligatoria tel. 3384031994 info@archemail.it	il-gabbiano-jonathan@libero.it

Punti:

Punteggio totale 4. Risultato personale:

...... /4

Test A2 (Unità 6-10)

Punti:

1 Comprensione globale di un testo orale

Ascoltate il dialogo e rispondete alle domande.

1. Perché il signor Martinelli telefona alla signora Ruperti?
   ....
2. Le due persone si conoscono?
   ....
3. Gli appartamenti sono nella stessa casa?
   ....

Punteggio totale 3. Risultato personale:

...... /3

2 Comprensione dettagliata di un testo orale

Riascoltate il dialogo e completate le informazioni che mancano.

1. Il signor Martinelli ha avuto il numero di telefono della signora Ruperti da ....
2. Il signor Ferretti è .... della signora ....
3. La signora Ruperti abita ....
4. L'appartamento in Viale Abruzzi ha .... e i ....
5. Quattro anni fa l'appartamento è stato ....
6. Il signor Martinelli vorrebbe ....

Punteggio totale 16. Risultato personale:

...... /16

3 Vocabolario, espressioni e strutture

Completate le parole del racconto.

Francesca racconta:

Diego è partito ie............ mattina per Montreal c............ l'aereo delle 8.45. Ci s................ alzati prestissimo e vestiti in silenzio. Lui vo................ andare all'aeroporto in treno, ma io l'ho vo.......... accompagnare in macchina. A.......... aeroporto ci si................ salutati frettolosamente, perché come dice Diego, gli addii troppo lu................ sono i più dolorosi. Sono tor................ in città e sono andata dirett.......... allo studio. Quando sono entrata n........ mio ufficio Sandra, la mia collega, stava bev............ come sempre un cappu............ che le avevano appena port............ dal bar. Sandra non fa m....... colazione a casa, però non le pi............ nemmeno fermarsi al bar perché dovr............ far colazione in piedi al banco. Inv............ lei il cappuccino pre............ berlo in ufficio, mentre legge le e-mail seduta dav.......... al computer senza rumori di taz.......... e cuc........... Prima av.......... anche la catt.......... abitudine di fu.......... una sigaretta subito dopo, ma adesso per fortuna abbiamo dec.......... tutti che c.... vuole fumare deve usc.......... sul balc.......... . Quando Sandra mi h.... visto entrare mi ha salu.......... e non mi ha chie............ niente, ha fat....... solo un sorriso un po' imbarazzato. Ho cominciato a lavor.......... davvero verso mezzog.........., quando l'avvo.......... mi ha chiamata in ufficio. All'una sono andata come sempre a pranzo con Sandra nella trattoria a.... angolo. Mentre mang..........., lei continuava a chiacchierare e io pensavo: "Caro Diego, adesso mi manchi da morire, ma la prossima volta che tu torne.............., prende........... tre settimane di vacanza e verrò con te".

Punteggio totale 40. Risultato personale:

...... /40

4 Lettura, comprensione globale
Leggete i testi, poi indicate con un numero di che tipo di testo si tratta.

1 *nota biografica* – 2 *lettera/e-mail* – 3 *depliant turistico* – 4 *recensione di un film*

☐ Ciao Francesco, sei tornato dalle vacanze? Io quest'anno ho trascorso la mia vacanza dal 19 al 29 di giugno sulla riviera romagnola: precisamente a Rimini. In questo luogo ci sono parecchi alberghi, discoteche e bar, insomma il divertimento non manca. Le spiagge sono tutte molto attrezzate con ombrelloni, lettini, sedie e giochi. L'acqua del mare era sempre calda ma non proprio pulitissima. Ho trovato anche degli amici. Mi sono davvero divertito tanto!!!
LORENZO

☐ Domenico Starnone (Napoli 1943) vive e lavora a Roma. Ha insegnato a lungo alla scuola media superiore e si è occupato di didattica dell'italiano e della storia. È stato redattore delle pagine culturali del "Manifesto", giornale con cui collabora tuttora. Ha lavorato molto per il cinema. Ha scritto quattro libri sulla scuola, da cui sono stati tratti i film "La Scuola" di Daniele Luchetti e "Auguri, Professore" di Riccardo Milani. È autore dei seguenti romanzi: "Il salto con le aste", "Sogni d'oro", "Eccesso di zelo", "Denti"; con "Via Gemito" nel 2001 ha vinto molti premi importanti.

☐ Inizi del Novecento. Sicilia. Una decisione cambierà la vita della famiglia Mancuso, scegliere di lasciarsi il passato alle spalle e iniziare una vita nuova nel Nuovo Mondo. Salvatore vende tutto per portare i figli e la vecchia madre in un posto dove ci sarà più lavoro e più pane per tutti.
Salvatore Mancuso non è un eroe, è un uomo semplice, non va in cerca di grandi fortune, né di gloria. Trovare un lavoro e una casa per i suoi familiari sono il suo unico obiettivo. Il film di Crialese è "Grande" cinema. È racconto epico, è realismo e sogno al contempo.

☐ La Liguria è una splendida lingua di terra stretta tra mare e monti con una ricchissima vegetazione e molte possibilità per godere di scorci panoramici imperdibili. Paesaggi e territori sono tutelati attraverso l'istituzione di aree protette che ne valorizzano la complessità e contribuiscono a salvaguardare i beni naturali e culturali presenti. Oltre a Genova, capoluogo di regione, numerosissime sono le località conosciute in tutto il mondo. E cosa dire della cucina ligure che è tra le più gustose e sane del continente?

Punti:

Punteggio totale 4. Risultato personale:

...... /4

5 Comprensione dettagliata di un testo scritto
Leggete il testo e mettete una crocetta accanto alle affermazioni corrette.

1. ☐ Nel gruppo di Andrea ci sono otto italiani.
2. ☐ Arrivano a 1860 m. con la macchina.
3. ☐ La prima sera non si comunica ancora tanto.
4. ☐ I ragazzi la sera fanno musica insieme.
5. ☐ Il lavoro non è molto impegnativo.
6. ☐ Il tempo è stato brutto solo un giorno.

Partenza da Milano alle 9.30 di domenica 22 maggio per trovarmi a Roveredo a mezzogiorno. Sono il primo ad arrivare e incontro subito il capo gruppo. Poco dopo arrivano tutti gli altri. Siamo in otto. E io sono l'unico italiano ma per fortuna tutti parlano un poco della mia lingua.

Punteggio totale 3. Risultato personale:

...... /3

Saliamo fino all'inizio del sentiero in macchina, da dove ci si ferma ci vorrà un'ora e mezza di cammino per arrivare all'Alpe. Quota 1860 m.
La prima sera passa tranquilla, non c'è ancora molta confidenza tra di noi. La cena e anche il pranzo e la colazione sono preparate da un cuoco molto bravo e simpatico.
La giornata tipica di lavoro. Ci si alza alle 6.30 e dopo aver fatto colazione ci si mette in marcia per raggiungere la zona in cui svolgeremo i nostri lavori. Si tratta di raccogliere rami, tagliare alberi, spaccare legna, aggiustare e ripulire i sentieri.
Il lavoro è faticoso ma ci sono molte pause e il clima è di svago. Il tempo è sempre bello tranne il primo giorno che piove per tutta la giornata ma si lavora lo stesso e mi inzuppo completamente.
Si torna all'alpe per le 17.00, la cena non arriva molto tardi. Alle 18.30 si è già a tavola affamati e dopo una cena senza pane, si rimane a bere tè o caffè. Non passano molti giorni che ci si inizia a sciogliere tra di noi. Io poi mi sono portato la chitarra dietro e insieme al capo gruppo che suona il flauto, ci si mette a suonare la sera un po' inebriati dal vino.
(...)

http://www.oikos.org/campi/ReportVolontari/ProgettoBosco2005.htm

Punti:

6 Produzione orale

In ogni gruppo c'è una frase che non va bene. Mettete le crocette accanto alle due frasi corrette.

1. Buongiorno, vorrei un'informazione.
- [ ] Quando?
- [ ] Sì, mi dica!
- [ ] Sì, prego!

2. A che ora c'è la coincidenza?
- [ ] Alle 18.34.
- [ ] Le 16.12.
- [ ] Per Milano?

3. Quanto costa il biglietto?
- [ ] Solo di andata o andata e ritorno?
- [ ] 60 Euro, ma adesso c'è lo sconto per i saldi.
- [ ] 8 Euro. Se ha una riduzione, 6 euro.

4. C'è la prenotazione obbligatoria?
- [ ] Con quello delle 14.15 sì.
- [ ] Per quante persone?
- [ ] No, è un regionale.

5. Attenda, Le passo la signora Bruni.
- [ ] Sì, grazie!
- [ ] Veramente preferirei parlare con l'ingegnere.
- [ ] Mi dica!

6. Che tempo farà domani?
- [ ] Farò una passeggiata nel parco.
- [ ] Mah, forse pioverà. Adesso il cielo è nuvoloso.
- [ ] Hanno detto che ci sarà il sole.

7. Evviva ho trovato un posto di lavoro!
- [ ] Davvero? Congratulazioni!
- [ ] Oh, mi dispiace.
- [ ] Che bello! Sono contenta per te.

8. Buongiorno, mi dica!
- [ ] Vorrei fare un regalo ad un amico...
- [ ] Desidera altro?
- [ ] Potrei vedere quel vestito che è in vetrina?

Punteggio totale 16. Risultato personale:

...... /16

7 Produzione scritta

Leggete le seguenti frasi e abbinatele al tipo di testo in cui potreste usarle.

1. Un abbraccio e a presto.
2. Vi auguriamo un lungo e felice cammino insieme.
3. Affittasi appartamento per periodo estivo
4. ottima conoscenza di inglese e francese
5. A + tardi tvb Giorgio

- [ ] in un annuncio immobiliare
- [ ] in un curriculum
- [ ] in un sms
- [ ] in una lettera, e-mail o cartolina (formula di chiusura)
- [ ] in un biglietto d'auguri per un matrimonio.

Punteggio totale 5. Risultato personale:

...... /5

Trascrizione degli esercizi di comprensione auditiva

Unità 1

1 **Es.1**

1. ● Ciao, papà.
   ❍ Ciao, cara.
2. ● Allora ciao, Ale!
   ❍ Ciao, Simona!
3. ● Salve a tutti!
   ❍ Ciao!
4. ● Ciao, sono Sandro.
   ❍ Angelo, piacere.
5. ● Buonanotte, dormi bene.
6. ● Buonasera, sono Anna Bruzzone.
   ❍ Piacere, Luisa Cantù.

5 **Es. 12**

56 23 25 121 89 13 67 45 37 98 27 61 134
53 11 93 84 158 17 34 44 70 87 92 212 77 32

6 **Es. 13**

Bari 30 18 23 28 39 45 78

7 **Es. 14**

1. Buongiorno ragazzi, mi chiamo Stefania, sono italiana e ho 42 anni.
2. Ciao a tutti! Mi presento, sono Katherine, ho 24 anni e sono americana.
3. Salve, io sono Klaus, sono tedesco e ho 54 anni.
4. Il mio nome è Friso e sono olandese. Ho 32 anni.

8 **Es. 16**

1. ● Ciao, Carla, come stai?
   ❍ Bene, grazie, e tu?
   ● Anch'io sto bene.
2. ● Buongiorno, signor Poli, come sta?
   ❍ Non c'è male, grazie. E Lei?
   ● Abbastanza bene, grazie.
3. ● Salve, Maria, come va?
   ❍ Oggi non troppo bene, ho mal di testa.
   ● Oh, mi dispiace!

10 **Es. 19**

C P H B Q V G N F K

Unità 2

15 **Es. 11**

Cameriere: Buongiorno.
Sara: Buongiorno.
Francesco: Buongiorno, un tavolo per due per favore.
Cameriere: Prego, questo va bene?
Francesco: Sì, benissimo, grazie.
Cameriere: Ecco il menù.
Francesco: Grazie.

Cameriere: Prego, volete ordinare?
Francesco: Sara, cosa prendi da mangiare?
Sara: Io prendo solo un primo. Sì, ecco, gli gnocchi al burro e salvia.
Francesco: Per me invece le penne all'arrabbiata.
Cameriere: E da bere? Prendete vino rosso o bianco?
Francesco: Cosa preferisci Sara?
Sara: Io bevo volentieri un vino bianco frizzante, ma solo un bicchiere.
Francesco: Allora per la signora un bicchiere di vino bianco frizzante e per me un quarto di vino rosso. Prendiamo anche una bottiglia di acqua minerale?
Sara: Sì, ma naturale, per favore.
Cameriere: Bene. Prendete anche il secondo?
Francesco: No, per me basta così.
Sara: Sì, anche per me va bene così, magari un contorno, un po' d'insalata.
Francesco: Ma sì, anch'io prendo un'insalata.
Cameriere: Basta così?
Francesco: Sì, grazie.

Francesco: Il conto, per favore.

16 **Es. 17**

● Buongiorno.
❍ Buongiorno.
● Cosa desidera signora?
❍ Vorrei tre panini, per favore.
● Vuole altro?
❍ Sì, un po' di prosciutto cotto.
● Quanto?
❍ 1 etto, e poi anche un po' di formaggio, parmigiano.
● Quanto?
❍ Mah, un pezzo piccolo.
● Così va bene?
❍ Sì, perfetto.
● Vuole altro?
❍ No, grazie ... No mi scusi, anche una bottiglia di olio d'oliva ... Quant'è tutto?
● Allora, in tutto sono 12 euro.

Unità 4

19 **Es. 2**

● Elena, guarda, l'autobus sta arrivando.
❍ Eh, come al solito mio fratello è in ritardo.
● Ma no, Marco è laggiù, lo vedo!
❍ Hai ragione Anna. Forse riesce a prendere l'autobus ...
● Ma a che ora si alza la mattina?
❍ Di solito in tempo ... verso le otto. Io, invece, mi alzo mezz'ora prima, alle sette e mezza, così faccio colazione con calma.
● E la domenica, a che ora vi svegliate?
❍ Lui non si alza dal letto prima delle undici,

io invece verso le nove sono già in piedi.
● Anche a me piace stare a letto fino a tardi la domenica, specialmente quando fuori è freddo.

21 **Es. 9**

1

Ciao Giovanna, finalmente sei qui.
Il check-in chiude alle 15.15.

2

● Scusi signora, è questo l'autobus per l'aeroporto?
○ No, per l'aeroporto passa alle 13.00.
● Ah Grazie.
○ Di niente.

3

● A che ora parte il tuo treno?
○ Alle 18.15.

4

Ora esatta: sono le ore 21 e 30.

5

Il negozio oggi apre alle 15.00.

22 **Es. 16**

● Allora Laura, vai spesso a teatro?
○ Beh, spesso no, ogni tanto.
● E quante volte durante la settimana esci con gli amici?
○ Beh, qualche volta, in genere due volte alla settimana.
● Leggi tutti i giorni il giornale?
○ Sì, sempre. Compro il giornale tutti i giorni.
● E ogni tanto vai a cena fuori?
○ No, raramente, preferisco mangiare a casa.
● Con quale frequenza guardi la televisione?
○ Non guardo mai la televisione, non mi interessa. Preferisco leggere.
● Ti svegli presto la mattina?
○ Raramente, solo quando viaggio per lavoro.
● E fai spesso la spesa durante la settimana?
○ Sì, spesso. Generalmente faccio la spesa tre o quattro volte la settimana.

Unità 5

24 **Es. 3**

Dialogo 1:

● Buongiorno, mi scusi, devo fare il check-in. Dove devo andare?
○ Con quale compagnia vola?
● Con l'Alitalia.
○ Bene, allora deve andare al banco Alitalia, è laggiù a sinistra.

Dialogo 2:

● Scusi, da quale binario parte il treno per Venezia?
○ Dal binario 11.
● Ah grazie!

Dialogo 3:

● Un biglietto andata e ritorno Firenze-Siena, corsa diretta. A che ora parte il primo autobus?
○ Alle 9.50.
● E quanto ci mette?
○ Un'ora circa, se non c'è traffico.

Dialogo 4:

● Scusi a che ora è l'imbarco?
○ Dove deve andare?
● Prendo il traghetto per Olbia.
○ Quello parte alle 18.00.

26 **Es. 18**

● Mi scusi, per andare in piazza IV novembre? Che bello, così posso vedere un po' di concerti. E dove posso parcheggiare la macchina?
○ Noi siamo qui in via Cacciatori delle Alpi, e proprio qui di fronte, in piazza Partigiani, c'è un parcheggio, è a pagamento. Se vuole può parcheggiare lì. È facile, ci sono le scale mobili che portano direttamente in piazza Italia, poi da piazza Italia deve andare sempre dritto fino a piazza della Repubblica, poi deve attraversare la piazza e si trova in corso Vannucci, prosegue lungo corso Vannucci e in fondo trova piazza IV novembre. È facile!
● E infine percorro tutto corso Vannucci e in fondo al corso c'è piazza IV novembre! Giusto?

27 **Es. 25**

● Hotel Arlecchino, buongiorno.
○ Buongiorno, sono Daniela Marchioro. Senta, in febbraio vorrei venire a Venezia, avete delle stanze libere?
● Viene per il Carnevale?
○ Sì, esatto.
● Quante persone siete?
○ Siamo in tre, due adulti e un bambino.
● E quanti anni ha il bambino?
○ 2 anni.
● Per quanti giorni vi serve la stanza?
○ Per tre giorni, da giovedì a domenica.
● Vediamo un po' ... sì, sì sì ho ancora tre stanze libere. Una stanza tripla al primo piano con letto matrimoniale e un letto piccolo per il bambino, che dà sull'interno. Poi all'ultimo piano ho un'altra stanza, doppia. Non c'è il lettino, ma ha la vista sul canale. Oppure è libera anche una quadrupla: è molto grande e ha una terrazza.
○ Va bene la doppia all'ultimo piano. C'è l'ascensore?
● Sì sì.
○ Quanto costa al giorno la mezza pensione?
● 120 euro al giorno a persona.
○ E il bambino non paga, vero?
● No, no, i bambini fino a 2 anni non pagano.
○ E per la macchina come possiamo fare?
● Le possiamo prenotare un posto auto a Mestre.
○ Bene ... allora prenoto la camera e il posto auto ...

Unità 6

31 **Es. 19**

- ● Buongiorno. Vorrei noleggiare due lettini e un ombrellone per due settimane. Quanto costa la prima fila?
- ❍ La prima fila è tutta occupata. C'è ancora un posto in seconda fila, se lo vuole vedere.
- ● Volentieri, e quanto costa?
- ❍ Questa settimana costa ancora 12 euro al giorno, ecco è questo qui.
- ● Beh, è un po' caro ma lo prendo. E per la seconda settimana?
- ❍ La seconda settimana costa 13 euro al giorno.
- ● Veramente non vorrei spendere così tanto ..., ma perché è così caro?
- ❍ Eh, siamo già in alta stagione. Se vuole spendere meno, a 12 euro, Le posso offrire un posto in quarta fila, con ombrellone, un lettino e una sdraio.
- ● Sì, ma la quarta fila è più lontana. Mi fa vedere dov'è esattamente?
- ❍ Laggiù dove ci sono le due sdraio azzurre.
- ● Ah, sì.
- ❍ Il posto è un po' più lontano dal mare ma è anche più tranquillo.
- ● Beh, puo' andare. Facciamo così allora.

Unità 7

32 **Es. 2**

1. Pier Paolo Pasolini era uno scrittore e un poeta. È nato nel 1922. Era anche regista. Tra i suoi film più famosi ricordiamo "Accattone", "Il vangelo secondo Matteo", "Uccellacci e uccellini", "Il Decameron".
2. Giuseppe Verdi era un grande musicista. Nato a Busseto, in provincia di Parma, nel 1813, ha scritto tante opere famose come il "Nabucco", l'"Aida", "Il trovatore".
3. Leonardo da Vinci era uno scienziato ma anche un pittore. Il suo quadro più famoso è la "Gioconda", più conosciuto come "Monna Lisa". È nato nel 1452.
4. Cristoforo Colombo era un navigatore. È diventato famoso per la scoperta dell'America. È nato nel 1451.
5. Maria Montessori era insegnante, medico e pedagogista. È la fondatrice di un nuovo modo di fare scuola e ancora oggi le scuole che seguono il suo indirizzo pedagogico portano il suo nome. È nata nel 1870.

33 **Es. 13**

Penso che un sogno così non ritorni mai più
mi dipingevo le mani e la faccia di blu
poi d'improvviso venivo dal vento rapito
e incominciavo a volare nel cielo infinito ...
Volare oh, oh
cantare oh, oh, oh, oh
nel blu dipinto di blu
felice di stare lassù
e volavo, volavo felice più in alto del sole
ed ancora più su
mentre il mondo pian piano spariva lontano laggiù
una musica dolce suonava soltanto per me ...

34 **Es. 17**

Commissario: Bene, iniziamo da Lei, signor Rossi. Cosa faceva alle 19.30 del 20 settembre?

Sig. Rossi: Beh, io non ero ancora ritornato a casa. Ero in ufficio perché dovevo sbrigare delle cose importanti per il giorno dopo.

Commissario: Lei, invece, signora Franchi?

Sig.ra Franchi: Io ero in soggiorno a guardare la televisione. Mentre guardavo il "Quiz Show" ho sentito dei passi frettolosi sulle scale.

Commissario: Va bene va bene, signora, e voi, signori Alberini, cosa facevate a quell'ora?

Sig. Alberini: Beh, io ero nel salone e leggevo il giornale, mentre mia moglie preparava la cena in cucina.

Commissario: Ora veniamo a voi, signori Orlandi. Cosa facevate alle 19.30 del 20 settembre?

Sig.ra Orlandi: Noi ... eravamo in casa, ma io non ricordo nulla di quel giorno.

Commissario: Come? Non è possibile! Lei deve ricordare!

Sig. Orlandi: Io ricordo che ero in bagno e facevo la doccia, mentre mia moglie era in camera da letto perché voleva riposare un po', ma poi a un certo punto, quando stavo per uscire dal bagno, ho sentito che apriva la porta di casa.

Commissario: Signora Orlandi, dove stava andando? Forse nell'appartamento al secondo piano? È stata Lei ad uccidere la signora Francesca Altieri?

Sig.ra Orlandi: No ... io sono innocente ... Ma quella ragazza... sì, sì era l'amante di mio marito. Lui voleva farla finita, allora sono andata su per parlarle, ma la porta era aperta e lei era già morta.

Commissario: Suo marito di solito fa la doccia prima di cena?

Sig.ra Orlandi: No, veramente la fa sempre di mattina.

Commissario: Signor Orlandi, Lei sapeva, vero, che la signorina Altieri aspettava un bambino ...

Unità 8

35 **Es. 3**

1. ● Salve Francesca, come mai è qui?
   ❍ Devo fare un colloquio di lavoro per un posto di segretaria.
   ● Ah! Bene.
2. ● Ciao Franco, è da molto che non ti vedo. Vivi ancora qui a Padova?
   ❍ Sì, vivo qui e faccio il giornalista.
3. ● Simone! Che piacere vederti. Ma che fai qui?

❍ Eh, ho cambiato lavoro.
● E che lavoro fai adesso?
❍ Sono impiegato in un'agenzia pubblicitaria.

4. ● Le sue generalità per favore. Nome e cognome.
❍ Marco Marini.
● Qual è la sua professione?
❍ Sono medico.

36 **Es. 5**

Monologo 1:
La mattina lavoro dalle 9.00 alle 12.30 e il pomeriggio dalle 15.30 alle 19.30. Lavoro in un negozio di abbigliamento. Il mio lavoro mi piace perché sono a contatto con la gente. Quando c'è poco lavoro è un po' monotono.

Monologo 2:
Il mio lavoro è faticoso, devo stare tante ore in piedi, però è molto creativo, mi piace tagliare i capelli e creare nuove acconciature.

Monologo 3:
Mi occupo di un'anziana signora. Faccio la spesa, riordino la casa, preparo da mangiare, stiro e lavo. Inoltre accompagno la signora a fare delle passeggiate.

Monologo 4:
Il mio è un lavoro interessante, non mi annoio mai, mi occupo di software e c'è sempre da imparare.

Monologo 5:
Il mio lavoro mi piace molto perché dono un sorriso nuovo a tutti i miei pazienti: curo i loro denti. Lavoro molto, ma sono soddisfatto.

37 **Es. 12**

● Buongiorno.
❍ Buongiorno.
● Sto cercando un lavoro.
❍ Sì, che tipo di lavoro sta cercando? Part-time ... o che altro?
● Adesso sto ancora allattando mio figlio, perciò vorrei un lavoro part-time.
❍ Che cosa sa fare?
● So usare molto bene il computer, so tradurre dall'ungherese all'italiano, so organizzare conferenze ... per esempio proprio in questo periodo sto finendo di organizzare un convegno per italianisti.
❍ Ah! Bene! E quali lingue straniere conosce?
● Conosco l'ungherese e so anche un po' di francese e di inglese.
❍ È forse interessata al telelavoro?
● Telelavoro?
❍ Sì, un lavoro che può svolgere tranquillamente a casa, per esempio traduzioni o cose simili.
● Beh sì, con un bambino piccolo come il mio può essere una soluzione.
❍ Hmm! Sto guardando se qui c'è qualche offerta di lavoro del genere.
● Eventualmente sarei interessata anche a un lavoro come segretaria.
❍ Va bene, ora controllo le offerte.
● Posso lasciarLe il mio nominativo e se c'è qualcosa mi telefona?
❍ Certamente! Aspetti che sto scrivendo la sua richiesta, ho bisogno dei suoi dati personali.
● Donatella Garatti, ho 34 anni, il mio numero di telefono è 02-998399. Vuole anche il cellulare?
❍ Sì, grazie!
● 334-578349032.
❍ Non è che per caso ha anche un numero di fax?
● Sì, è lo stesso numero del telefono fisso.

38 **Es. 24**

● Buongiorno Hamid. Benvenuto nel nostro programma "Raccontaci la storia della tua famiglia", dedicato agli immigrati nel nostro paese.
❍ Buongiorno.
● Bene, Hamid, ci vuoi raccontare la tua storia? Quando sei arrivato in Italia e quali difficoltà hai incontrato?
❍ Sì, ecco, quando avevo circa sette anni i miei genitori volevano per me e i miei fratelli una vita migliore, volevano trasferirsi in Italia. Mio padre aveva un lavoro in Marocco, ma voleva cambiare vita a tutti i costi. Così io e la mia famiglia siamo venuti in questo paese nel 1995. Mio padre non era sicuro di trovare subito un lavoro, ma non è stato così. Dopo qualche giorno in Italia già lavorava per una ditta di costruzioni.
● Che tipo di lavoro era?
❍ Eh ... era un lavoro molto faticoso e mal pagato, ma per cambiare doveva migliorare la sua conoscenza della lingua italiana. Così per qualche anno, dopo il lavoro, ha frequentato dei corsi di italiano per stranieri.
● E tua madre?
❍ Mia madre invece all'inizio non lavorava. Poi, anche lei, ad un certo punto ha deciso di fare qualcosa e per diversi anni ha fatto la collaboratrice domestica. In quel periodo io e i miei fratelli frequentavamo la scuola. All'inizio è stata un po' dura, non conoscevamo la lingua e non avevamo amici, ma poi abbiamo imparato perfettamente l'italiano e naturalmente sono nate anche tante amicizie ...
● E come vi trovate ora in Italia?
❍ Ora stiamo bene qui e credo che non torneremo più ad abitare nel nostro paese, anche se qualche volta siamo andati a trovare i nostri parenti che vivono ancora là.
● Grazie Hamid per la tua testimonianza ...

39 **Es. 26**

"Risponde lo 0574 362948, al momento non sono in casa ma se lasciate un messaggio vi richiamo non appena possibile."
"Buongiorno, qui è l'ufficio personale della Filotex, Le comunico che L'abbiamo convocata per il 18 aprile presso la nostra sede per un colloquio di lavoro. Per favore ci contatti il più presto possibile per confermare la data. Grazie."

Ripasso 4

41 **Es. 5**

"Avviso ai signori viaggiatori. Il treno Intercity IC 542 di Trenitalia proveniente da Napoli e diretto a Milano Centrale viaggia con 20 minuti di ritardo."

42
- ● Buongiorno.
- ❍ Buongiorno, signora.
- ● Mi scusi, un'informazione. Mi interesserebbero gli orari di apertura del Palazzo Ducale e del museo Correr.
- ❍ Sì, il Palazzo Ducale è aperto dalle 9.30 alle 18.30 tutti i giorni. Il museo Correr è aperto dalle 9.00 alle 18.00 ed è chiuso il lunedì mattina.
- ● Ah, perfetto. Grazie mille. Un'ultima informazione.
- ❍ Sì, mi dica.
- ● Avrebbe per caso una cartina della città
- ❍ Certo, un attimo. Ecco, a Lei.
- ● Ah, perfetto grazie mille. Allora arrivederci!
- ❍ Arrivederci, buona giornata!

Unità 9

44 **Es. 10**
- ● Susanna, ti ricordi che tra una settimana si laurea Tommaso? Noi non gli abbiamo ancora comprato il regalo!
- ❍ Hai ragione Martina, il tempo stringe davvero!
- ● Che ne dici se andiamo oggi?
- ❍ Sì, ma il problema è cosa comprargli. Lui ha già tutto, non gli manca proprio niente.
- ● Ma sì, un nuovo cellulare va benissimo. A lui piacciono molto i cellulari.
- ❍ A lui piacciono anche le telecamere digitali.
- ● Andiamo in negozio e vediamo.

- ◆ Buongiorno, prego?
- ❍ Buongiorno, dobbiamo fare un regalo a un nostro amico che si sta laureando. Vorremmo vedere un cellulare di ultima generazione. Uno di quelli con la fotocamera.
- ● E anche una telecamera...
- ◆ Se volete vi faccio vedere anche una macchina fotografica digitale, ormai ce ne sono di tutti i prezzi... Oppure ho dei bellissimi palmari.
- ● Mi sembrano tutte ottime idee! A me piacciono molto le telecamere, ma costano tantissimo!
- ◆ No, non si preoccupi signorina, Le faccio vedere anche qualcosa di economico.
- ❍ Sì, per favore, ci mostri qualcosa di bello, ma non troppo costoso!
- ◆ Ecco, per esempio, questo cellulare con la foto camera costa 120 euro ed è un modello nuovo...

45 **Es. 20**
- ● Peccato Silvia che non sei venuta alla festa di matrimonio di Francesca! È stata bellissima, c'erano tutti i nostri amici del liceo: Giovanni, Sara, Luca, Matteo e Simona... insomma proprio tutti, mancavi solo tu.
- ❍ Anche a me è dispiaciuto, ma stavo veramente male. Raccontami tutto dai!
- ● Allora, la mattina siamo andati a casa della sposa perché volevamo fare delle foto con la sua famiglia. Francesca non era ancora pronta e così mentre si preparava, abbiamo mangiato dei pasticcini.
- ❍ Era emozionata?
- ● Ma, guarda, sua madre era più emozionata di lei. Poi l'autista ha accompagnato alla chiesa la sposa e suo padre con la macchina nuziale e tutti noi l'abbiamo seguita con le nostre auto.
- ❍ Com'era vestita?
- ● Francesca era bellissima, aveva un vestito bianco lungo, molto semplice ma elegante e aveva i capelli raccolti. Quando è arrivata alla chiesa, suo padre l'ha accompagnata all'altare mentre suonavano la marcia nuziale. Poi c'è stata la cerimonia religiosa. Quando sono usciti dalla chiesa è stato bellissimo, tutti gridavano "Auguri, viva gli sposi" e noi amici li abbiamo riempiti di riso.
- ❍ Che fiori aveva nel bouquet?
- ● Aveva un bellissimo bouquet di rose bianche e l'ha regalato a Sonia come augurio per il suo futuro matrimonio. Subito dopo siamo andati al ristorante e là abbiamo festeggiato quasi fino a sera...
- ❍ E come avete mangiato?
- ● Abbiamo mangiato e bevuto benissimo. C'era anche un'orchestra, così abbiamo potuto ballare. Alla fine della festa gli sposi ci hanno dato le bomboniere. Carine! Sai quelle cose inutili, come sempre, ma simpatiche...

Unità 10

47 **Es. 2**

1. ● Vorrei una scatola di aspirine.
   ❍ Sì ecco, sono 7 euro e 50.
2. ● Cosa desidera?
   ❍ Vorrei vedere un paio di jeans ...
3. ● Buongiorno, mi dica!
   ❍ Sì, posso provare quelle scarpe che sono in vetrina?
4. ● Due buste da lettera e una penna biro per favore.
   ❍ Di che colore la penna? Blu, nera o rossa?
   ● Nera.
   ❍ 1 euro e 30 centesimi.
5. ● Buongiorno, vorrei fare un regalo al mio fidanzato. Pensavo a un profumo ...
   ❍ Sa già quale profumo o vuole un mio consiglio?
   ● Se mi aiuta è meglio.
   ❍ Ecco, abbiamo questo tipo...
6. ● Buongiorno, mi dà "La Repubblica"?
   ❍ Mi dispiace ma i giornali oggi non sono usciti. C'è sciopero.

49 **Es. 9**

● Buongiorno.
❍ Buongiorno, mi dica.
● Senta, ieri mi sono addormentato al sole e mi sono scottato sulle spalle. Mi può dare qualcosa?
❍ Sì, questa pomata è molto efficace. Ne metta poca mattina e sera. Ha altri sintomi, febbre?
● No, non ho la febbre ma a volte ho un po' di mal di testa.
❍ Guardi, le do queste pastiglie.
● Quante ne devo prendere?
❍ Ne prenda due al giorno. Se non passa Le consiglio di andare dal medico
● Grazie.
❍ Ha bisogno d'altro?
● Sì, potrebbe darmi qualcosa contro i bruciori di stomaco?
❍ Le posso dare queste bustine da sciogliere in acqua. Ne prenda una alla sera, se fra una settimana però non sta meglio dovrebbe consultare uno specialista.

52 **Es. 31**

Azzurro di Adriano Celentano

Cerco l'estate tutto l'anno e all'improvviso eccola qua.
Lei è partita per le spiagge e sono solo quassù in città,
sento fischiare sopra i tetti un aeroplano che se ne va.
Azzurro, il pomeriggio è troppo azzurro e lungo per
me, mi accorgo di non avere più risorse senza di te
e allora io quasi quasi prendo il treno e vengo,
vengo da te.
Il treno dei desideri, nei miei pensieri all'incontrario
va. Sembra quand'ero all'oratorio con tanto sole,
tanti anni fa.
Quelle domeniche da solo in un cortile a passeggiar,
ora mi annoio più di allora, neanche un prete per
chiacchierar.

Azzurro, ...
Cerco un po' d'Africa in giardino tra l'oleandro e il
baobab come facevo da bambino, ma qui c'è gente,
non si può più, stanno innaffiando le tue rose, non
c'è il leone, chissà dov'è.
Azzurro, ...

63 **A1**

● Nadia, puoi venire un attimo?
❍ Un momento, sono al computer, sto scaricando la posta. Hmm vediamo chi mi ha scritto oggi ...
Eh, finalmente! È arrivata un'e-mail di Katia ...
● Era ora! E cosa scrive?
❍ Un attimo, devo ancora leggerla. Dunque ... cara Nadia, scusa se non ho più risposto alla tua mail di luglio ma ...
● Ma, è ancora a Bari?
❍ Sì, dunque ... però il prossimo fine settimana viene a trovare sua madre e scrive se sabato sera vogliamo andare insieme con lei in pizzeria. Bello dai! Ho una gran voglia di rivederla. Rispondo che andiamo, no?
● No, aspetta io non posso.
❍ Come, non puoi?
● Lo sai che ho promesso a mio padre di portarlo da sua sorella ad Asti ...
❍ Ah è vero ...
● E mi dispiace, ma non so proprio a che ora torniamo, ma sicuramente non per cena.
❍ Oh, peccato però. È da tanto tempo che non vedi Katia.
● Lo so, però ormai ...
❍ D'accordo. Allora, le scrivo che tu non puoi e che io ci vado da sola. Però, a dire il vero io non ho molta voglia di andare in pizzeria. Sempre questa pizza!
● E perché non andate alla Trattoria Toscana? Ci sono stato una settimana fa con i miei colleghi a pranzo. Abbiamo mangiato benissimo e non è per niente cara.
❍ La trattoria Toscana è quella di fronte alla chiesa di San Francesco, giusto?
● No, quella è l'Osteria degli Amici. La Trattoria Toscana è in via Palmanova. Quando esci dalla stazione della metropolitana giri a destra e vai avanti fino al primo incrocio e la Trattoria è proprio lì all'angolo.
❍ Ah, sì ho capito, la conosco. È una buona idea!
Adesso domando subito a Katia se piace anche lei ...

64 **A2**

● Pronto?
❍ Buona sera, mi chiamo Martinelli, vorrei parlare con la signora Ruperti.
● Sono io.
❍ Buona sera, mi scusi il disturbo. Ho avuto il suo numero da un collega, il signor Ferretti.
● Ah, sì, mio cognato.
❍ Sì, ecco. Il signor Ferretti mi ha detto che Lei vorrebbe vendere il suo appartamento e volevo sapere se ha già trovato un acquirente o ...
● No, finora no. Però per quale appartamento telefona, perché sono due gli appartamenti che vogliamo vendere. Quello dove abitiamo che è in piazza Lima e l'altro in viale Abruzzi che un po' più piccolo.
❍ Ehm, suo cognato mi ha parlato di quello in viale Abruzzi che se non sbaglio ha 4 locali e i doppi servizi.
● Sì, esatto. Praticamente c'è il soggiorno, la camera da letto e poi ci sono ancora due camere un po' più piccole. I doppi servizi, uno con la vasca da bagno e l'altro con la doccia. E la cucina è abitabile.
❍ E quanti metri quadrati sono in tutto?
● Sono 108 metri quadri. Ci sono anche due balconcini, uno che dà sulla strada e uno sul cortile. Le assicuro che è proprio un bell'appartamento e poi probabilmente mio cognato Le ha già detto che è stato completamente ristrutturato; 4 anni fa.
❍ Sì, sì, me l'ha detto. Va bene, senta quando potrei venire a vederlo?
● Beh, la sera sarebbe meglio, perché di giorno lavoriamo tutti e due ....

Lösungen zum Übungsteil

Esercizi 1

Fonologia

città: caffè, ventitré, nazionalità, età, così
gelato: francese, gentile, italiano, problema, Lucia, cognome
quindici: telefono, abitano, Angelo, telefonano, simpatico, Brescia, Paolo

1
2e – 3b – 4a – 5c

2
1. sono – chiama – Paolo
2. tedesco – Abito – Roma
3. Ciao – Pescara – sei – in
4. nome – francese – ma – italiana

3
1. francese
2. spagnola
3. tedesco
4. russa
5. austriaco
6. russo
7. olandese
8. americana
9. brasiliana
10. giapponese

4
nazioni: Belgio, Italia, Norvegia, Gran Bretagna
nazionalità: francese, tedesco, turco, inglese
saluti: salve, arrivederci, buonanotte, buongiorno
verbi: essere, è, mi chiamo, sono

5
70: settanta
28: ventotto
14: quattordici
53: cinquantatré
68: sessantotto
71: settantuno
12: dodici
19: diciannove
600: seicento

6
1. mi chiamo – mi chiamo
2. abito a
3. è
4. ti chiami
5. ha
6. abita in
7. sono
8. ho – sono

7
1. Buonasera Luigi, come sta oggi?
2. Sto molto bene grazie, e Lei?
3. Abbastanza bene grazie, e tu?
4. Ciao ragazzi, come va?
5. Non c'è male grazie, e Lei?
6. Salve Luisa, come stai?

8
1. Ciao! Mi presento: sono Jan, sono olandese e ho 24 anni.
2. Questo è Bob. Non è italiano.
3. Buongiorno, mi chiamo Jane e sono americana.
4. Il mio nome è Elle, ho 48 anni e abito a Copenaghen.

9
Höflichkeitsform:
si – Danuta – dov'è – polacca – abita – Trento – Ha – numero
Du-Form:
● Come ti chiami?
❍ Danuta
● Di dove sei?
❍ Di Danzica.
● Bene, allora sei polacca?
❍ Sì.
● Dove abiti in Italia?
❍ A Trento.
● Hai anche un recapito telefonico?
❍ Sì, il numero è: 0461 3322 11 00
● Grazie.

10
1. Come si scrive "belga"?
2. Dove abiti?
3. Da dove viene?
4. Qual è il suo indirizzo?
5. Quanti anni ha?
6. Qual è il Suo numero di telefono?

11
1. Come ti chiami?
2. Quanti anni hai?
3. Abiti a Milano/Genova/...?
4. Hai un recapito telefonico?
5. Quanto tempo rimani in Italia?
6. Che cosa studi?
7. Qual è il tuo indirizzo e-mail?

12
inglese: I study, architecture, address, languages, music, center, interest
tedesco: ich studiere, Architektur, Adresse, Sprachen, Musik, Zentrum, Interesse
francese: j'étudie, architecture, adresse, langues, musique, centre, intérêt
spagnolo: estudio, arquitectura, dirección, idiomas, música, centro, interés

13
1. sono – siete – è
2. sei – è – è

14
1. chiamo
2. abitate
3. gioca
4. chiamate
5. abitano
6. hai
7. scrive
8. studiamo
9. avete
10. abitiamo

15
1. vi chiamate
2. giocate
3. sono
4. si chiamano
5. abitiamo
6. hanno
7. siete

16
1. moderna
2. piccolo
3. simpatica
4. inglese
5. lieto
6. interessante

17
1. Come
2. Qual è
3. Perché
4. Quanto tempo
5. Che cosa
6. Dove
7. Chi
8. Di dove

18
2. No, non è il numero di telefono di Sandra, è il numero di ...
3. No, non mi chiamo Ferrero, mi chiamo ...

4. No, non siamo di Parigi, siamo di ...
5. No, non è americana, è ...
6. No, non studia architettura, studia ...
7. No, non rimane un anno, rimane ...
8. No, non è sposata, è ...

19

Lösungsvorschlag:

Cognome:	Hans
Nome:	Lehmann
Sesso:	M
Luogo di nascita:	Berlino
Data di nascita:	22/3/74
Nazionalità:	tedesca
Prima lingua:	tedesco
Altre lingue:	inglese, francese, russo
Professione:	ingegnere
Titolo di studio:	laurea in ingegneria elettronica
Indirizzo:	via G. Mazzini n° 53, Bergamo
Codice Fiscale:	
Conoscenza dell'italiano:	discreta
Da chi ha saputo di questo corso:	università, scuole
Perché studia l'italiano?	per motivi di lavoro

20

1. Chiara
2. Fabio
3. Marina
4. Marina
5. Chiara

21

1. ascoltare la musica
2. teatro
3. simpatico
4. carattere
5. biondo
6. sensibile
7. natura
8. idee

22

1c – 2a – 3d – 4a – 5b

Esercizi 2

Fonologia

[tʃ]: cioccolata – arancia – cereali – spinaci – ciliegia – cena – bacio – cucina
[k]: calamari – cioccolata – albicocche – carne – cucina
[dʒ]: parmigiano – formaggio – gelato – ciliegia – buongiorno – gesto
[g]: spaghetti – vongole – yogurt

1

sogliola – yogurt – albicocche – crostata – pesche – latte – acqua – spremuta – prosciutto – cioccolata – formaggio – bistecca

2

2d –3a – 4e – 5b

3

cosa – cappuccino – pasta
offro – bevi – niente – tè – limone
caffè – buona – bar

4

Lösungsvorschlag:

1. Sì, grazie.
2. No, a Barcellona.
3. Non bevo niente, grazie.
4. Ventidue.
5. Buongiorno, sono Rossi.
6. Io prendo un caffè, e tu?
7. Qual è il tuo indirizzo?
8. Cosa prendete?

5

1. un – un
2. una – un
3. una
4. uno
5. un
6. uno – un

6

1. h**ai**
2. dispiac**e**
3. prend**e**
4. h**o**
5. offr**iamo** – prend**ete**
6. prend**ono**
7. bev**o**

7

1. mele
2. pesche
3. arance
4. ananas
5. meloni
6. pere
7. albicocche
8. limoni

8

euro – sicuramente – regione – maccheroni

9

2a – 3e – 4c – 5f – 6b

10

Lösungsvorschlag:

1. Va bene questo tavolo?
2. Cosa prendi da mangiare?
3. Preferisci la birra o il vino?
4. Prendiamo anche una bottiglia di acqua minerale?
5. Prendi un secondo?
6. Bevi un caffè?

11

Lösungsvorschlag:

- Buonasera, c'è un tavolo per una persona?
- Sì, benissimo, grazie.
- Grazie.
- Prendo un quarto di vino rosso e una bottiglia di acqua naturale.
- Frizzante, grazie.
- Benissimo.
- Come antipasto prosciutto e melone, come primo gnocchi burro e salvia e come secondo pesce al forno.
- Verdura di stagione.

12

un pacco di pasta corta – una scatola di fagioli – una fetta di speck – un dado per brodo – una pesca – un limone – un'arancia

13

a – pacchi – di – bottiglie – scatolette – mezzo litro – pasta – divertimento

14

preferire:	preferisco
	preferisci
	preferiamo
	preferiscono
leggere:	leggi
	legge
	leggiamo
	leggete
	leggono
cercare:	cerco
	cerca
	cerchiamo
	cercate
convincere:	convinco
	convinci
	convincete
	convincono
bere:	bevo
	beve
	beviamo
	bevono

15

il – lo – il – gli – le
l' – lo – le – il – l'
le – gli – il – lo – l'

16

un chilo di pane integrale – un chilo e mezzo di carne di maiale – due etti di prosciutto di Parma – un pezzo di formaggio – una bottiglia di olio d'oliva – una scatola di pomodori pelati – un pacco di biscotti Savoiardi

17

1. un pacco di caffè – due polli – quattro mele – quattro bottiglie di acqua minerale
2. due scatole di pomodori – tre pacchi di spaghetti – una bottiglia di vino – dieci arance
3. dieci panini – tre scatolette di tonno – un chilo e mezzo di carote – sei aranciate in lattina

18
1 – 2 – 4

19
1. sulla nostra tavola
2. essere presenti
3. una sana alimentazione
4. è bene
5. non più di tre/quattro volte alla settimana

Esercizi 3

Fonologia

Schal:	sciarpa – besciamella
Schere:	ascensore – scendere
Schild:	scirocco – sci
Schock:	sciopero – camoscio
Schuster:	sciupato – asciugare
Skandal:	Frascati – scarpe
Skelett:	scherzo – scheda
Skizze:	freschi – tedeschi
Skonto:	scoperta – biscotti
Skurril:	scusi – scuro

1
1. nonno
2. genero
3. nipote
4. cugino
5. zia
6. cognata
7. nuora
8. suocera

2

italiano:	madre – padre – fratello – figlia – nonna – moglie
inglese:	mother – father – brother – daughter – grandmother – wife
tedesco:	Mutter – Vater – Bruder – Tochter – Großmutter – (Ehe)Frau
francese:	mère – père – frère – fille – grand-mère – femme
spagnolo:	madre – padre – hermano – hija – abuela – mujer

3
1. Tre. Si chiamano Susanna, Giacomo ed Emanuela.
2. Giacomo e Marta.
3. Sei.
4. Cinque.
5. Quattro.
6. Luca, Matteo, Stefano, Matilde ed Angela.
7. Lucia.
8. David e Vittorio.

4
2a – 3d – 4g – 5b – 6c – 7f

5
studentessa – anni – università – banca – negozio – espansive – nonna – giovanile – cucinare

6
parla – mi chiamo– si chiamano – Ho – sono – frequentano – Sono – abita – viaggiare – studia – amo – piace

7
Lösungsvorschlag:
1. Come si chiama tuo fratello?
2. I tuoi genitori lavorano?
3. Quanti siete in famiglia?
4. Hai fratelli?
5. Vivi con i nonni?
6. Che tipi sono i tuoi fratelli?
7. Tuo fratello frequenta l'università?

8
suoi – suoi – sue – suo
sua – suoi – suo – sue
loro – loro – loro – loro

9
1. invece
2. anch'io
3. anch'io
4. anche
5. invece
6. allora

10
1. sposata
2. divorziato
3. coniugato
4. separata
5. nubile
6. celibe
7. vedovo
8. fidanzato

11
5 – 2 – 13 – 3 – 6 – 1 – 7 – 12 – 9 – 4 – 10 – 11 – 8

12
occhiali – riscaldate – figo – Ucraina

13
carina – castani – alta – magra – sportiva – gentile – timida

14
1. Ha i capelli castani e gli occhi chiari.
2. A parte lo studio la sua passione è lo squash, partecipa addirittura ai tornei nazionali.
3. È un gran figo ma ha già la ragazza.

15
2f – 3a – 4e – 5d – 6c

16
1. Il mio sport preferito è il basket.
2. La mia musica preferita è il rap.
3. Sono un patito di Formula Uno.
4. La mia passione è l'arte moderna.
5. Mi piace giocare a tennis.

17
1. Ci piace molto il mare.
2. Le piace la birra?
3. Gli piace questo film?
4. No, non mi piace.
5. Ti piace viaggiare?
6. Vi piace giocare a tennis?
7. Le piace il Jazz?
8. Franco non mi piace per niente.
9. Questa canzone non le piace tanto.

18

Gli piace:	il latte la cioccolata la pizza
Non gli piace:	il caffè il pesce l'insalata
Le piace:	il vino il formaggio il gelato la frutta
Non le piace:	la carne il salame la birra

19
1. /
2. l' – il
3. il
4. la
5. /
6. le
7. La

20
1. le sue
2. suo
3. il mio
4. il tuo
5. tua
6. la Sua
7. i suoi
8. I miei
9. il loro
10. la sua

21
1. inglese – famoso
2. bravi
3. attivo – giovanile
4. carine
5. pronte
6. etnica
7. internazionale
8. americane
9. socievoli-espansive

22
1. Non *mi* piace ...
2. ... *le* chiedi ...
3. *Ci* piace ...
4. ... *gli* racconto ...
5. *Vi* piace ...
6. ... *gli* compri ...
7. Marisa *ti* parla ...

23
1c: molte/tante
2e: molti/tanti
3f: poco
4b: abbastanza
5d: poche
6a: molto

Esercizi 4

1
1. la doccia
2. al cinema
3. i piatti
4. a lezione
5. la chitarra
6. la musica
7. la tavola
8. al computer
9. in palestra

2
1. Mio nonno mi chiama verso le 8.
2. Io e Stefano ci svegliamo alle 7 ogni mattina.
3. Mi piace restare ancora un po' sotto le coperte.
4. Resto a letto fino alle 8 a leggere.
5. Lascio la macchina al parcheggio e prendo l'autobus.
6. Lui corre in cucina e prepara il caffè.
7. Alle otto mia madre urla dalla cucina.
8. Io faccio colazione e nel frattempo mio marito si prepara.

3

svegliarsi:	ti svegli
	si sveglia
	ci svegliamo
	vi svegliate
	si svegliano
farsi:	mi faccio
	si fa
	vi fate
	si fanno
mettersi:	mi metto
	ti metti
	ci mettiamo
	si mettono
vestirsi:	mi vesto
	ti vesti
	si veste
	ci vestiamo
	vi vestite

4
1. esco
2. suona
3. Mi faccio
4. andiamo
5. fate
6. usciamo – prendiamo
7. ti svegli
8. si trucca
9. andiamo – ci prepariamo
10. correte

5
2a – 3e – 4b – 5c – 6g – 7d – 8h – 9i

6

17:45:	Sono le sei meno un quarto./Sono le cinque e tre quarti.
12:00:	È mezzogiorno.
7:15:	Sono le sette e un quarto.
1:30:	È l'una e mezza.
20:10:	Sono le otto e dieci.
18:20:	Sono le sei e venti.
10:55:	Sono le undici meno cinque.

7
lingue – autobus – viaggio – dalle – cappuccino – compagna – alle – a – mezzogiorno – mensa – università – pomeriggio – biblioteca – sera

8
Lösungsvorschlag:
1. Cosa fai il fine settimana?
2. Quando fai le faccende di casa?
3. Cosa fai questo fine settimana?
4. A che ora ti svegli la mattina?
5. A che ora deve essere pronto il pane?
6. Cosa fai nel tempo libero?
7. Fino a che ora lavori in panetteria?

9
Martedì alle 11.00 colloquio con il dottor Pondi – alle 14.30 appuntamento dall'avvocato Caruso
Mercoledì alle 13.00 pranzo all'osteria con Gina
Giovedì alle 8.00 appuntamento dal medico
Venerdì alle 9.00 consulenza a Milano – alle 20.00 a cena con l'ingegner Pollini
Sabato alle 20.00 a teatro con mamma
Domenica alle 9.30 gita in montagna

10
Lösungsvorschlag:
❍ Abbastanza bene, e tu?
❍ Buona idea! Quando hai tempo?
❍ Mi dispiace, ma giovedì gioco a tennis con un collega dalle 18.30 alle 19.30 e non sono a casa prima delle 20.30.
❍ Più tardi non posso, perché il venerdì mi alzo molto presto. Va bene il fine settimana?
❍ Venerdì va bene, ma non prima delle 20.00.
❍ Sì, perché il sabato mi alzo tardi.
❍ Benissimo, ciao!

11
1. Vado raramente ai concerti.
2. Qualche volta lavo la macchina.
3. Non vado mai alla partita di calcio.
4. Esco spesso con gli amici.
5. Di solito pranzo al ristorante.
6. Leggo sempre il giornale.
7. Non mi alzo mai a mezzogiorno.

12
1. usciamo di
2. va a
3. andate a
4. esce – di
5. Vado – a
6. uscite – di

13
Lösung frei

14
1. dal
2. al
3. da
4. alla
5. dall'
6. a
7. alle
8. al
9. dalla
10. dalle – alle
11. a
12. dalle

15
1. Lavoro dalle 9.00 alle 15.00.
2. Vado dalla mia amica Lisa.
3. Vado spesso in piscina.
4. Mi alzo sempre presto.
5. Non vado mai in palestra.
6. Non sono quasi mai a casa prima delle 19.00.
7. Il venerdì esco con gli amici.

16
1 "Anch'io a teatro con mamma e papà"
2 "Il piacere del cinema"
3 "In gita per il centro"
4 "Idee Casa 2006"

17
1. qualità
2. ingresso
3. prezzo
4. programma
5. pausa
6. commedia
7. aperto al pubblico
8. gita per il centro
9. ogni sabato pomeriggio
10. la partecipazione è gratuita
11. giovani di età inferiore agli anni 18
12. ingresso ridotto

Esercizi 5

1
1. in macchina
2. in bicicletta
3. in metropolitana
4. in nave
5. all'aeroporto
6. a piedi
7. alla stazione
8. in moto

2
1f – 2b – 3g – 4c – 5d – 6e – 7a

3
1. ci sono
2. C'è
3. ci sono
4. c'è
5. ci sono
6. C'è

4
treno: binario – interregionale – arrivo – prenotazione obbligatoria – supplemento – viaggiatore – partenza – prendere la coincidenza – stazione – biglietto – seconda classe
aereo: scalo – classe turistica – compagnia – volo – aeroporto – passeggero – biglietto – arrivo – partenza

5
1. a
2. in
3. in
4. Su
5. da
6. di
7. a

6
1. deve
2. C'è
3. Ci sono
4. dovete
5. è
6. deve
7. dobbiamo

7
1. può (C)
2. devo (F)
3. deve (E)
4. può (D)
5. posso (A)
6. può (B)

8
1. Piazza Navona
2. Via del Corso
3. Campo dei Fiori

9
1. L'Hotel Europa è un moderno ed elegante albergo a 4 stelle.
2. Umbria Jazz è una manifestazione dedicata al jazz.
3. Non sono ammessi gli animali in albergo.
4. Devi comprare oggi il biglietto perché domani l'agenzia è chiusa.
5. Alcune camere godono di vista sul mare.
6. Non puoi parcheggiare in città perché il centro storico è chiuso.
7. Dal parcheggio devo prendere le scale mobili in piazza Partigiani.

10
c'è – ci sono – tant**i** – apert**a** – Ci sono – molt**i** – simpatic**a** – cordial**e** – Ci sono – tant**e** – meravigli**ose** – c'è – bell**a** – c'è – bellissim**a** – prossim**a**

11
1. vero
2. vero
3. falso
4. falso
5. falso
6. falso
7. vero

12
Lösungsvorschlag:
Buongiorno,
vorrei venire a Rapallo per tre giorni, dal ... al ... . Avete due camere doppie con vista sul mare? Vorrei prenotare le camere co mezza pensione. Quanto costa al giorno la mezza pensione?
Cordiali Saluti ...

13
1. sul
2. della
3. Dal
4. in
5. del
6. da
7. Su
8. nell'
9. sul
10. Nelle

14
alla – del – a – sull' – delle – al – alla – Nel – sul – Nella – su – agli – sui – negli – di

15
Lösungsvorschlag:
L'hotel è a destra dell'agenzia di viaggi, di fronte al bar, il parco è a destra del bar, la fermata dell'autobus è davanti all'hotel, il supermercato è dietro la stazione. Il bar è di fronte all'hotel, a sinistra del parco, la piazza della stazione è in fondo alla strada. In piazza della stazione c'è una cabina telefonica. C'è una banca vicino alla piazza della stazione.

16
1. falso
2. vero
3. vero
4. vero
5. vero
6. falso
7. vero
8. falso

17
Lösungsvorschlag:
L'albergo deve essere tranquillo, deve essere situato nel centro storico e a pochi passi dal mare.
La stanza deve avere la tv, deve essere dotata di servizi e curata nell'arredo.

Esercizi 6

Fonologia
se**tt**e – duro – e**cc**o – a**cc**etto – dita – tu**tt**a – a**bb**atte – ade**ss**o – a**ff**errare – riferire – a**vv**iso – fama – co**pp**ia – via**gg**io – sete – bu**rr**o – di**tt**a – copia

1
Lösungsvorschlag:
Giovanni: sciare – fare un giro in barca – fare snowboard – fare passeggiate nei boschi.
Teresa: ammirare le opere d'arte – visitare chiese e musei – mostre – monumenti.
Andrea: stare in compagnia – prendere il sole – stare sotto l'ombrellone – fare shopping – dormire.

2
programmano – monta – va – va – parte – formano – suda – perde – arriva

3
si gioca – si toccano – si mangiano – si va – si dorme – si fa – si sta – si mette – si torna – si compra

4
1c(la) – 2(li)a – 3(li)d(la) – 4(li)b(le) – 5

5
1. si è – è
2. ha
3. sono
4. si sono
5. sono
6. Ho
7. abbiamo

6
sei venuta – abbiamo fatto – abbiamo passato – Siamo partiti – abbiamo trovato – siamo arrivati – Abbiamo cominciato – abbiamo dimenticato – Abbiamo parlato – abbiamo fatto – Siamo arrivati – abbiamo mangiato – siamo tornati

7
esperienza: Erfahrung (D)
expérience (F)
experience (GB)
experiencia (E)

isola: Insel (D)
île (F)
island (GB)
isla (E)
giovane: jung (D)
jeune (F)
young (GB)
joven (E)
supermercato: Supermarkt (D)
supermarché (F)
supermarket (GB)
supermercado (E)
vacanza: Ferien (D)
vacances (F)
holiday (GB)
vacaciones (E)
mare: Meer (D)
mer (F)
sea (GB)
mar (E)
tenda: Zelt (D)
tente (F)
tent (GB)
tienda (E)

8

1. Con chi sei andato in vacanza?
2. Dove siete andati?
3. Avete fatto il giro dell'isola?
4. Che vacanza avete scelto di fare?
5. Dove avete prenotato una stanza?
6. Cosa hanno fatto i bambini?
7. Cosa avete fatto tu e tua moglie?

9

Trenta giorni ha novembre con aprile, giugno e settembre, di ventotto c'è n'è uno, tutti gli altri ne han trentuno.

10

inverno: dicembre
gennaio
febbraio
marzo
primavera: marzo
aprile
maggio
giugno
estate: giugno
luglio
agosto
settembre
autunno: settembre
ottobre
novembre
dicembre

11

Lösungsvorschlag:
L'inverno scorso:
ho sciato – ho fatto snowboard
L'estate passata:
sono andato al mare – ho fatto passeggiate nei boschi
La primavera scorsa:
ho ascoltato concerti in piazza, ho fatto shopping
Quest'autunno:
ho visitato chiese e musei – ho noleggiato una macchina

12

un ombrellone con due lettini – spendere tanto – tempo – una settimana sola – vicino al mare – molto gradevole – un posto più tranquillo – su un'isola deserta

13

1. In Toscana abbiamo già visto un sacco di cose.
2. L'evento più emozionante è stato il Palio di Siena.
3. San Gimignano è un paese con tantissime torri.
4. Io preferisco andare a prendere il sole in spiaggia.
5. Quest'anno abbiamo scelto una vacanza di solo riposo.
6. Quando sono a casa ti faccio vedere le belle foto che abbiamo scattato.

14

1. Da
2. fa
3. da
4. fra
5. fa
6. da
7. fra

15

c1 – d2 – a3 – c4 – b5

16

1. risposto
2. scritto
3. scelto
4. messo
5. preso
6. stati
7. visto

17

li – la – le – le – lo – lo – l' – lo

18

1. Vuoi
2. vuole
3. volete
4. voglio
5. vogliamo
6. vuoi
7. vogliono

19

1. Milano è più grande e frenetica di Verona.
2. Fare passeggiate nei boschi è più/meno emozionante di un viaggio all'estero.
3. Un ombrellone in riva al mare è più costoso di uno in quarta fila.
4. Le spiagge della Sardegna sono più pulite di quelle della nostra regione.
5. Gli Appennini sono meno alti delle Alpi.
6. L'acqua dei laghi alpini è più fredda di quella del mare.
7. I giochi con l'animatore sono più/meno noiosi delle nostre partite a ping-pong.

20

1. falso
2. falso
3. vero
4. vero
5. falso
6. falso

Esercizi 7

1

1. scrittore
2. medico
3. regista
4. scienziata
5. commessa
6. insegnante
7. musicista
8. pittrice

2

1. millenovecentosettantanove
2. giusto
3. giusto
4. duemilasettecentodiciassette
5. milleottocentoventidue
6. millecinquecentoquarantadue
7. giusto
8. millesettecentottantanove

1492: scoperta dell'America
1789: inizio della Rivoluzione Francese
1989: caduta del Muro di Berlino

3

2f – 3d – 4e – 5g – 6b – 7a

4

andare: andavi
andavamo
andavate
dormire: dormiva
dormivamo
dormivano
essere: eri
eravamo
eravate
prendere: prendevo
prendeva
prendevano
avere: avevo
avevamo
avevate

5

1. era
2. si trovava
3. c'era – facevamo
4. faceva – riuscivamo
5. uscivamo – andavamo
6. offrivano
7. avevano

6
abitava – aveva – dava – era – aveva – trascorreva – leggeva – scriveva – invitava

Quando *abitavamo* a Bologna, *avevamo* un grazioso appartamento che dava sulle colline. L'appartamento non era grande, ma aveva un bel balcone, sul quale *noi*, nelle giornate di sole, *trascorrevamo* molte ore del *nostro* tempo libero: *leggevamo* il giornale, *scrivevamo* lettere agli amici e *invitavamo* i colleghi a prendere un caffè.

7
2. Gli amici con cui uscivo il sabato erano più grandi di me.
3. Le gite scolastiche che facevamo tutti gli anni erano molto interessanti.
4. C'erano alcuni insegnanti di cui non ho un buon ricordo.
5. I viaggi che ricordo con più piacere li ho fatti durante l'università.
6. Lucia era l'amica a cui telefonavo tutti i giorni.
7. L'insegnante che faceva le lezioni più interessanti era giovanissimo.
8. La materia che preferivo era chimica.

8
ero – passavamo – erano – finiva – ricominciava – aveva – usavamo – andavo – giocavamo – costruivamo – era – davano – correvamo – ci tuffavamo – nuotavamo – facevamo – era – fingevamo – segnalavano – veniva – aveva – Si fermava – passavo – Veniva – era – sapeva – era – piaceva – vedevamo – ci ritrovavamo – sapevamo – era – ci sentivamo

9
1. Dove passavate tutte le estati?
2. Quando erano le vacanze?
3. Quando andavate al mare?
4. Quando era il momento più bello?
5. Con chi passavi i momenti più belli di tutte le vacanze?
6. Chi era la zia Livia?
7. Com'era la vostra casa d'estate?
8. Quando vi sentivate terribilmente tristi?

10
1. prendeva – c'erano – si potevano – richiedeva
2. ha – ci sono – decidono – abitano – passano
3. si vedevano – andava – erano – erano
4. può – diventa
5. sono – si muove – ci sono
6. c'erano – abitavano

una volta: 1 – 3 – 6
oggi: 2 – 4 – 5

11
1(mentre)e – 2(durante)f – 3(durante)g – 4(mentre)b – 5c(mentre) – 6a(durante) – 7(mentre)d

12
ma – ma quando – perché – e – ma – mentre – poi – Perché – e – e

13
1. frigorifero
2. tavolo
3. lampada
4. divano
5. libreria
6. lavastoviglie
7. vasca – bagno
8. forno

14
Rif. T 120

15
Cristina pesava 3 chili ed era lunga 48 cm. Aveva già tantissimi capelli neri. Tu dormivi da noi. Non eri molto contento di avere una sorellina, tu volevi un fratellino per giocare. Ti rifiutavi di andare all'asilo, se ti accompagnavo io, così doveva accompagnarti tuo nonno. Ti lamentavi in continuazione perché non c'era la mamma e quando il tuo papà tornava dal lavoro facevi solo capricci. Domenica tuo padre ti ha portato all'ospedale per farti vedere la bambina, anche se non sembravi molto entusiasta all'idea. Tua madre e tua sorella sono uscite dall'ospedale proprio il giorno del tuo compleanno.

16
1. è sparita
2. ha telefonato
3. faceva
4. è passato
5. andavamo

17
1. di cui
2. con cui
3. che
4. che
5. a cui
6. con cui
7. da cui
8. su cui

18
1 – 2 – 4 – 7 – 8

Esercizi 8

Fonologia
banca – panchina – inferno – inverno – perso – verso – favore – facevano – tavolo – cantina – cabina – tardi – posto – bosco – andare – stare – pasta – basta

1
1. Lilli Gruber
2. Riccardo Muti

2

-iere/-iera:	cameriere/-a parrucchiere/-a
-ista:	artista musicista dentista camionista giornalista stilista regista
-tore/-trice:	albergatore/albergatrice attore/attrice scrittore/scrittrice direttore/direttrice pittore/pittrice imprenditore/imprenditrice
-ante:	badante cantante insegnante
-ato/-ata:	impiegato/-a scienziato/-a
-aio/-aia:	giornalaio/-a benzinaio/-a
-o/-a:	contadino/-a commesso/-a fotografo/-a
-rio/-ria:	segretario/-a commissario/-a
-ore/-oressa:	dottore/dottoressa professore/professoressa

3
1. cantanti
2. dottore
3. insegnante
4. cameriera
5. giornalista

4
aspirapolvere – macchina fotografica – ferro da stiro – asciugacapelli – radio – tavolo – sedia – armadio – microonde – scrivania – rullino – forbici

5
1. vero
2. falso
3. vero
4. falso
5. vero
6. falso

6
componente più dinamica – realtà sociale – tipologie di lavoro – conciliare – forme di lavoro – orari – nel mondo del lavoro/in campo professionale – libere professioniste – guarda al domani – fase di vita

7
sta scrivendo – sta guardando – sta lavorando – sta parlando – sta mangiando – sta prendendo – sta facendo – sta suonando – sta leggendo – sta aprendo – sta offrendo – sta correggendo – sta riflettendo

8

uscire:	esco
	esce
	usciamo
	uscite
	escono
sapere:	so
	sai
	sappiamo
	sapete
	sanno
svolgere:	svolgo
	svolgi
	svolge
	svolgete
	svolgono

9
1. Tu sai suonare la chitarra?
2. Mia madre ha conosciuto mio padre a Napoli 30 anni fa.
3. Voi conoscete il nuovo disco di Nek?
4. Due anni fa Fabio non conosceva ancora Laura.
5. Sabina sapeva sciare già da bambina.
6. Io ho saputo ieri che mi assumono dal 1 novembre!

10
1-4 – 2-3 – 3-2

11
1. Leggi
2. farlo
3. Impara
4. Scrivi
5. telefonargli
6. confermarla
7. essere
8. Esci

12
2d – 3i – 4c – 5a – 6g – 7m – 8j – 9b – 10n – 11h – 12f

13
Nome e cognome – Luogo e data di nascita – Nazionalità – Stato civile – Indirizzo – Telefono e e-mail – Esperienza professionale – Studi compiuti – Lingue straniere

14
1. Lei
2. Lei
3. tu
4. Lei
5. tu
6. Lei

15
Cerchi – lavori – mangi – beva – faccia – vada – prenda

Cerca di riposare un po', *non lavorare* troppo, *mangia* più frutta e verdura e meno snack, *non bere* tanto caffè, *fa'* un po' di sport o *va'* a fare una passeggiata dopo pranzo, *prendi* qualche giorno di vacanza e *vedrai* che tra poco *starai* molto meglio.

16
1. prendila
2. aspettate
3. non farlo
4. Mi mandi
5. finitelo

17
regolarmente – raramente – tipicamente – felicemente – difficilmente – discretamente – inutilmente – gentilmente – industrialmente – perfettamente – diversamente – culturalmente

18
1. sicuro
2. contemporaneamente
3. regolare
4. veramente
5. economica
6. perfettamente
7. raro
8. velocemente
9. saltuariamente
10. facile
11. cordialmente
12. flessibile

19
1. Difficoltà al Sud
2. Flessibilità
3. Le professioni più ambite

20
1. aspettative
2. Mezzogiorno
3. misure
4. fare sacrifici
5. lavoro occasionale
6. occupazione
7. favorire
8. retribuzione

Esercizi 9

1
1. in bocca al lupo
2. Auguri
3. Complimenti
4. felicitazioni
5. Congratulazioni

2
4 – 9 – 3 – 10 – 1 – 12 – 2 – 8 – 6 – 11 – 5 – 7

3
gattino – gattone
strada – stradone
benino – benone
stanza – stanzone
scatolina – scatolone

4
Verkleinigungsform:
regalino – paesino – tavolino cavallino – cappellino – bicchierino – bruttino – difficilino – bellino – trenino
Vergrößerungsform:
bacione – borsone – lavorone – bottiglione

5
Brot – Brötchen
Frau – Mädchen
lieb, teuer – hübsch
Gedanke – kleine Aufmerksamkeit
Tabelle – Anschlagstafel
Telefon – Handy

6
1. te – ti – lo – nostre
2. Vi – vostri – si – vostro – voi
3. te – la – la – tuo – lo

7
1. a te – a me
2. vi – me – lui
3. a lui
4. Le – Ci
5. ci – A me – A lui

8
A – di – a – nel – della – alle – al – di – di – a – dalla – di – in – con – da – per – del – da – con – del – a – dai – a – della – dei

9
Lösung frei

10
ho risposto – sono tornata – Sono andata – volevo andare – ha invitata – ho accettato – c'era – erano – Sono arrivata – abbiamo mangiato – abbiamo fatto – ha voluto – è piaciuta – ho voluto – sono arrivata – sono pentita – erano – abbiamo festeggiato – c'erano – Ho conosciuto – sono divertita – c'è stato – siamo andati – c'era – ho fatto – Abbiamo pranzato – hanno accompagnata

11
1. i piatti – li
2. la macchina fotografica – la – l'
3. il pane – l'
4. i berretti – li
5. delle tazze da

tè – le – le
6. la ragazza – l'

12
le – fatte – l' – dimenticata – l' – visto – l' – conosciuto – L' – pettinata – l' – comprato – l' – restaurata – l' – gettato – li – comprati – le – regalate

13
dovrò – sarò – continuerò – andrà – imparerò – avrò – cercherò – andrò – passerò – piacerà – mi fermerò – incontrerò – mi innamorerò – tornerò

14
1. Starà
2. sarà
3. Arriverà
4. dormirà
5. Sarà
6. si sentirà
7. andrà – si fermerà
8. avrai

15
2. stanno per chiudere
3. Sto per uscire
4. stai per fare
5. sta per laurearsi

16
1. gli ho telefonato
2. le piacciono
3. l'ho spedita
4. li ho messi
5. le ho comprato
6. gli ho scritto
7. le ho proposto
8. le hai messe
9. L'ha portata

17
1. aveva
2. avevo – andavo – sapeva
3. ho saputo
4. si sono lasciati – sapevo
5. ha conosciuto
6. conosceva – ha cominciato
7. stava
8. è stata

Esercizi 10

Fonologia
1. ?
2. !
3. .
4. !
5. ?
6. .
7. ?

1
1. libreria
2. banane
3. avvocato
4. profumo

2
mettere:
il cappello – le scarpe – gli occhiali
leggere:
il libro – il giornale – la lettera
andare:
in farmacia – all'edicola – dal fruttivendolo
preparare:
il caffè – la carne – le melanzane

3
tabaccaio – cartoleria – libreria – panettiere – fruttivendolo – macelleria – edicola

4
panetteria – negozi – alto – pane – qualità – supermercati – ore – giornata – servizio – costo – caro – chilo

5
la – di – delle – di – del – due – di – dell' – una – di – dei – di – di

6
❍ A me.
❍ Vorrei quattro panini.
❍ Sì, mi serve del formaggio.
❍ Due etti di gorgonzola e un pezzo di parmigiano.
❍ No, mi dia quell'altro, per favore.
❍ Sì, vorrei anche del prosciutto crudo.
❍ Quello di Parma.
❍ Un etto.
❍ È tutto, grazie.
❍ Buongiorno.

7
1. mi serve
2. gli servono
3. Le serve
4. ci serve
5. Ti serve
6. Le serve
7. vi serve
8. Mi servono

8
melanzane – zucchine – pomodori – olio – oliva – sale – formaggio

4 – 2 – 1 – 6 – 3 – 5

9
1. ne – Ne
2. le – ne – Ne
3. li – ne – ne
4. La – ne

10
potrebbe – dovrei – vorremmo – consigliereste – sentirebbero – metteresti – vorrebbero – dovrebbe – potremmo – ascolterei – aprireste – prenderesti

1ª persona sing:
dovrei – ascolterei
2ª persona sing:
metteresti – prenderesti
3ª persona sing:
potrebbe – dovrebbe
1ª persona plur:
vorremmo – potremmo
2ª persona plur:
consigliereste – aprireste
3ª persona plur:
sentirebbero – vorrebbero

11
telefoneremmo – dormirei – spenderesti – passerebbero – dovrebbe – scrivereste – vorrei – sapreste – guarderebbe – chiederesti – vorremmo – sarei

12
farei – lascerei – continuerei – mi sposerei – rimarrei – cercherei – dovrei – farei – frequenterei – ci permetteremmo – comprerebbe – potrebbe – sarebbero – farei – avremmo – guarderemmo – leggerei – andrei – farei

13
1. quella
2. quelle – quell'
3. quel
4. Quei
5. Quella
6. quegli
7. Quell'

14
1. (penna) biro
2. francobollo
3. occhiali
4. carne
5. pantaloni
6. pastiglie

15
Farmacia: 2 – 3 – 7
Negozio di abbigliamento: 1 – 6 – 8 – 10 – 12 – 14
Fruttivendolo/Alimentari: 4 – 9 – 11
Tabaccaio/Edicola: 5 – 13

16
1 – 3 – 5

17
2m – 3a – 4c – 5g – 6l – 7d – 8e – 9i – 10f – 11b

18
1. gialli
2. rosso
3. verdi
4. bianche
5. grigi
6. rosa
7. blu/azzurro
8. arancioni

19
3 – 4 – 6

Test A1 – Lösungen

1

1. sono una coppia/ marito e moglie.
2. di tutti e due.
3. non ha tempo.
4. in trattoria.

2

1. ❍ Sì, dunque ... però il prossimo **fine settimana** viene a trovare **sua madre** e scrive se sabato sera vogliamo andare **insieme con lei** in pizzeria. Bello dai! Ho una gran voglia **di rivederla.** Rispondo che andiamo, no?
   ● No, aspetta io non posso.
   ❍ Come, non puoi?
   ● Lo sai che **ho promesso** a mio padre di portarlo **da sua sorella** ad Asti ...
   ❍ Ah è vero ...
2. ❍ La Trattoria Toscana è quella **di fronte alla** chiesa di San Francesco, giusto?
   ● No, quella è l'Osteria degli Amici. La Trattoria Toscana è **in via** Palmanova. Quando esci dalla stazione della metropolitana **giri a destra** e vai avanti fino al primo **incrocio** e la Trattoria è proprio lì **all'angolo**.

3

Mi chiamo Matteo, sono **di** Foggia, ma abito con **la mia** famiglia a Bologna. **Mia** moglie si chiama Carmen. **Abbiamo** due **bambine**: Chiara e Alessia. Durante la settimana la mattina **ci alziamo** tutti **presto**, perché io e Carmen andiamo a **lavorare** e le bambine **devono** andare a scuola. Mentre Carmen e le bambine **si** lavano io preparo **la** colazione per tutti, poi mangiamo insieme. Dopo porto le bambine **in** macchina a scuola, che è vicina **al** mio ufficio. **Dopo** la scuola le bambine vanno dai **loro** nonni che abitano proprio **di** fronte **alla** scuola, devono solo **attraversare** la piazza. Lì vicino **c'è** anche **un** parco dove vanno a giocare insieme. La sera o io o Carmen andiamo a prenderle quando torniamo a casa. **Il mercoledì** sera io frequento **un corso** d'inglese, Carmen il martedì e il venerdì **va** in palestra. Il sabato e la domenica generalmente cucino io. **Mi** piace cucinare soprattutto i piatti esotici. Lo faccio volentieri anche perché "le mie donne" dicono che sono un cuoco perfetto!

4

3 – 2 – 1

5

1. *Guido:* Real Parco di Capodimonte
2. *Andrea:* Pompei
3. *Gigliola:* Area archeologica di Foce al Sarno
4. *Daria:* Capri

Test A2 – Lösungen

1

1. Perché ha saputo che la signora Ruperti vuole vendere un appartamento
2. No, non si conoscono.
3. No, sono in due case diverse.

2

1. Il signor Martinelli ha avuto il numero di telefono della signora Ruperti da **un collega.**
2. Il signor Ferretti è **il cognato** della signora **Ruperti.**
3. La signora Ruperti abita **in Piazza Lima.**
4. L'appartamento di Viale Abruzzi ha **quattro locali** e i **doppi servizi.**
5. Quattro anni fa l'appartamento è stato **completamente ristrutturato.**
6. Il signor Martinelli vorrebbe **vedere l'appartamento.**

3

Diego è partito ie**ri** mattina per Montreal c**on** l'aereo delle 8.45. Ci s**iamo** alzati prestissimo e vestiti in sil**enzio**. Lui vol**eva** andare all'aereoporto in treno, ma io l'ho vol**uto** accompagnare in macchina. **All'** aereoporto ci si**amo** salutati frettolosamente, perché come dice Diego, gli addii troppo lu**nghi** sono i più dolorosi. Sono tor**nata** in città e sono andata dirett**amente** allo studio. Quando sono entrata n**el** mio ufficio Sandra, la mia collega, stava bev**endo** come sempre un cappu**ccino** che le avevano appena port**ato** dal bar. Sandra non fa m**ai** colazione a casa, però non le pi**ace** nemmeno fermarsi al bar perché dovr**ebbe** far colazione in piedi al banco. Inv**ece** lei il cappuccino pre**ferisce** berlo in ufficio, mentre legge le e-mail seduta dav**anti** al computer senza rumori di taz**zine** e cuc**chiaini**. Prima av**eva** anche la catt**iva** abitudine di fu**mare** una sigaretta subito dopo, ma adesso per fortuna abbiamo dec**iso** tutti che c**hi** vuole fumare deve us**cire** sul balc**one**. Quando Sandra mi h**a** visto entrare mi ha salu**tato** e non mi ha chie**sto** niente, ha fa**tto** solo un sorriso un po' imbarazzato. Ho cominciato a lavor**are** davvero verso mezzog**iorno**, quando l'avvo**cato** mi ha chiamata in ufficio. All'una sono andata come sempre a pranzo con Sandra nella trattoria a**ll'**angolo. Mentre mang**iavo**, lei continuava a chiacchierare e io pensavo: "Caro Diego, adesso mi manchi da morire, ma quando tu torne**rai** prende**rò** tre settimane di vacanza e verrò con te."

4

2 – 1 – 4 – 3

5

2 – 3 – 6

6

1. Sì, mi dica! – Sì, prego!
2. Alle 18.34. – Per Milano?
3. Solo di andata o andata e ritorno? – 8 Euro. Se ha una riduzione, 6 euro.
4. Con quello delle 14.15 sì. – No, è un regionale.
5. Sì, grazie! – Veramente preferirei parlare con l'ingegnere.
6. Mah, forse pioverà. Adesso il cielo è nuvoloso. – Hanno detto che ci sarà il sole.
7. Davvero? Congratulazioni! – Che bello! Sono contenta per te.
8. Vorrei fare un regalo ad un amico ... – Potrei vedere quel vestito che è in vetrina?

7

1. in una lettera, e-mail o cartolina (formula di chiusura)
2. in un biglietto d'auguri per un matrimonio.
3. in un annuncio immobiliare
4. in un curriculum
5. in un sms

Vokabular nach Lektionen

Hier finden Sie das gesamte Vokabular der Lektionen und wichtige Begriffe aus den Hörtexten, in der Reihenfolge ihres Vorkommens, mit deutscher Übersetzung. Die Wörter der Rubrik „Alla scoperta dell'Italia" stehen unter dem entsprechenden Text. Durch Fettdruck hervorgehobene Wörter stellen den Lernwortschatz dar. Punkte unter den Vokalen zeigen eine von der Regel abweichende Betonung an, sie sind nicht Bestandteil der Schreibweise. Verben auf -ire mit Stammerweiterung sind mit dem Zusatz (-isc) versehen. Die Formen der mit * gekennzeichneten unregelmäßigen Verben stehen auf S. 136/137.

Abkürzungen:

avv	*avverbio* – Adverb
etw	etwas
f	*femminile* – feminin
inf	*infinito* – Infinitiv
jdm	jemandem
m	*maschile* – maskulin
pl	*plurale* – Plural
qc	*qualcosa* – etwas
qn	*qualcuno* – jemand
sg	*singolare* – Singular

Unità 1

	l'unità	Lektion
	l'identificazione personale *f*	*hier:* persönliches Vorstellen, persönliche Angaben
	Scusa, come ti chiami? *inf* chiamarsi	Entschuldige, wie heißt du?
1	Per cominciare	zu Beginn
2	**ciao**	hallo; tschüs
	arrivederci	auf Wiedersehen
	buonanotte	gute Nacht
	buonasera	guten Abend
	buongiorno	guten Tag
3	**presentarsi**	sich vorstellen
	Sono Rossi.	Ich heiße Rossi.
	sono *inf* ẹssere	ich bin
	molto lieto	sehr erfreut
	molto	sehr
	piacere	angenehm
	salve	grüß dich/euch
	io	ich
5	mi chiamo *inf* chiamarsi	ich heiße
	spagnolo/-a	spanisch; Spanier/in
	ma	aber
	ạbito *inf* abitare	ich wohne
	in Germania	in Deutschland
	la Germania	Deutschland
	Sono single.	Ich bin Single.
	il single	Single, allein lebende Person
	tedesco/-a	deutsch
	a Mọnaco	in München
	non	nicht
	sposato/-a	verheiratet
	E Lei, signora, come si chiama?	Und wie heißen Sie? *(an eine Frau gerichtet)*
	e	und
	Lei	Sie
	la signora	Frau, Dame
	come	wie
	Come si chiama? *inf* chiamarsi	Wie heißen Sie? *auch:* Wie heißt er/sie?
	Il mio nome è ...	Mein Name ist ...
	il mio/la mia	mein/e
	il nome	Name
	È francese?	Sind Sie Franzose/Französin?
	è *inf* essere	er/sie ist, Sie sind
	francese	französisch; Franzose/Französin
	no	nein
	svịzzero/-a	schweizerisch; Schweizer/in
	di Ginevra	aus Genf
	mio marito	mein Ehemann
	il marito	Ehemann
	belga	belgisch; Belgier/in
	Osservate!	Beachten Sie!
	ẹssere*	sein
	abitare	wohnen
	chiamarsi	heißen, *wörtl.:* sich nennen
	tu	du
	lui	er
	lei	sie *(3. Person Singular)*
	la città	Stadt
	il paese	Land; Ort
8	**la nazionalità**	Nationalität, Staatsangehörigkeit
	i Paesi Bassi	Niederlande
	olandese	niederländisch; Niederländer/in
	l'Austria	Österreich
	austrịaco/-a	österreichisch; Österreicher/in
	la Russia	Russland
	russo/-a	russisch; Russe/Russin
	l'Italia	Italien
	italiano/-a	italienisch; Italiener/in
	la Turchịa	Türkei
	turco/-a	türkisch; Türke/Türkin
	la Spagna	Spanien
	la Francia	Frankreich
	la Svịzzera	Schweiz
10	giapponese	japanisch; Japaner/in
	inglese	englisch; Engländer/in

	americano/-a	amerikanisch; Amerikaner/in
	brasiliano/-a	brasilianisch; Brasilianer/in
12	**Attenzione!**	Achtung!
14	**l'età**	Alter
15	presentare gli altri	andere Personen vorstellen
	presentare	vorstellen, bekannt machen
	il Belgio	Belgien
	la Norvegia	Norwegen
	divorziato/-a	geschieden
	la Gran Bretagna	Großbritannien
	separato/-a	getrennt
	questo/-a	diese/r, dies/das
	ha 30 anni	er/sie ist 30 Jahre alt
	ha *inf* avere	er/sie hat
	norvegese	norwegisch; Norweger/in
16	**Come stai?**	Wie geht es dir?
	Bene, grazie.	Danke, gut.
	bene *avv*	gut
	grazie	danke
	Anch'io sto bene.	Auch mir geht's gut.
	signor Poli	Herr Poli
	Come sta?	Wie geht es Ihnen? Wie geht es ihm/ihr?
	Non c'è male.	Nicht schlecht.
	abbastanza bene	ganz gut
	Come va?	Wie geht's?
	oggi	heute
	non troppo bene	nicht besonders gut
	troppo	zu viel, allzu viel, allzu ...
	il mal di testa	Kopfschmerzen
	mi dispiace	das tut mir leid
17	**così così**	so la la
	stare	sein; sich befinden; bleiben
	avere*	haben
18	l'alfabeto	das Alphabet
	Torino	Turin
	Firenze	Florenz
	Roma	Rom
	Napoli	Neapel
	Genova	Genua
	Venezia	Venedig
21	dare le proprie generalità	Angaben zur eigenen Person machen
22	Qual è il Suo cognome?	Wie ist Ihr Familienname?
	qual, quale	welche/r
	il Suo/la Sua	Ihr/e
	il cognome	Familienname
	per favore	bitte *(wenn man nach etwas fragt oder etwas verlangt)*
	Come si scrive? *inf* scrivere	Wie schreibt man das?
	Di dov'è?	Woher kommen Sie? Woher kommt er/sie?
	Algeri	Algier
	allora	also (dann)

algerino/-a	algerisch; Algerier/in
sì	ja
dove	wo
Milano	Mailand
l'indirizzo	Adresse, Anschrift
la via	Straße
Ha un recapito telefonico?	Sind Sie telefonisch zu erreichen?
il recapito	Adresse, Anschrift
il numero di telefono	Telefonnummer
il telefono	Telefon
anche	auch
un cellulare	ein Handy
Perché è in Italia?	Warum sind Sie in Italien?
perché?	warum?
per turismo	*hier:* als Tourist
il turismo	Tourismus
per motivi di studio	im Rahmen meines Studiums
per motivi di	aufgrund, aus ... Gründen
il motivo	Grund, Motiv
lo studio	Studium
Quanto tempo rimane? *inf* rimanere	Wie lange bleiben Sie? Wie lange bleibt er/sie?
quanto tempo	wie lange
quanto/-a *pl* quanti/-e	wie viel/e
il mese *pl* mesi	Monat
il facsimile	Faksimile, Abdruck
la richiesta	Antrag
il permesso di soggiorno	Aufenthaltserlaubnis
il permesso	Erlaubnis
il soggiorno	Aufenthalt
il sottoscritto/la sottoscritta	der/die Unterzeichnende
la data di nascita	Geburtsdatum
la data	Datum
la nascita	Geburt
il sesso	Geschlecht
lo stato civile	Familienstand
coniugato/-a	verheiratet *(Behördensprache)*
il luogo di nascita	Geburtsort
il luogo	Ort
l'ingresso in Italia	*hier:* Einreisedatum
l'ingresso	Eintritt; Eingang
il giorno = gg	Tag
il mese = mm	Monat
l'anno = aa	Jahr
il passaporto	Reisepass
residente	wohnhaft
chiede *inf* **chiedere**	*hier:* beantragt
il rilascio del permesso di soggiorno	Ausstellung einer Aufenthaltserlaubnis
umanitario/-a	humanitär
il lavoro	Arbeit

	formale	*hier:* Höflichkeitsform, beim Siezen
	informale	*hier:* Duform, beim Duzen
	il tuo/la tua	dein/e
23	**lo studente**	Student, Schüler
	la residenza	Wohnort
24	**chi**	wer? wen?
	Chi è lui?	Wer ist das? *wörtlich:* Wer ist er?
	di dove	woher
26	universitario/-a	Universitäts…, Hochschul…
	studiare	studieren; lernen
	la medicina	Medizin
	con	mit
	altri due studenti	zwei andere Studenten
	pịccolo/-a	klein
	l'appartamento	Wohnung
	in centro	im Zentrum
	il centro	Zentrum, Stadtmitte
	lo sport	Sport
	preferito/-a	Lieblings…
	il calcio	Fußball
	giocare (a tennis)	(Tennis) spielen
	il tennis	Tennis
	scrịvimi *inf* scrịvere	schreib mir
	lindirizzo e-mail	E-Mail-Adresse
	l'architettura	Architektur
	anch'ịo	auch ich, ich auch
	volentieri	gern
	cercare	suchen; versuchen
	l'amico *pl* amici	Freund
	forse	vielleicht
	il fine settimana	Wochenende
	vengo *inf* venire	ich komme
	la lịngua *pl* lingue	Sprache
	mi piace *inf* piacere	es gefällt mir
	la mụsica	Musik
	fare*	machen
	la passeggiata *pl* passeggiate	Spaziergang
	Abbiamo gli stessi interessi?	Haben wir die gleichen Interessen?
28	Guardiamo da vicino! *inf* guardare	Sehen wir uns das näher an!
	la piazza	Platz
	il municipio	Rathaus
	il pittore	Maler
	alla scoperta dell'Italia	auf Entdeckungreise in Italien
	la scoperta	Entdeckung
G1	**il caffè**	Espresso, Kaffee
G2	**Vero?**	Nicht wahr? Stimmt's?
G4	**simpạtico/-a**	sympathisch
	gentile	freundlich, nett
G7	Quale treno prendi?	Welchen Zug nimmst du?
	invitare	einladen
	alla festa	*hier:* zur Feier
	costare	kosten
	il treno	Zug

Unità 2

1	l'alimentazione *f*	Ernährung
	Cosa mangi?	Was isst du?
	cosa? (= che cosa)	was?
	mangiare	essen
2	il cibo	Essen
	la ciliegia *pl* ciliegie	Kirsche
	la crostata	Mürbteigkuchen, meist mit Marmelade/Obst
	la cioccolata	Schokolade
	l'aranciata	Orangenlimonade
	il vino	Wein
	il tè	Tee
	la birra	Bier
	il parmigiano	Parmesankäse
	la mozzarella	Mozzarella
	il calamaro *pl* calamari	Tintenfisch
	l'insalata	Salat
	lo yogurt	Joghurt
	il gelato	Eis
	l'albicocca *pl* albicocche	Aprikose
	la pesca *pl* pesche	Pfirsich
	la carota *pl* carote	Karotte
	la mela *pl* mele	Apfel
	il cornetto	Hörnchen
	lo spumante	Sekt
	il pomodoro *pl* pomodori	Tomate
	la bistecca	Steak
	la cipolla *pl* cipolle	Zwiebeln
	il biscotto *pl* biscotti	Keks
	il succo di frutta	Fruchtsaft
	la spremuta d'arancia	frisch gepresster Orangensaft
	la spremuta	frisch gepresster Saft
	l'arancia	Orange
	il pollo	Huhn, Hühnchen
	il pane	Brot
	il formaggio	Käse
	la fettina di vitello *pl* fettine	Kalbsschnitzel
	il peperone *pl* peperoni	Paprika
	la frạgola *pl* frạgole	Erdbeere
	il panino *pl* panini	Brötchen
	l'uva	Weintrauben
	la pera *pl* pere	Birne
	il burro	Butter
	gli spinaci *pl*	Spinat
	il prosciutto	Schinken
	la carne di maiale	Schweinefleisch
	l'acqua	Wasser
	la melanzana *pl* melanzane	Aubergine
	la patata *pl* patate	Kartoffel
	la sọgliola	Seezunge
	il latte	Milch
	la vọngola *pl* vọngole	Venusmuschel
3	**la frutta**	Obst
	la verdura	Gemüse
	il dolce *pl* dolci	Süßspeise

il latticino *pl* latticini	Milchprodukt
la carne	Fleisch
il pollame	Geflügel
il pesce	Fisch
la pasta	Nudeln, Teigwaren, Backwaren
la bevanda *pl* bevande	Getränk
5 non mangio nulla	ich esse nichts
non ... nulla	nichts
bevo	ich trinke
bere*	trinken
solo *avv*	nur, allein
i cereali	Getreideprodukte
la marmellata	Marmelade
il caffelatte	Milchkaffee
il cappuccino	Cappuccino
6 **la colazione**	Frühstück
al bar	in der Bar
7 **il bar**	(Snack-)Bar
offrire*	anbieten; (zu Getränk/Essen) einladen
accettare	annehmen, akzeptieren
rifiutare	ablehnen
prẹndere*	nehmen
offro ịo	*hier:* ich lade euch ein; das geht auf meine Rechnung
la pasta alla crema	Gebäck mit Creme- oder Sahnefüllung
non prendo niente	ich nehme nichts
non ... niente	nichts
ẹssere* a dieta	Diät halten
la dieta	Diät
ma dai	ach, komm ...
qualcosa da bere	etwas zu trinken
qualcosa	etwas
una tazza di tè	eine Tasse Tee
la tazza	Tasse
per me	für mich
il tramezzino	dreieckiges Sandwich
l'acqua minerale	Mineralwasser
poi	dann
la cassiera	Kassiererin
sono 10 ẹuro e 10 centẹsimi	das macht 10 Euro und 10 Cent
l'ẹuro	Euro
il centẹsimo	(Euro-) Cent
gli spịccioli *pl*	Kleingeld
la moneta da 50	50-(Cent-)Münze
la moneta	Münze
ecco	hier ist
non importa	(das) macht nichts
il resto	Rest
lo scontrino	Kassenbon
Cosa dice Carlo ...? *inf* dire	Was sagt Carlo ...?
per offrire agli amici	um den Freunden ... anzubieten
l'invito	Einladung
convịncere*	überzeugen
la caffetterịa	Cafeteria, *hier:* Kaffeegetränke
il caffè espresso	Espresso
il caffè americano	(dünner) Filterkaffee
il caffè d'orzo	Malzkaffee
il caffè decaffeinato	entkoffeinierter Kaffee
freddo/-a	kalt
caldo/-a	warm
il latte macchiato	aufgeschäumte Milch mit Kaffee
la cioccolata in tazza	Trinkschokolade in der Tasse
l'infuso	Kräutertee
la tisana	Aufguss, Tee
la camomilla	Kamillentee
la correzione	Schuss Alkohol im Kaffee
la pasticcerịa	Konditorei; *hier:* Backwaren
il croissant	Croisssant
le paste assortite	gemischte kleine Backwaren
un trancio di torta	ein Stück Torte
il trancio	Stück, Scheibe
la torta	Torte
la bịbita	Getränk
in bottiglia	in der Flasche
la bottiglia	Flasche
in lattina	in der Dose
la lattina	Getränkedose
gassato/-a	mit Kohlensäure
naturale	ohne Kohlensäure; natürlich
l'aperitivo	Aperitif
della casa	(nach Art) des Hauses
l'analcọlico	alkoholfreies Getränk
il liquore	Likör
l'amaro	Magenbitterlikör
nazionali	inländische Magenbitterliköre
nazionale	national
ẹsteri	ausländische Magenbitterliköre
ẹstero/-a	ausländisch, Auslands...
la nostra stuzzicherịa	unsere Leckereien
la primavera	Frühling, *hier: Name des Sandwiches*
il prosciutto cotto	gekochter Schinken
cotto/-a	gekocht
ducale	herzoglich, Herzogs... *hier: Name des Sandwiches*
crudo/-a	roh, *hier:* roher Schinken
la lattuga	grüner Salat, Kopfsalat
la salsa tonnata	Thunfischsoße
la salsa	Soße
vegetariano/-a	vegetarisch; Vegetarier/in
la mortadella	Mortadella
misto/-a	gemischt
il servizio al tạvolo	Bedienung am Tisch
9 la dieta mediterrạnea	*etwa:* Essgewohnheiten des Mittelmeerraums
ancora più sana	noch gesünder
ancora	noch
sano/-a	gesund

il prodotto	Produkt
a marchio Coop	der Marke Coop
Cosa c'è di meglio di un buon piatto di pasta?	Was gibt es Besseres als ein gutes Nudelgericht?
c'è *inf* esserci	es gibt, da ist, es befindet sich
buon, buono/-a	gut
il piatto	das Gericht; der Teller
condito/-a	gewürzt, angemacht
il sugo (al pomodoro)	(Tomaten-) Soße
l'olio extravergine di oliva	Olivenöl extra vergine *(Qualitätsbezeichnung)*
l'olio	Öl
l'oliva	Olive
la nazione	Nation
ricco/-a	reich
la tradizione	Tradition
popolare	Volks..., volkstümlich
la cultura alimentare	Esskultur
la cultura	Kultur
sicuramente *avv*	sicher, sicherlich
l'alimento preferito dagli italiani	Lieblingsnahrungsmittel der Italiener
l'alimento	Nahrungsmittel
diffuso/-a	verbreitet
ed (= e)	und *(vor Vokal)*
apprezzato/-a *inf* apprezzare	geschätzt
amato/-a *inf* **amare**	geliebt
da tutti	von allen
tutti/-e	alle
oggigiorno	heutzutage
vivere*	leben
la qualità del cibo	die Qualität des Essens
la qualità	Qualität
sempre	immer
più importante	wichtiger
importante	wichtig
i legumi	Hülsenfrüchte
l'erba aromatica	Gewürzkraut
le erbe	Kräuter
un piatto completo	ein vollständiges Gericht
completo/-a	vollständig, komplett
diverso/-a	unterschiedlich, verschieden
a seconda delle regioni	je nach Region
la regione	Region
per esempio	zum Beispiel
l'esempio	Beispiel
i maccheroni	Makkaroni
possono essere	können sein
i vermicelli	Fadennudeln (dünnere Spaghetti)
la forma della pasta	Form der Nudeln
la forma	Form
cambiare	(sich) ändern, wechseln
spesso	oft, häufig
da regione a regione	von Region zu Region
il testo	Text
adattato/-a *inf* adattare	angepasst, bearbeitet

	la qualità dei prodotti che mangiamo	die Qualität der Produkte, die wir essen
	uguale	gleich
	tutta l'Italia	ganz Italien
	tutto/-a	ganz, alles
11	**ordinare**	bestellen
	al ristorante	im Restaurant
	il ristorante	Restaurant
	entrare	eintreten
	il tavolo	Tisch
	libero/-a	frei
	chiedo al cameriere	ich frage den Kellner
	chiedere*	fragen
	il cameriere	Kellner
	il menù	Speisekarte
	l'antipasto	Vorspeise
	l'affettato	Aufschnitt
	il melone	Honigmelone
	la bruschetta al pomodoro	geröstete Brotscheibe mit Tomate
	il primo (piatto)	erster Gang
	gli spaghetti al burro	mit Butter zubereitete Spaghetti
	le penne all'arrabbiata	Nudelgericht mit scharfer Tomatensoße
	arrabbiato/-a	ärgerlich
	i tortellini panna e piselli	Tortellini mit Sahnesoße und grünen Erbsen
	gli gnocchi al burro e salvia	Kartoffelklößchen mit Butter und Salbei
	il risotto ai frutti di mare	Reisgericht mit Meeresfrüchten
	il secondo (piatto)	Hauptgericht
	ai ferri	gegrillt
	al forno	im Ofen gebacken
	la grigliata di carne mista	gemischtes Fleisch vom Grill
	la frittura di pesce	verschiedene Sorten von gegrilltem/gebratenem Fisch
	il contorno	Beilage
	verde	grün
	di stagione	der Jahreszeit
	la stagione	Jahreszeit
	il tiramisù	Tiramisù
	la panna cotta	*Art Sahnepudding*
	il gelato alla frutta	Fruchteis
	la macedonia	Obstsalat
	l'acqua frizzante	Mineralwassser mit Kohlensäure
	il vino bianco	Weißwein
	il vino rosso	Rotwein
12	per due	für zwei (Personen)
	prego	bitte
	Questo va bene?	*hier:* Ist dieser (Tisch) recht?
	va bene	einverstanden, in Ordnung
	benissimo	sehr gut, hervorragend
	ecco	hier/da ist, hier bitte; genau
	Volete ordinare?	Wollen Sie bestellen?

	Cosa prendi da mangiare?	Was isst du?
	invece	jedoch, hingegen
	E da bere?	Und zu trinken?
	Cosa preferisci?	Was möchtest du lieber?
	preferire (-isc)	lieber mögen, vorziehen
	il vino bianco frizzante	moussierender Weißwein
	il bicchiere	Glas
	un quarto	ein Viertel
	basta così *inf* bastare	das genügt
	magari	vielleicht
	un po' (= un poco)	ein bisschen
	ma sì	doch, natürlich, *hier etwa:* nun gut
	il conto	Rechnung
13	chiẹdere* il conto	nach der Rechnung fragen
17	**fare* la spesa**	einkaufen
	la salumerịa	Lebensmittelfachgeschäft
	la lista	Liste
	la lista della spesa	Einkaufszettel
	il chilo = kg	Kilo
	la scatoletta	kleine Dose
	il tonno	Thunfisch
	l'etto	hundert Gramm
	il salame	Salami
	il pacco	Packung
	il sale	Salz
	fino/-a	fein
	il pezzo	Stück
	il peso	Gewicht
	la capacità	Füllmenge
	il grammo	Gramm
	il litro	Liter
	mezzo/-a	halb
20	**l'osterịa**	Gasthaus, Wirtshaus
	il coperto	Gedeck
	il totale	*hier:* Summe
G2	**lẹggere***	lesen
G3	**capire** (-isc)	verstehen
	pulire (-isc)	sauber machen, putzen
	finire (-isc)	(be-)enden, aufhören
G5	lo zạino	Rucksack
G8	**lo zụcchero**	Zucker
	il fungo	Pilz

Ripasso 1

	un viaggio in Sicilia	eine Reise nach Sizilien
	il viaggio	Reise
	imparare ad imparare	das Lernen lernen
	imparare	lernen
	come imparare meglio i vocạboli nuovi	wie man neue Vokablen leichter lernt
	il vocạbolo	Vokabel
	nuovo/-a	neu
1	la scheda	*hier:* Karteikärtchen
	arancione	orange
2	parole associate	Wörter, die man miteinander verbindet
3	**la parola**	Wort

Unità 3

1	**la famiglia**	Familie
	la madre	Mutter
	il padre	Vater
	il figlio, la figlia	Sohn/Tochter
	il nonno, la nonna	Großvater/Großmutter
	la moglie	Ehefrau
	il/la nipote	Enkel/in; Neffe/Nichte
	la sorella	Schwester
	il fratello	Bruder
2	**grande**	groß
	di oggi	von heute, aus der heutigen Zeit
3	il suọcero, la suọcera	Schwiegervater/ Schwiegermutter
	il compagno, la compagna	Lebensgefährte/in, Kamerad/in, Freund/in, Partner/in
	lo zịo, la zịa	Onkel/Tante
	il gẹnero	Schwiegersohn
	il cugino, la cugina	Cousin, Cousine
4	i figli	die Kinder (Söhne und Töchter einer Familie)
	il maschio	Junge
5	il cognato, la cognata	Schwager/Schwägerin
	la nuora	Schwiegertochter
6	**parlare**	sprechen
	vicino all'università	in der Nähe der Universität
	vicino a	in der Nähe von
	l'università	Universität
	la studentessa	Studentin
	... di raccontarci	... uns zu erzählen
	raccontare	erzählen
	di sé	von sich (selbst)
	ecco cosa dice	das sagt sie
	la filosofịa	Philosophie
	alcuni/-e	einige
	l'amica *pl* amiche	Freundin
	i miei genitori	meine Eltern
	i genitori	Eltern
	lavorare	arbeiten
	in banca	in der/einer Bank
	la banca	Bank
	il commesso, la commessa	Verkäufer/in
	il negozio	Geschäft
	l'abbigliamento	Bekleidung
	frequentare	(Schule/Kurs) besuchen
	entrambi/-e	beide
	il licẹo	Gymnasium
	Che tipi siamo?	*hier:* Wie sind wir so?
	il tipo	Typ
	introverso/-a	introvertiert
	sociẹvole	gesellig

	espansivo/-a	*hier:* überschwänglich, offenherzig
	piuttosto	ziemlich, eher
	giovanile	jugendlich, jung geblieben
	le piace viaggiare	sie reist gern
	viaggiare	reisen
	il suo piatto forte	das Gericht, das sie am besten zubereitet
	i tortelli di zucca	*Teigtaschen mit Kürbisfüllung*
	eccezionale	hervorragend, außergewöhnlich
7	i fratelli	Geschwister, Brüder
	ẹssere in due/tre	zu zweit/dritt sein
	la mamma	Mama
	il papà	Papa
10	**almeno**	mindestens, wenigstens
	nella stessa città	in derselben Stadt
	stesso/-a	der/dieselbe, der/die gleiche
	il figlio ụnico, la figlia ụnica	Einzelkind
	ụnico/-a	einzig(artig), einmalig
12	lo stage	Praktikum
	ạbita in casa di	sie wohnt bei
	l'Istituto Italiano di Cultura	Italienisches Kulturinstitut
	tornare	zurückkehren, -kommen
	cominciare	beginnen
13	pọssono avere	können ... haben
	proprio	genau
	il fidanzato, la fidanzata	Verlobte/r
	diventare	werden
	Nord Italia	Norditalien
	il giocạttolo	Spielzeug
	il bambino, la bambina	Junge, Mädchen (bis ca. 10 Jahre)
	circa	ungefähr; zirka
	comprare	kaufen
	il negoziante	Geschäftsinhaber
	interessato/-a	interessiert
	ma che brava	*hier:* du bist aber toll/klug/super
	già	schon
	Da dove vieni? *inf* venire	Woher kommst du?
	da dove	woher
	bello/-a	schön
	da Parigi	aus/von Paris
	qui	hier
	per stare un po' con papà	um ein bisschen bei Papa zu sein
	sorpreso/-a	überrascht
	sulla Costa Azzurra	an der Cote d'Azur
	incuriosito/-a	neugierig
	adesso	jetzt
	Vai in vacanza? *inf* **andare**	Fährst du in die Ferien?
	la vacanza	Ferien
14	**l'artịcolo**	(Zeitungs-)Artikel
	parlare di	sprechen von; *hier:* handeln von
	la società	Gesellschaft
	moderno/-a	modern
16	cẹlibe	ledig (Mann)
	nụbile	ledig (Frau)
	s'incọntrano *inf* incontrarsi	sie treffen sich
	divorziare	sich scheiden lassen
	si spọsano *inf* sposarsi	sie heiraten
	si innamọrano *inf* innamorarsi	sie verlieben sich
	si sepạrano *inf* separarsi	sie trennen sich
	litigare	streiten
	sụbito dopo	kurz darauf
	sụbito	sofort
	dopo	nach, danach
	si risposa *inf* risposarsi	er/sie heiratet wieder
	vẹdovo/-a	verwitwet
	tutti e due	alle beide
	si rincọntrano *inf* rincontrarsi	sie treffen sich wieder
17	il progetto Erasmus	Erasmus-Projekt
	lo studentato	Studentenwohnheim
	la lẹttera che ha mandato	der Brief, den er/sie geschickt hat
	la lẹttera	Brief
	una sua amica	eine Freundin von ihm/ihr
	la foto/fotografịa	Foto
	il piano	Etage, Stockwerk
	il gruppo	Gruppe
	internazionale	international
	il ragazzo, la ragazza	Junge/Mädchen (ab ca. 11 Jahren)
	la maglia	T-Shirt, Trikot, leichter Pullover
	nero/-a	schwarz
	il capello	Haar
	castano	braun *(nur als Augen-/Haarfarbe)*
	l'occhio	Auge
	chiaro/-a	hell
	sportivo/-a	sportlich
	attivo/-a	aktiv
	gli piace fare surf	er surft gern
	fare surf	windsurfen
	sai	weißt du, du weißt
	in estate	im Sommer
	l'estate *f*	Sommer
	va *inf* andare	er/sie geht, fährt
	il mare	Meer
	un gran figo	*in etwa:* er sieht Klasse aus, ist ein toller Typ
	però	aber
	sloveno/-a	Slowenier/in; slowenisch
	quella alta	die große (dort)
	quello/-a	der/die (... dort), jene/r
	alto/-a	groß (*Körpergröße*), hoch
	lungo/-a *pl* lunghi/-e	lang
	scuro/-a	dunkel
	accanto a me	neben mir
	il gusto	Geschmack

	ci piace *inf* piacere	uns gefällt
	la mụsica (rap)	(Rap-) Musik
	andare*	gehen, fahren
	la discoteca	Diskothek
	pigro/-a	faul
	insomma	also; na ja
	andare d'accordo	sich gut verstehen
	magro/-a	mager, *hier:* schlank
	gli occhiali *pl*	Brille
	l'intellettuale *m/f*	Intellektuelle/r
	riservato/-a	zurückhaltend, reserviert
	a parte	abgesehen (von)
	la passione	Leidenschaft
	lo squash	Squash
	partecipare	teilnehmen
	addirittura	sogar
	il torneo	Turnier
	il suo punto dẹbole	sein/ihr schwacher Punkt
	infatti	in der Tat
	non sa cucinare	er/sie kann nicht kochen
	riscaldato/-a (al microonde)	(in der Mikrowelle) erwärmt
	grassoccio/-a	etwas/ziemlich dick
	a destra	rechts
	il chiacchierone, la chiacchierona	Schwätzer/-in, Plaudertasche
	stare a parlare	längere Zeit über etwas sprechen
	il cịnema	das Kino; die Filmkunst
	per ore	stundenlang
	quando	(jedesmal) wenn; wann
	insieme	zusammen
	andare a letto	ins Bett gehen
	tardi	spät
	ụltimo/-a	letzte/r
	a sinistra	links
	venire*	kommen
	dall'Ucraina	aus der Ukraine
	tịmido/-a	schüchtern
	poco *avv*	wenig
	carino/-a	nett; hübsch
	qualcuno	jemand
	il problema *pl* problemi	Problem
	il computer	Computer
	l'esperto	Experte
18	robusto/-a	robust, von kräftiger Statur
	basso/-a	klein (*Körpergröße*)
	antipạtico/-a	unsympathisch
	giọvane	jung
	anziano/-a	alt
20	**l'attore** *m*, **l'attrice** *f*	Schauspieler/in
	il/la cantante	Sänger/in
	il personaggio della polịtica	bekannte Persönlichkeit aus der Politik
	il personaggio	Persönlichkeit, bekannte Person
	la polịtica	Politik
	il mondo dell'industria	*hier:* Bereich der Industrie
	il mondo	Welt

	famoso/-a	berühmt
	azzurro/-a	himmelblau
	bravo/-a	gut, tüchtig
	l'ex marito	Ex-Mann
21	piacere*	gefallen
	andare al cịnema	ins Kino gehen
	camminare	(spazieren) gehen, laufen
	il jazz	Jazz
	abbastanza	ziemlich, einigermaßen
	tanto	so, so viel, sehr
	per niente	überhaupt nicht
23	amare	lieben
	il poeta *pl* poeti	Dichter
	locale	ortsansässig, einheimisch, aus der Gegend
	s'interessa d'arte *inf* interessarsi	er/sie interessiert sich für Kunst
	un patito di Fọrmula Uno	Formel 1-Fan
25	mi interesso di *inf* interessarsi	ich interessiere mich für
G1	**il libro**	Buch
G2	**la cosa**	Sache
G3	clạssico/-a	klassisch
G4	**la canzone**	Lied
	ballare	tanzen
	il film	Film
	la mạcchina	Auto
	il CD	CD
	ascoltare	(an-/zu-)hören
	scrịvere*	schreiben
G6	**portare**	tragen
	suonare	(ein Instrument) spielen
	il pianoforte	Klavier
	il naso	Nase
G7	**chiuso/-a**	geschlossen, verschlossen

Unità 4

	la vita	Leben
	quotidiano/-a	Alltags...
	che cosa?	was?
	di sọlito	für gewöhnlich
	l'abitụdine *f*	Gewohnheit
	dire*	sagen
	l'ora	Stunde; Uhrzeit
	il giorno (della settimana)	(Wochen-) Tag
	la settimana	Woche
	la parte	Teil
	la giornata	Tag (in seinem Verlauf)
	indicare	angeben
	la durata	Dauer
	la frequenza	Häufigkeit
	l'azione *f*	Tätigkeit
1	abbinare	zuordnen
	l'immạgine *f*	Bild, Abbildung
	andare a scuola/lezione	zur Schule/zum Unterricht gehen

la scuola	Schule
la lezione	Lektion, Unterrichtsstunde
apparecchiare la tạvola	Tisch decken
la tạvola	Tisch
la palestra	Sporthalle, Fitnessstudio
fare la doccia	duschen
lavare i piatti	Geschirr spülen
la chitarra	Gitarre
2 il diạlogo	Dialog
scẹgliere*	(aus-) wählen
la risposta	Antwort
giusto/-a	richtig
la fermata (dell'autobus)	(Bus-) Haltestestelle
l'ạutobus *m*	(Auto-) Bus
la mattina	(am) Morgen/Vormittag
alzarsi	aufstehen
alle ...	um ... Uhr
verso le ...	gegen ... Uhr
la domẹnica	Sonntag
dormire	schlafen
fino a ...	bis ...
stare a letto	im Bett bleiben
il letto	Bett
presto	früh
fare colazione	frühstücken
3 **chiamare**	rufen; nennen
svegliarsi	aufwachen
prepararsi	sich fertig machen, sich vorbereiten
veloce	schnell
esco	ich gehe (aus dem Haus)
uscire* (di casa)	(Haus/Wohnung) verlassen, weggehen; ausgehen
il quarto d'ora	Viertelstunde
lasciare	lassen
il parcheggio	Parkplatz
mezz'ora	halbe Stunde
la facoltà	Fakultät
suonare	klingeln; klingen
la sveglia	Wecker
sotto	unter
la coperta	(Bett-/Woll-) Decke
riaddormentarsi	wieder einschlafen
urlare	schreien
dalla cucina	aus der Küche
la cucina	Küche
mẹttersi* un vestito	sich ein Kleid anziehen
il vestito	Kleid; Anzug; Kleidung
qualunque	beliebige/r
e via alla stazione	und ab zum Bahnhof
la stazione	Bahnhof
ora che sono in pensione	jetzt, wo ich im Ruhestand bin
ora *avv*	jetzt
la pensione	Ruhestand, Rente
restare	bleiben
con calma	in Ruhe
la calma	Ruhe
il bagno	Badezimmer

lavarsi	sich waschen
farsi la barba	sich rasieren
vestirsi	sich anziehen
ogni	jede/r
cọrrere*	rennen
preparare	vor-/zubereiten
prima	vorher
truccarsi	sich schminken
in fretta	schnell, in Eile
nel frattempo	in der Zwischenzeit
4 rilẹggere*	noch einmal lesen
rispọndere*	antworten
prima di tutti	vor allen anderen
osservare	beobachten, genau ansehen
completare	vervollständigen
notare	bemerken
la coniugazione	Konjugation
il verbo	Verb
riflessivo/-a	reflexiv
Ci sono differenze? *inf* ẹsserci	Gibt es Unterschiede?
la differenza	Unterschied
5 indicato/-a *inf* indicare	angegeben
tra parẹntesi	in Klammern
la notizia	Nachricht
la radio	Radio
6 **la frase**	Satz
fare un confronto	vergleichen, gegenüber stellen
7 l'inchiesta	Untersuchung, Umfrage; Ermittlung
l'aiuto	Hilfe
la domanda	Frage
il punto	Punkt
8 l'ora espressa in modo informale	*etwa:* die Uhrzeit, umgangssprachlich ausgedrückt
l'orologio	Uhr
controllare	kontrollieren
sono le tre e un quarto	es ist Viertel nach drei
le sette e mezza	halb acht
è mezzogiorno e mezzo	es ist halb eins
è l'una	es ist ein Uhr
le quattro meno un quarto	Viertel vor vier
meno	weniger
Che ora è?	Wie spät ist es?
Che ore sono?	Wie spät ist es?
9 in modo formale	*hier:* als offizielle Ansage/Angabe
breve	kurz
la situazione	Situation
ufficiale	offiziell
formale	förmlich, formal, ausdrücklich
l'orario	Zeit(-plan); Fahrplan
l'aẹreo	Flugzeug
il programma	Programm
10 **esatto/-a**	genau
la coppia	Paar
a turno	abwechselnd

11	la giornata tipo	typischer Tag/Tagesablauf
	la tabella	Tabelle
	a piedi	zu Fuß
	perché	weil
	lunedì *m*	Montag
	martedì *m*	Dienstag
	mercoledì *m*	Mittwoch
	giovedì *m*	Donnerstag
	venerdì *m*	Freitag
	sạbato *m*	Samstag
	dalle ... (fino) alle ...	von ... bis ... (*zeitlich*)
	il pomeriggio	der/am Nachmittag
	pranzare	zu Mittag essen
	la mensa	Mensa, Kantine
	nel weekend	am Wochenende
	il weekend	Wochenende
	il tempo	Zeit
	riposarsi	sich ausruhen
	qualche volta	manchmal
	l'impiegato/-a	Angestellte/r
	la biblioteca	Bibliothek, Bücherei
	dipẹndere* (da)	abhängen (von), ankommen (auf)
	il turno (di mattina)	(Früh-) Schicht
	posso	ich kann
	le faccende	Angelegenheiten
	la cena	Abendessen
	la sera	der/am Abend
	prima di	vor (*zeitlich*)
	(non ...) mai	nie
	il giorno	*hier:* tagsüber
	prepararsi qualcosa	sich etwas (zu essen) zubereiten
	il frigo/frigorịfero	Kühlschrank
	oppure	oder, oder auch
	il panettiere	Bäcker
	tranne	außer
	arrivare	an-, hinkommen
	devo *inf* dovere	ich muss
	aprire*	öffnen
	raramente *avv*	selten
	andare a dormire	schlafen gehen
	ẹssere lịbero/-a	frei haben
	due volte	zwei Mal
	l'orario di lavoro	Arbeitszeit
	il tempo lịbero	Freizeit
	esprịmere*	ausdrücken
12	descrịvere*	beschreiben
13	intervistare	befragen, interviewen
	scambiarsi i ruoli	die Rollen tauschen
	a che ora	um wie viel Uhr
	cenare	zu Abend essen
14	l'agenda	Notizbuch
	l'impegno	Verpflichtung; Verbindlichkeit, Fleiß, Einsatz
	la partita (di calcetto)	(Fußball-) Spiel (auf kleinerem Feld)
	l'appuntamento (dal dentista)	(Zahnarzt-) Termin; Treffen, Verabredung
	il/la dentista	Zahnarzt/ärztin
	la riunione di lavoro	Arbeitstagung, Besprechung
	la riunione	Vereinigung, Zusammenkunft, Versammlung
	il concerto	Konzert
	quale ...?	welche/r ...?
15	**fissare un appuntamento**	einen Termin vereinbaren
16	**segnare**	markieren
	cọmpiere	verrichten, tun, durchführen
	ogni tanto	ab und zu
	andare a teatro	ins Theater gehen
	il teatro	Theater
	il giornale	Zeitung
	andare a cena fuori	abends zum Essen ausgehen
	fuori	draußen, heraus, auswärts, außerhalb, außen
	guardare	(an-, zu-) sehen
	la televisione/la TV	Fernsehen, Fernseher
	gli avverbi di frequenza	Häufigkeitsadverbien
17	**l'espressione** *f*	Ausdruck, Wort, Äußerung
	iniziare	beginnen
	tutte le mattine	jeden Morgen
	il pranzo	Mittagessen
	come traducete	wie übersetzen Sie
	tradurre*	übersetzen
18	**svọlgersi***	verlaufen
	scrịvere*	schreiben
	usare	benutzen
	la pausa	Pause
	l'ufficio	Büro
	la piscina	Schwimmbad
19	una giornata da organizzare	ein Tag, den man planen muss
	organizzare	planen, organisieren
	la telefonata	Telefongespräch
	ricẹvere	erhalten
	l'e-mail *f*	E-Mail
	carịssimo/-a	liebste/r, sehr lieb
	da molto tempo	seit langem
	stasera	heute Abend
	varie cose da sbrigare	verschiedene Sachen zu erledigen
	vario/-a	verschieden(artig), unterschiedlich, abwechlungsreich
	sbrigare	erledigen
	organizzarsi	(sich Zeit/Aufgaben einteilen) sich organisieren
	vedere*	(an-)sehen
	far (= fare) riparare	reparieren lassen
	riparare	reparieren
	il regalo	Geschenk
	il compleanno	Geburtstag
	farsi i capelli	sich die Haare schneiden/frisieren lassen
20	l'indomani	nächster Tag
	la borsa	(Hand-) Tasche

	il biglietto	Zettel, (Visiten-) Karte; Fahrschein, Ticket
	riguardare	betreffen, angehen
	precedente	vorige/r
21	**contare**	zählen
	la lettera	Buchstabe
	confrontare	vergleichen
	il risultato	Ergebnis
	l'aspetto	Aussehen
G3	**mezzanotte**	Mitternacht
	chiudere*	schließen
G4	**l'opera**	Oper
	la pizzeria	Pizzeria
G6	**domani**	morgen
	il parrucchiere	(Damen-) Friseur
	la posta	Post
G8	**la campagna**	Land, ländliche Gegend

Ripasso 2

	la barca	Boot
	l'arcipelago toscano	toskanischer Archipel
	la gita (in barca)	(Boots-) Ausflug
	l'isola	Insel
	Buon divertimento!	Viel Spaß!
	primo/-a	erste/r
	la tappa	Etappe
	programmare	planen; programmieren
	la reception dell'hotel	Hotelrezeption
	possibile	möglich
	tra voi	*hier:* untereinander
	il matrimonio	Hochzeit; Ehe
	che si sposa	die heiratet
	l'informazione *f*	Auskunft; Benachrichtigung
	lo sposo	Bräutigam
	il/la parente *m/f*	Verwandte/r
	la festa	Fest
	tipico/-a	typisch
	visitare	besichtigen
	partire	abfahren, -fliegen, -reisen
	la strada	Straße
	informarsi su/di	sich informieren über
	la vegetazione	Vegetation
	fare* una camminata	spazieren (gehen)
	la camminata	Spaziergang; Wanderung
	l'oleandro	Oleander
	la pianta di mirto	Myrte
	l'appetito	Appetit
	l'organizzazione *f*	Organisation
	necessario/-a	notwendig
	successivo/-a	(darauf-) folgend
	il porto	Hafen
	l'esilio	Exil
	fare* un po' di relax	sich entspannen
	le terme	Thermen, Thermalquellen
	l'istruzione *f*	Anleitung
	il gioco	Spiel
	la pagina	Seite
1	il senso	Sinn
2	memorizzare	im Gedächtnis behalten

Unità 5

	scusi	entschuldigen Sie
	vorrei	ich möchte
	dare*	geben
	il prezzo	Preis
	l'indicazione stradale	Wegbeschreibung
	l'indicazione *f*	Angabe
	acquistare	kaufen
	prenotare	reservieren, buchen
	la stanza	Zimmer
	l'albergo	Hotel
1	si può	man kann
	la nave	Schiff
	la moto	Motorrad
	l'autostop	Anhalter, Autostop
	la bicicletta	Fahrrad
	il tram	Straßenbahn
	la metro(politana)	U-Bahn
	andare a piedi	zu Fuß gehen
2	**il mezzo** di trasporto	Verkehrsmittel
	l'ordine *m*	Ordnung, Reihenfolge
	in cui si svolgono	an denen (die Gespräche) geführt werden
3	**l'aeroporto**	Flughafen
	ferroviario/-a	Zug..., Eisenbahn...
	il traffico	Verkehr
4	**una volta**	ein Mal
	la compagnia	(Flug-)Gesellschaft
	deve *inf* dovere	er/sie muss/soll
	durare	dauern
	il traghetto	Fähre
5	**la partenza**	Abreise, -fahrt
	l'arrivo	Ankunft
	il tipo di treno	Art des Zuges
	la carrozza	Waggon
	il posto	Platz
	il costo	Preis, Kosten
	la classe	Klasse
6	**il viaggiatore**	Reisender
	l'Eurostar	eine Art ICE
	cambiare	*hier:* umsteigen
	la prima classe	1. Klasse
	secondo/-a	zweite/r
7	riascoltare	noch einmal hören
	dovere*	müssen, sollen
	per Napoli	nach Neapel
	la coincidenza	Anschluss(zug)
	l'attimo	Moment
	il minuto	Minute
	altro/-a	andere/r
	a quell'ora	zu der Zeit
	essere* in ritardo	Verspätung haben
	il ritardo	Verspätung

	con prenotazione obbligatoria	reservierungspflichtig
	la prenotazione	Reservierung
	obbligatorio/-a	obligatorisch
	costoso/-a	teuer
	il supplemento	Zuschlag
	costa	*etwa:* ist ganz schön teuer
	cọmodo/-a	bequem, günstig (*zeitlich*)
	su questo ha ragione	da haben Sie Recht
	aver* ragione	Recht haben
8	ricercare	suchen
	a disposizione	zur Verfügung
	la possibilità	Möglichkeit
9	il tipo di volo	Art des Flugs
	il volo	Flug
	diretto/-a	direkt
	lo scalo	Zwischenlandung
	Roma Fiumicino	*Flughafen von Rom*
	sapere	wissen; erfahren; können
	altrimenti	sonst, ansonsten
	fare scalo	zwischenlanden
	purtroppo	leider
	previsto/-a	planmäßig, vorgesehen
10	prẹndere* il ruolo	die Rolle übernehmen
	il passeggero	Passagier
	turịstico/-a	Touristen..., touristisch
11	**il binario**	Gleis
	eventuale	eventuell, möglich
	interregionale	überregional
	regionale	regional
12	**il vantaggio**	Vorteil
	la promozione	Werbung, *hier:* Werbeangebot
	per chi prenota	für diejenigen, die buchen
	l'offerta	Angebot
	confortẹvole	bequem
	conveniente	passend; vorteilhaft
	luglio *m*	Juli
	settembre *m*	September
	vạlido/-a	gültig
	la notte	Nacht
	occorre *inf* occọrrere	man muss
	gratụito/-a	gratis
	avvenire*	geschehen
	contemporaneamente *avv*	gleichzeitig
	l'acquisto	Kauf, Erwerb
	proporre*	vorschlagen
	bisogna	man muss
13	**la provincia**	Provinz
	il politẹcnico	Polytechnikum, Technische Universität
	contịnuo/-a	fortwährend
	scẹndere*	aussteigen, herunterkommen
	salire*	einsteigen, hinaufsteigen
	cercare casa	eine Wohnung suchen
	la casa	Haus
	ieri	gestern
	senza	ohne
	l'aria condizionata	Klimaanlage
	sedersi*	sich setzen
	davanti a me	vor mir
	con cui parlo	mit dem/der ich rede
	dopo aver visto	nachdem ich gesehen habe
	ẹssere ora (di)	an der Zeit sein
	risalire*	wieder einsteigen
	pakistano/-a	pakistanisch
	a un certo punto	an einem bestimmten Punkt
	tirare fuori	herausholen
	il vassoio	Tablett, Platte
	la prugna	Pflaume
	è per queste giornate che	es ist wegen solcher Tage, dass
	riuscire*	gelingen, können
	il nemico	Feind
	la fortuna	Glück
	enorme	enorm
	lontano/-a (da)	weit weg (von)
	comunicare	kommunizieren
14	**se**	ob; falls, wenn
	sbagliato/-a	falsch
	fa caldo	es ist warm
15	**mẹttere in ọrdine**	aufräumen
	mẹttere*	setzen, stellen, legen
	seguente	folgende/r
	in modo da ricostruire il contenuto	um den Textinhalt zu rekonstruieren
	ricostruire (-isc)	rekonstruieren
	il contenuto	Inhalt
	possiamo *inf* potere	wir können
	vogliamo *inf* volere	wir wollen
	conọscere	kennen (lernen)
	la persona	Person
	fortunato/-a	glücklich
	di nuovo	wieder, von neuem
16	personalmente *avv*	persönlich
	a me	mir
17	corrispondente	entsprechend
	attraversare	überqueren
	dritto	geradeaus
	il semạforo	Ampel
	girare	abbiegen
	a destra	(nach) rechts
	l'incrocio	Kreuzung
	le scale mọbili	Rolltreppe
	passare	vorbei gehen/kommen
	il ponte	Brücke
18	il percorso	Strecke
	la cartina	Karte
	la legenda	Legende
19	mi scusi	Entschuldigen Sie (mich)
	per andare ...	wie komme ich ... ?
	in questo perịodo	in dieser Zeit
	il perịodo	Zeit(raum)
	diffịcile	schwierig
	muọversi*	sich bewegen, *hier:* vorankommen
	l'evento	große Veranstaltung
	la manifestazione	Veranstaltung

dedicato/-a	gewidmet
che bello	wie schön
parcheggiare	parken
proprio qui di fronte	genau hier gegenüber
di fronte (a)	gegenüber
a pagamento	gebührenpflichtig
se vuole *inf* volere	wenn Sie wollen
lì	dort, da
fạcile	leicht
portare	führen
direttamente *avv*	direkt
trovarsi	sich befinden
il corso	Hauptstraße, Korso
proseguire	weiter gehen
lungo	entlang
trovare	finden
ripẹtere	wiederholen
in breve	kurz
infine	schließlich
percọrrere*	durchlaufen, -fahren
in fondo a	am Ende
senta	hören Sie
la zona	Gegend
all'aperto	im Freien
guardi	schauen Sie (mal)
appeso/-a	aufgehängt
dappertutto	überall
formulare	formulieren
la rẹgola	Regel
21 ricomponete *inf* ricomporre	setzen Sie zusammen
Ragazzi!	Jungs, Leute!
pẹrdere*	verpassen; verlieren
il centro stọrico	historischer Stadtkern
l'agenzịa	Agentur; Reisebüro
22 il sịmbolo	Symbol
l'ascensore *m*	Fahrstuhl
l'animale *m*	Tier
ammesso/-a	zugelassen
il servizio ịnternet	Internetzugang
la cạmera	Zimmer
23 il dépliant	Prospekt
la descrizione	Beschreibung
il tịtolo	Titel
appropriato/-a	passend
benvenuto/-a	willkommen
i servizi	Service; Bedienung; Bad
situato/-a	gelegen
il castello	Schloss
antico/-a	antik
la roccaforte	Festung
del 1550	aus dem Jahr 1550
a pochi passi dal mare	wenige Schritte vom Meer entfernt
il passo	Schritt
elegante	elegant
la stella	Stern
ha dimenticato *inf* dimenticare	hat vergessen
il passato	Vergangenheit
curato/-a *inf* curare	gepflegt
l'arredo	Einrichtung
semplicemente *avv*	einfach
funzionale	funktional
godere di	genießen; besitzen
la vista sul mare	Meeresblick
con minor vista	mit weniger Aussicht
silenzioso/-a	ruhig
affacciarsi sul retro	nach hinten gehen
dotato/-a	ausgestattet
il climatizzatore	Klimaanlage
la TV satellitare	Satellitenfernsehen
la cassaforte	Tresor
il minibar	Minibar
la terrazza panorạmica	Panoramaterrasse
il garage	Garage
il giardino	Garten
la sala conferenze	Konferenzraum
aperto alla clientela esterna	für externe Kunden geöffnet
aperto/-a	geöffnet
24 il modo	Art, Weise
adeguato/-a	passend
tranquillo/-a	ruhig
il parco	Park
privato/-a	privat
quasi	beinah, fast
arredato/-a	eingerichtet
lo stile	Stil
sẹmplice	einfach
raffinato/-a	raffiniert, ausgesucht
l'accesso ịnternet	Zugang zum Internet
il frigobạr	Kühlschrank im Hotelzimmer
la cassetta di sicurezza	Safe, Tresor
l'asciugacapelli *m*	Fön
disporre* di	verfügen über
il terrazzo	Terrasse
servizi privati	*hier:* eigenes Bad
26 più volte	öfters, mehrmals
il cliente	Kunde
desiderare	wünschen
l'albergatore *m*	Hotelier
l'adulto/-a	Erwachsene/r
la mezza pensione	Halbpension
alla fine	schließlich, am Ende
la fine	Ende
27 **confermare**	bestätigen
interessare	interessieren
Gentili Signori	Sehr geehrte Damen und Herren
con la presente	mit diesem Schreiben
in attesa della Vostra risposta	in Erwartung Ihrer Antwort
inviare	schicken
cordiali saluti	freundliche Grüße
il saluto	Gruß
cordiale	herzlich
28 **la doppia**	Doppelzimmer

	la singola	Einzelzimmer
	la tripla	Dreibettzimmer
29	**il/la collega**	Kollege/in
	intenso/-a	intensiv, stark
	il progetto	Projekt, Plan
	la gita (in barca)	(Boots-) Ausflug
	informale	*hier:* ungezwungen
	senza troppe comodità	ohne allzu viel Komfort
	isolato/-a	abgeschieden
	meditare	meditieren
	la cucina genuina	ursprüngliche Küche
	consigliare	raten, empfehlen
	ognuno/-a	jede/r (einzelne)
	l'agriturismo	Ferienunterkunft auf dem Land
	l'oasi *f*	Oase
	la pace	Frieden
	le colline etrusche	etruskische Hügel
	la collina	Hügel
	lo splendore	Glanz, Blüte
	il monastero	Kloster
	l'ospite *m/f*	Gast
	alloggiare	beherbergen, unterbringen
	la cella	Zelle
	l'uomo *pl* uomini	Mann
	la foresteria	Gästehaus
	la spiaggia	Strand
	bianco/-a	weiß
	le più belle grotte marine	die schönsten Meeresgrotten
	creare	erschaffen
	vasto/-a	ausgedehnt, weit
	l'area	Gebiet
	il campeggio	Campingplatz
	il brano	Auszug, -schnitt
	l'insegnante *m/f*	Lehrer/in
31	**decidere***	beschließen, entscheiden
	l'affermazione *f*	Aussage
32	il significato	Bedeutung
G1	**fumare**	rauchen
G5	**il supermercato**	Supermarkt

Unità 6

	l'evento	Ereignis
	passato/-a	vergangen
	Come hai passato ...?	Wie hast du ... verbracht?
	passare	verbringen; vorbeigehen, -fahren; vergehen
	il fatto	Ereignis, Angelegenheit, Sache
	collocare le azioni nel tempo	Handlungen zeitlich einordnen
	collocare	aufstellen, unterbringen, einordnen
1	a cui si riferiscono	auf das sich beziehen
	riferirsi (a) (-isc)	sich beziehen (auf)
	stare in compagnia	in Gesellschaft sein
	la compagnia	Gesellschaft
	lo sci	Ski
	la settimana bianca	Ski-/Winterferien
	noleggiare	(Auto, Boot, Rad) (ver-)mieten
	la montagna	Berg, Gebirge
	sciare	Ski fahren
	la fontana	(Spring-) Brunnen
	prendere* il sole	sich sonnen
	il sole	Sonne
	fare* un giro in barca	eine kleine Bootsfahrt machen
	il giro	Rundgang, -fahrt, Reise
	il picnic	Picknick
	pulito/-a	sauber
	fare il bagno	baden
	la funivia	Seilbahn
	ammirare	bewundern
	l'opera (d'arte)	(Kunst-) Werk
	l'arte *f*	Kunst
	lo snowboard	Snowboard
	il bosco	Wald
	la neve	Schnee
	l'onda	Welle
	la chiesa	Kirche
	il museo	Museum
	il costume da bagno	Badehose, -anzug
	in riva al mare	am Meeresufer
	la riva	Ufer
	la mostra	Ausstellung
	il contatto	Kontakt
	la natura	Natur
	l'ombrellone *m*	Sonnenschirm
	fare shopping	einen Einkaufsbummel machem
	il monumento	Denkmal
2	preso d'assalto *inf* prendere	gestürmt, überfallen
	il treno speciale	Sonderzug
	(per) **il Sud**	(nach) Süden
	l'esodo d'agosto	*hier: die* Flucht aus den Städten in den August-Urlaub
	la coda	Stau, Schlange
	l'autostrada	Autobahn
	la fila	Schlange, Stau; Reihe
	il chilometro	Kilometer
	il veicolo	Fahrzeug
	la colonna	Kolonne; Textspalte
	il confine	Grenze
	la Slovenia	Slowenien
	la vignetta	Karikatur
	provare	versuchen
	riferirsi (a) (-isc)	sich beziehen auf
	le vacanze più belle	die schönsten Ferien
	programmare	planen; programmieren
	montare in macchina	ins Auto steigen
	portare	(hin-)bringen; tragen

3	**la parola**	Wort
	uno dopo l'altro	einer nach dem anderen
	la lịnea	Linie
	divịdere*	trennen
	il territorio	Territorium
	lo stato	Staat
	sovraffollato/-a	überfüllt
	pieno/-a di	voll (von)
	la gente	Leute
	aspettare	warten, erwarten
	il tempo	Wetter
	si registrano *inf* registrare	werden gemessen; messen
	l'uso	Gebrauch
5	tutto ciò che	alles was
6	tra (di loro)	zwischen (ihnen)
	l'oggetto	Gegenstand
	gli occhiali da sole	Sonnenbrille
	il cappello	Hut
	il berretto	Mütze, Kappe
	l'asciugamano	Handtuch
	le ciabatte da mare	Badelatschen
	la crema solare	Sonnencreme
	ci	da, dort
	per caso	zufällig
	visto *inf* vedere	gesehen
	guarda *inf* guardare	schau mal
	piuttosto	*hier:* übrigens
	oddịo	oh Gott
	sta a vedere	*etwa:* du wirst sehen, dass
	rimasto/-a *inf* rimanere	geblieben
	a casa	zu Hause
	fermarsi	kurz irgendwo vorbei gehen um etw zu erledigen; bleiben; halten
	il minimarket	kleiner Supermarkt
7	ho finito le sigarette *inf* finire	meine Zigaretten sind alle
8	**trascọrrere***	(Zeit) verbringen
	stamattina	heute Morgen
	incontrare	(an-) treffen
	mandare	schicken
	l'sms *m*	Sms
	il messaggio	Nachricht
	appena	gerade
	x (= per)	für
	la sosta	Rast
	GE (=Genova)	Genua
	tra poco	in Kürze
	tra	in (zeitlich)
	a + tardi (= a più tardi)	bis später
	tvb (= ti voglio bene)	ich habe dich gern/lieb
	il linguaggio	Sprache, Sprechweise
	il messaggino	kurze Nachricht
9	**l'intervista**	Interview
	la trasmissione	Übertragung
	il villaggio (turịstico)	(Ferien-) Dorf
10	**l'esperienza**	Erfahrung
	la prima volta	das erste Mal
	corrẹggere*	korrigieren
	corrispọndere*	entsprechen
11	il passato prọssimo	Perfekt
	lo studio	Studio
	sẹttimo/-a	siebte/r
	la puntata	Folge, Teil
	dare il benvenuto	willkommen heißen
	certo *avv*	gewiss, sicher
	fantạstico/-a	fantastisch
	proprio	*hier:* wirklich, richtig
	durante	während
	montare	aufbauen
	la tenda	Zelt
	comprare da mangiare	zu essen kaufen
	il riposo	Ruhe, Erholung
	la fatica	Mühe
	il divertimento	Spaß, Unterhaltung
13	verificare	überprüfen
	l'ipọtesi *f*	Hypothese, Vermutung
14	fin dal primo giorno	vom ersten Tag an
	all'aria aperta	im Freien
	godersi qc	etw genießen
	la tranquillità	Ruhe
15	scọrrere*	vergehen
	l'inverno	Winter
	l'autunno	Herbst
	anni fa	vor Jahren
	ricomporre*	wiederzusammenfügen
17	gennaio *m*	Januar
	febbraio *m*	Februar
	marzo *m*	März
	aprile *m*	April
	maggio *m*	Mai
	giugno *m*	Juni
	luglio *m*	Juli
	agosto *m*	August
	setttembre *m*	September
	ottobre *m*	Oktober
	novembre *m*	November
	dicembre *m*	Dezember
	in/d' inverno	im Winter
	in/a gennaio	im Januar
19	il bagnino	Bademeister
	giornaliero/-a	täglich, pro Tag
	la bassa stagione	Nachsaison
	la media stagione	Zwischensaison
	l'alta stagione	Hochsaison
20	sottolineare	unterstreichen
	attribuire (-isc)	zuordnen
	il lettino	(Strand-) Liege
	occupato/-a	besetzt, belegt
	volere*	wollen
	caro/-a	teuer
	veramente *avv*	wirklich
	spẹndere*	ausgeben
	così tanto	so viel
	quarto/-a	vierte/r
	far vedere*	zeigen
	esattamente *avv*	genau
	laggiù	da unten
	la sdraio	Liegestuhl
	rosso/-a	rot

	può andare	das kann gehen
23	**la cartolina**	Postkarte
	un sacco di	*etwa:* eine ganze Menge, ein Haufen
	tantissimo/-a	sehr viel(e)
	la torre	Turm
	etrusco/-a	etruskisch
	emozionante	aufregend
	il Palio	*traditionelles Pferderennen*
	vincere*	gewinnen
	la contrada	Stadtviertel, -bezirk
	cioè	das heißt
	la tartaruga	Schildkröte
	indimenticabile	unvergesslich
	fra tre giorni	in drei Tagen
	rientrare	zurückkehren
	non appena	sobald
	scattare una foto	ein Foto machen
	l'abbraccio	Umarmung
	a presto	bis bald
25	**per me**	meiner Meinung nach
	rilassante	entspannend
	noioso/-a	langweilig
	divertente	amüsant, unterhaltsam
	essere d'accordo	einverstanden sein
26	il cartello	(Hinweis-) Schild
	la vendita	Verkauf
	l'assistenza	Hilfe, Kundendienst
	il tempo medio	durchschnittliche Zeit
	la velocità (massima)	(höchstzulässige) Geschwindigkeit
	permettere*	erlauben
	il centro abitato	geschlossene Ortschaft
	in caso di	im Falle von
	il pagamento	Bezahlung
	il pedaggio	Mautgebühr
	rivolgersi* a	sich wenden an
27	vi è mai capitato	ist es Ihnen je passiert
	capitare	vorkommen, geschehen
	rilassarsi	sich entspannen
	deludere*	enttäuschen
	il contrario	Gegenteil
	una domenica andata male	ein Sonntag, der schlecht verlaufen ist
	noto/-a	bekannt
28	la critica	Kritik
	verso qn/qc	gegenüber jdm/etw
29	la crocetta	Kreuzchen
30	il finale	Schlussteil
G3	**aiutare** qn	jdm helfen
	accompagnare	begleiten
G4	**matrimoniale**	Ehe...

Ripasso 3

	giorno per giorno	Tag für Tag
	la sistemazione	Unterbringung
	il mattino	Morgen
	la visita	Besuch, Besichtigung
	la grotta	Grotte
	la mattinata	Vormittag
	l'escursione *f*	Ausflug, Exkursion
	il cratere	Krater
	il rientro	Rückkehr
	intero/-a	vollständig, ganz
	la località	Ortschaft
	so fare	ich kann
	so farlo bene	das kann ich gut
	voglio migliorare	ich will mich verbessern
	le informazioni stradali	Informationen zum Verkehr; Wegbeschreibungen
1	**riflettere**	überlegen, nachdenken
	il criterio	Kriterium
	la lingua madre	Muttersprache
	automaticamente *avv*	automatisch
	la tecnica	Technik
	il senso globale	globaler Sinn
	concentrarsi su	sich konzentrieren auf
	il dettaglio	Detail
	Come si preparano le lasagne ?	Wie bereitet man Lasagne zu?
2	il metodo	Methode
	la lettura	Lektüre
	adottare	*hier:* anwenden
	scatenarsi	sich entfesseln
	la corsa all'oro	Ansturm aufs Gold
	richiamare	*hier:* anlocken
	la California	Kalifornien
	migliaia di cercatori	Tausende von Goldsuchern
	la Baviera	Bayern
	emigrare	auswandern
	un certo	ein gewisser
	il sarto	Schneider
	allargare	erweitern, ausweiten
	il commercio	Handel
	l'ambiente *m*	Umfeld, Kreis, Umgebung
	il cercatore d'oro	Goldsucher
	imbarcarsi	sich einschiffen
	vendere	verkaufen
	il minatore	Bergarbeiter
	il capo di vestiario	Kleidungsstück
	con sé	mit sich
	grosso/-a	dick, groß
	il rotolo	Rolle
	la tela	Gewebe, Leinwand, Tuch
	tessuto/-a	gewebt
	destinato/-a a	bestimmt für
	il campo	Feld
	i pantaloni *pl*	Hose
	chiamerà jeans	er wird sie Jeans nennen
	il gergo	Jargon
	viene chiamata	wird genannt
	inesauribile	unerschöpflich
	scoprire*	entdecken
	simile	ähnlich
	a trama diagonale	diagonal gewebt

	il filo tinto	gefärbter Faden
	blu indaco	indigoblau
	non c'è ragazzo che non sappia	es gibt keinen Jungen, der nicht weiß ...
	il filo dell'intreccio	Faden des Gewebes
	grezzo/-a	roh, unbearbeitet
4	con l'aiuto	mithilfe
	mettere* in pratica	in die Praxis umsetzen

Unità 7

	riferire (-isc)	berichten, mitteilen
	personale	persönlich
	l'abitazione *f*	Wohnhaus, Wohnung
1	chi erano?	wer waren?
	la professione	Beruf
	il/la musicista	Musiker
	il navigatore	Seefahrer
	lo scrittore, la scrittrice	Schriftsteller/in
	lo scienziato, la scienziata	Wissenschaftler/in
	il medico	Arzt/Ärztin
	il/la regista	Regisseur/in
	la pittrice	Kunstmalerin
	il/la pedagogista	Pädagoge/Pädagogin
3	svedese	schwedisch; Schwede/in
	Pippi Calzelunghe	Pipi Langstrumpf
	la fiaba	Märchen, Fabel
	amatissimo/-a	heiß geliebt
	l'India	Indien
	la giungla	Dschungel
4	**allora**	*hier:* damals
	corto/-a	kurz
	andare a cavallo	reiten
	il cavallo	Pferd
	il quartiere	Stadtviertel
	l'agenzia di viaggi	Reisebüro
	di cui è la responsabile	*hier:* das sie leitet
5	**l'attività**	Aktivität, Tätigkeit
6	**immaginarsi** qc	sich etw vorstellen
	a quel tempo	damals, zu jener Zeit
	non avevo che ...	ich hatte nur ...
	vago/-a	vage
	il ricordo	Erinnerung
	la città natale	Geburtsstadt
	dalla quale ero partita	von der ich weggegangen war
	a tre anni	mit drei Jahren
	soffrire*	leiden
	la nostalgia	Sehnsucht
	la ragazzina	junges Mädchen
	distinguere*	unterscheiden
	la bambola	Puppe
	vergognarsi	sich schämen
	vivo/-a	lebend, lebendig
7	l'imperfetto	Imperfekt
8	tutto il giorno	den ganzen Tag
	il laghetto	kleiner See
	giocare a nascondino	Versteck spielen
	la corsa	Rennen
	forte	stark
	rivedere*	wiedersehen
	da piccole	als wir kleine Mädchen waren
	qualche anno	einige Jahre
	le gambette	kurze Beine
	sottile	*hier:* dünn; schmal
	l'espressione *f* (da furbo)	(spitzbübischer) Gesichtsausdruck
	i capelli a spazzola	Bürstenhaarschnitt
	il cortile	Hof
	la gioia	Freude
	inseparabile	unzertrennlich
	ricordarsi	sich erinnern
	pronto/-a	bereit, fertig
9	**il colore**	Farbe
10	**ricordare**	(sich) erinnern
11	**divertirsi**	sich vergnügen
	gli anni 60	die 60er Jahre
	i baffi *pl*	Schnurrbart
	la barba	Bart
12	**da solo**	allein
	l'asilo	*hier:* Kindergarten
	nuotare	schwimmen
	il pallone	Fußball
	telefonare	telefonieren
13	**volare**	fliegen
	dipingere*	malen, bemalen
	sparire (-isc)	verschwinden
	pensare	denken
	incominciare	beginnen
	il sogno	Traum
	non ... mai più	nie mehr
	la mano *pl* le mani	Hand
	la faccia	Gesicht
	d'improvviso	plötzlich, mit einem Mal
	il vento	Wind
	rapire	entführen
	il cielo	Himmel
	infinito/-a	unendlich
	felice	glücklich
	lassù	da oben
	ancora più su	noch höher hinauf
	mentre	während
	pian piano	allmählich
	dolce	süß, sanft
	soltanto	nur
14	**meglio** *avv*	besser
	come	*hier:* als
	il destino	Schicksal
	la storia	Geschichte
	rappresentare	darstellen, bilden
	lo spartiacque	Wasserscheide; *hier:* Zäsur
	il segnalibro	Lesezeichen; *hier:* Trennstrich
	separare	trennen
	nascere*	geboren werden
	nella Roma degli anni cinquanta	im Rom der 50er Jahre

	grazie a	dank
	la collaborazione	Mitarbeit
	l'artista *m/f*	Künstler
	il toscano d'adozione	Wahltoskaner
	il compositore	Komponist
	il cantastorie	Bänkelsänger
	l'autore *m*	Autor
	il palcoscẹnico	Bühne
	il mịracolo	Wunder
	verso	in Richtung
	il boom econọmico	Wirtschaftsboom
	finalmente	endlich
	decollare	abheben, starten
15	il ruolo	Rolle
	provenire* (da)	stammen, herkommen
	per quanto tempo	wie lange
	econọmico/-a	wirtschaftlich
	un tempo	*hier:* früher
16	il mezzo di comunicazione	Kommunikationsmittel
	i mezzi di comunicazione	Medien
17	l'indạgine *m*	Untersuchung
	la polizịa	Polizei
	l'omicidio	Mord
	il palazzo	*hier:* Mehrfamilienhaus
	il commissario	Kommissar
	condurre*	leiten
	interrogare	befragen
	l'abitante *m/f*	Bewohner/in
	il soggiorno	Wohnzimmer
	la scala	Treppe
	il salone	Wohnzimmer
	sentire	hören
	la porta	Tür
	l'amante *m/f*	Geliebte/r
	farla finita	einer Sache ein Ende machen
	morto/-a	tot; gestorben
18	**uccịdere***	töten
	discụtere*	diskutieren
19	formare	bilden
	lavarsi i denti	sich die Zähne putzen
	lo specchio	Spiegel
	bloccarsi	stehen/hängen bleiben
	fare* jogging	joggen
	farsi* la doccia	duschen
20	**stabilire** (-isc)	bestimmen, entscheiden
	accadere	geschehen
	contemporạneo/-a	gleichzeitig
	abituale	gewohnt, gewöhnlich, üblich
	la pẹntola	Topf
	passeggiare	spazieren (gehen)
	la ditta (di costruzione)	(Bau-) Firma
	la badante	Pflegerin (meist eines älteren Menschen)
	la congiunzione	Bindewort
21	ad un certo punto	plötzlich
	avere* sonno	müde sein
	fare* in fretta	sich beeilen, schnell erledigen
	accọrgersi* di	etw bemerken
	assolutamente	unbedingt
	pazzesco/-a	verrückt
	ormai	mittlerweile, nun
22	la lạmpada	Lampe
	il divano	Sofa, Couch
	il lavandino	Waschbecken
	la vasca da bagno	Badewanne
	il tappeto	Teppich
	la librerịa	Bücherregal
	la scrivanịa	Schreibtisch
	la lavastoviglie	Geschirrspülmaschine
	la poltrona	Sessel
	il forno	Backofen
	l'armadio	Schrank
	il quadro	Bild
	la sedia	Stuhl
	una volta	*hier:* früher, damals
23	lo schizzo	Skizze
	il contadino	Bauer
	intorno	rings herum
	la gallina	Huhn
	il coniglio	Kaninchen
	il cane	Hund
	il gatto	Katze
	il punto di ritrovo	Treffpunkt
	il camino	Kamin
	accẹndere*	anzünden; anschalten
	al centro	in der Mitte
	pẹndere*	hängen
	il soffitto	Decke
	la credenza	Anrichte
	il ripostiglio	Abstellraum
	conservare	aufbewahren
	fresco/-a	frisch
	il piano superiore	obere Etage
	il corridoio	Korridor
	il legno	Holz
	lo stanzino	kleines Zimmer
	il gabinetto	Toilette
	la tinozza	Bottich, Badewanne
	il riscaldamento	Heizung
	né … né	weder … noch
	la lavatrice	Waschmaschine
	il forno elẹttrico	Elektroherd
	eppure	und dennoch
	il calore	Wärme
	l'agenzịa immobiliare	Immobilienagentur
24	affịttasi	zu vermieten
	affittare	(Zimmer/Wohnung/Haus) (ver-)mieten
	il bilocale	Zweizimmerwohnung
	vuoto/-a	leer
	il palazzo d'ẹpoca	historisches Wohngebäude
	composto/-a da *inf* comporre	bestehend aus
	l'ạngolo cottura	Kochecke
	il riscaldamento autọnomo	wohnungseigene Heizung
	mensile	monatlich

	le spese	Nebenkosten
	indipendente	unabhängig, *hier:* frei stehend
	il livello	(Wohn-) Ebene
	doppio/-a	doppelt, zweifach
	vẹndesi	zu verkaufen
	l'ọttimo stato	ausgezeichneter Zustand
	ọttimo/-a	ausgezeichnet
	la cucina abitạbile	Wohnküche
	ampio/-a	groß, weit
	il balcone	Balkon
	il piano terra	Erdgeschoss
	il cucinotto	Kochnische
	ristrutturato/-a	renoviert, modernisiert
25	l'esigenza	Bedürnis
	trasferirsi (-isc)	umziehen
	possibilmente	möglichst
	attorno	(rings)herum
26	tratto/-a da	entnommen aus
	capirsi (-isc)	sich verstehen
	l'idea	Idee
	speciale	besonders, speziell
	dạtegli	geben Sie ihm
27	mẹttere* nell'ọrdine giusto	in die richtige Reihenfolge bringen
28	secondo la vostra interpretazione	gemäß Ihrer Ansicht
G3	**cadere***	fallen
	il muro	Mauer
	allegro/-a	fröhlich
	squillare	klingeln (Telefon)
G5	i mondiali di calcio	Fußballweltmeisterschaft
G6	**la giacca**	Jacke

Unità 8

	proprio/-a	eigene/r
	l'annuncio di lavoro	Stellenanzeige
	sostenere un collọquio di lavoro	ein Bewerbungsgespräch führen
	sostenere*	tragen, unterstützen, halten, behaupten
	il collọquio di lavoro	Bewerbungsgespräch
	il consiglio	Ratschlag
1	**il/la giornalista**	Journalist/in
	lo/la stilista	Designer/in
	il direttore d'orchestra	Dirigent
2	relativo/-a	bezüglich
	venire* in mente a qn	jdm einfallen
3	nominare	nennen
	la segretaria	Sekretärin
	il benzinaio	Tankwart
	il/la camionista	Lkw-fahrer/in
4	Che lavoro fai?	Was machst du beruflich?
	fare* il/la ...	als ... arbeiten
	l'agenzịa pubblicitaria	Werbeagentur
5	**la parrucchiera**	Friseurin
	l'operatore informạtico, l'operatrice informạtica	EDV-Fachkraft
6	il suffisso	Suffix
	il dizionario	Wörterbuch
	la benzina	Benzin
	l'auto/automọbile *f*	Auto
7	utilizzare	(be-)nutzen
	l'aspirapọlvere *m*	Staubsauger
	il ferro da stiro	Bügeleisen
	il fon	Fön
	le fọrbici *pl*	Schere
	la stampante	Drucker
	la pila	Batterie
	il rullino	Film (für Fotoapparat)
	la scopa	Besen
	la spạzzola	Bürste
	la mạcchina fotogrạfica	Fotoapparat
	la tastiera	Tastatur
	il fotọgrafo, la fotọgrafa	Photograph/in
	la collaboratrice domẹstica	Haushaltshilfe
8	**lo stipendio**	Lohn, Gehalt
	l'assunzione *f*	Einstellung
	guadagnare	verdienen
	l'orario continuato	durchgehende Arbeits-/Öffnungszeit
	il licenziamento	Entlassung
	il telelavoro	Telearbeit
	a tempo pieno	ganztags
	a tempo determinato	befristet
	l'agenzịa interinale	Zeitarbeitsfirma
	a tempo indeterminato	unbegrenzt
	il contratto di lavoro	Arbeitsvertrag
	la formazione	Ausbildung, Bildung
	il/la dirigente	Leiter/in
	il/la lịbero/-a professionista	Freiberufler/in
	l'imprenditore/imprenditrice	Unternehmer/in
10	il pianeta	Planet
	l'evoluzione *f*	Evolution
	la crẹscita	Wachstum
	la componente	Kompenente, Bestandteil
	dinạmico/-a	dynamisch
	sta modificando	ändert gerade
	modificare	ändern
	la rapidità	Schnelligkeit
	le proprie coordinate sociali	*etwa:* die soziale Position
	sociale	sozial, gesellschaftlich
	influenzare	beeinflussen
	in misura determinante	entscheidend, maßgeblich
	lo sviluppo	Entwicklung
	il sistema *pl* i sistemi	System
	la ricerca	Forschung
	ISTAT	*ital. Statistikinstitut*
	restituire (-isc)	wiedergeben
	femminile	weiblich
	il movimento	Bewegung
	consentire	gestatten
	il/la protagonista	Hauptperson

la realtà	Wirklichkeit
culturale	kulturell
la donna	Frau
flessibile	flexibel
investire	investieren
conciliare	in Einklang bringen
una donna per la quale ...	eine Frau, für die ...
la terza età	Rentenalter
avviarsi	im Begriff sein; sich auf den Weg machen
culturalmente *avv*	kulturell
la fase di vita	Lebensphase
vivace	lebhaft
il domani	Morgen, Zukunft
la fiducia	Vertrauen
la dimensione	Dimension
l'identità	Identität
svolgere*	ausüben, verrichten
la tipologia	Typologie
crescere	wachsen, mehr werden
occupato/-a	beschäftigt
part-time	Teilzeit
l'orario	*hier:* Arbeitszeit
la modalità	Bedingung
in complesso	insgesamt
la posizione lavorativa	berufliche Position
la posizione	Position, Stellung
migliorare	verbessern
aumentare	(sich) vermehren, vergrößern
diminuire (-isc)	abnehmen, verringern
il lavoratore, la lavoratrice	Arbeiter/in
in proprio	selbständig
il/la coadiuvante	Mithelfer, Hilfs ...
il punto di vista	Gesichtspunkt
il cambiamento	Veränderung
l'importanza	Wichtigkeit, Bedeutung
seguire	*hier:* sich kümmern um
la norma	Norm
11 il punto in comune	Gemeinsamkeit
12 **il modulo**	Formular
richiedere*	verlangen; benötigen, erfordern
i dati personali *pl*	Angaben zur Person
il profilo personale	persönliches Profil
ungherese	ungarisch, Ungar/in
full-time	Vollzeit
interinale	vorläufig, zeitweilig
13 allattare	stillen
14 **la notizia** (di cronaca)	(Tages-) Nachricht
fra poco	bald, in Kürze
l'esame *m*	Prüfung
richiamare	zurückrufen
15 **lo straniero, la straniera**	Ausländer/in
conoscere	kennen, *hier:* können, beherrschen
16 aiutarsi	sich helfen
parlatene	sprechen Sie darüber
18 **adatto/-a**	passend, geeignet
il settore	Sektor, Gebiet

la moda	Mode
la creatività	Kreativität
la capacità organizzativa	organisatorische Fähigkeit
la voglia	Lust
la libertà	Freiheit
il legame	Bindung
la babysitter	Babysitter
disponibile	(einsatz)bereit
frequente	häufig
lo spostamento	*hier:* Ortsveränderung
l'estero	Ausland
il vitto	Verpflegung
l'alloggio	Unterkunft
il corso	Kurs
la massima serietà	höchste Zuverlässigkeit
il fumatore, la fumatrice	Raucher/in
contattare	Kontakt aufnehmen
entro e non oltre	bis spätestens
cercasi	gesucht wird
la stagione estiva	Sommersaison
estivo/-a	Sommer..., sommerlich
la gelateria	Eisdiele
la conoscenza	Kenntnis
la sede di lavoro	Arbeitsort
UD = Udine	Stadt im Friaul
il curriculum vitae	Lebenslauf
il fax	Fax
l'azienda	Unternehmen
l'ufficio commerciale estero	Außenhandelsbüro
la laurea	Hochschulabschluss
il diploma	Abschluss(zeugnis)
indispensabile	unverzichtbar
gli strumenti informatici *pl*	Instrumente der Datenverabeitung
la predisposizione	Veranlagung, Neigung
il lavoro in team	Teamarbeit
il CV = curriculum vitae	Lebenslauf
il campo	Feld, Gebiet
la sicurezza	Sicherheit
l'addetto	Zuständige/r, Verantwortliche/r
il centralino	Telefonzentrale, Vermittlung
la bella presenza	gutes Aussehen
la disponibilità	(Einsatz-)Bereitschaft
rinomato/-a	renommiert
il settore delle comunicazioni	Kommunikationsbereich
la traccia	Entwurf
19 **trattarsi** (di)	sich handeln (um)
il candidato, la candidata	Kandidat/in
20 cinese	chinesisch, Chinese/in
il programma al computer	Computerprogramm
il sito in Internet	Website
21 il maniaco del lavoro	Workaholic
il punteggio	Punktzahl
sentirsi in colpa	sich schuldig fühlen
il pensiero	Gedanken
tenere*	halten

	sveglio/-a	wach
	dare fastidio	stören
	al di fuori di	außerhalb von
	lamentarsi	sich beklagen
	il/la familiare	Familienangehörige/r
	niente da fare	nichts zu machen
	innervosirsi (-isc)	nervös werden
	calcolare	berechnen
	affermativo/-a	bejahend
	negativo/-a	negativ
	ottenere*	erhalten
	la salute	Gesundheit
	dedicare	widmen
	l'equilibrio	Gleichgewicht
	familiare	familiär
	l'illusione *f*	Illusion
	la carriera	Karriere
	raggiungere*	errreichen
	professionale	beruflich
	elevato/-a	hoch, gehoben
	datti più da fare!	bemüh' dich mehr!
	darsi da fare	sich bemühen
	il caso	Fall
23	l'imperativo	Imperativ
	in base a	auf der Grundlage von
	fatto/-a per te	für dich geschaffen
	Che dici?	Was meinst du?
	allegare	als Anlage hinzufügen
	contento/-a	zufrieden
	Dai!	Los! Komm!
	l'occasione *f*	Gelegenheit
24	radiofonico/-a	Radio...
	l'alternativa	Alternative
	corretto/-a	korrekt, richtig
	avere* bisogno di	brauchen
	i soldi *pl*	Geld
	cambiare lavoro	die Arbeitsstelle wechseln
	iscriversi*	sich einschreiben
	il corso di informatica	Computerkurs
	piacevole	angenehm
	faticoso/-a	mühsam, anstrengend
	pagare	(be-) zahlen
	l'inizio	Anfang
	nessuno/-a	niemand, keine/r
25	**l'interesse** *m*	Interesse
	discreto/-a	ziemlich gut
	il diploma di maturità tecnico commerciale	Abitur Fachrichtung Technik/Handel
	l'indirizzo linguistico	sprachwissenschaftliche Richtung
	la laurea in Lingue e Letterature straniere	Hochschulabschluss in Sprach- und Literaturwissenschaft
	presso	bei
	il/la corrispondente estero/-a	Auslandskorrispondent/in
26	**la segreteria telefonica**	Anrufbeantworter
	Le comunico	ich teile Ihnen mit
	convocare	(Versammlung) einberufen
	la sede	(Firmen-) Sitz

	il più presto possibile	schnellstmöglich
28	la data	*hier:* Termin
	attendere*	warten
	passare qn	(am Telefon) verbinden mit
	l'ufficio personale	Personalbüro
	Pronto ...	*am Telefon:* Hallo ...
	annunciare	bekannt geben
	la presenza	Anwesenheit
	la portineria	Pförtnerloge
29	identificarsi	*hier:* sich namentlich vorstellen
	opportuno/-a	passend
	inoltrare	weiterleiten
31	**la soluzione**	Lösung
	il laureato, la laureata	Hochschulabsolvent/in
	aggiornato/-a	auf dem Laufenden
	la votazione	Noten
	perfezionarsi	*hier:* sich fortbilden
	la preparazione	Vorbereitung
	il laureando	Diplomand; Doktorand
	il questionario	Fragebogen
	assumere*	ein-/anstellen
	abbonarsi	abbonieren
	la banca dati	Datenbank
	l'associazione *f*	Gesellschaft
	la categoria	Kategorie, Gruppe, Rang
	la distribuzione	Verteilung
	la condizione occupazionale	Beschäftigungsbedingung
	lo sportello di consultazione	*hier:* Service und Kontakt
	l'ateneo	Universität
	la gestione	Leitung, Geschäftsführung
	puntare su	sich verlassen auf, setzen auf
	il sostegno	Unterstützung
	cliccare	anklicken
	far* parte	dazu gehören
32	sottostante	unten stehend
34	lo stralcio	Auszug
	riprendere*	wieder aufnehmen
35	**l'aspetto**	Aspekt, Gesichtspunkt

Ripasso 4

la laguna veneziana	Lagune von Venedig
veneziano/-a	aus Venedig, venezianisch
il Lido di Venezia	Lido von Venedig
il diario	Tagebuch
la produzione	Produktion
il pizzo	(Brüssler) Spitze
il merletto	(Klöppel-) Spitze
il colore contrastante	Kontrastfarben
la pesca	Fischfang
colorato/-a	farbig, bunt
il punto di riferimento	Bezugspunkt
il pescatore	Fischer

invernale	winterlich
la nebbia	Nebel
sin(o) da	seit
il Medioevo	Mittelalter
la presenza	*hier:* Existenz, Vorhandensein
il mulino ad acqua	Wassermühle
la lavorazione	Verarbeitung
il vetro	Glas
praticare	betreiben, ausüben
nascere*	*hier:* entstehen
prezioso/-a	wertvoll
il lampadario	Kronleuchter, Lampenschirm
il vaso	Vase
l'articolo di bigiotteria	Modeschmuck
il ciondolo	Anhänger
da secoli	seit Jahrhunderten
il secolo	Jahrhundert
la funzione	Funktion
l'orto	Gemüsegarten
specializzato/-a	spezialisiert
il carciofo	Artischocke
da cui viene tratto	woraus ... hergestellt wird
dal sapore particolare	von besonderem Geschmack
particolare	besondere/r
la scampagnata	Landpartie
l'Alto Medioevo	Hochmittelalter
l'officina metallurgica	metallverarbeitende Werkstätte
vetrario/-a	glasverabeitend
la lana	Wolle
attualmente *avv*	zur Zeit
vi	da, dort
una decina	etwa zehn
il complesso monumentale	Denkmalskomplex
la Cattedrale	Kathedrale
il Battistero	Taufkirche, Taufkapelle
presentarsi	sich darbieten, erscheinen
l'esterno	Außenseite
in forme romaniche	in romanischen Formen
di origine paleocristiana	frühchristlich
il luogo di sepoltura	Grabstätte
il cittadino	Büger
il cimitero	Friedhof
il defunto	Verstorbener
la gondola	Gondel
apposito/-a	eigens dafür vorgesehen
il motoscafo	Motorboot
ospitare	beherbergen
i resti *pl*	Reste; *hier:* sterbliche Überreste
celebre	berühmt
da sempre	schon immer
l'ammiratore	Bewunderer
la sabbia fine e dorata	feiner und goldgelber Sand
dalla fine dell '800	seit Ende des 19. Jahr-hunderts

	la Biennale	die Biennale
	la Mostra biennale	zweijährliche (Kunst-) Ausstellung
	l'arte contemporanea	Gegenwartskunst
	includere*	einschließen
	la Mostra Internazionale d'arte cinematografica	Internationales Filmfestival
	l'avvenimento	Ereignis
	riguardo a	bezüglich
	la conferma	Bestätigung
1	generalmente	generell, im Allgemeinen
2	numerare	nummerieren
	singolo/-a	einzeln
	principale	Haupt...
3	**immaginare**	sich vorstellen
	la previsione meteorologica	Wettervorhersage
	lo spot pubblicitario	Werbespot
	lo studio medico	Arztpraxis
	l'audioguida	Audioguide
	il centro commerciale	Einkauszentrum
	l'annuncio	Mitteilung, Ankündigung
	l'altoparlante *m*	Lautsprecher
	la comprensione	Verständnis, Verstehen
4	trattare	be-, abhandeln
5	la registrazione	Aufnahme
	la comunicazione ufficiale	offizielle Mitteilung

Unità 9

	fare* gli auguri	gratulieren
	l'augurio	(Glück-) Wunsch
	il biglietto d'auguri	Glückwunschkarte
	la preferenza	Vorliebe
	futuro/-a	Zukunfts...
1	la ricorrenza	Anlass; Gedenk-/ Jahrestag
2	l'anniversario	Jahrestag
	l'incontro	Begegnung
	la Pasqua	Ostern
	la vincita	Sieg, Gewinn
	l'onomastico	Namenstag
	Auguri!	Glückwunsch!
	Congratulazioni!	Gratulation!
	la congratulazione	Glückwunsch, Gratulation
	Felicitazioni!	Glückwünsche!
	la felicitazione	Beglückwünschung, Gratulation
	Complimenti!	Kompliment!
	il complimento	Kompliment
	In bocca al lupo!	*etwa:* Hals- und Beinbruch!
3	darsi un appuntamento	sich verabreden
	ringraziare	danken
5	Buon compleanno!	Alles Gute zum Geburtstag!
	la vecchiona	*scherzhaft:* alte Dame
	Che carina!	Das ist aber nett von dir!
	a proposito	übrigens

	che ne dici ...	was hältst du davon ...
	s'intende	selbstverständlich, klar
	il pensierino	kleine Aufmerksamkeit
	Che gentile!	Wie nett!
	giusto un regalino	einfach nur ein kleines Geschenk
	il bacione	dicker Kuss
6	il lavorone	große, schwierige Arbeit
	lo scatolone	große Schachtel
	significare	bedeuten
7	in che modo	auf welche Art/Weise
8	**augurare**	wünschen
	il cammino	Weg
	Ben arrivato!	*hier:* Willkommen!
	meraviglioso/-a	wunderbar
	il traguardo	Ziel
	tanto/-a	sehr viel
	cento di questi giorni	hundert solcher Tage
10	digitale	Digital...
	il lettore CD portatile	Discman, tragbarer CD Player
	la telecamera	Filmkamera
	il portatile	Laptop
	il palmare	Palmtop
	il televisore	Fernsehgerät
	economico/-a	preiswert
	il telefonino	Handy
12	**mostrare**	zeigen
13	il pronome indiretto	indirektes Pronomen
	atono/-a	unbetont
	tonico/-a	betont
	il plenum	Plenum, Gesamtgruppe
	il soggetto	Subjekt
14	**ciascuno/-a**	jede/r
	motivare	begründen
	la scelta	Wahl
	regalare	schenken
	il parco naturale	Naturpark
	l'abito	Kleidungsstück
	vestire in modo elegante	sich elegant kleiden
	il paio *pl* le paia	Paar
	le scarpe da ginnastica *pl*	Sportschuhe
	la scarpa	Schuh
	collezionare	sammeln
	il francobollo	Briefmarke
15	**lo spettacolo**	Schauspiel
17	**scappare**	flüchten, wegrennen
	il bimbo	kleiner Junge
	la vetrina	Schaufenster
	l'apertura	Öffnung
	il carabiniere	Karabiniere
	a circa tre chilometri	ca. drei km entfernt
	lo zainetto	kleiner Rucksack
	l'avventura	Abenteuer
	intorno alle 4	gegen 4 Uhr
	dopo essere uscito da casa	nachdem er das Haus verlassen hatte
	l'ingrediente *m*	Zutat
	a lieto fine	mit glücklichem Ende
	il risparmio	Ersparnis
	nel cuore della notte	mitten in der Nacht
	avvisare	informieren, aufmerksam machen
	il/la passante	Passant
	girare	*hier:* umherlaufen
	svegliare	wecken
	il sonno	Schlaf
	lo squillo del telefono	Telefonklingeln
	all'altro capo del filo	am anderen Ende der Leitung
	soccorrere*	helfen
	l'ospedale *m*	Krankenhaus
	andare in scena	inszeniert werden
	a bordo della macchina	im Auto
19	dare un ordine	ordnen
20	la sposa	Braut
	l'autista *m*	Fahrer
	la cerimonia religiosa	religöse Zeremonie
	gli sposi *pl*	Brautleute
	la bomboniera	Bonboniere
	l'altare *m*	Altar
	la marcia nuziale	Hochzeitsmarsch
	l'orchestra	Orchester
	gridare	rufen, schreien
	viva ...	es lebe ...
	il bouquet	Blumenstrauß
	la rosa	Rose
	riempire	*hier:* bewerfen
	il riso	Reis
21	il contesto	Zusammenhang
	l'intenzione *f*	Absicht
	lo scopo	Zweck
	lo svolgimento	Ablauf
	il limite	Grenze, Begrenzung
22	**colpire** (-isc)	beeindrucken
	il suono	Klang
23	**chiamare**	anrufen
	l'invitato/-a	Gast
	la fede	Ehering
24	laurearsi	promovieren
	prossimo/-a	nächste/r
	presto *avv*	bald, schnell
	attinente	im Zusammenhang stehend mit
	gli studi *pl*	Studium
	approfondire (-isc)	vertiefen
	intanto	inzwischen
	la maturità	Abitur, Reifeprüfung
	avere* intenzione di	beabsichtigen
	l'Inghilterra	England
	essere contento/-a	sich freuen
	senz'altro	ohne Weiteres, gewiss
	sentire	fühlen, spüren
	la mancanza	Fehlen
	spera di poter lavorare	er/sie hofft, arbeiten zu können
	i primi tempi *pl*	in der ersten Zeit
26	la ricerca del personale	Personalsuche
	l'Australia	Australien

28	la supposizione	Vermutung
	profondamente *avv*	tief; fest
29	**sicuro/-a**	sicher
	a quest'ora	zu dieser Uhrzeit
	disturbare	stören
	stanco/-a	müde
30	**la riga**	Zeile
	la forma verbale	Verbform
	che noia	wie langweilig
	la noia	Langeweile
	rinchiudere*	einschließen, -sperren
	piovere	regnen
	progettare	planen
	il passo	Gebirgspass
	in ogni caso	in jedem Fall
	brutto/-a	hässlich
	ladino/-a	ladinisch, Ladiner/in
	il caldo	Wärme
	invidiabile	beneidenswert
31	collegare	verbinden
	la conclusione	Schlussfolgerung
	la formula di apertura	Einleitungssatz
	centrale	Haupt..., Mittel..., zentral
	il mittente	Absender
	il destinatario	Empfänger
32	da quando	seit(dem)
34	**la proposta**	Vorschlag
	il monte	Berg
	la trincea	Schützengraben
35	il bollettino meteorologico	Wetterbericht
	le previsioni del tempo	Wettervorhersage
	nuvoloso/-a	bewölkt
	il temporale	Gewitter
	coperto/-a	bedeckt
	la pioggia	Regen
	il rovescio	(Regen-) Schauer
	calmo/-a	ruhig
	mosso/-a	bewegt
	agitato/-a	unruhig, aufgewühlt
	debole	schwach
	moderato/-a	mäßig
	il Nord	Norden
	il Sud	Süden
	isolato/-a	vereinzelt; abgesondert
	la temperatura	Temperatur
	la media stagionale	Jahresdurchschnitt
	il Centro	*hier:* Mittelitalien
	in generale	im Allgemeinen, generell
	probabile	wahrscheinlich
	le Alpi	Alpen
	in rialzo	steigend
	l'Ovest	Westen
	Che tempo fa?	Wie ist das Wetter?
36	scolastico/-a	Schul..., schulisch
	in genere	im Allgemeinen
37	la caratteristica	Merkmal
38	l'elemento	Element, Teil
	il racconto è ambientato	die Erzählung spielt
	la paura	Angst
39	sconosciuto/-a	unbekannt

	consultarsi	sich beratschlagen
G5	**la scatola**	Schachtel
	lo scarpone	Wanderschuh

Unità 10

	la **quantità**	Menge
	il sintomo	Symptom
1	i generi alimentari	Lebensmittel
	le calzature	Schuhe *(auch als Bezeichnung des Geschäfts gebraucht)*
	la cartoleria	Schreibwarengeschäft
	la macelleria	Metzgerei
	l'edicola	Zeitungskiosk
	il tabaccaio	Tabakwarengeschäft
	il fruttivendolo	Obst- und Gemüsehändler
	il fornaio	Bäcker
	il panificio	Bäckerei
	il mercato	Markt
2	**la farmacia**	Apotheke
	la profumeria	Parfümerie
	la busta da lettera	Briefumschlag
	la penna biro	Kugelschreiber
	la Repubblica	*ital. Tageszeitung*
3	la pietanza	Gericht
	cucinare	kochen, eine Mahlzeit zubereiten
	il dessert	Dessert
	ci serve	wir brauchen
	servire a	brauchen
	maturo/-a	reif
	il mazzetto	Bund
	il basilico	Basilikum
	lo spicchio d'aglio	Knoblauchzehe
	l'aglio	Knoblauch
	il formaggio grana	*parmesanähnlicher Hartkäse*
	il kiwi	Kiwi
	la banana	Banane
	il limone	Zitrone
5	la preposizione	Präposition
	l'articolo	Artikel *(grammatikalisch)*
	A chi tocca?	Wer ist an der Reihe?
	Tocca a me.	Ich bin an der Reihe.
	Dica.	*hier:* Was kann ich für Sie tun?
6	**mancare**	fehlen
7	**la ricetta**	Rezept
	l'illustrazione *f*	Illustration
	in corsivo	kursiv gedruckt
	le tagliatelle alle verdure	Bandnudeln mit Gemüse
	fare* scottare	aufkochen lassen
	bollente	kochend
	scolare	abgießen, abtropfen lassen
	togliere*	entfernen
	il seme	Samenkorn
	la buccia	Schale

	tagliare (a pezzetti)	(in Stückchen) schneiden
	asciugare	trocknen, abtrocknen
	tagliare a dadini	in kleine Würfel schneiden
	tagliare a listarelle	in dünne Streifen schneiden
	il tegame	Bratpfanne
	il cucchiaio	Löffel
	far* appassire	*hier:* bräunen
	aggiụngere*	hinzufügen
	far* rosolare	anbraten, anbräunen
	a fuoco vivace	auf großer Flamme
	unire a (-isc)	hinzufügen, verbinden mit
	continuare	fortsetzen
	la cottura	Garen, Kochen, Dünsten, Schmoren
	a calore moderato	bei mäßiger Hitze
	mescolare	mischen, umrühren
	di tanto in tanto	ab und zu
	condire (-isc)	würzen
	il pịzzico	Prise
	il pepe	Pfeffer
	far* cuọcere	kochen lassen
	abbondante	reichlich
	salato/-a	gesalzen
	al dente	bissfest
	cospạrgere*	bestreuen
	guarnire (-isc)	garnieren
8	il menù	Menü
	rispettivo	betreffend, entsprechend
9	Mi dica.	*hier:* Was kann ich für Sie tun?
	addormentarsi	einschlafen
	scottarsi	sich verbrennen
	la spalla	Schulter
	la pomata	Salbe
	efficace	wirksam
	mẹttere*	*hier:* auftragen
	la febbre	Fieber
	a volte	manchmal
	la pastiglia	Tablette
	contro	gegen
	il bruciore	Brennen
	lo stọmaco	Magen
	la bustina	Tütchen
	sciọgliere*	auflösen
	consultare	zu Rate ziehen
	lo specialista	Spezialist
10	**la richiesta**	Bitte, Forderung
11	**il pasto**	Mahlzeit
12	l'accessorio	Accessoire
	il maglione	Pullover
	la gonna	Rock
	la sciarpa	Schal
	il cappotto	Mantel
	la cravatta	Krawatte
	il guanto	Handschuh
	la calza	Strumpf
	le mutande	Unterhose
	la camicia	Hemd
	il giaccone	dicke Jacke

	la cintura	Gürtel
	lo stivale	Stiefel
	la maglietta	T-Shirt
	la felpa	Fleecepullover, Sweatshirt
	il collạnt	Strumpfhose
	l'ombrello	Regenschirm
	giallo/-a	gelb
	grigio/-a	grau
	marrone	braun
	viola	lila
	rosa	rosa
13	Di che colore è?	Welche Farbe hat er/sie/es?
14	a righe	gestreift
	a fiori	geblümt
	a quadri	kariert
	a pois	gepunktet
	in tinta unita	einfarbig
	a collo alto	mit Rollkragen
	il collo	Kragen
	con le mạniche lunghe	langärmelig
	la mạnica	Ärmel
	con il collo a V	mit V-Ausschnitt
	a tacco alto	mit hohem Absatz
	il tacco	Absatz
15	**la taglia**	Kleidergröße
	andare* meglio	besser passen
	lo sconto	Rabatt, Preisnachlass
	il modello	Modell
16	il capo d'abbigliamento	Kleidungsstück
17	la 44	die Größe 44
	in fantasịa	gemustert
	la seta	Seide
	luminoso/-a	hell, leuchtend
	il cotone	Baumwolle
	provare	(an)probieren
	il camerino	Umkleidekabine
	stretto/-a	eng
	perfetto/-a	perfekt
	i saldi *pl*	Schlussverkauf
	quindi	*hier:* also
	Che nụmero porta?	Welche Schuhgröße haben Sie?
	Ho il 38.	Ich habe Schuhgröße 38.
	peccato	schade
	il bạncomat	*hier:* EC-Karte
	Si accọmodi alla cassa.	Kommen Sie bitte zur Kasse.
	la cassa	Kasse
18	raffigurare	darstellen
19	il cruccio	Kummer, Ärger
	era costituito *inf* costituire	bestand
	il guardaroba	Garderobe
	i pantaloni a campana *pl*	Schlaghose
	il giubbetto	leichte, kurze Jacke
	il pelo sintẹtico	Webpelz
	staccare	abtrennen, ab-/heraus-nehmen
	il mecenate	Mäzen, Gönner, Förderer
	vestito/-a in quel modo	so gekleidet
	Porta Portese	*großer Markt in Rom*
	il banco	(Markt-) Stand; Ladentisch

	somigliare	ähneln
	Foscolo	*Ugo Foscolo (1778–1827) Dichter und Literaturkritiker*
	trionfante	trimphierend
	vestendomi	*hier:* während ich mich anzog
	la tragedia	Tragödie
	sul davanti	vorn
	ergersi	emporragen
	due piramidi inamidate	zwei steife Pyramiden
	nelle quali	in denen
	avrebbero dovuto prendere posto	hätten Platz finden sollen
	la tetta	Brust, Titte
	appiattire (-isc)	glatt streichen
	stirare	bügeln
	il tessuto	Stoff
	sintetico/-a	synthetisch
	resistente	widerstandsfähig
	la protuberanza	Vorsprung
	teso in avanti	straff nach vorn gestreckt
	qualsiasi	jede/r (beliebige)
	infilarsi *qc*	etwas anziehen, überstreifen
	a losanghe	rautenförmig, rhombenförmig gestrickt
	la ragione	Grund, Vernunft, Verstand
20	**preoccuparsi**	sich Sorgen machen
	la camicia da donna	Hemdbluse
	far diventare piatta	glätten
21	**il giallo**	Krimi
	il romanzo	Roman
	la fantascienza	Science Fiction
	il saggio	Essay
	l'avvocato	Rechtsanwalt
	il giudice	Richter
	il pubblico ministero	Staatsanwalt
23	**raccogliere**	sammeln
26	la copertina	Einband
	viene coinvolto/-a	wird verwickelt
	coinvolgere*	verwickeln
	il fatto di cronaca	Tagesmeldung
	il clima meno carico	weniger aufgeladenes Klima
	la tensione	Anspannung
	il sospetto	Verdacht
	passare inosservato	unbeachet bleiben
	la scomparsa	Verschwinden
	anonimo/-a	anonym
	domiciliato/-a	wohnhaft, ansässig
	la pensioncina	eine kleine Pension
	terz'ordine	drittklassig
	la nascita	*hier:* Beginn, Entstehung
	la vicenda	Angelegenheit
	portare alla ribalta	wieder ins Rampenlicht rücken
	mondiale	Welt...
	i retroscena	Hintergründe
	il capitolo	Kapitel
	fondamentale	wesentlich, Haupt-

	la squadra azzura	*ital. Fußballnationalmannschaft*
	la conquista	Eroberung
	il titolo mondiale	Weltmeistertitel
	europeo/-a	europäisch
	la guida	(Reise-) Führer
	l'itinerario	Weg, Reisestrecke
	all'interno	innerhalb, innen
	metropolitano/-a	großstädtisch
	dominare	beherrschen
	il cemento	Zement
	il corridoio di boschi	Waldkorridor
	la brughiera	Heide
27	**interessarsi di**	sich interessieren für
	la serata	Abend (im Verlauf)
	il romanzo poliziesco	Krimi
28	la poesia	Gedicht; Poesie
	fare* riferimento	sich beziehen auf
29	**il genere**	Art
	elencare	aufführen, auflisten
30	la trama	Handlung
31	la strofa	Strophe
32	il ritornello	Refrain
	provocare	hervorrufen
	lo stato d'animo	Gemütslage
	il desiderio	Wunsch
34	l'umore *m*	Stimmung
35	associare	in Zusammenhang bringen
G4	il gorgonzola	Gorgonzola
G6	lo scialle	Schal, Halstuch
G8	celeste	hellblau
	beige	beige
	lilla	lila
	turchese	türkis
	rosso fuoco	feuerrot

Alphabetisches Vokabular

Hier finden Sie die im Buch vorkommenden Wörter in alphabetischer Reihenfolge. Die fett gedruckte Zahl verweist auf die Lektion, die dünn gedruckte auf den Abschnitt innerhalb der Lektion. Ist nur eine fett gedruckte Zahl vorhanden, kommt das Wort ganz am Anfang der Lektion vor, R steht für *Ripasso*, G für *Grammatica*.

abbastanza **3** 21
abbigliamento **3** 6
abbinare **4** 1
abbonarsi **8** 31
abbondante **10** 7
abbraccio **6** 23
abitạbile **7** 24
abitante **7** 17
abitare **1** 5
abitato **6** 26
abitazione **7**
ạbito **9** 14
abituale **7** 20
abitụdine **4**
accadere **7** 20
accanto **3** 17
accẹndere* **7** 23
accesso **5** 24
accessorio **10** 12
accettare **2** 7
accomodarsi **10** 17
accompagnare **6** G3
accordo **6** 25
accọrgersi* **7** 21
acqua **2** 2
acquistare **5**
acquisto **5** 12
adattato **2** 9; **8** 18
addetto **8** 18
addirittura **3** 17
addormentarsi **10** 9
adeguato **5** 24
adesso **3** 13
adottare **R3** 2
adozione **7** 14
adulto **5** 26
aẹreo **4** 9
aeroporto **5** 3
affacciarsi **5** 23
affermativo **8** 21
affermazione **5** 31
affettato **2** 11
affittare **7** 24
affịttasi **7** 24
agenda **4** 14
agenzịa **5** 21; **7** 4/23; **8** 4/8
aggiornato **8** 31
aggiụngere* **10** 7
agitato **9** 35
aglio **10** 3
agosto **6** 17
agriturismo **5** 29
aiutare **6** G3
aiutarsi **8** 16
aiuto **4** 7; **R3** 2
albergatore **5** 26
albergo **5**
albicocca **2** 2
alcuni **3** 6
alfabeto **1** 18
Algeri **1** 22
algerino **1** 22
alimentare **2** 9; **10** 1
alimentazione **2** 1
alimento **2** 9
allargare **R3** 2
allattare **8** 13
alle **4** 2
allegare **8** 23
allegro **7** G3
alloggiare **5** 29
alloggio **8** 18
allora **1** 22; **7** 4
almeno **3** 10
Alpi **9** 35
alta stagione **6** 19
altare **9** 20
alternativa **8** 24
alto **3** 17
Alto Medioevo **R4**
altoparlante **R4** 3
altrimenti **5** 9
altro **5** 7
alzarsi **4** 2
amante **7** 17
amare **3** 23
amaro **2** 7
amatịssimo **7** 3
amato **2** 9
ambientato **9** 37
ambiente **R3** 2
americano **1** 10; **2** 7
amico/-a **1** 26; **3** 6
ammesso **5** 22
ammirare **6** 1
ammiratore **R4**
ampio **7** 24
analcọlico **2** 7
anche **1** 22
ancora **2** 9
andare* **3** 17
  meglio **10** 15
  a cavallo **7** 4
  a cena fuori **4** 16
  a piedi **5** 1
  d'accordo **3** 17
ạngolo cottura **7** 24
animale **5** 22
ạnimo **10** 33
anniversario **9** 2
anno **1** 15/22; **7** 11
annunciare **8** 28
annuncio **R4** 3; **8**
anọnimo **10** 26
antico **5** 23
antipasto **2** 11
antipạtico **3** 18
anziano **3** 18
aperitivo **2** 7
aperto **5** 19/23
apertura **9** 17/31
apparecchiare **4** 1
appartamento **1** 26
appassire **10** 7
appena **6** 8/23
appeso **5** 19
appetito **R2**
appiattire **10** 19
appọsito **R4**
apprezzato **2** 9
approfondire **9** 24
appropriato **5** 23
appuntamento **4** 14
aprile **6** 17
aprire* **4** 11
arancia **2** 2
aranciata **2** 2
arancione **R5** 1
architettura **1** 26
arcipẹlago toscano **R2**
ạrea **5** 29
aria aperta **6** 14
aria condizionata **5** 13
armadio **7** 22
arrabbiato **2** 11
arredato **5** 24
arredo **5** 23
arrivare **4** 11
arrivederci **1** 2
arrivo **5** 5
arte **6** 1
artịcolo **3** 14; **10** 5; **R4**
artista **7** 14
ascensore **5** 22
asciugacapelli **5** 24
asciugamano **6** 6
asciugare **10** 7
ascoltare **3** G4
asilo **7** 12
aspettare **6** 3
aspetto **4** 21; **8** 35
aspirapọlvere **8** 7
assalto **6** 2
assistenza **6** 26
associare **10** 35
associato **R3** 2
associazione **8** 31
assolutamente **7** 21
assortito **2** 7
assụmere* **8** 31
assunzione **8** 8
ateneo **8** 31
ạtono **9** 13
attẹndere* **8** 28
attenzione **1** 12
attesa **5** 27
ạttimo **5** 7
attinente **9** 24
attività **7** 5
attivo **3** 17
attore **3** 20
attorno **7** 25
attraversare **5** 17
attribuire **6** 20
attrice **3** 20
attualmente **R4**
audioguida **R4** 3
augurare **9** 8
augurio **9** 2
aumentare **8** 10
Australia **9** 26
Austria **1** 8
austrịaco **1** 8
autista **9** 20
auto(mọbile) **6** 6
ạutobus **4** 2
automaticamente **R3** 1
autọnomo **7** 24
autore **7** 14
autostọp **5** 1

autostrada **6** 2
autunno **6** 15
avanti **10** 19
aver* ragione **5** 7
avere* **1** 17
bisogno **8** 24
intenzione **9** 24
avvenimento **R4**
avvenire* **5** 12
avventura **9** 17
avverbio **4** 16
avviarsi **8** 10
avvisare **9** 17
avvocato **10** 23
azienda **8** 18
azione **4**
azzurro **3** 20
babysitter **8** 18
bacione **9** 5
badante **7** 20
baffi **7** 11
bagnino **6** 19
bagno **4** 3; **6** 1
balcone **7** 24
ballare **3** G4
bambino/-a **3** 13
bambola **7** 6
banana **10** 3
banca **3** 6
banca dati **8** 31
banco **10** 19
bancomat **10** 17
bar **2** 7
barba **4** 3;
7 11
barca **R2**
base **8** 21
basilico **10** 3
bassa stagione **6** 19
basso **1** 8;
3 18
basta **2** 12
battistero **R4**
Baviera **R3** 2
beige **10** G8
belga **1** 5
Belgio **1** 15
bello **3** 13;
5 19
ben arrivato **9** 8
bene **1** 16
benissimo **2** 12
benvenuto **5** 23
benzina **8** 6
benzinaio **8** 3
bere* **2** 5
berretto **6** 6
bevanda **2** 3
bianco **5** 29
bibita **2** 7
biblioteca **4** 11
bicchiere **2** 12
bicicletta **5** 1
Biennale **R4**
bigiotteria **R4**
biglietto **4** 20; **9**
bilocale **7** 24
bimbo **9** 17
binario **5** 11
birra **2** 2
biscotto **2** 2
bisogna **5** 12
bistecca **2** 2
bloccarsi **7** 19
blu **R3** 2
bocca **9** 2
bollente **10** 7
bollettino **9** 35
bomboniera **9** 20
boom **7** 14
bordo **9** 17
borsa **4** 20
bosco **6** 1
bottiglia **2** 7
bouquet **9** 20
brano **5** 29
brasiliano **1** 10
bravo **3** 13/20
breve **4** 9;
5 19
bruciore **10** 9
brughiera **10** 26
bruschetta **2** 11
brutto **9** 30
buccia **10** 7
buon, buono **2** 9
buonanotte **1** 2
buonasera **1** 2
buongiorno **1** 2
burro **2** 2
busta **10** 2
bustina **10** 9
cadere **7** G3
caffè **1** G1
caffelatte **2** 5
caffetteria **2** 7
calamaro **2** 2
calcetto **4** 14
calcio **1** 26
calcolare **8** 21
caldo **2** 7;
9 30
California **R3** 2
calma **4** 3
calmo **9** 35
calore **7** 23;
10 7
calza **10** 12
calzature **10** 1
cambiamento **8** 10
cambiare **2** 9;
5 6;
8 24
camera **5** 22
cameriere **2** 11
camerino **10** 17
camicia **10** 12
camino **7** 23
camionista **8** 3
camminare **3** 21
camminata **R2**
cammino **9** 8
camomilla **2** 7
campagna **4** G8
campana **10** 19
campeggio **5** 29
campo **R3** 2;
8 18
candidato **8** 19
cane **7** 23
cantante **3** 20
cantastorie **7** 14
canzone **3** G4
capacità **2** 17;
8 18
capello **3** 17;
7 8
capire **2** G3
capirsi **7** 26
capitare **6** 27
capitolo **10** 26
capo **R3** 2;
9 17;
10 16
cappello **6** 6
cappotto **10** 12
cappuccino **2** 5
carabiniere **9** 17
caratteristica **9** 37
carciofo **R4**
carico **10** 26
carino **3** 17
carissimo **4** 19
carne **2** 3
caro **6** 20
carota **2** 2
carriera **8** 21
carrozza **5** 5
cartello **6** 26
cartina **5** 18
cartoleria **10** 1
cartolina **6** 23
casa **3** 12;
5 13;
6 6
caso **6** 6/26;
8 21
cassa **10** 17
cassaforte **5** 23
cassetta **5** 24
cassiera **2** 7
castano **3** 17
castello **5** 23
categoria **8** 31
Cattedrale **R4**
cavallo **7** 4
CD **3** G4
celebre **R4**
celeste **10** G8
celibe **3** 16
cella **5** 29
cellulare **1** 22
cemento **10** 26
cena **4** 11
cenare **4** 13
centesimo **2** 7
centrale **9** 31
centralino **8** 18
centro **1** 26;
6 26;
7 23;
9 35
centro commerciale **R4** 3
centro storico **5** 21
cercare **1** 26
cercasi **8** 18
cercatore **R3** 2
cereali **2** 5
cerimonia **9** 20
certo **6** 11;
R3 2;
7 21
che cosa **4**
chi **1** 24
chiacchierone/-a **9** 6
chiamare **4** 3;
9 23
chiamarsi **1** 5
chiaro **3** 17
chiedere **1** 22;
2 11
chiesa **6** 1
chilo **2** 17
chilometro **6** 2
chitarra **4** 1
chiudere* **4** G3
chiuso **3** G7
ci **3** 17;
6 6
ciabatta **6** 6
ciao **1** 2
ciascuno **9** 14
cibo **2** 2
cielo **7** 13
ciliegia **2** 2
cimitero **R4**
cinema **3** 17
cinematografico **R4**
cinese **8** 20

cintura **10** 12
ciò **6** 5
cioccolata **2** 2/7
cioè **6** 23
ciọndolo **R4**
cipolla **2** 2
circa **3** 13
città **1** 5
cittadino **R4**
classe **5** 5
clạssico **3** G3
cliccare **8** 31
cliente **5** 26
clientela **5** 23
clima **10** 26
climatizzatore **5** 23
coadiuvante **8** 10
coda **6** 2
cognato/-a **3** 5
cognome **1** 22
coincidenza **5** 7
coinvọlgere* **10** 26
colazione **2** 6
collaboratrice **8** 7
collaborazione **7** 14
collạnt **10** 12
collega **5** 29
collegare **9** 31
collezionare **9** 14
collina **5** 29
collo **10** 14
collocare **6**
colloquio **8**
colonna **6** 2
colorato **R4**
colore **7** 9
colpa **8** 21
colpire **9** 22
come **1** 5; **7** 14
come va **1** 16
cominciare **1** 1; **3** 12
commerciale **8** 18/25
commercio **R3** 2
commesso/-a **3** 6
commissario **7** 17
comunicazione **8** 18; **R4** 5
comodità **5** 29
cọmodo **5** 7
compagnịa **5** 4; **6** 1
compagno/-a **3** 3
cọmpiere **4** 16
compleanno **4** 19
complesso **8** 10
completare **4** 4
completo **2** 9
complimento **9** 2
componente **8** 10
comporre **7** 24
compositore **7** 14
comprare **3** 13
comprensione **R4** 3
computer **3** 17
comune **8** 11
comunicare **5** 13; **8** 26
comunicazione **7** 16
con **1** 26
concentrarsi **R3**
concerto **4** 14
conciliare **8** 10
conclusione **9** 31
condire **2** 9; **10** 7
condizione **8** 31
condurre* **7** 17
conferenza **5** 23
conferma **R4**
confermare **5** 27
confine **6** 2
confortẹvole **5** 12
confrontare **4** 21
confronto **4** 6
congiunzione **7** 20
congratulazione **9** 2
coniglio **7** 23
coniugato **1** 22
coniugazione **4** 4
conoscenza **8** 18
conọscere **5** 15; **8** 15
conquista **10** 26
consentire **8** 10
conservare **7** 23
consigliare **5** 29
consiglio **8**
consultare **10** 9
consultarsi **9** 3/8
consultazione **3** 1
contadino **7** 23
contare **4** 21
contattare **8** 18
contatto **6** 1
contemporanea-mente **5** 12
contemporạneo **7** 20; **R4**
contento **8** 23; **9** 24
contenuto **5** 15
contesto **9** 21
continuare **10** 7
continuato **8** 8
contịnuo **5** 13
conto **2** 12
contorno **2** 11
contrada **6** 23
contrario **6** 27
contrastante **R4**
contratto **8** 8
contro **10** 9
controllare **4** 8
conveniente **5** 12
convịncere **2** 7
convocare **8** 26
coordinata **8** 10
coperta **4** 3
copertina **10** 26
coperto **2** 20; **9** 35
coppia **4** 10
cordiale **5** 27
cornetto **2** 2
corrẹggere* **6** 10
cọrrere* **4** 3
corretto **8** 24
correzione **2** 7
corridoio **7** 23
corrispọndente **5** 17; **8** 25
corrispọndere* **6** 10
corsa **R3** 2; **7** 8
corsivo **10** 7
corso **5** 19; **8** 18/31
cortile **7** 8
corto **7** 4
cosa **2** 1; **3** G2
così **1** 17; **6** 20
cospạrgere* **10** 7
Costa Azzurra **3** 13
costare **1** G7; **5** 7
costituire **10** 19
costo **5** 5
costoso **5** 7
costruzione **7** 20
costume da bagno **6** 1
cotone **10** 17
cotto **2** 7/11
cottura **10** 7
cratere **R3**
cravatta **10** 12
creare **5** 29
creatività **8** 18
credenza **7** 23
crema **2** 7; **6** 6
crẹscere **8** 10
crẹscita **8** 10
criterio **R3** 1
crịtica **6** 28
crocetta **6** 29
croissant **2** 7
crọnaca **8** 14; **10** 26
crostata **2** 2
cruccio **10** 19
crudo **2** 7
cucchiaio **10** 7
cucina **4** 3; **5** 29
cucinare **10** 3
cucinotto **7** 24
cugino/-a **3** 3
cui **5** 13; **6** 1; **7** 4
cultura **2** 9
culturale **8** 10
culturalmente **8** 10
cuọcere **10** 7
cuore **9** 17
curare **5** 23
currịculum vitae **8** 18
CV **8** 18
dadino **10** 7
dai **2** 7; **8** 23
dalle ... (fino) alle **4** 11
dappertutto **5** 19
dare **5**
darsi **9** 3
darsi da fare **8** 23
data **1** 22; **8** 28
dati personali **8** 12
dato **8** 12/31
davanti **5** 13; **10** 19
dẹbole **9** 35
decaffeinato **2** 7
decịdere* **5** 31
decina **R4**
decollare **7** 14
dedicare **8** 21
defunto **R4**
delụdere* **6** 27
dente **7** 19; **10** 7
dentista **4** 14
dépliant **5** 23
descrịvere* **4** 12
descrizione **5** 23
desiderare **5** 26
desiderio **10** 33
dessẹrt **10** 3
destinatario **9** 31
destinato **R3** 2
destino **7** 14
destra **3** 17; **5** 17
determinante **8** 10
determinato **8** 8

dettaglio **R3** 1
diagonale **R3** 2
dialogo **4** 2
diario **R4**
dica **10** 5
dicembre **6** 17
dieta **2** 7/9
differenza **4** 4
difficile **5** 19
diffuso **2** 9
digitale **9** 10
dimensione **8** 10
dimenticare **5** 23
diminuire **8** 10
dinamico **8** 10
dipendere* **4** 11
dipingere* **7** 13
diploma **8** 18
dire **4**; **8** 23; **9** 5
direttamente **5** 19
diretto **5** 9
direttore **8** 1
dirigente **8** 8
discoteca **3** 17
discreto **8** 25
discutere* **7** 18
dispiace **1** 16
disponibile **8** 18
disponibilità **8** 18
disporre* **5** 24
disposizione **5** 8
distinguere* **7** 6
distribuzione **8** 31
disturbare **9** 29
ditta **7** 20
divano **7** 22
diventare **3** 13
diverso **2** 9
divertente **6** 25
divertimento **6** 11
divertirsi **7** 11
dividere* **6** 3
divorziare **3** 16
dizionario **8** 6
doccia **4** 1
dolce **2** 3; **7** 13
domanda **4** 7
domani **4** G6; **8** 10
domenica **4** 2
domestico **8** 7
domiciliato **10** 26
dominare **10** 26
donna **8** 10
dopo **3** 16
doppia **5** 28
doppio **7** 24
dorato **R4**
dormire **4** 2
dotato **5** 23
dove **1** 22/24
dovere* **5** 7
dritto **5** 17
ducale **2** 7
durante **6** 11
durare **5** 4
durata **4**
e **1** 5
eccezionale **3** 6
ecco **2** 7/12; **3** 6
economico **7** 15; **9** 10
ed **2** 9
edicola **10** 1
efficace **10** 9
elegante **5** 23
elemento **9** 38
elencare **10** 29
elettrico **7** 23
elevato **8** 21
e-mail **4** 19
emigrare **R3** 2
emozionante **6** 23
enorme **5** 13
entrambi **3** 6
entrare **2** 11; **8** 3
entro **18** 18
epoca **7** 24
eppure **7** 23
equilibrio **8** 21
erba aromatica **2** 9
ergersi **10** 19
esame **8** 14
esattamente **6** 20
esatto **4** 10
escursione **R3**
esempio **2** 9
esigenza **7** 25
esilio **R2**
esodo **6** 2
espansivo **3** 6
esperienza **6** 10
esperto **3** 17
espressa **4** 8
espressione **4** 17; **7** 8
espresso **2** 7; **4** 8
esprimere* **4** 11
esserci **2** 9
essere* **1** 5
estate **3** 17
esteri **2** 7
esterno **5** 23; **R4**
estero **2** 7; **8** 18
estivo **8** 18
età **1** 14; **8** 10
etrusco **6** 23
etto **2** 17
euro **2** 7
europeo **10** 26
Eurostar **5** 6
evento **5** 19; **6**
eventuale **5** 11
evoluzione **8** 10
ex marito **3** 20
extravergine **2** 9
faccenda **4** 11
faccia **7** 13
facile **5** 19
facoltà **4** 3
facsimile **1** 22
falso **2** 9
famiglia **3** 1
familiare **8** 21
famoso **3** 20
fantascienza **10** 23
fantasia **10** 17
fantastico **6** 11
far* parte **8** 31
far* vedere **6** 20
fare* **1** 26; **8** 4
caldo **5** 14
farla finita **7** 17
farmacia **10** 2
farsi* **4** 3; **7** 19
fase **8** 10
fastidio **8** 21
fatica **6** 11
faticoso **8** 24
fatto **6**;**10** 26
favore **1** 22
fax **8** 18
febbraio **6** 17
febbre **10** 9
fede **9** 23
felice **7** 13
felicitazione **9** 2
felpa **10** 12
femminile **8** 10
fermarsi **6** 6
fermata **4** 2
ferri **2** 11
ferro da stiro **8** 7
ferroviario **5** 3
festa **R2**
fettina **2** 2
fiaba **7** 3
fidanzato/-a **3** 13
fiducia **8** 10
figlio/-a **3** 1/ 4
figo **3** 17
fila **6** 2
film **3** G4
filo **9** 17; **R3**
filosofia **3** 6
fin da **6** 14
finale **6** 29
finalmente **7** 14
fine **5** 26; **R4**
fine settimana **1** 26
finire **2** G3
fino **2** 17; **4** 2/11
fiore **10** 14
fissare **4** 15
flessibile **8** 10
fon **8** 7
fondamentale **10** 26
fondo **5** 19
fontana **6** 1
forbici **8** 7
foresteria **5** 29
forma **2** 9
formaggio **2** 2
formale **1** 22; **4** 9
formare **7** 19
formazione **8** 8
formula **9** 31
Formula Uno **3** 23
formulare **5** 19
fornaio **10** 1
forno **2** 11; **7** 22/23
forse **1** 26
forte **3** 6; **7** 8
fortuna **5** 13
fortunato **5** 15
foto(grafia) **3** 17
fotografico **8** 7
fotografo/-a **8** 7
fra **6** 23; **8** 14
fragola **2** 2
francese **1** 5
Francia **1** 8
francobollo **9** 14
frase **4** 6
fratello **3** 1/7
frattempo **4** 3
freddo **2** 7
frequentare **3** 6
frequente **8** 18
frequenza **4**
fresco **7** 23
fretta **4** 3; **7** 21
frigo(rifero) **4** 11
frigobar **5** 24
frittura **2** 11

frizzante **2** 11/12
fronte **5** 19
frutta **2** 3
frutti di mare **2** 11
fruttivendolo **10** 1
full-time **8** 12
fumare **5** G1
fumatore **8** 18
fumatrice **8** 18
fungo **2** G8
funivia **6** 1
funzionale **5** 23
funzione **R4**
fuoco **10** 7/G8
fuori **4** 16; **5** 13; **8** 21
furbo **7** 8
futuro **9**
gabinetto **7** 23
gallina **7** 23
gambetta **7** 8
garage **5** 23
gassato **2** 7
gatto **7** 23
gelateria **8** 18
gelato **2** 2
generale **9** 35
generalità **1** 21
generalmente **R4** 1
genere **9** 36; **10** 29
genero **3** 3
genitori **3** 6
gennaio **6** 17
gente **6** 3
gentile **1** G4; **5** 27
genuino **5** 29
gergo **R3** 2
Germania **1** 5
gestione **8** 31
già **3** 13
giacca **7** G6
giaccone **10** 12
giallo **10** 12; **10** 23
giapponese **1** 10
giardino **5** 23
Ginevra **1** 5
ginnastica **9** 14
giocare **1** 26
giocattolo **3** 13
gioco **7** 8
gioia **R2**
giornale **4** 16
giornaliero **6** 19
giornalista **8** 1
giornata **4**; **4** 11; **5** 13
giorno **1** 22; **4** 11; **R3**
giovane **3** 18
giovanile **3** 6
giovedì **4** 11
girare **5** 17; **9** 17
giro **6** 1
gita **R2**
giubbetto **10** 19
giudice **10** 23
giugno **6** 17
giungla **7** 3
giusto **4** 2; **9** 5
globale **R3** 1
gnocchi **2** 11
godere **5** 23
godersi **6** 14
gondola **R4**
gonna **10** 12
gorgonzola **10** G4
grammo **2** 17
gran **3** 17
Gran Bretagna **1** 15
grana **10** 3
grande **3** 2
grassoccio **3** 17
gratuito **5** 12
grazie **1** 16; **7** 14
grezzo **R3** 2
gridare **9** 20
grigio **10** 12
grigliata **2** 11
grosso **R3** 2
grotta **R3**
gruppo **3** 17
guadagnare **8** 8
guanto **10** 12
guardare **4** 16
guardaroba **10** 19
guarnire **10** 7
guida **10** 26
gusto **3** 17
hotel **R2**
idea **7** 26
identificarsi **8** 29
identificazione **1**
identità **8** 10
ieri **5** 13
illusione **8** 21
illustrazione **10** 7
imbarcarsi **R3** 2
immaginare **R4** 3
immaginarsi **7** 6
immagine **4** 1
immobiliare **7** 23
imparare **R1**
impegno **4** 14
imperativo **8** 21
imperfetto **7** 7
impiegato **4** 11
importa **2** 7
importante **2** 9
importanza **8** 10
imprenditore **8** 8
imprenditrice **8** 8
improvviso **7** 13
in due/tre **3** 7
inamidato **10** 19
inchiesta **4** 7
includere* **R4**
incominciare **7** 13
incontrare **6** 8
incontro **9** 2
incrocio **5** 17
incuriosito **3** 13
indaco **R3** 2
indagine **7** 17
indeterminato **8** 8
India **7** 3
indicare **4**
indicazione **5**
indimenticabile **6** 23
indipendente **7** 24
indiretto **9** 13
indirizzo **1** 22; **8** 25
indispensabile **8** 18
indomani **4** 20
industria **3** 20
inesauribile **R3** 2
infatti **3** 17
infilarsi **10** 19
infine **5** 19
infinito **7** 13
influenzare **8** 10
informale **1** 22; **4** 8; **5** 29
informarsi **R2**
informatica **8** 24
informatico **8** 5/18
informazione **R2**; **R3**
infuso **2** 7
Inghilterra **9** 24
inglese **1** 10
ingrediente **9** 17
ingresso **1** 22
iniziare **4** 17
inizio **8** 24
innamorarsi **3** 16
innervosirsi **8** 21
inoltrare **8** 29
inosservato **10** 26
insalata **2** 2
insegnante **5** 29
inseparabile **7** 8
insieme **3** 17
insomma **3** 17
intanto **9** 24
intellettuale **3** 17
intendere* **9** 5
intenso **5** 29
intenzione **9** 21
interessare **5** 27
interessarsi **10** 27
interesse **8** 25
interinale **8** 8
internazionale **3** 17
interno **10** 26
intero **R3**
interpretazione **7** 28
interregionale **5** 11
interrogare **7** 17
intervista **6** 9
intervistare **4** 13
intorno **7** 23; **9** 17
intreccio **R3** 2
introverso **3** 6
invece **2** 12
invernale **R4**
inverno **6** 15
investire **8** 10
inviare **5** 27
invidiabile **9** 30
invitare **1** G7
invitato **9** 23
invito **2** 7
io **1** 3
ipotesi **6** 13
iscriversi* **8** 24
isola **R2**
isolato **5** 29; **9** 35
istruzione **R2**
Italia **1** 8
italiano **1** 8
itinerario **10** 26
jazz **3** 21
jogging **7** 19
kiwi **10** 3
ladino **9** 30
laggiù **6** 20
laghetto **7** 8
laguna **R4**
lamentarsi **8** 21
lampada **7** 22
lampadario **R4**
lana **R4**
lasagne **R3** 1
lasciare **4** 3
lassù **7** 13
latte **2** 2
latticino **2** 3
lattina **2** 7
lattuga **2** 7
laurea **8** 18
laureando **8** 31

laurearsi **9** 24
laureato **8** 31
lavandino **7** 22
lavare **4** 1
lavarsi **4** 3; **7** 19
lavastoviglie **7** 22
lavatrice **7** 23
lavorare **3** 6
lavorativo **8** 10
lavoratore **8** 10
lavoratrice **8** 10
lavorazione **R4**
lavoro **1** 22
lavorone **9** 6
legame **8** 18
legenda **5** 18
lẹggere* **2** G2
legno **7** 23
legumi **2** 9
lei/Lei **1** 5
lẹttera **3** 17; **4** 21
letteratura **8** 25
lettino **6** 20
letto **3** 17; **4** 2
lettore **9** 10
lettura **R3** 2
lezione **4** 1
lì **5** 19
lịbero **2** 11; **4** 11; **8** 8
libertà **8** 18
librerịa **7** 22
libro **3** G1
licenziamento **8** 8
licẹo **3** 6
Lido **R4**
lieto **1** 3; **9** 17
lilla **10** G8
lịmite **9** 21
limone **10** 3
lịnea **6** 3
lịngua **1** 26; **R3** 1
linguaggio **6** 8
linguịstico **8** 25
liquore **2** 7
lista **2** 17
listarella **10** 7
litigare **3** 16
litro **2** 17
livello **7** 24
locale **3** 23
località **R3**
lontano **5** 13
losanghe **10** 19
luglio **5** 12
lui **1** 5
luminoso **10** 17
lunedì **4** 11
lungo **3** 17; **5** 19
luogo **1** 22
lupo **9** 2
ma **1** 5
maccheroni **2** 9
macchiato **2** 7
mạcchina **3** G4
mạcchina fotogrạfica **8** 7
macedonia **2** 11
macellerịa **10** 1
madre **3** 1; **R3** 1
magari **2** 12
maggio **6** 17
maglia **3** 17
maglietta **10** 12
maglione **10** 12
magro **3** 17
mai **4** 11; **7** 13
maiale **2** 2
mal di testa **1** 16
male **1** 16; **6** 27
mamma **3** 7
mancanza **9** 24
mancare **10** 6
mandare **6** 8
mangiare **2** 1
manịaco **8** 21
mạnica **10** 14
manifestazione **5** 19
mano **7** 13
marchio **2** 9
marcia **9** 20
mare **3** 17
marino **5** 29
marito **1** 5
marmellata **2** 5
marrone **10** 12
martedì **4** 11
marzo **6** 17
maschio **3** 4
mạssimo **6** 26; **8** 18
matrimoniale **6** G4
matrimonio **R2**
mattinata **R3**
mattina/mattino **4** 2; **R3**
maturità **9** 24
maturo **10** 3
mazzetto **10** 3
me **2** 7
mecenate **10** 19
media **6** 19; **9** 35
medicina **1** 26
mẹdico **7** 1
medio **6** 26
Medioevo **R4**
meditare **5** 29
mediterrạneo **2** 9
meglio **7** 14
mela **2** 2
melanzana **2** 2
melone **2** 11
memorizzare **R2** 2
meno **4** 8
mensa **4** 11
mensile **7** 24
mente **8** 2
mentre **7** 13
menù **2** 11; **10** 8
meraviglioso **9** 8
mercato **10** 1
mercoledì **4** 11
merletto **R4**
mescolare **10** 7
mese **1** 22
messaggino **6** 8
messaggio **6** 8
metallụrgico **R4**
meteorolọgico **9** 35
mẹtodo **R3** 2
metro(politana) **5** 1
metropolitano **10** 26
mẹttere* **5** 15; **10** 15; **R3** 2
mẹttersi* **4** 3
mezzanotte **4** G3
mezzo **2** 17; **5** 2/26; **7** 16
mezzogiorno **4** 8
microonde **3** 17
migliaia **R3** 2
migliorare **R3**; **8** 10
minatore **R3** 2
minerale **2** 7
minibạr **5** 23
minimarket **6** 6
ministero **10** 23
minore **5** 23
minuto **5** 7
mio/mia **1** 5
mirạcolo **7** 14
mirto **R2** 1
misto **2** 7
misura **8** 10
mittente **9** 31
mọbile **5** 17
moda **8** 18
modalità **8** 10
modello **10** 15
moderato **9** 35
moderno **3** 14
modificare **8** 10
modo **4** 9; **5** 24
mọdulo **8** 12
moglie **3** 1
molto **1** 3
monastero **5** 29
mondiale **7** G5; **10** 26
mondo **3** 20
moneta **2** 7
montagna **6** 1
montare **6** 2/11
monte **9** 34
monumentale **R4**
monumento **6** 1
mortadella **2** 7
morto **7** 17
mosso **9** 35
mostra **6** 1
mostrare **9** 12
motivare **9** 14
motivo **1** 22
moto **5** 1
motoscafo **R4**
movimento **8** 10
mozzarella **2** 2
mulino **R4**
municipio **1** 28
muọversi* **5** 19
muro **7** G3
museo **6** 1
mụsica **1** 26
musicista **7** 1
mutande **10** 12
nạscere* **7** 14; **R4**
nạscita **1** 22; **10** 26
nascondino **7** 8
naso **3** G6
natale **7** 6
natura **6** 1
naturale **2** 7; **9** 14
nave **5** 1
navigatore **7** 1
nazionale **2** 7
nazionalità **1** 8
nazione **2** 9
né **7** 23
nebbia **R4**
necessario **R2**
negativo **8** 21
negoziante **3** 13
negozio **3** 6
nemico **5** 13
nero **3** 17
nessuno **8** 24
neve **6** 1

niente 2 7; 3 21; 8 21
nipote 3 1
no 1 5
noia 9 30
noioso 6 25
noleggiare 6 1
nome 1 5
nominare 8 3
non 1 5
non appena 6 23
non ... che 7 6
non ... mai 4 11; 7 13
non ... niente 2 7
non ... nulla 2 5
nonno/-a 3 1
Nord 9 35
norma 8 10
norvegese 1 15
Norvegia 1 15
nostalgia 7 6
notare 4 4
notizia 4 5
noto 6 27
notte 5 12
novembre 6 17
nubile 3 16
nulla 2 5
numerare R4 2
numero 10 17
nuora 3 5
nuotare 7 12
nuovo R1; 5 15
nuvoloso 9 35
nuziale 9 20
oasi 5 29
obbligatorio 5 7
occasione 8 23
occhiali 3 17; 6 6
occhio 3 17
occorrere* 5 12
occupato 6 20; 8 10
occupazionale 8 31
oddio 6 6
offerta 5 12
officina R4
offrire* 2 7
oggetto 6 6
oggi 1 16; 3 2
oggigiorno 2 9
ogni 4 3/16
ognuno 5 29
olandese 1 8
oleandro R2
olio 2 9
oliva 2 9
oltre 8 18
ombrello 10 12
ombrellone 6 1
omicidio 7 17
onda 6 1
onomastico 9 2
opera 4 G4; 6 1
operatore 8 5
operatrice 8 5
opportuno 8 29
oppure 4 11
ora 4 3/8, 4 13; 5 7/13
orario 4 9/11; 8 8/10
orchestra 9 20
ordinare 2 11
ordine 5 15; 7 27; 9 19; 10 26
organizzare 4 19
organizzarsi 4 19
organizzativo 8 18
organizzazione R2
origine R4
ormai 7 21
oro R3 2
orologio 4 8
orto R4
orzo 2 7
ospedale 9 17
ospitare R4
ospite 5 29
osservare 4 4
osteria 2 20
ottenere* 8 21
ottimo 7 24
ottobre 6 17
ovest 9 35
pacco 2 17
pace 5 29
padre 3 1
paese 1 5/8
pagamento 5 19; 6 26
pagare 8 24
pagina R2
paio 9 14
pakistano 5 13
palazzo 7 17
palcoscenico 7 14
paleocristiano R4
palestra 4 1
Palio 6 23
pallone 7 12
palmare 9 10
pane 2 2
panettiere 4 11
panificio 10 1
panino 2 2
panna 2 11
panoramico 5 23
pantaloni R3 2
papà 3 7
parcheggiare 5 19
parcheggio 4 3
parco 5 24
parente R2
parentesi 4 5
parlare 3 6/14
parmigiano 2 2
parola 6 3
parrucchiere/-a 8 5
parte 3 17; 4
partecipare 3 17
partenza 5 5
particolare R4
partire R2
partita 4 14
part-time 8 8
Pasqua 9 2
passante 9 17
passaporto 1 22
passare 5 17; 6; 8 26; 10 26
passato 5 23
passeggero 5 10
passeggiare 7 20
passeggiata 1 26
passione 3 17
passo 5 23; 9 30
pasta 2 3/7
pasticceria 2 7
pastiglia 10 9
pasto 10 11
patata 2 2
patito 3 23
paura 9 37
pausa 4 18
pazzesco 7 21
peccato 10 17
pedaggio 6 26
pedagogista 7 1
pelo 10 19
pendere* 7 23
penna biro 10 2
penne 2 11
pensare 7 13
pensierino 9 5
pensiero 8 21
pensioncina 10 26
pensione 4 3; 5 26
pentola 7 20
pepe 10 7
peperone 2 2
per me 6 25
per niente 3 21
pera 2 2
perché 1 22; 4 11
percorrere* 5 19
percorso 5 18
perdere 5 21
perfetto 10 17
perfezionarsi 8 31
periodo 5 19
permesso 1 22
permettere* 6 26
però 3 17
persona 5 15
personaggio 3 20
personale 1; 7; 9 26
personalmente 5 16
pesca 2 2; R4
pescatore R4
pesce 2 3
peso 2 17
pezzetto 10 7
pezzo 2 17
piacere* 1 3; 3 21
piacevole 8 24
pian piano 7 13
pianeta 8 10
piano 3 17; 7 13
pianoforte 3 G6
pianta R2
piatto 2 9/11; 4 1; 10 20
piazza 1 28
picnic 6 1
piccolo 1 26
piedi 4 11
pieno 6 3; 8 8
pietanza 10 3
pigro 3 17
pila 8 7
pioggia 9 35
piovere 9 30
piramide 10 19
piscina 4 18
pisello 2 12
pittore 1 28
pittrice 7 1
più 2 9; 5 26; 7 13; 8 26
piuttosto 3 6; 6 6
pizzeria 4 G4

pizzico 10 7
pizzo R4
plenum 9 13
po' 2 12
poco 3 17; 6 8; 8 14
poesia 10 28
poeta 3 23
poi 2 7
pois 10 14
politecnico 5 13
politica 3 20
polizia 7 17
poliziesco 10 27
pollame 2 3
pollo 2 2
poltrona 7 22
pomata 10 9
pomeriggio 4 11
pomodoro 2 2
ponte 5 17
popolare 2 9
porta 7 17
portare 3 G6; 5 19; 6 2; 10 26
portatile 9 10
portineria 8 28
porto R2
posizione 8 10
possibile R2
possibilità 5 8
possibilmente 7 25
posta 4 G6
posto 5 5
potere 5 15
pranzare 4 11
pranzo 4 17
pratica R3 2
praticare R4
precedente 4 20
predisposizione 8 18
preferenza 9
preferire 2 12
preferito 1 26
prego 2 12
prendere 2 7; 5 10; 6 1; 10 19
prenotare 5
prenotazione 5 7
preoccuparsi 10 20
preparare 4 3
prepararsi 4 3/11
preparazione 8 31
preposizione 10 5
presentare 1 15
presentarsi 1 3; R4
presente 5 27
presenza 8 18/28; R4
presso 8 25
presto 4 2; 6 23; 9 24
previsione 9 35; R4 3
previsto 5 9
prezioso R4
prezzo 5
prima 4 3/4; 4 11
primavera 2 7
primo 2 11; R2
principale R4 2
privato 5 24
probabile 9 35
problema 3 17
prodotto 2 9
produzione R4
professionale 8 21
professione 7 1
professionista 8 8
profilo 8 12
profondamente 9 28
profumeria 10 2
progettare 9 30
progetto 5 29
programma 4 9
programmare R2
promozione 5 12
pronome 9 13
pronto 7 8; 8 25
proporre* 5 12
proposito 9 5
proposta 9 34
proprio 3 13; 6 11; 8; 8 10
prosciutto 2 2
proseguire 5 19
prossimo 6 11; 9 24
protagonista 8 10
protuberanza 10 19
provare 6 2; 10 17
provenire* 7 15
provincia 5 13
provocare 10 33
prugna 5 13
pubblicitario 8 4; R4 3
pubblico 10 23
ministero
pulire 2 G3
puntare 8 31
puntata 6 11
punteggio 8 21
punto 4 7; 5 13; 7 21; 8 10/11; R4
purtroppo 5 9
quadro 7 22; 10 14
qual 1 22
qualche 4 11; 7 8
qualcosa 2 7
qualcuno 3 17
quale 1 22; 4 14, 8 10; 10 19
qualità 2 9
qualsiasi 10 19
qualunque 4 3
quando 3 17; 9 32
quantità 10
quanto 1 22
quartiere 7 4
quarto 2 12; 4 3; 6 20
quasi 5 24
quello 3 17; 5 7; 7 6
questionario 8 31
questo 1 15
qui 3 13
quindi 10 17
quotidiano 4
raccogliere 10 24
raccontare 3 6
radio 4 5
radiofonico 8 24
raffigurare 10 18
raffinato 5 24
ragazzina 7 6
ragazzo/-a 3 17; 5 21
raggiungere* 8 21
ragione 5 7; 10 19
rapidità 8 10
rapire 7 13
rappresentare 7 14
raramente 4 11
realtà 8 10
recapito 1 22
reception R2
regalare 9 14
regalino 9 5
regalo 4 19
regionale 5 11
regione 2 9
regista 7 1
registrare 6 3
registrazione R4 5
regola 5 19
relativo 8 2
relax R2
religioso 9 20
residente 1 22
residenza 1 23
resistente 10 19
responsabile 7 4
restare 4 3
restituire 8 10
resto 2 7; R4
retro 5 23
retroscena 10 26
riaddormentarsi 4 3
rialzo 9 35
riascoltare 5 7
ribalta 10 26
ricco 2 9
ricorrenza 9 1
ricerca 8 10
ricercare 5 8
ricetta 10 7
ricevere 4 19
richiamare R3 2; 8 14
richiedere* 8 12
richiesta 1 22; 10 10
ricomporre* 6 17
ricordare 7 10
ricordarsi 7 8
ricordo 7 6
ricostruire 5 15
riempire 9 20
rientrare 6 23
rientro R3
riferimento R4; 10 28
riferire 7
riferirsi 6 2
rifiutare 2 7
riflessivo 4 4
riflettere R3 1
riga 9 30; 10 14
riguardare 4 20
riguardo R4
rilascio 1 22
rilassante 6 25
rilassarsi 6 27
rileggere* 4 4

rimanere	**6** 6
rinchiụdere*	**9** 30
rincontrarsi	**3** 16
ringraziare	**9** 3
rinomato	**8** 18
riparare	**4** 19
ripẹtere	**5** 19
riposarsi	**4** 11
riposo	**6** 11
ripostiglio	**7** 23
riprẹndere*	**8** 34
risalire*	**5** 13
riscaldamento	**7** 23
riscaldato	**3** 17
riservato	**3** 17
riso	**9** 20
risotto	**2** 11
risparmio	**9** 17
rispettivo	**10** 8
rispọndere*	**4** 4
risposarsi	**3** 16
risposta	**4** 2
ristorante	**2** 11
ristrutturato	**7** 24
risultato	**4** 21
ritardo	**5** 7
ritornello	**10** 32
ritrovo	**7** 23
riunione	**4** 14
riuscire*	**5** 13
riva	**6** 1
rivedere*	**7** 8
rivọlgersi*	**6** 25
robusto	**3** 18
roccaforte	**5** 23
romạnico	**R4**
romanzo	**10** 23
rosa	**9** 20; **10** 19
rosolare	**10** 7
rosso	**6** 20
rọtolo	**R3** 2
rovescio	**9** 35
rullino	**8** 7
ruolo	**5** 10; **7** 15
Russia	**1** 8
russo	**1** 8
sạbato	**4** 11
sabbia	**R4**
sacco	**6** 23
saggio	**10** 23
sala	**5** 23
salame	**2** 17
salato	**10** 7
saldi	**10** 17
sale	**2** 17
salire*	**5** 13
salone	**7** 17
salsa	**2** 7
salumerịa	**2** 17
salute	**8** 21
saluto	**5** 27
salve	**1** 3
salvia	**2** 11
sano	**2** 9
sapere	**5** 9
sapore	**R4**
sappia	**R3** 2
sarto	**R3** 2
satellitare	**5** 23
sbagliato	**5** 14
sbrigare	**4** 19
scala	**7** 17
scale mọbili	**5** 17
scalo	**5** 9
scambiarsi	**4** 13
scampagnata	**R4**
scappare	**9** 17
scarpa	**9** 14
scarpone	**9** G5
scatenarsi	**R3** 2
scạtola	**9** G5
scatoletta	**2** 17
scatolone	**9** 6
scattare	**6** 23
scẹgliere*	**4** 2
scelta	**9** 14
scena	**9** 17
scẹndere*	**5** 13
scheda	**R2** 1
schizzo	**7** 23
sci	**6** 1
scialle	**10** G6
sciare	**6** 1
sciarpa	**10** 12
scienziato/-a	**7** 1
sciọgliere*	**10** 9
scolare	**10** 7
scolạstico	**9** 36
scomparsa	**10** 26
sconosciuto	**9** 38
sconto	**10** 15
scontrino	**2** 7
scopa	**8** 7
scoperta	**1** 28
scopo	**9** 21
scoprire*	**R3** 2
scọrrere*	**6** 15
scottare	**10** 7
scottarsi	**10** 9
scrittore	**7** 1
scrittrice	**7** 1
scrivanịa	**7** 22
scrịvere*	**3** G4
scuola	**4** 1
scuro	**3** 17
scusa	**1**
scusi	**5**
sdraio	**6** 20
se	**5** 14
sé	**3** 6
sẹcolo	**R4**
seconda di	**2** 9
secondo	**2** 11; **5** 6; **7** 28
sede	**8** 18/26
sedersi*	**5** 13
sedia	**7** 22
segnalibro	**7** 14
segnare	**4** 16
segretaria	**8** 3
segreterịa telefọnica	**8** 26
seguente	**5** 15
seguire	**8** 10
semạforo	**5** 17
sembrare	**6** 1
seme	**10** 7
sẹmplice	**5** 24
semplicemente	**5** 23
sempre	**2** 9; **R4**
senso	**R2** 1; **R3** 1
sentire	**7** 17; **9** 24
sentirsi	**8** 21
senza	**5** 13
senz'altro	**9** 24
separare	**7** 14
separarsi	**3** 16
sepoltura	**R4**
sera	**4** 11
serata	**10** 27
serietà	**8** 18
servire	**10** 3
servizi	**5** 23/24
servizio	**2** 7; **5** 22
sesso	**1** 22
seta	**10** 17
settembre	**5** 12
settimana	**4**; **6** 1
sẹttimo	**6** 11
settore	**8** 18
shopping	**6** 1
sì	**1** 22; **2** 12
sicuramente	**2** 9
sicurezza	**5** 24; **8** 18
sicuro	**8** 29
sigaretta	**6** 7
significare	**9** 6
significato	**5** 32
signor(e)	**1** 16; **5** 27
signora	**1** 5
silenzioso	**5** 23
sịmbolo	**5** 22
simile	**R3** 2
simpạtico	**1** G4
sin(o)	**R4**
single	**1** 5
sịngolo	**5** 28; **R4** 2
sinistra	**3** 17
sintẹtico	**10** 19
sịntomo	**10** 9
sistema	**8** 10
sistemazione	**R3**
sito	**8** 20
situato	**5** 23
situazione	**4** 9
Slovenia	**6** 2
sloveno	**3** 17
sms	**6** 8
snowboard	**6** 1
soccọrrere*	**9** 17
sociale	**8** 10
società	**3** 14
sociẹvole	**3** 6
soffitto	**7** 23
soffrire*	**7** 6
soggetto	**9** 13
soggiorno	**1** 22; **7** 17
sọgliola	**2** 2
sogno	**7** 13
solare	**6** 6
soldi	**8** 24
sole	**6** 1
sọlito	**4**
solo	**2** 5; **7** 12
soltanto	**7** 13
soluzione	**8** 31
somigliare	**10** 19
sonno	**7** 21; **9** 17
sorella	**3** 1
sorpreso	**3** 13
sospetto	**10** 26
sosta	**6** 8
sostegno	**8** 31
sostenere*	**8**
sottile	**7** 8
sotto	**4** 3
sottolineare	**6** 20
sottoscritto	**1** 22
sottostante	**8** 32
sovraffollato	**6** 3
spaghetti	**2** 11
Spagna	**1** 8
spagnolo	**1** 5
spalla	**10** 9
sparire	**7** 13
spartiacque	**7** 14
spạzzola	**8** 7

specchio 7 19
speciale 6 2; 7 26
specialista 10 9
specializzato R4
spendere 6 20
spesa 2 17
spese 7 24
spesso 2 9
spettacolo 9 15
spiaggia 5 29
spicchio d'aglio 10 3
spiccioli 2 7
spinaci 2 2
splendore 5 29
sport 1 26
sportello 8 31
sportivo 3 17
sposa 9 20
sposarsi 3 16
sposato 1 5
sposo R2; 9 20
spostamento 8 18
spot pubblici-tario R4 3
spremuta 2 2
spumante 2 2
squadra 10 26
squash 3 17
squillare 7 G3
squillo 9 17
stabilire 7 20
staccare 10 19
stage 3 12
stagionale 9 35
stagione 2 11; 6 19; 8 18
stamattina 6 8
stampante 8 7
stanco 9 29
stanza 5
stanzino 7 23
stare 1 17; 3 17; 4 2; 6 1/6
stasera 4 19
stato 1 22; 6 3; 7 24; 10 33
stazione 4 3
stella 5 23
stesso 3 10
stile 5 24
stilista 8 1
stipendio 8 8
stirare 10 19
stivale 10 12
stomaco 10 9
storia 7 14
strada R2
stradale 5
stralcio 8 34
straniero/-a 8 15/25
stretto 10 17
strofa 10 31
strumento 8 18
studentato 3 17
studente 1 23
studentessa 3 6
studiare 1 26
studio 1 22; 6 11; R4 3
stuzzicheria 2 7
su 7 13
subito 3 16
successivo R2
succo 2 2
sud 6 2; 9 35
suffisso 8 6
sugo 2 9
suo/sua 1 22
suocero/-a 3 3
suonare 3 G6; 4 3
suono 9 22
superiore 7 23
supermercato 5 G5
supplemento 5 7
supposizione 9 28
surf 3 17
svedese 7 3
sveglia 4 3
svegliare 9 17
svegliarsi 4 3
sveglio 8 21
sviluppo 8 10
Svizzera 1 8
svizzero 1 5
svolgere* 8 10
svolgersi* 4 18; 5 4
svolgimento 9 21
tabaccaio 10 1
tabella 4 11
tacco 10 14
taglia 10 15
tagliare 10 7
tagliatelle 10 7
tantissimo 6 23
tanto 3 21; 4 16; 6 20; 9 8; 10 7
tappa R2
tappeto 7 22
tardi 3 17; 6 8
tartaruga 6 23
tastiera 8 7
tavola/tavolo 2 11; 4 1
tavolo 2 11
tazza 2 7
tè 2 2
teatro 4 16
tecnica R3 1
tecnico 8 25
tedesco 1 5
tegame 10 7
tela R3 2
telecamera 9 10
telefonare 7 12
telefonata 4 19
telefonico 1 22
telefonino 9 10
telefono 1 22
telelavoro 8 8
televisione 4 16
televisore 9 10
temperatura 9 35
tempo 4 11; 6 3; 7 15; 8 8
temporale 9 35
tenda 6 11
tenere* 8 21
tennis 1 26
tensione 10 26
terme R2
terra 7 24
terrazza/terrazzo 5 24
territorio 6 3
terza età 8 10
terz'ordine 10 26
teso 10 19
tessuto R3 2; 10 19
testa 1 16
testo 2 9
tetta 10 19
timido 3 17
tinozza 7 23
tinta 10 14
tinto R3 2
tipico R2
tipo 3 6; 4 11; 5 5
tipologia 8 10
tiramisù 2 11
tirare 5 13
tisana 2 7
titolo 5 23; 10 26
tocca a me 10 5
toccare 10 5
togliere* 10 7
tonico 9 13
tonnata 2 7
tonno 2 17
tornare 3 12
torneo 3 17
torre 6 23
torta 2 7
tortelli 3 6
tortellini 2 11
toscano 7 14
totale 2 20
tra R2; 6 6/8
traccia 8 19
tradizione 2 9
tradurre* 4 17
traffico 5 3
tragedia 10 19
traghetto 5 4
traguardo 9 8
tram 5 1
trama R3 2; 10 30
tramezzino 2 7
trancio 2 7
tranne 4 11
tranquillità 6 14
tranquillo 5 24
trascorrere* 6 8
trasferirsi 7 25
trasmissione 6 9
trasporto 5 2
trattare R4 4
trattarsi 8 19
tratto 7 26; R4
treno 1 G7
trincea 9 34
trionfante 10 19
tripla 5 28
troppo 1 16
trovare 5 19
trovarsi 5 19
truccarsi 4 3
tu 1 5
tuo/tua 1 22
turchese 10 G8
Turchia 1 8
turco 1 8
turismo 1 22
turistico 5 10; 6 9
turno 4 10/11
tutti 2 9; 3 16; 4 17

tutto 2 9; 7 8
TV 4 18
tvb 6 8
uccidere* 7 18
Ucraina 3 17
ufficiale 4 9
ufficio 4 18; 8 18
uguale 2 9
ultimo 3 17
umanitario 1 22
umore 10 34
ungherese 8 12
unico 3 10
unire 10 7
unità 1
unito 10 14
università 3 6
universitario 1 26
uomo 5 29
urlare 4 3
usare 4 18
uscire* 4 3
uso 6 3
utilizzare 8 7
uva 2 2
va bene 2 12
vacanza 3 13
vago 7 6
valido 5 12
vantaggio 5 12
vario 4 19
vasca 7 22
vaso R4
vassoio 5 13
vasto 5 29
vecchiona 9 5
vedere* 4 19
vedovo 3 16
vegetariano 2 7
vegetazione R2
veicolo 6 2
veloce 4 3
velocità 6 26
vendere R3 2
vendesi 7 24
vendita 6 26
venerdì 4 11
veneziano R4
venire 3 17
vento 7 13
veramente 6 20
verbale 9 30
verbo 4 4
verde 2 11
verdura 2 3
vergognarsi 7 6
verificare 6 13
vermicelli 2 9
vero 1 G2; 2 9
verso 4 2; 6 28; 7 14
vestiario R3 2
vestire 9 14
vestirsi 4 3
vestito 4 3
vetrario R4
vetrina 9 17
vetro R4
vi R4
via 1 22; 4 3
viaggiare 3 6
viaggiatore 5 6
viaggio R1
vicenda 10 26
vicino 1 28; 3 6
vignetta 6 2
villaggio 6 9
vincere* 6 23
vincita 9 2
vino 2 2
viola 10 12
visita R3
visitare R2
vista 5 23; 8 10
vita 4
vitello 2 2
vitto 8 18
viva 9 20
vivace 8 10; 10 7
vivere* 2 9
vivo 7 6
vocabolo R1
voglia 8 18
volare 7 13
volentieri 1 26
volere* 6 20
volo 5 9
volta 4 11; 5 4/26; 7 22; 10 9
vongola 2 2
vorrei 5
votazione 8 31
vuoto 7 24
weekend 4 11
x 6 8
yogurt 2 2
zainetto 9 17
zaino 2 G5
zio/-a 3 3
zona 5 19
zucca 3 6
zucchero 2 G8

Spielanleitungen Istruzioni del gioco

Ripasso 1
Un viaggio in Sicilia

Ripasso 2
Un viaggio in barca nell'arcipelago toscano

Es wird in Gruppen von 3-4 Personen gespielt. Jede Gruppe braucht einen Würfel, und jeder Spieler braucht eine Spielfigur (zum Beispiel eine Münze). Wer zuerst eine 1 würfelt, darf anfangen. Dann würfeln die Spieler im Uhrzeigersinn, setzen ihre Spielfiguren entsprechend vor und lösen die verschiedenen Aufgaben. Ist die Gruppe mit der Lösung zufrieden, darf der Spieler auf seinem neuen Feld stehen bleiben. Andernfalls muss er auf das Feld zürucksetzen, auf dem er vorher stand. Gewonnen hat der Spieler, der als erster mit der passenden Würfelzahl auf der Nummer 12 landet. Würfelt er nicht die passende Zahl, um die Nummer 12 zu erreichen, muss er von Nummer 1 wieder anfangen.

Spieldauer: 20 Minuten